Hitler's Art Thief
希特勒的艺术大盗

希尔德布兰德·古利特、纳粹和欧洲珍宝大劫掠

Hildebrand Gurlitt, the Nazis, and the Looting of Europe's Treasures

SUSAN RONALD

[美]苏珊·罗纳德 著 刘清山 译

上海社会科学院出版社
SHANGHAI ACADEMY OF SOCIAL SCIENCES PRESS

致亚历山大·霍伊特、贡特尔·霍伊特以及我的丈夫道格

……他们本以为……

目录 Contents

开 篇 / OPENING REMARK　　　　　　　Ⅰ
前 言 / PROLOGUE　　　　　　　　　　001

第一部分　人的毁灭　THE UNMAKING OF THE MAN

第一章　纽约，1944年5月　　　　　　010
第二章　缘起——德国，1907年　　　　017
第三章　从海牙到维也纳　　　　　　　032
第四章　前因后果　　　　　　　　　　045
第五章　战争　　　　　　　　　　　　058
第六章　古利特的战斗　　　　　　　　075
第七章　和平　　　　　　　　　　　　100
第八章　余波　　　　　　　　　　　　115
第九章　魏玛的战栗　　　　　　　　　129

第二部分　艺术与政治　ART AND POLITICS

第 十 章　有因的反叛　　　　　　　　144
第十一章　希望与梦想　　　　　　　　162
第十二章　从纽约到茨维考　　　　　　168
第十三章　神秘的基希巴赫先生　　　　177
第十四章　恶之根源　　　　　　　　　189
第十五章　变色龙与蟋蟀　　　　　　　202
第十六章　第一批被偷走的生命　　　　219

第三部分 世界大战与荒芜 WORLD WAR AND WILDERNESS

第十七章 恐怖之馆 … 236

第十八章 四骑士 … 250

第十九章 经商术 … 263

第二十章 财宝屋 … 273

第二十一章 波瑟时代 … 291

第二十二章 侵吞财宝 … 306

第二十三章 维奥 … 324

第二十四章 投机之王 … 333

第二十五章 快，盟军来了！ … 354

第二十六章 投降……还是被捕？ … 363

第四部分 被偷窃的生命 THE STOLEN LIVES

第二十七章 软禁 … 378

第二十八章 显微镜下 … 400

第二十九章 杜塞尔多夫 … 422

第三十章 余波与慕尼黑 … 432

第三十一章 驯狮者 … 441

第三十二章 媒体热潮 … 449

精选参考文献 / SELECTED BIBLIOGRAPHY … 459

词汇表 / GLOSSARY … 471

缩略词 / NOTES … 473

致 谢 / ACKNOWLEDGMENTS … 475

开 篇 OPENING REMARK

关于名称和缩写

很显然，时代在变化，名称也在变化。对于亲历者来说，如今被我们称为第一次世界大战的那场战争曾经被叫做"大战"（Great War）。当时还没有第二次世界大战，所以我在本书中将第一场战争称为"大战"[1]。类似地，在本书涉及的时间里，许多国家都改了国名。在提到这些国家时，我用的是它们在事件发生时所使用的国名——除了英国（Great Britain）。在整本书里，我对这个国家的称呼始终不变。今天，英国的官方名称是"大不列颠及北爱尔兰联合王国"（the United Kingdom of Great Britain and Northern Ireland）。在1922年8月爱尔兰自由邦（the Irish Free State）成立以前，它由爱尔兰、威尔士、苏格兰和英格兰组成。1937年12月，爱尔兰自由邦成了爱尔兰，其盖尔语名称为"Eire"。在恰当的地方，我会单独提到爱尔兰。其他例子包括后来分裂成奥地利、匈牙利、捷克斯洛伐克（当然，它现在又变成了捷克共和国和斯洛伐克）、斯洛文尼亚和克罗地亚的奥匈帝国；德皇威廉二世（Kaiser Wilhelm II）领导下的德意志帝国（the

---

[1] 在中文语境中，"大战"有统称"大规模战争"的含义。为了避免引起混淆，下文中的"Great War"将统一译为"第一次世界大战"。除非特别注明，本书的脚注均为作者注。——译者注

German Empire）；巴勒斯坦（前英国保护国）——现以色列、约旦河西岸和加沙。当这些国家采用新的官方名称时，书中的名称也会发生相应变化，以反映出新的国家认同。类似地，当国家内部的共和国或政府发生变化时，我会单独提及这些政府，比如两次世界大战之间德国的魏玛共和国。我觉得这样可以帮助读者理解所有变化涉及人群所感受到的混乱。

  这本书中有许多外语词，主要是德语和法语。表示纳粹组织的词语在首次出现后会被缩写成更易让人接受的英语，比如"帝国文化院"被缩写成了"RKK"。一些词语——尤其是德语词——没有确切的英文翻译，所以我选择了最常用的说法。在恰当的地方，我会把组织名称翻译成英语。最后是一个"行政性"的解释：所有法语都是我翻译的，因为我的法语很流利（我在法国生活了将近6年）。至于德语，我读得懂，但说得远没有法语那样好。因此我用"翻译解决方案"网站（TransSolution）来做一些翻译，同时还和牛津郡一位母语为德语的专业译者合作，他还会检查我英语译文的准确度。

前 言 PROLOGUE

对我来说，古利特家族的故事始于1998年一个大雪纷飞、寒气刺骨的冬日，这种天气会从10月下旬到来年4月一直祸害着欧洲。当时，我是一名投资银行从业者，几乎完全专注于恢复历史建筑和景观并将其改作其他用途。据我所知，在拥有许可证门槛的"银行界"，我是唯一一个开展这种业务的独立工作者，这使我在一些人眼里成了罕见的"黄金独角兽"（在另一些人眼里则成了俗话中的"飞龙"），并且使我获得了一种二流"摇滚明星"的地位。我意识到自己可以看到并了解大多数人永远也看不到的事物和场所。但是，我还是变得乖戾起来了，同时也急需某种改变。我完全没有意识到，这一天将成为我职业生涯中极为重要的一天。

那只是一次前往苏黎世（Zurich）的普通日间旅行，和我过去几年内做过的数十次日间旅行没有什么不同。由于我们公司的股东之一是一家瑞士机构，因此在寻找真诚投资者的过程中，我经常在苏黎世、日内瓦（Geneva）和洛桑（Lausanne）落脚。大雪虎视眈眈。我希望在暴风雪到来之前见到我的潜在投资者和他的银行经理，并且迅速拿到可以证明他有能力在我负责的项目上投资几百万的证据。

我的目的地是班霍夫街（Bahnhofstrasse）——当时世界上最富有的城市街区之一，也是许多世界顶级银行的起源地。更重要的是，这些银行的客户包括全世界的有钱人。瑞士的银行保密法将超级富豪和极度声名狼藉之辈都吸引到了这里——尤其是在当时[1]。如今，情况已经有所不同了。

∽

我和那位潜在投资者及其个人银行经理的会面进展得很顺利。作为当天的最后一个环节，我需要前往银行的保险库对股份证书、存款单、珠宝和艺术品进行验证。我是一个挑剔的生意人。

对于从未见过瑞士银行保险库的读者来说，那里有一些非常令人难以置信的特点。这种巨大的保险库拥有一排排拥挤的、带有编号的滑动储物墙，每面墙上悬挂着几十件上好的艺术品。当储物墙关上时，这些艺术品可以挡住窥探的视线。我们走在宽敞的中间过道上，两边是紧闭的储物墙。我想每面墙大概都是一只潘多拉盒子。有些保险库类似于寂静的小城市，有些保险库类似于昔日的藏宝阁。大一些的保险库并不像我们在影视剧中看到的那个样子。它们也不像阿拉丁（Aladdin）的洞穴，尽管它们藏着同样丰富的财宝，也承载了许多不为人知的精彩故事，足以和谢赫拉莎德（Scheherazade）[2]讲的故事相媲美。

眼前这座保险库就属于"寂静小城市"的类型，唯一可以听到

---

[1] "9·11事件"改变了全世界的银行规则和洗钱法规。不过，瑞士的银行保密法一开始并没有发生变化。后来，美国政府规定，如果瑞士银行不透露试图逃避美国税收的美国人的资产，它们将无法以任何形式参与美国市场。结果，许多银行董事受到了审判，瑞士的保密法也不再像之前那样密不透风了。

[2] 《一千零一夜》中的苏丹新娘。她每晚给苏丹讲一个精彩的故事而幸免一死。
　　——译者注

的声音来自银行经理脚后跟与石地板的碰撞——就连这种声音也在隔音设备的作用下减弱了许多。我不禁想到,银行关门的时候,这里就是谋杀的好地方——如果把尸体塞到两排滑动墙壁之间,只有当尸体几天甚至几个星期后腐烂发出恶臭时,它才会被人发现……当然,除非某个倒霉的艺术品主人想到自己那个藏着尸体的珍贵宝库里看一看。

当我们往前走的时侯,我注意到有一面储物墙稍微开了一条缝。我觉得我看到了一幅19世纪风景画的边缘以及标在画框下面的字"RLITT"。Rlitt?古利特(Gurlitt)?这是19世纪风景画家路易斯·古利特(Louis Gurlitt)的一幅油画吗?我无意中把这句话大声说了出来。银行经理突然转过身,将墙壁推严,并且对我怒目而视。"不。他是20世纪的纳粹艺术经纪人。"他怒气冲冲。

我从来不是一个优秀的扑克玩家。我惊呆了,还拙劣地掩饰着自己的表情。经理立即意识到了自己犯下的错误,试图通过咆哮来弥补。我不应该窥探私人财产。这违反了瑞士法律。我是在一位重要客户(指那位投资者)的要求下被带进保险库的,还是一家备受尊重的机构的代表。我向他道歉,但我们两个人都知道错已铸成。尽管如此,我们继续在明显紧张的气氛中查看了那位潜在投资者的资产。

虽然我恢复了职业尊严,但我本能地意识到,这件事背后隐藏着更多的故事。我从未听说过名字以"RLITT"结尾的20世纪纳粹艺术经纪人。他当然不可能是风景画家路易斯·古利特。如果我没记错的话,路易斯·古利特并没有活到20世纪,但我也不确定这一点。我那恶魔般的父亲[1]强迫我放弃了许多事情,包括我对艺术史的研究。

---

[1] 不要把他和我所敬爱的继父弄混。

他认为所有艺术家都是"怪胎"——至少，当我被一所大学的本科美术专业有条件录取时，他就是这样说的。他还烧掉了我的美术作品集[1]。不过，这些事情已经过去了——发生在另一个国家。

当我们离开保险库时，我开始回忆其他类似的经历。一次日内瓦保险库之旅清晰地浮现在我的眼前——那个潜在投资者洋洋得意地讲述自己将埃及犹太人的艺术品和史前古器物保存起来的过程。那些犹太人担心当隆美尔（Rommel）的德意志非洲军团（Afrika Korps）侵占埃及后他们会被杀掉。我愚蠢地问道，既然隆美尔失败了，为什么这些艺术品会在这里呢？他没有回答，只是露出了斯芬克斯一般的微笑。所以，这就是艺术品强盗的样子了……

∽

吃午饭时，银行经理再次做出了过火的举动，他不停地劝我喝葡萄酒。我拒绝了。我可以从他的表情中看出，他觉得我是一个"正在戒酒的酒鬼"。不过，我为什么要让他打消这个错误的想法呢？我习惯了银行家对我的轻视。不管怎样，他还是采取了既定策略，为他在保险库里的失态道歉，还一杯接一杯地为自己倒酒。他从不应该像那样把怒火撒到我身上，他说。毕竟，储物墙没有关严并不是我的错。显然，潜在投资者已经对他进行了极为严厉的斥责。银行经理的谄媚变得令人难以承受，我不禁为他感到难过。那样的失礼对于瑞士银行经理来说并不常见。

所以，我玩起了恶作剧，对他那突然改变的心情和紧张不安的饮酒状态加以利用。我发出自己最单纯的声音，抛出了一个试探性问题，

---

[1] 学生申请艺术类院校的美术专业时，需要向校方提交美术作品集（art portfolio）。——译者注

问他是否存在一个叫古利特的20世纪艺术经纪人。当然有！银行经理叫道。他不是普通的艺术经纪人——他是希特勒的艺术经纪人。他的名字叫做希尔德布兰德·古利特。

∽

那一年，仿佛要和古利特的故事永远捆绑在一起，我意外地继承了两件来自纳粹时代的被盗艺术品，并且立即将它们交给了伦敦艺术品丢失登记处（Art Loss Register），以便找到合法的主人后归还。由于这些油画来自匈牙利，因此我以英国文化协会（British Council）志愿工作者的身份去了两次匈牙利，和匈牙利的文化部长见面。这位部长告诉我，匈牙利没有被盗艺术品。我表示赞同。匈牙利所有被盗艺术品都被转移到了其他地区。他并没有被我逗笑。

在过去14年里，我一直在不依靠艺术品丢失登记处的情况下为我所继承的那些油画寻找真正的继承人——目前仍未成功。我曾向耶路撒冷大屠杀纪念馆亚德瓦希姆（Yad Vashem）寻求帮助。在这段时间里，我继承了第三件盗窃而来的匈牙利油画。我对自己的调查能力引以为傲，但在寻找继承人的事上却茫然失措。其实就连最优秀的专家都无法完成这项任务。

就这样，我和这些事物产生了联系：一个著名家族不可思议而又难以说清的故事（尽管经过了媒体的大量报道）、他们所生活的时代以及当时道德罗盘的严重失灵。科尔内留斯·古利特在去世之前听说了这本书，他很高兴有人能够花时间写出这个完整的故事，将来龙去脉解释清楚。在历史学中，背景就是一切。希尔德布兰德·古利特出生在德国发展过程中一个最为重要的时期。

为了更好地理解纳粹主义在欧洲文化发祥地中的兴起以及古利特

作为"希特勒的艺术经纪人"的角色演变，我对两者的起源进行了深入研究。这本书考察了古利特家族三代人的生活，笔墨着力于希尔德布兰德——一个受过良好教育的中上阶级男孩，来自那个时代的一个著名家族。古特利家族钟情的德国表现主义和先锋主义不仅仅是艺术。对这些作品的收集意味着投身于一种新的文化理想，这种理想常常会成为一种"精神麻醉品"，一种对新的即物主义[1]（或新客观主义）的信奉，并且常常伴随着"政治表现主义"（汉娜·阿伦特 [Hannah Arendt] 语）。它产生了一种新的世界观，使古利特家族和其他人能够应对德国不断变化的国际地位。它是贯穿这本书的黄金主线，潜藏在"这样一个人怎么会成为偷窃生命的残酷艺术大盗"这个问题背后。

∽

我希望读者能够认识到，出于某种原因认为在纳粹时代掠夺艺术品属于轻罪的想法显而易见是错误的。每件艺术品的背后隐藏着至少一个人的悲剧和死亡。艺术是要将不同背景的人联合起来，形成一种超越国界的共同文化遗产。它具有文学、音乐、美术、电影等许多表现形式。它把我们的灵魂连在一起。在第三帝国罪恶政权的统治下，从博物馆、个人、图书馆和档案馆那里大规模掠夺艺术品的活动受到了高度重视，而且组织有序。

许多犹太人、基督教徒、无神论者和政治对手由于他们的收藏而失去了生命。侥幸活下来的人再也没有收回他们曾拥有的大量财产——包括艺术品、不动产、股票、珠宝、现金和黄金——这催生出了新的法律、拍卖行的归还部门以及整个保险行业。一些非法获得的

---

[1] 原文为德语"Sachlichkeit"。——译者注

艺术品目前藏于世界各地的博物馆中——也许就在你的家乡或者你所生活的地方。许多艺术品被藏在苏黎世班霍夫街以及瑞士其他地区的地下。那些找回一些祖产和财富的人受到了深深的创伤，心存恐惧，还对于自己能幸存下来感到内疚。少数人回到了德国，一些人回到了法国。他们常常将这种内疚和羞愧传给下一代。艺术掠夺使这些家庭失去了他们与个人历史的重要联系：比画作本身价值还要珍贵的回忆——常常是失主最后一次见到在世亲人的画面。

希尔德布兰德·古利特是这个罪恶的国家机器中一个重要的齿轮。他将犯罪的规模降低到了我们大多数人可以理解的程度。作为希特勒的艺术大盗，他偷走了受害者的生命，也偷走了自己妻小的生活。他的罪行和其他成千上万人的罪行都没有受到惩罚，因为人们觉得最好的做法是只对下达命令者的反人类罪进行审判。在德国，没有人因为涉及艺术品掠夺而受到审判。大多数纳粹支持的博物馆馆长依然如故。古利特对于来路不正的艺术品的无尽热情和秘密囤积是他真正的罪行——他在收藏这些艺术品时并没有感到自责。

阿道夫·艾希曼（Adolf Eichmann）发表过的最令人心寒的真实言论之一是"100个人的死亡是一场灾难，100万人的死亡是一个统计数字"。我希望这本书能够让你认识到发生在古利特这一代人身上的灾难以及希尔德布兰德·古利特经手的成千上万件艺术品背后的生命代价。如果德国当初在第一次世界大战后受到了不同的对待，也许我们现在就不会活在第二次世界大战的余波之中了。

第一部分

人的毁灭

如果我们说自己没有罪恶,我们就是在欺骗自己,我们就失去了真理。

——克里斯托弗·马洛(Christopher Marlowe),
《浮士德博士的悲剧》,第 1 场,第 45 行

第一章

纽约，1944 年 5 月

1944年5月，对于欧洲战事，《纽约时报》先后以这样的头条报道："伤员对意大利战局存疑——安齐奥[1]依然遥远""驻意德军面临毁灭——全军可能重蹈斯大林格勒和非洲的覆辙"。国内新闻的头条包括"援助战争受害者——犹太人团体今年将捐助30万包裹""史密斯，一品脱——积极献血活动""食糖配给没有提高""请求战后进行电视民意测试"。[2]

艺术——无论是舞台剧、电影、图书，还是博物馆展品——都欢迎人们遁入另一个世界。电影院仍然在放映1944年的奥斯卡获奖影片：由亨弗莱·鲍嘉（Humphrey Bogart）和英格丽·褒曼（Ingrid Bergman）主演的《卡萨布兰卡》，以及根据欧内斯特·海明威作品改编的《丧钟为谁而鸣》。音乐也在尽微薄之力抚慰受伤的灵魂。安

---

[1] 安齐奥是一座距离罗马45公里的港口小镇。盟军自1944年1月起，苦战5个月最终攻下，继而解放罗马。——译者注
[2] spiderbites.nytimes.com/pay_1944/articles_1944_05_00004.html.

德鲁斯姐妹（Andrews Sisters）、大乐团领班本尼·古德曼（Benny Goodman）和汤米·多尔西（Tommy Dorsey）以及喜剧歌手鲍勃·霍普（Bob Hope）和宾·克罗斯比（Bing Crosby）出演了大量电影。《波希米亚人》《阿伊达》《浮士德》和《茶花女》在中心剧院（Central Theatre）轮番上演。艾灵顿公爵（Duke Ellington）在卡内基音乐厅（Carnegie Hall）举办了现场演出，还携他的管弦乐队在49街（Forty-Ninth Street）和百老汇大街（Broadway）交汇处的布里尔大厦（Brill Building）飓风俱乐部（Hurricane Club）进行现场表演。正是艾灵顿大乐团活跃而时髦的风格——不只是在菜单上用一片棕榈叶巧妙遮羞的裸女——吸引了来自不同种族的观众。在图书领域，小说成为主宰。贝蒂·史密斯（Betty Smith）的《布鲁克林有棵树》在《纽约时报》畅销小说排行榜上独占鳌头。伊夫林·沃（Evelyn Waugh）的长篇小说《旧地重游》获得了全球英文畅销书之首的荣誉。

纽约现代艺术博物馆（Museum of Modern Art）展出了25岁的W. 尤金·史密斯（W. Eugene Smith）在太平洋战场上8个月里拍摄的照片。大都会艺术博物馆（Metropolitan Museum of Art）针锋相对，将无价馆藏品移至安全区域后重新开放馆内画廊。一般美国公众仍然没有意识到，艺术经纪人和博物馆馆长们多年来一直在利用他们为纳粹的战争提供资金支持；"对敌贸易"是美英两国视觉艺术市场的主要收入来源。如果他们当时了解内情的话，那些更加义愤填膺的人可能会要求将犯人以私刑处死，守法公民则会呼吁以叛国罪进行审判。不过，这两种情况都没有发生——无论是当时还是事后，而且希特勒的艺术经纪人已经预料到了这个结果。

这是 1944 年 5 月 29 日晴朗而炎热的上午,距离诺曼底登陆还有一个星期。一艘巨大的货轮将 391 件艺术品卸在曼哈顿西岸的码头上。和以前一样,来自哈德逊航运公司(Hudson Shipping Company)的一名代理人在代销清单上签了字,正在等待海关放行。这并不是纽约美术馆接收的第一批以德国艺术经纪人卡尔·布赫霍尔茨(Karl Buchholz)名字命名的代销货物。实际上,自 1937 年以来,布赫霍尔茨美术馆(Buchholz Gallery)一直是哈德逊航运公司的良好客户。根据航运公司代理人的说法,美术馆经理库尔特·瓦伦丁(Curt Valentin)是艺术界的宠儿,他温文尔雅,经验丰富,品味无可挑剔,还用某种方法成功拯救了希特勒想销毁的现代艺术品。

运货单上的所有艺术品都是表现主义艺术家的作品,这些艺术家包括恩斯特·巴拉赫(Ernst Barlach)、马克斯·贝克曼(Max Beckmann)、埃米尔·诺尔德(Emil Nolde)、凯绥·珂勒惠支(Käthe Kollwitz)、格哈德·马克斯(Gerhard Marcks)、奥托·迪克斯(Otto Dix)、马克·夏加尔(Marc Chagall)、保罗·克利(Paul Klee)、奥斯卡·科柯施卡(Oskar Kokoschka)和奥古斯特·马克(August Macke)等人。货物之中甚至还有埃德加·德加(Edgar Degas)的一件名为"奔马"的青铜雕塑。[1] 后人已无从知晓这批货物为什么会引起官方的注意。也许是因为货物规模过于庞大,也许是因为海关官员注意到每位艺术家都被纳粹贴上了"堕落"的标签,他们产生了警觉。

---

[1] 完整清单请参考 3711 号接管令(Vesting Order 3711)。

也许，华盛顿外侨资产管理局（Office of Alien Property）在无数会议后决定调查这批货物，希望没收可能使美国对手获益的任何敌国财产。

哈德逊航运公司那个倒霉的代理人很可能比其他人都更加吃惊，因为他被告知美国政府将根据《对敌贸易法案》（Trading with the Enemy Act）扣押这批艺术品。发货人卡尔·布赫霍尔茨是敌国侨民。瓦伦丁也曾是德国公民。哈德逊航运公司没有做错任何事情。不过，如果他们听任此种"暴行"继续，就很可能会失去一个重要客户。台面之下很可能发生了威胁或现金许诺。甜言蜜语遭到拒绝的原因和方式已经湮没在了历史之中，同样消失的还有参与扣押391件艺术品的官员名字。此次扣押依据的是外侨资产管理局备受信任的二把手詹姆斯·E. 马卡姆（James E. Markham）签署的3711号接管令。

根据《对敌贸易法案》，如果发货人或收货人具有敌国侨民身份——布赫霍尔茨和瓦伦丁都符合这个条件——那么在官方发布"接管令"的条件下，侨民财产的看管人可以为了美国的利益持有、使用、管理、清算、售卖或以其他方式处理相关财产。[1] 瓦伦丁于1937年即"逃离"德国，并在随后的日子里成功躲过所有令人不悦的政府审查。做为一个无国籍人士，他急切希望收回这批艺术品。不过，事情即将朝着更坏的方向发展。

❦

纽约港务局（The Port of New York Authority）理所应当地认为

---

[1] CL—Vesting Order 3711; NARA, RG 131, Office of Alien Property (OAP) Entry 65F-1063.

联邦调查局（FBI）应该对此展开正式调查，他们联系了位于莱克星顿大道（Lexington Avenue）68街和69街之间的办事处。[1] 经验丰富的联邦调查局局长J.埃德加·胡佛（J. Edgar Hoover）一直在坚决对抗纳粹的第五纵队和破坏分子。FBI的纽约办事处已经做好准备，而且已经开始了反情报和反间谍调查。外汇交易、艺术品和军火之间的联系并没有逃过胡佛的眼睛。

某些敌国侨民试图把纳粹从受害者那里抢来的赃物售卖出去，而联邦调查局的一个优先任务就是抓捕这些人。[2] 因此，这批货物的价值、来源和目的地决定了联邦调查局是否需要查明真相。不过，谁也不知道联邦调查局是否发现了真相。FBI以无上的智慧在20世纪末销毁了与这批货物有关的卡尔·布赫霍尔茨和库尔特·瓦伦丁的文件——没有把这些信息保存在微型胶卷或光盘上。[3]

✽

希尔德布兰德·古利特博士被推定为这批货物中凯绥·珂勒惠

---

[1] 创建联邦调查局的第一步是在1908年。这一年秋天，司法部长（Attorney General）查尔斯·波拿巴（Charles Bonaparte）在他向国会提交的年度报告中宣布成立由60人组成的特别工作组。当即将卸任的西奥多·罗斯福（Theodore Roosevelt）总统表示支持波拿巴后，一场激烈的政治斗争接踵而至。罗斯福宣布，"支持（特工处［Secret Servic］）修正案的主要论点是，国会议员不希望自己受到调查。"来源：www.fbi.gov/about-us/history/highlights-of-history/articles/birth.

[2] www.fbi.gov/about-us/history/directors/hoover.

[3] 当我试图依据《信息自由法案》（Freedom of Information Act）获取这份文件时，司法部（Justice Department）用恳求的态度告诉我，FBI已经在20世纪末销毁了这份文件。当我与马里兰州大学帕克分校（College Park, Maryland）国家档案馆（National Archives）资深档案保管员格雷格·布拉德舍博士（Dr. Greg Bradsher）交谈时，他回忆起自己曾在20世纪90年代被临时调派到FBI阻止其不加选择地销毁具有重要历史价值的文件并将一些文件转移到国家档案馆。他记得自己并没有见过瓦伦丁的文件。

支部分作品的卖家。同年 5 月初,他指示元首博物馆(Führermuseum)馆长给予他本人一项授权,使他得以不受阻碍地前往法国、比利时和荷兰。他的目的是为德国进口艺术品。该授权清晰表明,在这些国家中搭乘德国铁路网时,古利特具有高优先级——甚至排在军队调动之上。[1]

当外侨资产管理局在纽约接管那批货物时,古利特已经安全地住进了巴黎斯克里布街(rue Scribe)格兰德酒店(Grand Hotel)的套房里。实际上,在接管令发布几天前,他在这家酒店收到了元首博物馆馆长兼"林茨特别委员会"(Sonderauftrag Linz)领导人的电报。这封电报要求希特勒的艺术经纪人大盗古利特感谢瓦尔特·韦伯(Walter Weber)提供瓦莱耶(Vallayer)学派静物油画的照片,但位于林茨的元首博物馆对此没有兴趣。[2] 古利特在诺曼底登陆当天还在巴黎格兰德酒店,直到巴黎被解放(1944 年 8 月 25 日)的六天前才离开这座城市。

艺术经纪人希尔德布兰德·古利特竟然能够签发自己的旅行授权,还在德国人认为盟军登陆日近在眼前的时候使用铁路运输艺术品。他怎么会有这么大的权力呢?另一个可能不会令一些人特别关注的问题是,为什么就一直没有人将希尔德布兰德·古利特与那批货物联系到一起呢?

更可恶的是,诺曼底登陆第二天,1944 年 6 月 7 日,希特勒的博

---

[1] BAK, B323/134, f. 53/286.
[2] Ibid., f. 53/283.

物馆委员会"林茨特别委员会"向希尔德布兰德·古利特又发了一封电报:"若戈雅(Goya)肖像尚未包装运输,则从埃查德(Edzard)处获取。从洛泽博士(Dr. Lohse)处获取瓜尔迪(Guardi)的《海边废墟图》(*Ruins by the Sea*)。将两幅画带到德累斯顿(Dresden)或通过大使馆送达。抱歉不可延期付款。"[1]

∞

70年后,希特勒的艺术大盗卡尔·布赫霍尔茨、库尔特·瓦伦丁和希尔德布兰德·古利特这个轴心团体与被扣押货物之间的关系才得以揭晓。

---

[1] BAK, B323/134, f. 48/255.

第二章

缘起——德国，1907 年

> 世界只是我们想象力的画布。
>
> ——亨利·戴维·梭罗（Henry David Thoreau）

在 1907 年，哪个孩子会想到，文明已经走到了最为血腥的第一次世界大战的边缘？哪个孩子会想到，嚣张跋扈的德皇威廉二世正在与自己的亲人[1]——英王爱德华七世（Edward VII）和俄国沙皇尼古拉二世（Czar Nicholas II）针锋相对，嫉妒得想要拆毁他们的帝国？哪个孩子会想到，一种名为"布尔什维主义"的事物正在驱使着坏小子约瑟夫·斯大林（Joseph Stalin）在遥远的格鲁吉亚首都第比利斯抢劫银行？自然也没有任何一个孩子会关注美国总统泰迪·罗斯福[2]在坚定的和平活动家及诺贝尔和平奖获得者贝尔塔·冯·苏特纳男爵

---

[1] 爱德华七世是威廉二世的舅舅，尼古拉二世是威廉二世的表弟。——译者注
[2] 即西奥多·罗斯福。泰迪是他的昵称。——译者注

夫人（Baroness Bertha von Suttner）的感召及帮助下召开了第二次海牙会议。[1] 即使那些对青少年具有里程碑意义的事件在当年也是默默无闻，比如第一所蒙台梭利学校[2]在罗马开学以及罗伯特·巴登-鲍威尔（Robert Baden-Powell）在英国白浪岛（Brownsea Island）召开第一期童子军训练营。这些足以改变人生的国际事务从未触及德国富裕儿童的生活。不过，1907年的世界将会改变11岁的希尔德布兰德·古利特——无论是在好的方面还是在坏的方面。作为阿道夫·希特勒的艺术经纪人，他的坏名声将在2013年传遍全世界。

当夏日之光即将消散之时，希尔德布兰德在9月15日庆祝他的12岁生日，并终于和他的哥哥——绰号"埃贝"（Ebb）的维利巴尔德（Wilibald）一同进入文实中学[3]（Realgynmasium）读书。这将是他最后一个天真的夏天，最后一个不需要背负任何期待的夏天。和维利巴尔德一样，他必须在开学第一天决定自己的主修学科。

希尔德布兰德的姐姐、被家人称作"艾特尔"（Eitl）的科尔内利娅（Cornelia）选择了祖父所从事的美术。维利巴尔德选择了音乐。虽然希望参加工作的女人并不常见，但是考虑到全世界倡导妇女权利的强烈呼声，她的选择并不使人感到特别吃惊。而且，他们的母亲玛丽（Marie）相信，除了育儿室里的事情，女人有一个属于自己的强烈兴

---

[1] 1907年恰好是德意志帝国成立后的第37年，而恰好再过37年，希尔德布兰德·古利特向盟军投降。要想了解关于约瑟夫·斯大林的年轻时代，请阅读西蒙·蒙蒂菲奥里（Simon Sebag Montefiore）那引人入胜的获奖著作《青年斯大林》（Young Stalin, London, 2008）。在该书开头，作者以迷人笔法描述了斯大林在第比利斯抢劫银行的冒险之举。

[2] 意大利幼儿教育家玛丽亚·蒙台梭利（Maria Montessori）在1907年建立第一所儿童之家，招收3—6岁的儿童，运用自己独创的方法进行教学。——译者注

[3] 这是当地的中学或高中。希尔德布兰德·古利特生于1895年，死于1956年。

趣会使她在丈夫眼中更加有魅力。这种兴趣也会鼓励家庭出身良好的未来丈夫接纳科尔内利娅。毕竟，她的女儿在大多数时候都显得忧郁。

艺术活动也为名媛们提供了提升品味和充实自己的机会。希尔德布兰德的姨奶不就是著名小说家范妮·莱瓦尔德（Fanny Lewald）吗？他们的父亲科尔内留斯同意了。他那喜怒无常的女儿选择继承家族传统并不是出于信仰，尽管她所选择的是美术。古利特家族的父系分支连续几代诞生了许多成功的作家、艺术家和音乐家——在最有文化气息的德累斯顿市，他们使古利特家族成了最有文化的家族之一。

∞

希尔德布兰德对那个夏天满怀期待，那时他还没有做出关于未来的明确决定。那年春天阴雨绵绵，春寒料峭。在与夏季不合时宜的寒冷潮湿的天气中，希尔德布兰德迎接温暖阳光的希望很快化为了泡影。时间一周周地过去，必须做出未来职业道路选择的时刻逐渐迫近。他的父亲及叔父们——威廉和路德维希（Ludwig）所从事的学术生活在家庭谈话中被描述成了一种很有吸引力的选择。没有人提出"进入商界"做生意或者从事法律工作的想法——就像伯父奥托（Otto）、叔父约翰内斯（Johannes）甚至不幸离世的叔父弗里茨（Fritz）那样。尽管年龄最小，但是希尔德布兰德本能地意识到大人们不会赞成这种想法。古利特家族的人天生要发挥知识和艺术方面的造诣，而不是在商业领域中挖来刨去。

虽然在1907年夏天，人们期待已久的温暖天气难觅踪影，但希尔德布兰德还是很享受有16岁姐姐科尔内利娅和15岁哥哥维利巴尔德陪伴的日子。维利巴尔德的个子比他们高得多，很有音乐天分，而且意志坚定。希尔德布兰德很喜欢科尔内利娅，两个人的关系很亲密。在未来的岁月里，他会经常想起姐姐。科尔内利娅常常拉着他谈论世界上的一切事情。希尔德布兰德被大家亲切地称为"普茨"（Putz），他经常向姐姐倾吐自己心中的希望和恐惧。

通常，夏天就意味着希尔德布兰德可以经常见到父亲，因为科尔内留斯·古利特需要遵守科技大学（Technical University）的工作时间表，他是这所学校的艺术和建筑史学家。他对德累斯顿巴洛克建筑之美大加赞赏，不过，他作为巴洛克专家的国际声誉还处在积累过程中。

希尔德布兰德的母亲玛丽·格拉赫（Marie Gerlach）出生于萨克森（Saxony）一个盛产高级行政官员的家族，希尔德布兰德的外祖父是萨克森地区的司法委员（judicial councillor）。荣誉、奖赏和高度赞扬在玛丽的成长过程中处于核心地位，因此唯一适当的结果就是她期待丈夫拥有更多的荣誉、奖赏和高度赞扬。当科尔内留斯在1897年成为枢密院顾问（privy councillor）时，玛丽对自己精心打扮，就像一位真正的"枢密院顾问夫人"那样。[1] 在她的世界里，女人从不与地位低于自己的人结婚。

父母的气派和风度有时可能会使11岁的小男孩感到厌烦。不过，

---

[1] 1955年，希尔德布兰德为他的最后一次艺术展览写了一本自传。他在书中称自己的母亲为"枢密院顾问夫人"，可能是为了显示她的专横以及对排场的喜爱。参考文章"A Kind of Fief," www.spiegel.de, November 13, 2013. 另见 NPG, www.gurlitt.tu-dresden.de, timeline for Cornelius Gurlitt.

他们家的地位令人极度自豪。他们处于威廉德国和泛德意志主义的中心,为他们国家巨大的文化遗产感到骄傲。[1] 也许,希尔德布兰德之所以对科尔内留斯感到厌烦,部分原因在于他在自己身上看到了父亲的影子。父亲那平静的声音、对隐私的极度偏爱以及对于低调而多产的生活的向往已经在他身上扎根。他的母亲则发出了相反的声音。她对礼节的坚持以及对排场和仪式的喜爱既令人感觉舒适又令人抓狂。歌德不是说过吗?——"芸芸众生之中,许多愚者收到了勋章和头衔。"如果希尔德布兰德猜测还有其他荣誉可以或应该被授予父亲或者古利特家族的其他成员,那也不能怪他。

即使希尔德布兰德在那个夏天或者接下来的岁月里可能会感觉恼怒或受到轻慢,但在神奇的皇家城市德累斯顿,他住在黄金屋里,备受宠爱。虽然他感到焦虑,不管是佯装还是真实的,但他完全相信,这种坚实的文化背景将会伴随自己一生。

他们家位于德累斯顿市 A-24 区凯策街(Kaitzer Strasse)。那座优雅的料石宅邸使希尔德布兰德产生了一种错误的安全感。房屋座落在专属的大型私人花园里,四周环绕着带有暗灰色栏杆的低矮砂岩墙壁。路人可以向内窥探,但永远无法擅自入内。一些人误以为这座巨大的房屋是一座博物馆,这是可以理解的。这里靠近德累斯顿火车总站,距离巴洛克风格的格罗塞尔公园(Grosser Garten)只有几步之遥。希尔德布兰德可以在俯瞰易北河(River Elbe)的美丽花园中散步,沉浸在宁静的氛围中,并且坚信在父亲的努力下,世界将会意识到德

---

[1] 当时,德意志帝国建国只有 37 年。

累斯顿巴洛克建筑的壮美。他甚至可以瞻仰这位现年 57 岁的一家之主的半身像，这座雕像竖立在花园内部，用来纪念科尔内留斯的成就。[1] 德累斯顿是这个男孩所知的唯一家乡。当他还只有 1 岁的时候，科尔内留斯就把家搬到了凯策街。他们一直是爱好艺术的布尔乔亚中产阶级家庭。不过，当希尔德布兰德的祖父、极为成功且备受敬仰的 19 世纪风景画家路易斯·古利特去世以后，科尔内留斯才获得了财富。[2]

希尔德布兰德不记得富兰克林街（Franklin Strasse）4 号那幢很小的房子了，那里离火车总站只有几条街。他们最初买下那所房子是为了便于前往疗养院看望弗里茨叔叔。希尔德布兰德的童年记忆满是对德累斯顿杰出人物的拜访和接待，包括这座城市里的艺术家、作家和音乐家。在希尔德布兰德的世界中，文雅、文学、建筑、音乐和美术处于核心位置。不过，1907 年夏天，在两次失望和一次随母亲外出之后，他生活的这个镀金私密世界将会受到撼动。

希尔德布兰德从未将他的失望诉诸笔端，但它们还是随时间流逝显现出来。失望对于任何一个青春期男女都属正常，但对希尔德布兰德来说，这种情绪源于他在这个重要人生时刻被人忽视的感觉。希尔德布兰德在 6 月得知父亲准备第二次前往奥斯曼帝国，以便完成一篇有关帝国艺术和建筑的文章。此次旅行将会花去大半个暑假的时间，而且他不会带上希尔德布兰德、科尔内利娅、维利巴尔德和他们的母亲。科尔内留斯辩解说，毕竟奥斯曼帝国并不是一个适合金发、白皙、

---

[1] 在调查过程中，我注意到这座半身像已经不在格罗塞尔公园里了。
[2] 路易斯出生于石勒苏益格－荷尔斯泰因（Schleswig-Holstein），当时那里还是丹麦领土。丹麦在 1864 年失去这片地区后，他就变成了德国人。

高素质妇女儿童的地方。[1] 如果他们提出抗议，科尔内留斯应该会提醒说，他需要同时兼顾大学工作和萨克森地区高级顾问的职责，因此夏季显然是他对外国艺术和建筑开展有意义研究的唯一合适的时间。

在科尔内留斯准备出行的嘈杂中，第二个失望出现了——依然以一种古利特家族长篇传奇故事的形式，而这一次则是围绕柏林市弗里茨·古利特画廊（Fritz Gurlitt Gallery）经营问题的诉讼和家族纷争。同年 6 月，科尔内留斯将自己投入到一片紧张忙乱之中，将已故弟弟的柏林画廊所有权转移给弗里茨长子沃尔夫冈（Wolfgang）。这是古利特家族为避免流言蜚语而竭力隐瞒了 14 年的一个冗长故事，因为它涉及通奸和精神错乱这两大耻辱。

∞

科尔内留斯的父母是以"路易斯"的名字为人熟知的 19 世纪风景画家海因里希·路易斯·特奥多尔·古利特（Heinrich Louis Theodor Gurlitt）和他第三任妻子、旧姓莱瓦尔德的伊丽莎白（Elisabeth）——又叫埃尔泽（Else）。他是父母的第三个儿子。[2] 埃尔泽是犹太人。当时，德国犹太人归化基督教社区的做法不仅常见，而且很受欢迎。在俾斯麦（Bismarck）和德国民族主义的全盛时期，许多人都公开讨论反犹主义，其中包括海因里希·冯·特赖奇克（Heinrich von Treitschke）等历史学家。特赖奇克曾在 1879 年公开

---

[1] Gurlitt's statements to the Allies, Personalakte C.Gurlitt, Sächs Städtarchiv HstA Dresden, 11125 Ministerium des Kultus und öffentlich Unterrichts, 15367.

[2] 前两次婚姻没有留下孩子。

表示："犹太人是我们的灾祸"（Die Juden sind unser Unglück）。[1]

在前几代犹太男孩中，他们学习德语之前首先需要学习希伯来文的读写。不过，在19世纪下半叶的民族主义狂热之中，希伯来语变成了次要语言，甚至被完全忽略。在许多犹太移民家庭，犹太戒律已经让位于一种叫做"启蒙"（Haskalah）的德国犹太人现象。那些没有完全放弃犹太教的人则发展出了一种"定制版"的犹太教形式，反映出人们对于一个繁荣统一的德意志国家的渴望。犹太生活从外部和内部都受到限制，所以犹太人热切希望逃离这种生活，他们将自己的生活打磨成了一种精妙的适应艺术，这似乎与音乐中的变调有些类似。这对莱瓦尔德家族来说即意味着投身知识和艺术领域，抛弃自己的犹太人身份，进入全人类都认可的艺术世界。

和欧洲其他地区一样，德国犹太人被排除在了主流之外：他们先是被剥夺了公民权利，随后又被赋予了公民权利，再后来又一次被剥夺公民权利。1870年，俾斯麦将德国迥然不同的封地、公国和地区统一起来，之后犹太人终于获得了公民身份。[2] 那些仍然践行旧信仰的人意识到了自己的危险处境。在哲学家摩西·门德尔松（Moses Mendelssohn）的启发下，他们不断调整自己的宗教戒律。在门德尔松对犹太信仰的改革运动中，犹太人不再需要通过着装、饮食和日常生活将自己同基督教徒区别开来。不过，出嫁或入赘到基督教家庭并

---

[1] Stephen Games, *Pevsner—The Early Life, Germany and Art* (London:Continuum,2010), 42; cf. Heinrich von Treitschke,"Unserer Aussichten,"published in the *Prüssichen Jahrbüchern*.

[2] Avraham Barkai,*From Boycott to Annihilation: The Economic Struggle of German Jews 1933—1943* (Hanover, NH: University Press of New England,1989),1.

皈依基督教仍然是许多犹太人证明自己也是"好德国人"的可行选项。

实际上,埃尔泽的姐姐范妮·莱瓦尔德早在17岁时就皈依了基督教。[1]希尔德布兰德后来表示,埃尔泽本人皈依了路德教。[2]因此,路易斯和埃尔泽的所有孩子都是在父亲信仰的宗教环境中成长起来的,完全没有接触到犹太传统。这不足为怪。这对夫妇一共生了6个儿子和1个女儿。

随着时间的推移,科尔内留斯在兄弟之中获得了一个家庭调停人的有利位置。从他的信件来看,他与大哥威廉最为亲近。[3]威廉比科尔内留斯年长6岁,是奥匈帝国格拉茨大学(University of Graz)的考古教授。在后来的生活中,科尔内留斯与二哥奥托的关系比较紧张。对于身为银行家的哥哥以及选择了高等教育和公共服务的弟弟来说,这种关系是可以预料的。

不过,在家族信件中,有一些迹象强烈表明,奥托也很讨厌科尔内留斯对四弟弗里德里希(Friedrich)的喜爱。弗里德里希被家人称为"弗里茨",他的确与科尔内留斯非常亲近。弗里茨似乎从很小的时候起就表现出一些纤弱的性格特征。不过,我们很难判断这是因为哥哥们想要保护他免受欺凌还是他真的很软弱。[4]

第5个儿子路德维希以改良主义者的热情进入了教育行业,他和

---

[1] 埃尔泽比范妮小11岁,所以她当时只有7岁。这个家族对于范妮转换信仰的反应已无从查证。不过,当时转换信仰司空见惯,尤其是因为它允许富有或有教养的犹太人与非犹太人结婚成为德国人。
[2] 埃尔泽死后才获得皈依证明。
[3] NPG中存有科尔内留斯和威廉的82封来往信件。
[4] NPG。这个主题贯穿在家族信件中。

科尔内留斯也不是很亲近。显然,他不满三哥帮助弗里茨处理事务的做法。[1] 第 6 个儿子约翰内斯是经济学家,又叫"汉斯"(Hans),和哥哥们之间隔着唯一的姐妹埃尔泽。每当古利特家族内部出现分歧时,威廉总会要求科尔内留斯进行调停,因为他的地位是"领导者……需要不断打造我们的家族意识和归属感"。[2]

在这种角色关系中,弟弟弗里茨留下的滥摊子自然需要由科尔内留斯处理。弗里茨娶了瑞士雕刻家海因里希·马克西米利安·伊姆霍夫(Heinrich Maximilian Imhof)的女儿、迷人的安纳雷拉(Annarella)。之后,他于 1880 年在柏林开了一家自己的画廊,画廊内的艺术品包括安纳雷拉的一部分嫁妆。3 年后,在好友们的帮助下——来自敖德萨(Odessa)的俄罗斯犹太移民卡尔·伯恩斯坦(Carl Bernstein)和费利斯·伯恩斯坦(Felice Bernstein),他举办了德国历史上第一场印象派艺术展。

伯恩斯坦兄弟有其独特之处。在旅居巴黎的漫长岁月里,他俩从自己的表亲、鉴赏家兼巴黎艺术批评家夏尔·埃弗吕西(Charles Ephrussi)和著名艺术经纪人保罗·迪朗-吕埃尔(Paul Durand-Ruel)那里了解到了印象主义。[3] 弗里茨的画廊成了法国印象派艺术家

---

[1] NPG, 032/168.

[2] Ibid., 056/023.

[3] 埃弗吕西家族极为富有。和罗斯柴尔德(Rothschild)家族一样,埃弗吕西家族将他们的儿子们派到外国去赚钱。埃德蒙·德瓦尔(Edmund de Waal)的获奖作品《琥珀眼睛的兔子》(The Hare with the Amber Eyes)中对此有精彩的描述。法国艺术经纪人保罗·迪朗-吕埃尔在 1870 年到 1871 年普法战争期间与克劳德·莫奈(Claude Monet)、卡米耶·毕沙罗(Camille Pissarro)和夏尔-弗朗索瓦·多比尼(Charles-François Daubigny)一起流亡到了伦敦。迪朗-吕埃尔推动了印象主义在整个欧洲和美国的普及。他还说过那句名言:"美国人不会笑——只会买买买!"

在德国的首选画廊，他还代表阿诺德·勃克林（Arnold Böcklin）、安塞尔姆·博伊尔巴赫（Anselm Beuerbach）和马克斯·利伯曼（Max Liebermann）等德国杜塞尔多夫学派浪漫主义画家与印象派建立了成果颇丰的关系。弗里茨很快成了柏林皇家国家美术馆（Königliche National-Galerie）馆长胡戈·冯·楚迪（Hugo von Tschudi）的宠儿。[1]

弗里茨的人生开局大吉，安纳雷拉也很快接连生下 4 个孩子。然而，到了 1890 年，曾经和蔼可亲的弗里茨开始与许多人发生争吵，其中就包括勃克林。安纳雷拉警告弗里茨的家人，情况正在失去控制，画廊当时由弗里茨的助手维利·瓦尔德克（Willi Waldecker）管理。很快，每个人都认为弗里茨表现出了令人不安的严重心理失衡迹象。最后，到了 1892 年，在科尔内留斯的命令下，弗里茨被转移到了莱比锡（Leipzig）附近的特恩伯格（Thornberg）。在那里，他可以在附近一家著名疗养院获得最好的治疗。最开始，他是以一名门诊病人的身份入住的。

在那一年中，随着时间推移，希望弗里茨恢复健康的愿望逐渐破灭，科尔内留斯也开始发觉安纳雷拉与瓦尔德克之间存在公开的"亲密"。在写给哥哥威廉的信中，他表示"我们很久以前就发现安纳雷拉四处寻找新欢——在画廊里，藏在她身后的家伙就是那个瓦尔德克"。[2] 1893 年 3 月 9 日晚上 9 点，弗里茨在平静中去世——比科尔内留斯预料的要早——最猛烈的家族风暴爆发了。

---

[1] 要想进一步了解楚迪及他在国家博物馆引入法国艺术品和现代艺术品的过程中起到的关键作用，请参考 Dictionary of Art Historians, www.dictionaryofarthistorians.org/tschudih.html。

[2] NPG, 032/090。

凌晨两点钟，一封电报带来了坏消息，惊醒了科尔内留斯全家。第二天早上，科尔内留斯和玛丽前去告知他们的父亲。父亲自然不胜悲伤。"到了那天晚上，她（母亲）觉得弗里茨身患这种疾病，能早早离去是一件幸运的事情。哭过以后，她平静下来，晚饭过后躺下来睡了。"[1]

不过，与安纳雷拉的决裂让氛围迅速变糟。弗里茨还未入土，科尔内留斯就给威廉写了一封信，语气相当激烈：

> 昨天，我听说那两个人（安纳雷拉和瓦尔德克）在12月中旬就立下了婚约。我跟路德维希和（我们的妹妹）埃尔泽经过讨论一致认为，在弗里茨下葬前，我们不宜对此事发表意见。不过，在葬礼前一天晚上，我觉得实在无法容忍安纳雷拉和瓦尔德克在不做出解释的情况下就跟我坐在同一张桌子上。我问她，他俩之间是怎么回事。他们承认想要结婚。我骂她是妓女，让她滚出我的家……这时，她说她"爱"他（瓦尔德克）……她完全没有承认自己的不忠。[2]

虽然安纳雷拉做出结婚的承诺，但传奇故事仍在继续。画廊面临破产，瓦尔德克企图榨干油水。弗里茨发疯的家族耻辱和安纳雷拉的不忠交织在一起，引发了长达14年的痛苦、仇恨及法律纠纷。之所以会有这些法律纠纷，是因为他们要保护弗里茨的声誉、画廊以及他

---

[1] NPG, 032/092.
[2] Ibid., 032/090.

孩子们的基本权利。在这段时间里，科尔内留斯替代了缺席的父亲的角色，代表弗里茨的4个孩子不断抗争，照顾他们，使他们能够健康成长。直到1907年夏，弗里茨的长子沃尔夫冈长大成人，科尔内留斯才将画廊从瓦尔德克和安纳雷拉的手里抢回来。[1]

∽

在青春期这个重要阶段，父亲给予堂兄沃尔夫冈极度的关注，希尔德布兰德像任何一个少年那样感到很受伤。不过，和今时今日不同，在当时这种家族事务中，人们很少会顾及一个孩子的感受。也许正因为科尔内留斯专注于帮侄儿沃尔夫冈收回遗产，玛丽才在那个夏天采取行动。也许她只是想让小儿子接触一下艺术世界。更加合理的推测是，一些艺术家朋友——包括德累斯顿表现主义艺术运动"桥社"（Die Brücke）创始人恩斯特·路德维希·基希纳（Ernst Ludwig Kirchner）、卡尔·施密特-罗特卢夫（Karl Schmidt-Rottluff）和埃里克·黑克尔（Erich Heckel）——经常来他们家做客，玛丽认为让小希尔德布兰德接触艺术奇迹的时机已经成熟。

希尔德布兰德后来写道："我永远不会忘记我和母亲、'萨克森皇家枢密院顾问夫人'在德累斯顿一条荒凉街道上的一家巴洛克灯具店里观看桥社第一次展览时的情景……粗犷而充满激情的强烈色彩和原始的艺术风格被包装进最简陋的木质画框中——准备像抽耳光一样给予中产阶级重重一击。它们也确实做到了。身为一个年幼学生的我

---

[1] 文献中没有记录沃尔夫冈的接管日期。

也被吓到了,但是'枢密院顾问夫人'说我们应该买下其中一幅有趣的作品。她把最让人称奇的一幅木版画买回了家。"[1]那副画表现了一种他和父母都很赞赏的反叛。从那时起,希尔德布兰德对现代艺术的喜爱一直都很鲜明。

希尔德布兰德还回忆了父亲对那副木版画的反应,引用了科尔内留斯的原话:"这件艺术品对你一生的重要程度可能不亚于争夺汉斯·托马(Hans Thoma)、阿诺德·勃克林和马克斯·利伯曼的作品对我一生的重要程度。"[2]他们都是弗里茨·古利特的代理对象。

∽

在视觉艺术方面,德国人自信有一种优越感,而且理由充分。慕尼黑的青骑士社(Der Blaue Reiter)的成员中有许多现代主义巨匠,包括出生在俄国的瓦西里·康定斯基(Wassily Kandinsky)、德国犹太人弗朗茨·马克(Franz Marc)和瑞士裔德国人保罗·克利(Paul Klee)。在康定斯基的领导下,他们为威廉主义[3]和反布尔乔亚情绪开出药方,给这个包括3 000名艺术家的社区定下了基调,甚至在1913年5月将不知名艺术家阿道夫·希特勒吸引到了慕尼黑。希特勒没有注意到青骑士社发起的运动,却对慕尼黑充满热情:"吸引我的是这种原始力量与美术气氛的美妙融合、那条从皇家啤酒屋(Hofbräuhaus)到奥德翁剧院(Odeon)的路线,还有啤酒节

---

[1] "A Kind of Fief," November 13, 2013, www.spiegel.de.
[2] Ibid.
[3] 指在威廉二世治下的德国,社会中普遍存在的一种保守主义。——译者注

（Oktoberfest）和美术馆（Pinakothek）……如果说那时我的内心获得过真正满足的话，它也完全来自维特尔斯巴赫（Wittelsbach）家族的神奇居所对每一个被赐福之人施加的魔法。"[1]

1899年，柏林分离派（The Berlin Secession）成立，由马克斯·贝克曼（Max Beckmann）、洛维斯·科林特（Lovis Corinth）和马克斯·利伯曼领导。1905年，桥社成立。5年后，新分离派（New Secession）成立。其中，后两个团队最初均以德累斯顿为大本营。桥社成员包括恩斯特·路德维希·基希纳、马克斯·佩希施泰因（Max Pechstein）和埃米尔·诺尔德等艺术家。不过，在他们努力达到现代主义新高度的过程中，他们那脱离传统社会约束的愿望听上去却像是宣战。

"桥社"这个名字来自尼采的理论：人是通往人类高级状态的桥梁。该组织于1906年的声明指出："我们信任新一代创造者和艺术爱好者，我们号召年轻人联合起来。我们这些掌握未来的人应当为自己创造出一种身心自由，而这种自由与老一代人倍感舒适的价值观截然相反。任何真诚和直接重现自身创造力的个人都可以是我们中的一员。"[2]

1907年是西方文明开始粉饰战争罪恶的开创之年，德国的变化只是其中的一个缩影。所有人的目光都转向了海牙（Hague）和意在倡导和平的第二次会议[3]。正如和平活动家安德鲁·卡内基（Andrew Carnegie）说的那样，会议的失败预示着20世纪的灾难。

---

[1] Adolf Hitler, *Mein Kampf* (London: Pimlico, 1997), 116–17.
[2] Barbara Butts, "Modern German Drawings 1875—1950," *Bulletin St. Louis Art Museum*, New Series (vol. 21, no. 2), 5.
[3] 19世纪末，各欧洲大国为了争夺霸权，展开激烈的军备竞赛。处于劣势的沙皇尼古拉二世号召各国于1899年及1907年在海牙召开和平会议，商议削减军备等事宜。——译者注

第三章

从海牙到维也纳

和平不仅仅意味没有战争。

——贾瓦哈拉尔·尼赫鲁（Jawaharlal Nehru）

对希尔德布兰德·古利特的未来而言，1907年也是一个不同寻常的转折点，部分原因在于精力充沛的和平活动家贝尔塔·冯·苏特纳男爵夫人大获成功，而生活在远方的阿道夫·希特勒遭受了同等分量的痛苦。男爵夫人致力于和平，希特勒则热衷仇恨与战争。这两个人在那一年都生活在维也纳，也都将改变20世纪的文化思潮路线。

冯·苏特纳男爵夫人在各类主义混杂军事侵略的浪潮中成长，代表了希特勒所厌恶的那一个维也纳。她是一位国际主义者，生活在一座多语言多民族的城市。维也纳中许多男女都出身王室，为自己身上流淌的马札尔血统、捷克血统、斯洛伐克血统、摩尔达维亚血统和奥地利血统[1]感到自豪，并且热爱这座有着2 000年历史的多元化大都市。男爵夫人眼中的维也纳是一座有着明确价值观且好客热情不绝的城市。它是一座文明的堡垒，精心雕凿的石砌建筑象征着永恒的习俗和良好的品位，同维也纳新建的现代主义建筑及闪闪发光的宽大街道相得益彰。[2]对阿道夫·希特勒来说，这座名为维也纳的城市和贝尔塔·冯·苏特纳对世界和平的坚定追求一样陌生。

宝贵的哈布斯堡王朝和宫殿组成了一个宏大的世界，苏特纳的维也纳正是它的缩影。晨间报纸不会用军事、政治甚至商业内容玷污它们的头版，它们更喜欢将皇家城堡剧院（imperial Burgtheater）的节目单或者其他赏心悦目的艺术消息放在头版。这座雄伟的城堡剧院是莫扎特《费加罗的婚礼》首演的地方，是肖邦、勃拉姆斯、李斯特和鲁宾斯坦（Rubinstein）举办音乐会并赢得起立鼓掌的地方，是艺术的狂热触动各个行业的人们、将不同群体联合在一起的地方。

虽然科尔内留斯·古利特住在德累斯顿，但他很容易理解维也纳。在古利特家族成员居住的城市——德累斯顿、莱比锡、柏林以及奥地利的格拉茨[3]（Graz）——他们是当地建筑、音乐和艺术领域的领头羊。科尔内留斯已经因其对巴洛克建筑的捍卫而获得了国际声誉。对贝尔塔、科尔内留斯以及许多历史学家和艺术家来说，真正的艺术可以穿越国界和不同的社会环境，将人们连接起来。

---

[1] 马扎尔人是匈牙利的主体民族。摩尔达维亚是东欧的一个历史地理区域，包含今罗马尼亚、摩尔多瓦、乌克兰的部分领土。——译者注

[2] Stefan Zweig, *The World of Yesterday* (Kindle edition, Plunkett Lake Press e-book, 2012), 14-17.

[3] 奥地利第二大城市。——译者注

作为一名年轻而贫困的贵族女子,男爵夫人曾在巴黎做过阿尔弗雷德·诺贝尔[1](Alfred Nobel)的短期秘书。后来,这位"朱丽叶"姐姐抵挡不住心动的诱惑,和"罗密欧"弟弟,即未来的冯·苏特纳男爵走到了一起。不过,诺贝尔和贝尔塔仍然保持着频繁的书信往来,诺贝尔关于欧洲和平的思想在贝尔塔的头脑中留下了深深的烙印。在诺贝尔去世以前,他们一直都是很好的朋友。最终,贝尔塔将从诺贝尔手上接过倡导裁军的重任。

1905年,贝尔塔获得了诺贝尔和平奖——她是镭的发现者玛丽·居里(Marie Curie)之后第二个获得诺贝尔奖的女性。[2]诺贝尔一直是一个乐观主义者,他在男爵夫人的鼓励下决定设立这个奖项,还从自己在巴黎的家给她写了一封信,称"你大老远都已经能听到它那沉闷的轰隆声了……我愿用我的财产设立一个奖项,每五年颁发一次",以奖励对欧洲和平做出最切实贡献的那些人。诺贝尔认为,在颁发六次以后,和平奖就可以终止了,"因为如果社会在35年的时间里都无法得到改良,那么我们人类将不可避免地陷入野蛮状态。"[3]

当泰迪·罗斯福总统在那一年召开第二次海牙会议时,苏特纳男爵夫人和美国慈善家安德鲁·卡内基积极投身于这项工作中,号召成立国际联盟(League of Nations)。他们相信,成立该组织的合适人选就是德国皇帝威廉。对卡内基来说,这位皇帝是"对世界上的战争

---

[1] 著名瑞典化学家,生前发明炸药,设立诺贝尔奖。——译者注
[2] 1911年,贝尔塔成了卡内基和平基金会(Carnigie Peace Foundation)咨询委员会的一名成员。
[3] Barbara W. Tuchman, *The Proud Tower* (New York: Bantam Books, 1967), 271.

负责的那个人"。[1] 卡内基因钢铁业致富，但在几年前就卖掉了企业，以便完全投身于慈善事业中。[2]

另一方面，卡内基也是一个不同寻常的美国外交家，因为他知道英国人担忧的事情：德皇拼命想打破大英帝国及其海军的统治地位。每个人都知道，作为英王爱德华七世的外甥和俄国沙皇尼古拉二世的表哥，德皇非常嫉妒这两个人治下的帝国。对罗斯福而言，德意志帝国"警觉、尚武、工业发达……[而且]鄙视……海牙会议的整个和平思想。"[3]

虽然裁军在会议的议事日程上，但它从未获得批准。不过，与会的46个国家还是达成并批准了一份表面上的协议。值得注意的是，各国在许多方面都达成了一致，包括对和平解决国际争端的方式之定义和规程；有关开战的公约；军队和交战人员的构成；将商船改成战舰的规范；如何对待战俘、战事记者、为伤俘提供救济的人员以及非战斗人员。

虽然1907年10月18日签署的协议令和平主义者失望，但它还是规定了战争中一系列保护文明的安全措施。第25条严格禁止通过任何形式攻击或炮击不设防的城镇、村庄、居住区或建筑。根据第27条的规定，在下列建筑没有被同时用于军事目的的前提下，必须采取一切必要措施尽量避免对其进行围攻或炮击：专门用于宗教、艺

---

[1] Barbara W. Tuchman, *The Proud Tower* (New York: Bantam Books, 1967), 328.

[2] 卡内基位于宾夕法尼亚州的钢铁厂中发生了霍姆斯特德罢工事件。事件所导致的灾难性后果一直困扰着卡内基，直到他生命的最后阶段。当 J.P. 摩根（J. P. Morgan）提出以几百万美元收购卡内基钢铁公司（Carnegie Steel）时，卡内基立即接受了对方的条件。

[3] Barbara W. Tuchman, *The Proud Tower* (New York: Bantam Books, 1967), 325.

术、科学和慈善的建筑，历史遗迹，医院以及收容病人和伤员的场所。根据第 27 条中的一个奇特规则，被围攻人员有义务通过清晰可见的标志提前向敌人通告这些建筑或场所的存在。[1]在7年后爆发的战争中，这条规定将会影响希尔德布兰德的命运。

1907 年的《海牙公约》显然没有对正在集聚的暴风雨产生任何影响。不过，这份最终被所有与会国认可的协议文本之中还隐藏着一个附录"关于陆战地区法律和习惯的规定"。此附录第三节"在敌国领土上的军事管辖权"包含如下规定：

> 第 46 条。必须对家族荣誉和权利、人员生命、私人财产以及宗教信仰及活动予以尊重。
>
> 不得没收私人财产。

在即将爆发的冲突中，这些条款将会遭遇第一次重大挑战。

               ∞

对失意艺术家阿道夫·希特勒来说，在他迈向万人唾弃的未来的过程中，1907 年是最具决定性的一年。这一年，他跟着母亲克拉拉（Klara）和半同胞妹妹[2]葆拉（Paula）搬到了奥地利林茨的郊区乌尔法尔（Urfahr），这里地处风景秀丽的多瑙河山谷（Danube

---

[1] 要想获得 1907 Hague Convention 的全文，请参考 www.icrc.org/applic/ihl/ihl.nsf/52d68d14de6160e0c12563da005fdb1b/1d1726425f6955aec125641e0038bfd6。

[2] 原文如此。葆拉其实是希特勒的亲妹妹。——译者注

valley）。虽然克拉拉尽了最大的努力，但是这位 48 岁的寡妇很久以前就知道自己基本控制不了夸夸其谈的儿子。1905 年，阿道夫离开了高中，并没有像普通人那样拿到高中毕业证书，因此失去了接受高等教育的可能。更让她担忧的是，阿道夫拒绝安顿下来谋生——她应该很希望儿子能工作，因为她只有每月 140 克朗的抚恤金以及卖掉莱昂丁（Leonding）附近那所房子后获得的收入。[1] 根据老师的描述，阿道夫"声名狼藉、爱吵架、任性、傲慢、脾气暴躁……还……懒惰……"年轻的希特勒个性鲜明，在十几岁时就表现出愤怒对抗世界的本性。[2]

事实证明，和许多事情一样，学校也是希特勒不愿面对的一项挑战。实际上，因为表现过于糟糕，他被送到斯泰尔（Steyr）的一家寄宿学校，以便改善成绩。在那里，他充分表现出自己的平庸，偶尔还会显露自己恶劣的脾气。希特勒用各种借口对乏善可陈的成绩进行解释，包括疾病、专横的父亲（他的父亲已经去世）以及他的艺术气质和他（在不努力的情况下）取得伟大成就的远大志向。他的老师们被指责带有政治偏见，出于自己狭隘的思想无法理解希特勒强烈的社会观，因而经常受到这个十几岁学生的斥责。

如果克拉拉当初相信搬到林茨市能够改善暴躁儿子的前途，那么她的希望很快就破灭了。希特勒丝毫没有努力参与社交——他既不联系之前的同学，也不理睬和他一样大的青年男女。他的社交缺陷增加了母亲的忧虑，因为他现在变成的这个年轻人充其量只能算作一位懒

---

[1] Alan Bullock, *Hitler: A Study in Tyranny* (London: Book Club Associates, 1973 revised edition), 27; cf. Franz Jetzinger, *Hitler's Youth* (London 1958), 68–69.
[2] Ibid., 30.

到骨子里的、性情暴躁的白日梦想家。不过，就和其他许多母亲一样，克拉拉只能硬撑着。

在漫无目的的日子里，希特勒常常独自沿着多瑙河游荡，或者登上1 329英尺高的弗赖贝格山[1]（Freiberg Hill）欣赏周围的风景。在弗朗茨·约瑟夫瞭望台（Franz Joseph's outlook）投下的阴影中，他会坐在自己最喜爱的长椅上画速描或看书。当然了，那些素描都是他根据个人喜好对林茨市进行疯狂而彻底的重新设计的草图，其中包括新造桥梁，当然，还有他自己的艺术圣殿。

他的晚上常常是在剧院度过的，尤其是当剧院上演瓦格纳（Wagner）的歌剧时。一天晚上，当希特勒站在顶层楼座上看歌剧时，他遇到了当地家具商的儿子奥古斯特·库比泽克（August Kubizek），后者酷爱音乐。和希特勒一样，库比泽克喜怒无常，并将他的愤怒行为归咎于自己的艺术气质。两个人对音乐的热爱立即成了他们之间的纽带。那天晚上，他俩步行回家，兴奋地谈论着自己听到的音乐，并且发现他们之间有许多共同语言。[2] 很快，库比泽克成了希特勒唯一的朋友。后来，库比泽克在《阿道夫·希特勒：我儿时的朋友》一书中将希特勒描述为"贯穿我一生的一条主线"。[3]

这个"在顶层楼座上站在他身旁的脸色苍白、身体瘦弱但穿着考究的男孩"，即年轻的希特勒凭借自己对艺术的说教式观点主导了他

---

[1] 山上有一处新石器时代后期的聚落，被认为是这座城镇最初的居民点。在两座山上都可以俯瞰到城市和多瑙河，而它是其中一座。

[2] Charles de Jaeger, *The Linz File: Hitler's Plunder of Europe's Art* (Exeter: Webb & Bower, 1981), 11.

[3] Lothar Machtan, *The Hidden Hitler* (Oxford: Perseus Press, 2001), 30; cf. August Kubizek's book *Adolf Hitler: Mein Jugenfreund* (Graz/Göttingen: 1953), 229, 203.

们之间的所有谈话。不过,根据库比泽克的回忆,在他们那个年龄段,希特勒在谈话中并没有表现出任何政治倾向。令他印象最为深刻的是希特勒那双充满魅力、瞪得很大的冰蓝色眼睛。[1]

∞

虽然阿道夫收获了这段很有希望的新友谊,但克拉拉仍然无助地看着 19 岁的儿子变得日益痴迷,沉浸在成为建筑师或者知名艺术天才的白日梦里。克拉拉当然比儿子要清醒。她曾在前一年把阿道夫送到维也纳的亲戚那里住了几个星期,希望他能找到某种明智的方向,因为她十分清楚,没有高中文凭的阿道夫是不可能上大学的。希特勒结束维也纳之旅回到了家。他的维也纳之旅闪闪发光,充满壮观的美术馆、歌剧院和庄严的建筑。当他的素描簿中积累起数百张素描和水彩画时,他深深地沉迷到一种热情中,想重新设计一座横跨多瑙河两岸的"新"林茨。这种热情将一直持续到第二次世界大战末期他在柏林地堡里的最终时刻。[2]

根据目前的文献,我们并不知道克拉拉是否让儿子明白他的选择其实不多。不过,在 1907 年初的某个时候,年轻的希特勒再次去了维也纳,也许是为了打听进入美术学院(Academy of Fine Arts)的事情。[3] 希特勒以从未有过的巨大精力投入到这项工作之中。他甚至和

---

[1] de Jaeger, *Linz File*, 12.
[2] Bullock, *Hitler*, 30.
[3] 林茨是上多瑙河(Upper Danube)地区的省会城市。它的"艺术"传统根基是音乐而不是视觉艺术:安东·布鲁克纳(Anton Bruckner)在大教堂担任风琴手时创作出他的交响曲;城市管弦乐队的一位指挥是李斯特的学生,曾与瓦格纳合作。歌唱家里夏德·陶贝尔(Richard Tauber)在这里出生。阿道夫·艾希曼也是林茨人。

朋友库比泽克制订了一个计划：他们同住一个房间，库比泽克会进入音乐学院，而希特勒会去美术学院学习。虽然克拉拉仍然焦虑谨慎，但她最后还是放儿子出行了。

就在那一年9月初，希特勒来到维也纳，为入学考试备考。他住在斯通佩尔巷（Stumpergasse）29号一个波兰犹太人女房东昏暗的单层住宅里，不远处就是维也纳当时的主购物街玛丽亚希尔夫大街（Mariahilferstrasse）。[1] 在紧张的等待过程中，希特勒呼吸着城市繁荣的空气，从剧院和美术馆汲取养分。他看到了走路速度慢似"骑兵骆驼"的维也纳上流社会人士。对他来说，穿着带有高硬领——被称作"弑父领"——的黑色双排扣长礼服、梳着柔顺的发辫、戴着高顶礼帽的上流阶层男人是怪异的，用鲸须胸衣和不协调的遮住脚趾的钟形波浪长裙虐待自己身体的细腰女人也很奇怪。[2] 对这位成长期的暴君来说，这两种人都成了笑柄。

希特勒后来写道："……我专注于自己在建筑领域获得的大量知识，被自己的艰难命运所压迫……在刚开始的几个星期里，我的眼睛和感官对蜂拥而至的价值观和思想应接不暇。直到我逐渐恢复平静，直到我脑海中焦躁的画面开始消散，我才更加仔细地观察周围的新世界。"[3] 希特勒并没有看到作家斯蒂芬·茨威格（Stefan Zweig）所说的"进步的天使长"，即人类智力在艺术实验和现代科技发明上取得的胜利及其推动者的先驱精神。

---

[1] de Jaeger, *Linz File*, 14.
[2] Stefan Zweig, *The Society of the Crossed Keys* (London: Pushkin Press, 2013), 66.
[3] Adolf Hitler, *Mein Kampf* (London: Pimlico, 1997), 48.

当希特勒回过神后，他突然将注意力集中到维也纳城中将近 20 万的犹太人身上。在他看来，这些人主宰着这座有大约 200 万人的城市。就像一个郁郁寡欢的市民憎恶改变那样，希特勒向朋友库比泽克高声抱怨，说克里姆特（Klimt）、席勒（Schiele）和其他具有"青年风格"（Jugendstil）的维也纳分离主义者的艺术或设计作品既色情又堕落。[1] 在音乐方面，他猛烈抨击作品充满喧哗躁动的作曲家及指挥家古斯塔夫·马勒（Gustav Mahler），说他只不过是一个举止粗鲁、没有天份的犹太人，以在竞争对手演出过程中跺脚搞破坏而著称。

坦白地说，艺术界和音乐界都已经疯了，希特勒对每一个愿意听他发表意见的人咆哮。现代音乐无调作曲的新潮流令他痛苦地龇牙咧嘴。对希特勒来说，水平线上的唯一一座灯塔是维也纳观众也认同他的看法。面对无调现代音乐的冲击，他们公然发出嘘声，大吵大嚷。维也纳古板的旧传统在希特勒心中根深蒂固。他看到了使用多种语言的奥匈帝国受到了外来影响——希特勒厌恶一切带有世界性或异国味道的事物，厌恶一切忤逆他热爱的民族的事物。[2] 实际上，奥匈帝国各种刺耳的语言令他生厌。捷克语、罗马尼亚语、马札尔语和斯拉夫语污染了他所热爱的德语——这在国际都市维也纳里很常见——这个想法对他来说是一种刺耳的诅咒。

不过，希特勒最为鄙视的还是分离派对建筑学的攻击。他们那个由约瑟夫·玛丽亚·奥尔布里希（Joseph Maria Olbrich）设计的"总

---

[1] 在德国，青年风格派被称为"分离主义者"。
[2] Peter Vergo, *Art in Vienna 1898—1918* (London: Phaidon, 1975), 16.

部"是在大约 9 年前建造的,最初被戏称为"迈赫迪的坟墓"。随后,某个诙谐的维也纳记者戏谑地将其称为"亚述人的公共厕所",其他人则认为它是一个温室和高炉的混合品。这座建筑的顶部饰有一个由月桂树叶和浆果组成的镀金透雕半球。当希特勒看到它的时候,它的外号已经变成了"金色卷心菜"。[1] 建筑物的正面装饰着犹太专栏作家和艺术批评家路德维希·海韦希(Ludwig Hevesi)的名言:"给时代以艺术,给艺术以自由"(Der Zeit ihre Kunst, der Kunst ihre Freiheit)。[2] 对刚刚产生警惕之心的希特勒来说,它象征着维也纳、变换着的欧洲前卫艺术图景以及艺术—设计关系中的一切错误。

※

当然,希特勒美术学院入学考试的成绩是凄惨的。虽然他勉强通过了 9 月的第一阶段考试,却没能通过 10 月的绘画考试。他的画作平庸乏味,里面完全没有人物形象,且缺乏创意。学院的归类名单用词简略:

> 下列考生的成绩不及格,或者说没有被录取……
> 　　阿道夫·希特勒,[出生地]布劳瑙(Braunau a.Inn),1889 年 4 月 20 日。
> 　　德国人。天主教徒。父亲为公务员。学历实科学校四年。

---

[1] Peter Vergo, *Art in Vienna 1898—1918* (London: Phaidon, 1975), 34.
[2] Ibid., 37.

画中几乎没有人物。考试画作不合格。[1]

希特勒暴跳如雷。那些考官完全是一群食古不化的官僚，无法理解他非凡的才能。这个学院应该被炸掉！学院怎么能如此目光短浅呢？那一年，他们接受了古斯塔夫·克里姆特（Gustav Klimt）的黄金设计以及他用油彩、白银和黄金在帆布上完成的《阿德勒·鲍尔-布罗赫像》（*Portrait of Adele Bauer-Bloch*），但是怎么能拒绝希特勒的自然召唤呢？为什么维也纳人成群结队前去欣赏现代主义绘画，却不欣赏他的古典主义呢？希特勒自然没有理睬下个学期重新申请建筑学院的建议。要想去建筑学院学习，他需要高中文凭。[2]

愤怒又沮丧的希特勒并没有返回林茨老家，他留在维也纳，嫉妒着每一个马札尔人、斯拉夫人、捷克人、马克思主义者、共济会会员、同性恋者和犹太人的社会地位——那是他所没有的。希特勒不停地愤怒声讨着这座城市。唯一的例外是维也纳市市长卡尔·卢埃格尔（Karl Lueger），这位市长由于帅气的外表而被称为"英俊的卡尔"。卢埃格尔喜欢鼓动人群，以强迫敌人屈服于自己的意志著称。他还是一个有名的反犹主义者，拒绝将犹太人、泛德意志主义者和社会民主党党员纳入他的政府。作为一名虔诚的天主教徒，卢埃格尔尤其喜欢鼓动公众反对犹太人，他将布达佩斯称为"犹达佩斯"，嘲笑这座匈牙利城市中日益繁荣的犹太人社区。难怪卢埃格尔会成为对希特勒政治生

---

[1] Bullock, *Hitler*, 30; cf. Konrad Heiden, *Der Führer* (London: 1944), 48.
[2] de Jaeger, *Linz File*, 14–15. 这是安德森教授（Professor Andersen）的回忆。在考试期间他坐在希特勒的旁边。

涯产生重要影响力的战略及战术催化剂。

希特勒认为，奥地利要想实现自我拯救，需要结束多民族国家的现状。[1]"在这段时期，"希特勒写道，"我看清了两个威胁，之前几乎都不知道它们的名字，而且显然也不理解它们其实对德国人民的存在极其重要。这两个威胁就是马克思主义和犹太人。"[2]未来的失败艺术家、极端民族主义者和种族主义者已经进入了满怀仇恨的酝酿阶段。

出乎意料的是，1907年圣诞节前夕，克拉拉·希特勒（Klara Hitler）被癌症夺去了生命。她的儿子将不受约束地成长为一个反社会者和暴君，作为一股黑暗力量在20世纪无恶不作地横行20年。她曾一直梦想着亲爱的儿子阿道夫能够找到谋生之道并最终在社会上取得一席之地，然而却抱憾而终，从未看到那一天。

这是她的幸运。

---

[1] Hitler, *Mein Kampf*, 10–11.
[2] Ibid., 20.

第四章

前因后果

> ……欧洲的君主无视我那些不得不说的话。很快我那强大的海军就会践行我的话语，到时候他们就会更加恭敬了。
>
> ——德皇威廉二世致意大利国王

和其他数百万人一样，希尔德布兰德·古利特和阿道夫·希特勒年轻的生命即将被永远改变。共产主义、马克思主义和社会主义正在与古老的帝国抗争，以夺取权力。妇女们想要投票权。[1] 被征服的国家和受压迫的人民吵嚷着要获得更大的自由。到了 20 世纪之初，思想和威胁已经转变成了行动。在各种主义和两次世界大战令人难以想象的混乱和流血中，这个世纪将会遭到不可挽回的破坏。

每个国家都遭受了大量新信仰带来的困扰，这些信仰导致了不同

---

[1] 在英国，在 1884 年《第三改革法案》（Third Reform Act）通过之前，未达到熟练工人标准或者不被视作农村工人阶级的男性没有投票权。男性的普选权是在 1918 年和女性在同一时间实现的。在德意志帝国，男性在 1871 年获得普选权。在美国，普选权法案在各州依次通过，而直到 1920 年全美各州才全部通过。

地区、不同城市、敬拜场所和工作场所、家庭和家族之间的分裂。带有复仇情绪的"主义时代"到来了，它将一切都染成红色——如果不是血液，就是狂热信仰产生的红雾。在世界各个角落，帝国主义、共和主义、社会主义、马克思主义、布尔什维主义、共产主义、资本主义、自由主义（liberalism）、自由意志主义（libertarianism）、法西斯主义、泛德意志主义、泛斯拉夫主义、泛意大利主义[1]、工会主义、虚无主义、无神论、无政府主义、恐怖主义、和平主义、女权主义和反犹主义在政治和社会领域竞相角力。其中一些是意识形态，另一些则是各种主义。各种宗教信仰——天主教、新教、伊斯兰教、犹太教、佛教以及其他既有宗教——日益被卷入其他宗教、政治及社会领域各式主义的漩涡中。面对新思想的猛烈冲击，沉默的社会主流大众拥抱传统主义和保守主义。他们认为只要拒绝任何新事物，自己的世界就不会遭到破坏。

他们忽视了皇帝威廉二世鼓吹的泛德意志主义带来的威胁。从德语圈的角度看，威廉对抗法国和俄国侵略的战争是正义的。在不到10年时间里，泛德意志主义者及其泛德意志同盟（Alldeutscher Verband）从一个非原创的心怀仇恨的激进右翼小派别发展成了一个主流政治联盟，得到了奥匈帝国和德国各个国家级报纸的支持。泛德意志同盟誓言团结一切德语人民，这对邻国造成了隐性威胁，但德皇不予理会，因为它从根本上符合德皇的扩张主义计划。没有人愿意将

---

[1] 意大利沦陷区（Italia Irredenta）是指那些不在意大利王国境内但居民也讲意大利语的欧洲领土，大部分位于奥匈帝国的政治疆界（political boundaries）中。

德意志人统一在每况愈下的奥匈帝国领导之下。

∞

在这个激动人心、充满火药味的时代,希尔德布兰德·古利特考入中学,主修美术。在凯策街的家里,人们在提到"泛德意志主义"一词时充满了自豪。和许多大学讲师一样,希尔德布兰德的父亲是全心全意接受泛德意志主义的知识分子之一。这种主义的目的是将一切德语人民团结在一个德意志超级大国的羽翼之下。和希特勒一样,科尔内留斯·古利特相信,只有德皇才有资格推行这项德意志事业。[1]

长期以来,多民族人口中的异见一直困扰着奥匈帝国。更糟糕的是,国家内部讲德语的中产阶级一直梦想着建立一个横跨欧洲中部的强大的泛德意志国家,但让他们感到非常震惊的是年迈的皇帝弗朗茨·约瑟夫却希望自己的斯拉夫裔臣民实现自治。同德意志人的抱负类似,斯拉夫人正在设想一个从地中海延伸至波罗的海的东欧泛斯拉夫国家。

有趣的是,在1870年德国统一后,相互矛盾的泛德意志和泛斯拉夫运动都复兴了。这是导致1914—1918年那场战争的剧变之一。帝国建设是这场战争的核心,因为德国在列强的宴会上姗姗来迟。

当美国也成为这场帝国赌局的后来者时,许多美国人都感到惊讶。毕竟,美利坚共和国是没有殖民地的。麦金利总统(President

---

[1] Christina Kott, *Préserver l'art de l'ennemi? Le patrimoine artistique en Belgique et en France occupées, 1914—1918* (Brussels: Peter Lang, 2006). 科特(Kott)在德国艺术宣传期刊《钟楼》(*Der Belfried*) 142–43 中引用了科尔内留斯·古利特的文章。

McKinley）在 1901 年遇刺后，新任总统西奥多·罗斯福肆意践踏了巴拿马的主权。他甚至将德皇的势力赶出了委内瑞拉。不过，到了 1905 年，罗斯福一反常态地在日俄之间调停，达成和平——这是他第一次涉足国际和平领域。[1] 在罗斯福的领导下，美国轻松挤上早已拥挤不堪的帝国舞台。

一场即将吞没世界各个帝国的欧洲战争在豪华沙龙和绅士俱乐部的低语中酝酿。和 1901 年的麦金利一样，奥匈帝国的伊丽莎白皇后[2]（Empress Elisabeth）在 1898 年遭刺杀身亡。西班牙首相卡诺瓦斯（Canovas）、法国总统卡诺（Carnot）以及意大利国王也在世纪之初遇刺。1905 年，第一次俄国革命遭到了残酷镇压，沙皇之前对杜马（俄国议会）的让步被宣布无效。尼古拉觉得自己在威廉表兄日益傲慢、咄咄逼人的态度下显得弱势。威廉在冗长的信件中高谈阔论，要求年轻的沙皇做出"更多的演讲和更多的检阅"，以便赢得"永远遭受上帝诅咒的"俄国人民的支持。[3]

在超过 15 年的时间里，威廉皇帝一直渴望获得能够与英国匹敌的海军和帝国。由于在不必要的扩张政策以及 1871 年德国对法国阿尔萨斯（Alsace）和洛林（Lorraine）的占领上存在分歧，他甚至解雇了德意志帝国的缔造者奥托·冯·俾斯麦（Otto von Bismarck）。

---

[1] Christina Kott, *Préserver l'art de l'ennemi? Le patrimoine artistique en Belgique et en France occupées, 1914—1918* (Brussels: Peter Lang, 2006), 317.

[2] 即茜茜公主。——译者注

[3] Barbara W. Tuchman, *The Guns of August* (New York: Ballantine Books, 1994), 11.

俾斯麦对德意志的伟大理想做出了巨大贡献，但威廉的观点仍然得到了许多德国人的支持，包括古利特家族。崇尚武力的普鲁士将军弗里德里希·冯·伯恩哈迪（Friedrich von Bernhardi）对德皇持有的德意志民族主义思想做出了最好的概括，他认为德国的"合法目标"是"确保德国和全世界的德国人民获得他们应该获得但至今没有获得的高度尊重"。[1] 身在维也纳的希特勒也衷心赞同这种观点。

在法国，1871年阿尔萨斯－洛林沦陷后德国皇家陆军（Imperial German Army）在香榭丽舍大道（Champs-Élysées）上列队前进的屈辱回忆仍然清晰且令人窒息，仿佛就在昨天。俾斯麦接着要求战败的法国支付50亿法郎作为战争赔款——发动战争的成本首次被坚决而正式地转移到战败国肩上。[2]

不过，深谋远虑的俾斯麦意识到法国的复仇欲望会导致以德意志帝国为敌的联盟，而这些联盟最终可能会引发新的战争。然而，德皇仍然我行我素，于1879年和奥匈帝国缔结"两国同盟"。1882年，意大利的加入使之变成了三国同盟。[3] 遭受重创的法国缓慢地做出了反应，在1894年与沙皇结成了法俄同盟。

德皇对表亲们的帝国存有嫉妒心。除此之外，"生存空间"进一步驱策德国发动侵略。还有一个因素是对法俄同盟形成的包围圈的恐惧。法英两国在1904年通过一系列协议达成的英法协约也明显增加

---

[1] Barbara W. Tuchman, *The Guns of August* (New York: Ballantine Books, 1994), 8.
[2] F. Lee Benns and M. E. Seldon, *Europe 1914—1939* (New York: Meredith Publishing, 1965), 5.
[3] Ibid., 9–11. 意大利沦陷区在巴尔干地区和亚得里亚海（Adriatic）与奥匈帝国存在冲突，因此这是一个反常的同盟。

了德国的恐慌。

德国必须在这个包围圈将自己击溃之前对敌人展开攻击，德皇忿忿道。科尔内留斯·古利特和阿道夫·希特勒坚定地支持这种观点。不过，由于法国东部建有庞大的防御工事，因此唯一可以成功进攻法国的方法就是取道比利时。自1839年以来，比利时一直在英国的保护下保持中立。当陆军元帅（Field Marshal）戈尔茨（Goltz）坚定地倡导"我们的地位来自锋利的宝剑，而不是尖锐的思想"时，入侵比利时的最后一丝顾虑消失了。

油腔滑调、高傲自大的外交部长伯恩哈德·冯·比洛伯爵（Count Bernhard von Bülow）无所顾忌地宣扬比利时的默许态度。他后来将德皇的新近愿望潦草地写在自己的衬衫袖口。[1] 他怀着必胜的信心和高涨的热情搓着手说，比利时人不会抵抗是简单的常识。遗憾的是，除了比洛的自豪感，德皇还有其他事情需要考虑，他向有着贪婪恶名的比利时国王利奥波德（Leopold）提供了两百万英镑，以确保比利时维持中立。[2] 利奥波德极为惊愕，在结束与德皇的会面时，才发现他把王冠都戴反了。

另一方面，法国留意到了德皇的敌意。1871年，法国屈辱战败，德意志帝国在凡尔赛宫镜厅宣告成立。之后，法国用两条带有壕沟的加固防线"贝尔福-埃皮纳勒"（Belfort-Epinal）和"图勒-凡尔登"（Toul-Verdun）守卫东部边境，用"莫伯日-瓦朗西安纳-利勒"

---

[1] 冯·比洛紧握外衣上的翻领，模仿贵族亚瑟·贝尔福（Arthur Balfour）在议会上的从容姿态。有传言说，他曾在家里对着镜子练习这种姿势。

[2] F. Lee Benns and M. E. Seldon, *Europe 1914—1939* (New York: Meredith Publishing, 1965), 30. 利奥波德国王是一个卑劣的人，对在刚果实施的各种暴行负责。

（Maubeuge-Valenciennes-Lille）监视比利时边境的西半边，将自己围了起来。"法国只有一个想法，"维克多·雨果（Victor Hugo）写道，"重建她的力量，聚集她的能量，滋养她那神圣的愤怒，抚育年轻一代去组建一支全体人民的军队……然后，到了某一天，她将变得不可抵抗。然后，她将收回阿尔萨斯-洛林。"[1]

在欧洲腹地，对强大条顿帝国的恐惧引发了更多的同盟。当时，塞尔维亚发出了反哈布斯堡的宣传。在这种威胁下，奥匈帝国希望推进以德国武器为支持的"东向扩张"计划，因此塞尔维亚向俄国寻求保证。当然了，这个计划与沙俄夺取君士坦丁堡和博斯普鲁斯海峡（Bosporus Strait）的"历史使命"及其保护斯拉夫人民的悠久传统存在尖锐的冲突。伦敦一遍又一遍地发出警告：德国对"太阳下的位置"的要求不利于英国的利益。现在，是时候加大对德皇的压力，促使他重新思考自己的政策了。

与此同时，在维也纳，希特勒观察着奥地利的社会民主党人、格奥尔格·冯·舍纳雷尔（Georg von Schönerer）的泛德意志民族主义者以及维也纳本土的卡尔·卢埃格尔和他的基督教社会党（Christian Social Party），他从中学到了未来的专制艺术。他从社会民主党人那里发现了大规模示威和宣传的力量，这并不令人吃惊。

"我注视着维也纳工人每四人一排不间断的大规模游行队伍，"

---

[1] F. Lee Benns and M. E. Seldon, *Europe 1914—1939* (New York: Meredith Publishing, 1965), 36.

希特勒在《我的奋斗》中写道。"我目瞪口呆地站了将近两个小时，看着这条巨大的人流之龙在我面前缓慢展开。"[1] 格奥尔格·冯·舍纳雷尔和他的泛德意志组织——一个试图通过仇恨将人们团结在一起的反社会主义、反犹主义和反哈布斯堡的组织——教会了希特勒最重要的事情。"领导艺术包括用单一敌人将人们的注意力统一起来，并确保这种注意力不会被任何事情打扰……天才领导者必须有能力使不同的对手看上去仿佛同属一个阵营。"[2]

和以前一样，在希特勒看来，维也纳市市长卡尔·卢埃格尔是唯一能够成功发起群众运动的人——尽管他们二人之间存在一个明显的区别，即卢埃格尔的反犹主义以宗教和经济观点为基础，希特勒的反犹主义则基于种族。卢埃格尔曾宣布："我来决定谁是犹太人。"赫尔曼·戈林（Hermann Göring）后来也说过类似的话。不过，最令年轻的希特勒感到困惑的是，卢埃格尔拒绝承认德国优于多种族的哈布斯堡王朝。后来，他写道，奥地利"领导者认识到了大规模宣传的价值，在唤起选区内广大群众的精神本能方面，他们是名副其实的艺术大师"。[3]

和希特勒类似，在这场运动中，科尔内留斯·古利特一直抱持着由德国管理一个泛德意志国家的理念。在德国，沙文主义正处于顶点，影响力最大的军国主义普鲁士容克地主们领导人们建立起了泛德意志

---

[1] Alan Bullock, *Hitler: A Study in Tyranny* (London: Book Club Associates, 1973 revised edition), 44.
[2] Ibid., 45.
[3] Ibid.

同盟、海军联盟（Flottenverein）和防御联盟（Wehrverein）——"这些庞大的组织遍布整个帝国，正在依照明确的计划为'不可避免'的争夺世界霸权的战争做准备。"[1]据估计，到1913年时，这类组织的成员数量在欧洲有200万，"海外"另有200万。这些机构公开声明的目标是加深民族自豪感，促使所有德意志人都认识到自己身为世界主要力量的责任。对泛德意志主义者来说，这种局面不存在任何道德问题。只要能够得到想要的结果，一切手段都是合理的。

为了实现他们的目标，需要制定一项国家政策来控制教育。所有反对民族主义的倾向必须得到抑制，所有民族主义和爱国政策必须得到鼓励。为了将德国的影响力和职责传播到国外，德国积极鼓励德国移民前往殖民地。能够取得现实结果的积极政治增加了德国财政的特殊利益。正是泛德意志主义者发明了如今已陈腐不堪的词语"现实政治""国际政治""盎格鲁-撒克逊威胁""斯拉夫危险"和"重大事务"。[2]

✤

在德皇为了使德国称霸欧洲而打造的军火库中，泛德意志主义的净化盐与军国主义的武力威胁只是其中两样武器。正像希尔德布兰德·古利特会了解的那样，尽管德国也拥有一些伟大的音乐家、艺术家和文学大师，但德国文化在国际上仍然隐藏在法国、英国甚至意大

---

[1] David Starr Jordan, "The Ways of Pangermany," *Scientific Monthly* 4, no. 1 (1917), 29.
[2] Ibid., 29–31.

利的光芒背后。在威廉二世的手里，德国文化将成为一面高贵的盾牌，所有德语人群都可以集结在盾牌之后。曾经担任柏林皇家国家美术馆馆长的胡戈·冯·楚迪被德皇放逐到了巴伐利亚州立收藏馆（Bavarian State Collections），而这仅仅是因为楚迪喜爱法国现代艺术，尤其是毕加索（Picasso）。由于冒犯了德皇的德国优越感，楚迪一直没有恢复原职。

希特勒也从德皇那里学到了文化和艺术在政治上的重要性。艺术本是一处平静的避难所，它所传递的文化信息是为了将所有人联系在一起，不管他们的种族、国籍和社会地位如何。不过，艺术正在变成一种制造分裂的政治工具。

在探索自身边界的同时，艺术对于纷争或新的主义也无法免疫。印象主义、后印象主义、立体主义、未来主义、表现主义、野兽主义、进步主义、先锋主义以及更为强势的美术、文学和音乐分裂了思想，引起了纷争。每个流派都有其拥护者和诋毁者。

技术也在对艺术施压。摄影术和电影技术的进步向艺术家发起挑战，驱使他们探索新的领域、新的表现手法和新的思想，以便将他们的技艺与摄影术区分开，使他们能够继续为剧变的文化界带来新影响。在音乐方面，挑战有时是一种不协和音（dissonant）的趋势；或者，与传统主义者截然相反，它是恢复活力的流畅旋律，令人想起几个世纪以来未曾改变过的绵延起伏的乡野。在文学方面，实验性的哲学和观念大量涌现。

工业化带来的发展和进步超出了希尔德布兰德·古利特父辈和祖父辈的理解范围。伟大的工具和发明释放了人类的能量，电、汽车和内燃机等非凡发明将世界带进了机器时代。生产力在15年内提高了4倍。卫生领域的进步降低了死亡率。医学终于成了一门可以救死扶伤的蓬勃发展的科学。结果，光是欧洲人口就增长了1亿——相当于1650年时整个欧洲的全部人口。[1]

在美国，范德比尔特（Vanderbilt）、摩根、洛克菲勒（Rockerfeller）和卡内基等国家缔造者名下的大型公司获得了急速上涨的新利润。卡内基钢铁公司在1896年价值600万美元，仅仅4年后就增长到了令人瞠目结舌的4 000万美元。人们开发了铝及其他轻合金，化学工业也同时创造出了新工艺和新材料。

使用可替换部件的"美国体系"成了所有工业化国家的标准惯例。和钢铁一样，炸药改变了世界的面貌，使巴拿马运河和贯穿阿尔卑斯山的辛普朗铁路隧道（Simplon Railway Tunnel）等巨型挖掘工程和史诗级建筑项目成为可能。1867年，炸药上市，其后30年里，炸药产量从11吨增长到了66 500吨。[2]

不过，进步最大的还是军火工业。研制成功的炸药被转作军事用途。由炸药发明家阿尔弗雷德·诺贝尔申请的无烟火药专利使士兵能够从隐蔽处向敌人射击。小口径来复枪出现在市场上。它的弹道经过改进，子弹可以飞得更远，也更加准确，使远距离作战成为可能。野战炮的自动回弹也促进了战争的机械化，提高了作战效率。地雷、水雷、鱼雷和即将大展拳脚的潜艇是军事指挥官欣喜的理由。

---

[1] Barbara W. Tuchman, *The Proud Tower* (New York: Bantam Books, 1967), 272; cf. *World Population and Production*, W. S. and E. S. Woytinsky (New York: 1953), 530.

[2] Ibid., 273.

现在，每一方都可以在不靠近敌人的情况下杀掉对方。甚至就连沙皇也认识到俄国是不可能追赶上这种技术进步的，他在一封写给母亲的信中哀叹道："这个世界上发生了许多奇怪的事情。当你读到这些事情时，只能耸耸肩膀。"[1]

∽

英帝国拥有南北美、太平洋、整个印度次大陆、非洲以及加勒比海的殖民地，它是当时黄金的标准。英国殖民大臣（colonial secretary）约瑟夫·张伯伦（Joseph Chamberlain）认为"昭昭天命"（manifest destiny）对帝国至关重要，也赋予了英国抵抗一切新来者的权利。不过，在那个时候，带来严重危害的军备竞赛已经改变了帝国的国防形势。

威廉二世的德意志帝国在武器生产方面处于领先地位，其增长率为79%。紧随其后的是沙俄的75%。英国当时仍然是最大的帝国，其军火和三军军力增长了47%，法国增长了43%。因此，到了1914年，德意志帝国和俄罗斯帝国已经成了主宰欧洲的陆上强国，英国皇家海军感受到了德意志帝国带来的严重威胁。[2]

武器当然需要由人来操纵，德国是第一个使用征兵制的国家。德国海军联盟是一个支持德国扩张主义的特殊利益团体，由海军上将蒂尔皮茨（Admiral Tirpitz）领导，拥有鲁尔（Ruhr）实业家和军火制

---

[1] Barbara W. Tuchman, *The Proud Tower* (New York: Bantam Books, 1967), 275; cf. *Secret Letters of the Last Czar*, ed. E. J. Bing (New York: 1938), 131.

[2] Brian Bond, *War and Society in Europe 1870—1970* (Stroud: Sutton Publishing, 1998), 56.

造商的必要支持,并且与柏林的海军局(Naval Bureau)维持着宝贵的直接联系。很快,整个欧洲大陆都效法德国。征兵制被纳入宣传活动中,宣传活动展示了军旅生活如何能够改善健康状况,延长寿命。征兵制的另一个好处是可以使士兵们接受低工资、严格的管理和绝对的服从。[1]

有了所有这些火力和人员的储备,为了证明自身在殖民地的主权以及陆海之上相对于敌对帝国的优势,德国就需要发动战争。自19、20世纪之交起,德皇就一直努力为德国争取应有的国际领导地位。早在1906年,德军参谋部将军阿尔弗雷德·冯·施利芬伯爵(Count Alfred von Schlieffen)就完成了征服法国的规划:德国动用150万军队的7/8兵力,只用6个星期应该就可以击败法国。

不过,德皇还需要赶走表弟尼基(Nicky)的俄罗斯军队,保护奥匈帝国的利益,打破英国用枪杆子对国际外交长达百年的钳制。

---

[1] Brian Bond, *War and Society in Europe 1870—1970* (Stroud: Sutton Publishing, 1998), 66.

第五章

战争

假如你自己的父亲是敌人的一员,你也会毫不犹豫地直接朝他扔手榴弹!

——埃里希·玛丽亚·雷马克,《西线无战事》

1914 年 8 月,枪火响起。在此之前,在 7 月最后几个宁静的日子里,希尔德布兰德正在巴黎看望科尔内利娅。他已经以优异的成绩从德累斯顿文实中学毕业,即将在 9 月以艺术生的身份进入法兰克福大学(University of Frankfurt)。[1] 他当时 18 岁,已经长出了小胡子站立时身姿完美。他并不高,看上去很瘦,但很英俊,长着深邃的棕色眼睛和一头棕发,目光聪慧。科尔内留斯和玛丽·古利特完全有理由为两个儿子自豪:希尔德布兰德的哥哥维利巴尔德已于同年 6 月从莱比锡大学(Leipzig University)毕业,并获得音乐学位。

---

[1] NPG, 126/025.

科尔内利娅就完全是另一回事了。实际上，这个家庭不得不将关注点从儿子的成就转移到科尔内利娅身上。摆在他们眼前的问题是如何以最小的动静将科尔内利娅从巴黎解救回来，因为据说她已经走上歧路，和一个已婚男人混在一起。由于希尔德布兰德总是被科尔内利娅视作"小家伙"，因此每个人都认为他将会很受欢迎，而科尔内利娅则可能会认为维利巴尔德的探访会对自己新发现的自由造成威胁。对希尔德布兰德来说，这项任务的另一个好处是他将有机会亲自考察活跃的巴黎艺术圈。

显然，科尔内利娅有着令家人担忧的反叛性格和阴暗面。不过，她还是出落成了一个年轻貌美的姑娘。她那心形脸蛋和精致面容掩盖了内心酝酿的躁动。她深受德累斯顿桥社作品的鼓舞，在1909年决定违背父母的愿望放弃学业。虽然父亲异常坚决地建议她成为学者，但科尔内利娅很倔强，就像一头拒绝被人牵着走的骡子。她坚持认为自己无意从事艺术教学。相反，她更希望自己能成为一位表现主义艺术家。[1] 她是决心按照自己认为合适的方式去生活，不容别人干预的女性。即使从今天的标准来看，她也是一位相当现代的女性。

就和许多艺术家一样，科尔内利娅觉得学校教育并没有让她做好画家生活的准备。她以坚定的决心武装自己，在1910年进入汉斯·纳德勒（Hans Nadler）位于格罗登（Gröden）的艺术学校。在那里，她遇到了一生挚友洛特·瓦勒[2]（Lotte Wahle）。离开格罗登后，她

---

[1] NPG, 031/45. 1914年6月初，科尔内利娅在开姆尼茨展出自己的作品。
[2] 约翰妮·夏洛特·瓦勒（Johanne Charlotte Wahle, 1884—1952），表现主义艺术家，后来成了艺术家康拉德·菲利克斯穆勒（Conrad Felixmüller）的伴侣。

继续在汉堡附近的希特费尔德（Hittfeld）求学，并且似乎与市长的儿子、潇洒的罗尔夫·多南特（Rolf Donandt）结成了超越柏拉图式友谊的关系。

1913年时，科尔内利娅已经来到了巴黎。她似乎在艺术家同行的陪伴下过上了梦想中的生活，还和出生在摩拉维亚的奥地利表现主义画家、已婚的安东·科里格（Anton Kolig）同床而眠。她的情人在1911年引起了古斯塔夫·克里姆特的兴趣，克里姆特为科里格安排了前往巴黎的留学奖学金。[1] 如今，科里格以自己的男女裸体像作品被世人熟知。他后来创作了一幅大型油画《挽歌》——前景是一位半躺着的裸体男子，背景是一对面对面跪着的小小的裸体男女。这是一幅献给科尔内利娅的作品，半躺着的男子下面画着一条横幅，上面清晰地写着她的名字。"我不知道你在我和科尔内利娅相处的那段时间里是怎样生活和坚持下来的，"科里格后来向妻子写道，"每一次，我都很晚才回家，以免看到自己对你造成的伤痛……但是我怎么能违抗命运呢？"[2]

谁也不知道希尔德布兰德在巴黎期间和科尔内利娅之间发生了什么，如果真的发生过什么的话。不过，有关科尔内利娅当时心情的一

---

[1] 科里格与科柯施卡完全生活在同一个时代。科里格自1907年至1912年就读于美术学院（Akademie der Bildenden Künste），也正是在这段时间内，学院拒绝了希特勒的入学申请。Oxford Art Online, www.oxfordartonline.com.ezproxy.londonlibrary.co.uk/subscriber/article/grove/art/T047206?q=Kolig%2C+Anton&search=quick&pos=1&_start=1#firsthit.

[2] Hubert Portz, *Zimmer frei für Cornelia Gurlitt, Lotte Wahle und Conrad Felixmüller*, Exhibition Catalogue Kunsthaus Désirée, Hochstadt, 26 April—14 June 2014 (Landau: Knecht Verlag, 2014), 29; Kolig letter; cf. Wilhelm Baum, *Kunstwerke sind Stationen auf dem Passionsweg zu einem verlorenen Paradies, Briefe und Dokumente zum "Nötscher Kreis"* (Klagenfurt: Kitab Verlag, 2004), 194n.

条线索留在一幅小型画像中。科尔内利娅从蒙帕纳斯（Montparnasse）艺术商处买了一张纸，在上面画出了弟弟的形象。他看上去就像梅菲斯特一样，眉毛竖得老高，露出险恶的微笑。然而，不管姐弟之间发生了怎样的个人闹剧，一场更大的灾难在前方迫在眉睫。[1]

∽

就在古利特姐弟陷入激烈讨论中的同一时刻，他们周围的世界正在迅速分崩离析。1914年6月28日星期日上午10:45，弗朗茨·费迪南大公（Archduke Franz Ferdinand）及其妻子索菲（Sophie）在萨拉热窝遇刺，松开了控制着奥匈帝国与塞尔维亚王国之间紧张局势的最后一块制动器。刺客加夫里洛·普林齐普（Gavrilo Princip）只有19岁，是革命组织波斯尼亚青年会（Young Bosnia）的成员。绰号为"黑手会"（Black Hand）的秘密军事团体鼓励青年会开展行动。

虽然有人用"雷电交加"来形容弗朗茨·费迪南与皇帝叔叔的关系，但这种暗杀断断续续地持续了大约17年，这最后一次暗杀足以引发无可挽回的危机，最后引爆一场战争。弗朗茨·费迪南不是特别受人爱戴，而且经常被人形容为缺少一种叫做心脏的人体部位。不过，奥匈帝国就像一个18世纪的年老决斗者那样要求获得满意的结果，还计划将塞尔维亚纳入自己的版图，如同1908年黑塞哥维那被塞尔维亚吞并那样。作为世界上最重要的斯拉夫力量，俄国虽然受到了军

---

[1] 这幅画曾出现在波茨博士（Dr. Portz）在德国普法尔茨（Pfalz）霍赫施塔特（Hochstadt）举办的一场独特的展览上。我要感谢波茨博士，他将这幅画翻转过来，露出了这个标记，还帮我联系到了画的主人。

备竞赛的严重拖累，但也不得不和塞尔维亚并肩站在一起。[1]

"在人们得知悲剧后的一两个小时内，布达佩斯变成了一座哀悼之城，"在那个对未来具有重大意义的日子里，英国女家庭教师比阿特丽斯·凯尔西（Beatrice Kelsey）在日记中写道，"所有娱乐活动都被取消了，公共建筑上出现了升至一半的黑色横幅和旗帜。街道上只有少数行人，他们安静地走着，说话的声音也很轻。"[2]

威廉的德国已经做好了准备，拥抱这一时刻的到来。7月5日，德皇公开保证，如果奥匈帝国对塞尔维亚的惩罚行动引来俄国的枪火，他将"忠心支持"弗朗茨·约瑟夫皇帝。自那以后，轻率投入战争的结果已不可避免。7月23日，奥匈帝国向塞尔维亚下达最后通牒，还驳回了塞尔维亚3天后的回复。不过，在一份奥地利最后通牒副本的页边注释中，威廉写道，来自塞尔维亚人的和解信息"驱散了所有的战争理由"。[3] 接下来，他们只需要最后一搏，让英国保持中立态度。

英国首相亨利·赫伯特·阿斯奎思（Henry Herbert Asquith）麾下的海军大臣（First Lord of the Admiralty）温斯顿·丘吉尔（Winston Churchill）有一种很强的战争嗅觉。对于英国应当采取的行动，丘吉尔本人有一套清晰的观点。在7月26日那"非常美好的一天"

---

[1] Barbara W. Tuchman, *The Guns of August* (New York: Ballantine, 1990), 85.
[2] Joyce Marlow, ed., *The Virago Book of Women and the Great War* (London: Virago Press, 1998), 19. 这份出色的文献将各国女性的战争经历收集起来了。
[3] Ibid.; cf. *Outbreak of the World War*, collected by Karl Kautsky and edited by Max Montgelas and Walther Schucking, translated by Carnegie Endowment (New York: Oxford, 1924).

中，在与第一海务大臣（First Sea Lord）巴腾堡亲王路易斯[1]（Prince Louis of Battenberg）协商以后，丘吉尔命令舰队在完成无关的测试动员演习后不得散开。他认定"海军形势不应该被外交形势甩在后面。大舰队（Grand Fleet）须在德国确定我们是否参战前处于战备状态。而且，如果可能的话，在我们自己决定是否参战前，大舰队会处于战备状态"。[2]

丘吉尔另一个同等重要的举动是说服首相授权战争部（War Office）和海军部向德国发出一份"警告电报"，正式开启预警期。这项"由天才发明的措施……允许军队在时间成为唯一重要因素时可以在不告知内阁的情况下根据战争部长（Secretary of War）的口头命令采取某些措施"。[3] 阿斯奎思的内阁中"小英格兰主义者"和久经沙场的老战马之间存在着巨大分歧，而这种策略正是为其量身定做的。

随后，德国在7月30日宣告了"战争危险"。第二天中午，德国对俄国的最后通牒在没有获得回复的情况下失效。德国驻俄国大使被要求当天下午5点之前就要对俄国宣战。为了能与英国相抗衡，德皇一直致力于建设战争经济和海军舰队，不过一想到可能会爆发一场全面战争，他就突然变得"像汤姆猫一样病恹恹的"。[4] 威廉二世希

---

[1] 他和其他皇室成员一样，需要在战争期间被迫更改自己的名字，减弱"德国风格"。巴腾堡变成了蒙巴顿（Mountbatten），国王乔治五世（King George V）也从萨克斯—科堡和哥达王室（Royal House of Saxe-Coburg and Gotha）的首领变成了温莎王室（House of Windsor）的首领。

[2] Winston S. Churchill, *The World Crisis 1911—1914* (London: Thornton Butterworth, 1923), 230. 楷体字是丘吉尔的原话。

[3] Tuchman, *Guns of August*, 111–13.

[4] 陆军和海军自然是需要花钱的。德皇的海军带来的国家债务在过去10年内增长了一倍。

望在不打仗的情况下赢得获胜的荣誉——在不流血的情况下获得磨刀霍霍带来的快乐。当战争近在眼前时，他开始在电报旁注中威吓英国，比如"啊哈！常见的伎俩""胡说！""格雷先生只是虚张声势"[1]甚至"那个流氓不是疯了就是傻了！"[2]德皇怀疑英国人口是心非。

由于外交大臣爱德华·格雷说话喜欢拐弯抹角，因此他发给德国驻伦敦大使利赫诺夫斯基亲王（Prince Lichnowsky）的书面公报受到了误解。作为最诚挚的亲英派人士，利赫诺夫斯基比大多数人更愿意相信英国希望避免战争。他错误地发出了英国希望和平的信号。[3]

不过，从军事角度看，这条消息来得太迟了。战争动员已经开始，无法被改变了。德军正在向卢森堡进发。他草拟了一封电报，说明英国将会保持和平，以确保军队不会在8月3日19:00之前穿越边界。

在法国，约瑟夫·霞飞（Joseph Joffre）将军怒不可遏。他愤怒地召回了处于收粮休假中的士兵，在边界部署了更多军队，确保英法协作。不过，5年来的第10个内阁反应迟缓。8月3日星期一，西线战争爆发。

⁂

对于大多数美国人来说，欧洲战事仍然非常遥远。美国总统伍德罗·威尔逊（Woodrow Wilson）是一位自由派国际主义者，当时的年纪足以使他回忆起南北战争带来的破坏。和许多人一样，他认为数

---

[1] 爱德华·格雷爵士（Sir Edward Grey，1862—1933）时任英国外交大臣。
[2] Tuchman, *Guns of August*, 90.
[3] Ibid., 91–92.

千名年轻人死得毫无意义，令人无法接受。更糟糕的是，他觉得自己无力阻止一场欧洲战争，还认为傲慢深植于欧洲人的骨髓。对威尔逊来说，正是这种傲慢导致了各国对权力的不懈追求并引发了欧洲战争。在他看来，军国主义是对民主的威胁。如果战争来临，美国不应该和它扯上任何关系。

在欧洲，许多美国人继续处理着日常事务，完全没有意识到几天后的危险。8月1日，威廉·伦道夫·赫斯特（William Randolph Hearst）旗下《纽约世界报》的前明星记者内莉·布莱（Nellie Bly）登上了从纽约出发途经南安普敦（Southampton）和勒阿弗尔（Le Havre）前往维也纳的海洋号皇家邮轮。她这次旅行与新闻工作无关，只是努力将自己从破产命运中拯救出来。[1]

奥斯卡·邦迪（Oskar Bondy）是内莉的好朋友，他的继承人后来将成为希尔德布兰德的窃贼堂兄沃尔夫冈的受害者。邦迪是维也纳犹太商人，在食糖贸易中发了财。他已经同意以内莉的西三十七街（West Thirtyseventh Street）15号住宅为抵押向她提供1万美元的贷款。另一方面，内莉从丈夫那里继承了一个钢管公司。公司经理之前一直在欺骗她，如今她试着从骗局中恢复过来[2]。她打算在维也纳与邦迪见面，就进一步为她的艾恩·克拉德公司（Iron Clad Company）融资一事进行商讨，然后当月内返回纽约。奥地利已经对塞尔维亚宣战，德国也在她启程前四天就做好了入侵卢森堡的准备。

---

[1] 在这个她的企业徘徊于破产边缘的漫长故事中，她曾由于蔑视法庭而被监禁20天并被罚款3 000美元。参考 Brisbane Papers, "Nellie Bly," Syracuse University of New York。

[2] Brooke Kroeger, *Nellie Bly: Daredevil. Reporter. Feminist* (New York, 2013, Kindle edition).

在她的筹划中，时局这个因素也并不微弱，但显然她对战争的恐惧比不上对破产的恐惧。

船上的人传言说德国人将袭击他们并盗走货舱中价值 400 万美元的黄金，内莉说：“希望如此。那将是一次美好的经历。”[1]

奥匈帝国对塞尔维亚宣战后，科尔内利娅的情人安东·科里格意识到自己必须立即回国。他们的情人关系结束了，是因为他首先做出了离开巴黎的决定，还是因为希尔德布兰德先让科尔内利娅保证放弃，我们就永远不得而知了。不过，到了 7 月 29 日，科里格和他的妻子已经坐上了开往维也纳的火车。希尔德布兰德和科尔内利娅则准备途经被包围的比利时前往科隆（Cologne），最后抵达德累斯顿。古利特姐弟可能处于最严重的危险之中。因为德军正在向比利时边境逼近。1914 年 8 月 4 日星期二，英国对德国宣战。最后 5 天回避战争的外交恐慌很可能使科尔内利娅和希尔德布兰德躲过了一场灾难。他们平安返回德累斯顿。问题是，作为一名坚定的泛德意志主义者，希尔德布兰德会参军吗？

每一座欧洲城市都在用自己特有的兴奋感迎接战争。"我被暴风雨般的热情所俘虏，跪了下来，心中充满感激，感谢上天赐予我生活

---

[1] Brooke Kroeger, *Nellie Bly: Daredevil. Reporter. Feminist* (New York, 2013, Kindle edition).

在这个时代的好运。"希特勒写道。[1] 在柏林,有一家报纸在特刊登出了"武器的祝福"这样的新闻标题。社论称:"活着是一种喜悦……在我们达到目的之前,被迫握在我们手中的剑将不会插回剑鞘。"其他一些怀有中间派思想的人则感到沮丧,担心德国工人和国际工人都将遭受巨大损失。[2]

德国入侵比利时 1 个小时后,比利时王室成员的马队出现在布鲁塞尔的街道上。临街的房屋装饰着花环和比利时国旗。人们欢呼雀跃地涌向室外。陌生人之间像老朋友一样互相打着招呼。人们高喊"打倒德国人!让刺客去死!独立的比利时万岁!"奥地利大使一边透过国会窗口看着外面的王室游行队伍,一边擦去眼角的泪水。[3]

巴黎也出现了类似的场面,不同之处是大受欢迎的人们身上制服的颜色。穿着红色军裤和深蓝色束腰大衣的法国士兵一边前进,一边喊着口号:"我们的阿尔萨斯和洛林!夺回阿尔萨斯!冲,冲,冲!"晚上 6:15,美国驻巴黎大使迈伦·赫里克(Myron Herrick)给维维安尼总理(Premier Viviani)打电话,用沙哑的声音告诉他,自己刚刚接到了在德国大使馆升起美国国旗的请求。他可以接受指责,但必须拒绝升旗的请求。[4]

伦敦的情绪则要更加阴郁。英国是一个存在巨大阶级鸿沟的国家,人们通常可以根据帽子的类型判断你的社会地位。如果一个住在小镇

---

[1] Adolf Hitler, *Mein Kampf* (London: Pimlico, 1997), 148.
[2] Tuchman, *Guns of August*, 144–45.
[3] Ibid., 148–49.
[4] Ibid., 145.

或城市里的人戴着布帽或软帽，那么他很可能就住在简陋的排屋或阴暗的砖房里，在地下煤矿或震耳欲聋的工厂里工作。幸运的人们会住在田庄工人的住所里，给那些戴着硬草帽、圆顶礼帽或大礼帽的主人打工。同法国和德国一样，英国的工人阶级要求获得更高的工资和更好的生活水平。毕竟，大多数工人阶级男性只能活到49岁，女性只能活到53岁。许多人营养不良，弯腰驼背，或者患有肺结核，发出巨大的呼吸声。[1]

英国内阁同样存在严重的分歧。两位部长——莫利勋爵（Lord Morley）和约翰·伯恩斯（John Burns）已经辞职，主持大局的威尔士的"天生强人"戴维·劳合·乔治（David Lloyd George）犹豫不决。首相夫人玛戈特·阿斯奎思（Margot Asquith）回忆说，8月3日，当唐宁街（Downing Street）10号内阁会议室（Cabinet Room）里的座钟指针指向11:00时，会议仍然没有停止。午夜过后不久，她怀着深深的忧虑离开那里，爬上了台阶。她最后看到的画面是温斯顿·丘吉尔微笑着快步走向内阁会议室的双扇门。[2]

当德皇听说英国宣战时，他虚伪地抱怨道："要是有人事先告诉我英国会拿起武器反对我们就好了！"[3] 整件事情的最大遗憾是双方都坚定地相信并告诉他们的人民：所有士兵都可以在圣诞节之前回家。

---

[1] *Daily Telegraph*, www.telegraph.co.uk/ww1archive.
[2] Margot Asquith, *The Autobiography of Margot Asquith* (London: Weidenfeld & Nicolson, 1995), 294–95.
[3] Ibid., 143.

数日之后，维利巴尔德·古利特以军官的身份加入第 4 军（Fourth Army）第 12（皇家萨克森）预备部队（Twelfth [Royal Saxon] Reserve Corps）第 23 预备师（Twenty-Third Reserve Division）第 100 团（Hundredth Regiment）的李斯特连（List Company），但他入伍太晚，没有看到 1914 年 8 月 23 日协约国在蒙斯（Mons）的第一次大撤退以及德军入侵法国。[1] 希尔德布兰德按照计划进入法兰克福大学，但他在第一学期就参加体检，后被征召到德累斯顿的军队中。到了 1915 年，作为一个面带稚气的中尉，他加入哥哥所在的第 100 团的第 7 连（Seventh Company）。[2]

在东线，9 月上旬，俄军在东普鲁士附近的坦嫩贝格（Tannenberg）被德国陆军元帅保罗·冯·兴登堡（Paul von Hindenburg）和埃里希·鲁登道夫将军（General Erich Ludendorff）率领的第 8 军（Eighth Army）击败。[3] 同一周，东普鲁士马祖里湖区[4]（Masurian Lakes）发生了针对俄国第 1 军（First Army）的大屠杀。在 49 万俄国军人组成的队伍中，超过 17 万俄国人被杀、受伤、失踪或者被俘。

---

[1] Kgl. 萨克森第 23 预备师。这个师后来被分成了 3 个部分，并且从 1914 年 8 月到 1916 年 7 月一直驻扎在香槟（Champagne）地区。要想了解德国陆军的活动情况，请参考 *Histories of Two Hundred and Fifty-One Divisions of the German Army Which Participated in the War (1914—1918)* 的第 337-340 页。此书汇编自 1919—1920 年驻扎在法国肖蒙（Chaumont）的美国远征军情报部的记录。

[2] 网站 ancestry.com 的在线军事记录。

[3] 其他司令官包括埃里希·鲁登道夫将军、马克斯·霍夫曼（Max Hoffmann）和赫尔曼·冯·弗朗索瓦（Hermann von François）。俄第 2 军（Second Army）的 23 万人中有 7.8 万人被杀，9.2 万人被俘。在德国方面，根据文献，第 8 军的 15 万人中有 1 万到 1.5 万人死伤。

[4] 现处波兰境内。

对科尔内利娅来说，9月也是一个可怕的月份。她听说她特殊的朋友罗尔夫·多南特在马恩河战役的第一天就阵亡了。她很可能意识到了德国在战争中可能会遭受巨大的损失，她也可能会失去两个兄弟，因此觉得自己也应该参战。科尔内利娅自愿参加了红十字会的护士培训，然后被派到了最血腥的战场：东线的维尔纳[1]（Vilna）。和以前一样，这使她的父母感到有些惊慌。

到了10月，德国说服日趋衰落的奥斯曼帝国加入同盟国参战，希望能够使俄国失去它所渴望的温水港。同时，德国计划入侵印度。[2] 奥斯曼帝国已经不再是欧洲的灾星，但它仍然拥有横跨整个中东的广袤国土，包括沙特阿拉伯的大片土地、俄国的高加索山脉、古老的美索不达米亚以及如今的伊拉克。

到了战争的第3个月，战壕已经成为每个士兵的家或腐臭、泥泞的冰冷棺材。那些仍然相信能回家过圣诞节的人本能地意识到这是一场消耗战。当1914年12月17日第一次阿图瓦战役开始时，科尔内利娅在不知道维利巴尔德身在何处以及他和希尔德布兰德过得怎么样的情况下给维利巴尔德写了一封信。士兵的信件自然会受到审查，以免泄漏有关作战或增援的一些重要信息。她无法确知弟弟在她写信那天是否还在阿图瓦（Artois）。这封信的内容体现出了一个更加镇定的科尔内利娅。她每天工作14到15个小时，每次换班也许只有3个小时的休息时间。她说自己会在条件允许的时候画画。她担心自己的

---

[1] 今立陶宛维尔纽斯（Vilnius）。
[2] BBC Radio 4, *On This Day 100 Years Ago series*.

信无法在圣诞节前送到维利巴尔德手上。不过,她随即不带感情地说,她自己也会错过平安夜,这个圣诞节和过去的圣诞节大相径庭。接着,她想到了战壕里的人们,他们"潮湿、饥饿、疲劳,但却非常勇敢,仅仅因为活着就很高兴"。她恳求维利巴尔德在这片"充满敌意的土地上"照顾好自己,并以"有史以来最好的、最具德国风格的方式庆祝圣诞节,比如使用灯光和音乐"。[1]

她提到的最后一件事是"我们的'普茨'(希尔德布兰德)给我写了一封非常私密的信,他不明白自己、他的同志、他的上级以及其他类似的人为什么必须第一时间站出来(参与作战),并且本能而熟练地找到投身个人使命的最佳途径。你和他不在一起,这使我感到很悲伤"。[2]

就在同一个月,滞留当地的内莉·布莱发自奥地利前线的文章出现在了《纽约世界报》上。让她重操旧业是她的前老板、赫斯特的得力助手亚瑟·布里斯班(Arthur Brisbane)的主意。虽然是布里斯班愿意提供帮助,但对大屠杀现场的可靠叙述其实是一件令人无法抗拒的事情。毕竟,他和赫斯特在美西战争期间了解到战争可以提高报纸销量。虽然总统对于参战一事三缄其口,但是具有欧洲血统的美国人对于战事结果极为关注。[3]

---

[1] NPG, 125/012.
[2] Ibid.
[3] Brisbane Papers, "Nellie Bly," *New York World* articles by Bly, University of Syracuse (NY) Library.

布莱在维也纳的社交活动进展顺利。她的资助人奥斯卡·邦迪将她介绍给了奥地利上流阶层。很快，美国驻奥地利大使弗雷德里克·C. 彭菲尔德（Frederic C. Penfield）向奥匈帝国外交部宣传处处长（press department chief）里特尔·奥斯卡·冯·蒙特龙（Ritter Oskar von Montlong）为布莱做了担保。[1] 在波兰和捷克边界的要塞城镇普热梅希尔（Przemyśl）附近就是一处战争前线，布莱用笔描绘了一支由15万士兵组成的奥地利驻防队，他们的困难和悲惨超出人的想象。不断的炮击和在人类尸体中间流血而死的战马冲击着她的感官。前线的死亡恶臭和极度肮脏使她震惊。"我是为人道而写作的。"布莱说。[2]

※

1915年的元旦很快就过去了，战局却没有任何缓和的迹象。1914年接连发生了蒙斯战役、第一次马恩河战役、第一次伊普尔战役、英军进入巴士拉（Basra）以及远至福克兰群岛（Falkland Islands）的公海战役。伦敦报纸的新版面反映出国家内外交困的形势。国内新闻以罢工为主，国外新闻以死亡和毁灭为主。1月19日，诺福克郡（Norfolk）的大雅茅斯（Great Yarmouth）和金斯林（King's Lynn）第一次遭到了齐柏林飞艇的攻击，5名平民遇难。这是英国本土遭受的第一次空袭。

古利特家也收到了令人担忧的消息。第100团爆发了霍乱，两名

---

[1] Kroeger, *Nellie Bly*, Kindle edition.
[2] Ibid.

士兵死亡。更糟糕的还在后面。维利巴尔德负伤了，根据第一份通知的内容，他在法国海岸之外大西洋上的海岛堡垒奥莱龙堡（Château d'Oléron）。但他们的忧虑很快得以舒解，因为2月15日发布的名单对之前的电报内容进行了"更正"，称维利巴尔德之前被记录成俘虏是一个错误。不过，在1个月后维利巴尔德被送回家之前，他们一直不知道应该相信哪一种说法——这是可以理解的。对他的父母来说，这种等待几乎无法忍受。虽然维利巴尔德明显遭受了地狱般的折磨，但科尔内留斯和玛丽还是松了一口气，因为他只是腿部受了点儿"轻"伤。[1]

然而，战争已经将数百万战士的生命碾作齑粉。伍德罗·威尔逊总统仍然坚持认为美国必须维持中立政策，他曾要求德皇本人保证德国停止对中立国家的运输船发动无限制战争。德皇很高兴就应允了。因此，当开往利物浦的冠达邮轮卢西塔尼亚号在5月7日被击沉时，总统感到非常震惊。

9月25日，希尔德布兰德·古利特参加了抵抗"协约国大攻势"的第二次香槟战役。就在10天前，他度过了自己的20岁生日。面对坚定的、装备更加精良的敌人，大攻势迅速陷入了停滞状态。根据德国将军埃里希·冯·法尔肯海因（Erich von Falkenhayn）的说法，香

---

[1] German military list no. 0365, February 15, 1915. 该文献并未指出维利巴尔德具体受了什么伤。在与希尔德布兰德的往来信件中，我们可以明显看出维利巴尔德腿部负伤。

槟和佛兰德斯（Flanders）分别于9月24日和25日遭到了持续而猛烈的炮击。"协约国大攻势"没有取得任何明确的进展。根据法尔肯海因的说法，这要归功于德国士兵。"我们一定不能忘记，来自东方的支援之所以能够及时赶到，主要是西线士兵的功劳。他们在受到严重毁坏的阵地上进行非凡的抵抗……他们对此并不满足，因此以巨大的自我牺牲为代价对出现在周围的大量敌人展开攻击。"[1]

不到一个月后，1915年10月15日，在布鲁塞尔，护士伊迪丝·卡维尔（Edith Cavell）由于帮助英国被困士兵逃跑而被行刑队处决。根据军法的严格规定，德国人认为处决她的命令是正当的。不过，他们并没有预料到随之而来的强烈抗议和反对。在当时被用作战俘营的英国多宁顿庄园（Donington Hall），德国战俘弗朗茨·冯·林特伦（Franz von Rintelen）写道："我认为对卡维尔护士的处决是荒谬的［原文如此］，这个消息听上去令人作呕……［德国］军官公开表示，如果被人要求向行刑队下达射杀一名妇女的命令，他们会直接拒绝；其他人对这些人严重误算英国士气感到非常伤心，比如我。"[2]

爱国的科尔内利娅·古利特完全有可能遭受与卡维尔护士一样的命运。

---

[1] www.firstworldwar.com/source/champagne1915_falkenhayn.htm; cf. *Source Records of the Great War, Vol. III*, ed. Charles F. Horne (National Alumni, 1923).

[2] Christopher Duffy, *Through German Eyes: The British & the Somme 1916* (London: Weidenfeld & Nicolson, 2006), 110; cf. Rintelen, 1933, 246.

第六章

古利特的战斗

这个世界上最可耻的事情就是一个人把自我建立在谎言和虚妄之上。
——约翰·沃尔夫冈·冯·歌德（Johann Wolfgang von Goethe）

许多参加过第一次世界大战的人都留下了创伤，不仅是身体创伤，还有他们必须要经历的精神和心灵上的试炼。他们目睹了相当大规模的屠杀，最后也只是获得了几英尺的土地，要么身陷由血液、内脏和泥浆凝结而成的"肉冻"之中，浑不知煎熬何时能够结束，或者将以怎样的方式结束。这使许多人的心智都发生了扭曲，甚至时间也无法治愈他们的创伤。

阿道夫·希特勒是一个例外。作为泛德意志理想的狂热信徒，他对德意志优越性的绝对信仰绝不动摇。他已经被毁灭性的种族仇恨和反常的世界观所扭曲。第一次世界大战成就了他，是他奋斗的起点。他在 1934 年的一次演讲中宣称，第一次世界大战"给我留下了极为深刻的印象……是我最重要的经历"。[1]它还激发出希特勒对政治的崇敬——根据通信员同事汉斯·蒙德（Hans Mend）的说法，希特勒最初是一个共产主义者。[2]这种政治兴趣自然很短暂，因为希特勒想要创建一个反映他个人信仰的新政治实体。

希特勒主动参军，进入被称为"李斯特团"（List Regiment）的第16巴伐利亚预备步兵团（Sixteenth Bavarian Reserve Infantry Regiment）第1连（First Company）。他的战友包括鲁道夫·赫斯（Rudolf Hess）、团书记（regiment clerk）马克斯·阿曼军士长（Sergeant-Major Max Amann，后来成了纳粹党[3]和希特勒的事务管理者）以及通信员同事、"健康的大地之子"汉斯·蒙德。蒙德后来写了一本畅销书《战场上的阿道夫·希特勒，1914-1918》。这本书出版于1931年，引起不小的尴尬。[4]他们的营副官（battalion adjutant）是来自纽伦堡的犹太打字机制造商古特曼中尉（Lieutenant Gutmann）。1914年的圣诞节，在古特曼的推荐下，希特勒获得了二级铁十字勋章。[5]

汉斯·蒙德称希特勒"从未做过和枪有关的事情"。他是"战线后方团总部的送信人。每过两三天，他会传递一条消息；其他时候，他待在'后方'画画，谈论政治，与人争辩。"蒙德称，希特勒很快

---

[1] Alan Bullock, *Hitler: A Study in Tyranny* (London: Book Club Associates, 1973 revised edition), 53; cf. Hitler's speech at Hamburg, August 17, 1934 in Norman Baynes, *The Speeches of Adolf Hitler* (Oxford: Oxford University Press, 1942), vol. I, 97.
[2] 此观点出自《蒙德记录》（Mend-Protokoll）；可参考下文的 *The Hidden Hitler*。
[3] 纳粹党即国家社会主义德意志工人党（NSDAP）。
[4] 蒙德后来还向阿勃维尔（Abwehr）写了一份名为《蒙德记录》的声明，称希特勒是一名同性恋。
[5] "Mend-Protokoll", 51. 另见 Lothar Machtan, *The Hidden Hitler*, 68.

就被称为"疯狂的阿道夫"。他说,他从一开始就觉得这位未来的独裁者"是一名精神病人……在遭到反驳时,他常常勃然大怒,摔倒在地,口吐白沫"。[1]

不过,希特勒在 1918 年 8 月 4 日获得了一级铁十字勋章——对于一名下士来说,这是一项极不寻常的荣誉。李斯特团的官方历史没有提到希特勒的军功。据说他一个人俘虏了 15 个法国士兵(也有说 10 个或 12 个的)。也可能是英国士兵?[2] 对于这项荣誉来说,他们的国籍并不重要,希特勒拒绝晋升的原因也不重要。

∽

希尔德布兰德·古利特对他在战争时期的战斗有一种不同寻常的洞察力。[3] 到了 1916 年 2 月,在凡尔登,消耗战已铁定上演,德国人的急躁暴露无遗。德军在后来被恰当地称作"死人岭"(Mort-Homme Ridge)的地方对法军展开"审判行动"。第二次香槟战役结束后,希尔德布兰德所在的那个团投入到了凡尔登战役之中——这是第一次世界大战中历时最长的战役。凡尔登战役持续了 10 个月以上,夺去了超过 100 万人的生命。只有英国和英联邦士兵在索姆河战役中的推进尝试才能使法国人在饱受饥饿和死亡后获得一些安慰。

1916 年 2 月带来了救赎。希尔德布兰德似乎患上了某种心理问题或炮弹休克症。考虑到凡尔登的战况以及古利特对作战的明显抵制

---

[1] Lothar Machtan, *The Hidden Hitler*, 67.
[2] Bullock, *Hitler*, 52.
[3] 他的战争记录和信件都没有提及战斗详情。

情绪，这一结果并不令人吃惊。希尔德布兰德被送回老家安心休养。在1916年5月14日写给维利巴尔德的信中，希尔德布兰德非常健谈。已经在父母家中住了大约3个月的他自命不凡地写道："我现在好多了。这场战争目前只消耗了我很少的时间（四分之三个学年以及从军的一年），也没有把我和工作分开。"[1]

当希尔德布兰德试图向哥哥解释自己没有写信的原因时，他变得更加自负了。"除了一定程度的懒惰"成了他所有信件中一句常见的口头禅；希尔德布兰德将他的沉默归结为"我们之间在经历上的巨大差异"。接着，他胡乱地搪塞道："至少，从本质上说，你并没有改变，因为任何改变都会为我们带来更大的隔阂。不过，从我记事时起，你一直是可靠不变的，但我并不是这样的。"

希尔德布兰德变了。他"不得不经历自我发现、征兵、大学第一学期以及战争"，"从一个必须害怕每一位老师的学生成长为一名中尉"。[2] 他非常希望再次与哥哥姐姐亲近起来，因此试图通过音乐与维利巴尔德交流："每一种声音及每一段音乐都会使我想起你。我并未忘记是你的巴赫管风琴奏鸣曲让我第一次认识了音乐。"

谈到姐姐，他说，"艾特尔的情况更为艰难。和我相比，她对他人抱有更高的期待。我可以容忍任何人做出的任何事情。你也知道，其他护士和自愿从事战争护理的年轻人在精神上遭受了痛苦的折磨，而她的自信和独立使自己成了她们的倾诉对象。"不过，希尔德布

---

[1] NPG, 126/025.
[2] Ibid.

兰德担心"在只有她知道的无限空间中，她如今再次陷入了孤单"。

他把话题转到了他的未来："我想在艺术史中寻找自我救赎。我想首先做一个博物馆管理员。我正利用自己的空闲时间努力获取大量关于绘画和建筑的知识。遗憾的是，一个人不能也不可以制订任何计划……我最大的愿望就是和哥哥姐姐在一起。"[1]

希尔德布兰德的每一个愿望都要等到数年以后才能实现。他回到在凡尔登的团，待了很短的一段时间，被周围的残酷和毁灭所击垮，并且"再次受了轻伤"。这一次是他右手的一根手指受伤。他再次返家避暑。"我的手指几乎痊愈了，我可以写字了。"他给维利巴尔德写信，时间是1916年8月。"当我坐在家里的书桌前想起哥哥姐姐时，我几乎感到羞愧……当你们二人回来的时候，这里的一切都不会发生变化，尽管你们可能无法相信这一点。"[2]

这封信引出了一个问题：他的伤是自己造成的吗？考虑到凡尔登的恐怖以及希尔德布兰德在家停留的时间长度，这很有可能；否则就不仅是手指负伤了。不过，他再也不会参加正式作战了。相反，他被调到了比利时的一个文物保护部门，成为德国古迹卫士的一员，负责在紧邻前线的占领区中保护艺术品的安全。这几乎无法保证他的人身安全，因为保护艺术品是一项危险的工作，但同堑壕战相比是一次巨大进步。

---

[1] NPG,126/025.
[2] Ibid.,126/029.

他怎么会如此幸运？在临近战争的那几年里，他的父亲曾与德国文物保护方面的领导人物、波恩大学（University of Bonn）艺术史教授保罗·克莱门（Paul Clemen）共事。克莱门是德国艺术保护和古迹部门（Art Preservation and Monuments）的领导人，他带着一个由德国艺术史学家和艺术家组成的专家团队在比利时积极工作，保护建筑物和艺术品免遭破坏。第二次世界大战中英勇的古迹卫士正是根据克莱门在1919年的开创性作品《战争期间的艺术保护》中描述的模式构想出来的。直到不久以前，和他们后来的盟军同行一样，第一次世界大战中的德国人也受到人们同等的尊重。[1]

　　"[第一次世界大战中的] 德国古迹卫士并不是德农（Denon）那种艺术窃贼，"[2] 一位德国历史学家在1957年写道，"他们是以保护艺术品为目的首先赶到现场的人，他们的正直不容置疑，因为他们从未考虑自己、博物馆、大学甚至国家的利益。"[3]

　　实际上，克莱门和科尔内留斯·古利特在比利时的工作都是没有报酬的。年轻的建筑学家每天可以拿5马克，通常由克莱门本人提前

---

[1] Christina Kott, *Préserver l'art de l'ennemi? Le patrimoine artistique en Belgique et en France occupees, 1914—1918* (Brussels: Peter Lang, 2006), 19, note 6. Kott 的研究揭示出在被占领的比利时和法国进行艺术保护的目的。她指出，艺术保护是战争中人道主义的无私而重要的进步——当时学界并没有对此提出质疑。考虑到泛德意志主义者和军队在这项工作中处于领导地位，她对学者们的动机提出质询。

[2] 拿破仑的艺术史学家让·多米尼克·维旺·德农（Jean Dominique Vivant Denon）和拿破仑共同参与了对埃及的远征。1802 年，他被封为德农男爵和中央艺术博物馆（Musée Centrale des Arts, 今卢浮宫）馆长，在大规模抢劫活动中不知疲倦地在整个拿破仑帝国中征用艺术品。

[3] Ibid., 20; cf. Wilhelm Treue, *Kunstraub: über die Schicksale von Kunstwerken im Krieg, Revolution und Frieden* (Düsseldorf: Drost, 1957), 295.

支付。[1]当西线发生大屠杀时，这些艺术人士——艺术家、艺术史学生、艺术经纪人、作家、档案管理员、图书管理员——组成了一个极为活跃的群体，他们一边"保护古迹"，一边对法国和比利时占领区的一切公共收藏品进行编目。出于某种原因，他们认为有的收藏品在一个世纪前的拿破仑战争中被人从各德意志诸侯国偷了过来，而他们会把这些收藏品都运回德国。对未来的希尔德布兰德来说，这是一个很好的榜样。

不过，克莱门、科尔内留斯和其他记录第一次世界大战中德国古迹卫士所做工作的那些人忽略了一些明显的事实，比如盗窃教堂里的钟，或者蓄意破坏卢万（Louvain）图书馆——从西班牙国王菲利普二世（Philip II，1527-1598）时期流传下来的古老而伟大的天主教知识中心。1914年8月，这座具有历史意义的博物馆被故意选为破坏和牺牲的目标，以报复比利时神枪手对德军第一次猛攻的抵抗。[2]

克莱门和古利特也知道这种暴行以及其他行为。不过，德皇希望将他们的"保护"计划用作宣传，这意味着他们只能视而不见。他们两个人都是忠诚的泛德意志主义者，知道艺术是一切文化的根基，相信德国文化超过了其他一切文化的总和。[3]所以，对他们在西线的工作进行批评被认为是不当的。

---

[1] Kott, *Préserver*, 159, note 184. 克莱门的书印了150本。作为回报，政府为他提供了8 000马克的补助。

[2] Ibid., 42.

[3] 第一份对他们的工作进行批判的德语文献是 Thomas Goege, "*Kunstschutz und Propaganda im Ersten Weltkrieg, Paul Clemen als Kunstschutzbeauftragter an der Westfront*," in Udo Mainzer (ed.), Paul Clemen, Zur 125. Wiederkehr seines Geburtstages (1991), 149–68。

不过，法国人将批评的矛头指向了这些"无私"的艺术救世主。1870—1871年，德国士兵的抢劫是出于贪心。1914—1918年，"艺术教授——历史学家、博物馆馆长、国家图书馆馆长——德国的知识分子——根据战前已在他们中间形成的观念进行抢劫。"[1]第一次世界大战中，军阶低下的士兵并没有参与劫掠，挂钟或珠宝也没有莫名其妙地丢失。这种更能被人理解、更具机会主义特征的罪行被军事制度和命令直接导致的掠夺行为所取代。希特勒也注意到了这一点。

在战时被德国占领的法国埃纳（Aisne）省圣康坦（Saint-Quentin）市，被一名德国士兵"保管"的艺术品直到1998年才被归还。2000年，杜埃（Douai）博物馆在一场瑞士拍卖会上找到了第一次世界大战期间丢失的油画《渔夫的女儿》（*The Fisherman's Daughter*）。[2]在一次又一次的物归原主事件中，被占领城镇中大多数艺术品的回归都源自寻找者的警觉——而不是来自那些自我标榜的"保管者"的自觉。

∞

和法国不同，在比利时，军官盗贼的形象更加普遍——其中最极端的例子是根特（Ghent）祭坛画[3]在国家支持的抢劫中被偷走。这幅祭坛画最初由凡·艾克（van Eyck）兄弟在15世纪早期绘制而成，被视为史上最重要的作品之一。

---

[1] Kott, *Préserver*, 25.
[2] Ibid., 25–26.
[3] 又叫《羔羊的崇拜》（*The Adoration of the Lamb*）。它在第二次世界大战中再次被窃，后在奥尔陶斯（Altaussee）盐矿中被发现。

祭坛画先在 1812 年被拿破仑的军队窃取，滑铁卢战役之后被归还给根特天主教堂。同年，油画的两翼（不包括亚当和夏娃）被教区典当，以筹集资金修复建筑的历史结构；不过，当天主教会在 4 年后无法赎回两翼时，它们被卖给了一位英国收藏家。最终，他把这组油画献给了普鲁士国王。将近 1 个世纪以后，当它们在柏林美术馆（Gemäldegalerie）展出时，德皇单方面决定，祭坛画的其余部分应该和它的两翼放在一起。

克莱门在布鲁塞尔建立了工作室，迅速组织了一个由军方和非军方艺术专家组成的团队。一份名为《钟楼》的学术月刊成了德国"佛兰芒文化政策"的宣传工具和主要手段。从 1915 年到 1917 年，科尔内留斯·古利特在《钟楼》上发表了一些文章，具体谈论了瓦隆艺术[1]和西多会修道院的重要性。他还与克莱门合写了《比利时的西多会修道院。来自德皇在比利时的德意志政府的委员会》。[2]

克莱门总是引领风潮，而且似乎无处不在。他的身边很快聚集起了几十位学者，包括格哈德·伯苏（Gerhard Bersu）等考古学家，科尔内留斯·古利特和威廉·豪森施泰因（Wilhelm Hausenstein）等建筑学家和艺术史学家，以及埃德温·亨斯勒（Edwin Hensler,

---

[1] 来自比利时的法语区。

[2] Kott, *Préserver*, 125, f/n no. 53. Also p. 158. 这本书的德语书名是 *Die Klosterbauten der Cistercienser in Belgien. Im Auft rage des Kaiserlich Deutschen Generalgouvernements in Belgien* (Berlin: Der Zirkel, 1919).

同样来自德累斯顿）、来自魏玛（Weimar）的威廉·科勒（Wilhelm Köhler）、奥古斯特·格里斯巴赫（August Griesbach）和卡尔·爱泼斯坦（Carl Epstein）等博物馆馆长。伟大的艺术史教授海因里希·韦尔夫林（Heinrich Wölfflin）"过于繁忙"，无法和他曾经教过的这些学生一起前往布鲁塞尔和海牙。不过，他还是出版了他的艺术史课本，用他们精通的知识来获取利益。

希尔德布兰德只是一位艺术系学生和下级军官，他被分派的职责与第二次世界大战中的初级古迹卫士应该没什么区别：将艺术品从被炸毁的建筑或危险地点中抢救出来，协助评估哪些建筑应当被标为禁入区，并且遵照指挥官的命令对艺术品进行分类。

他应该会成为群体中的一员，那些人获得了克莱门的批准，可以向比利时人发表佛兰芒与法国（瓦隆）视觉艺术对比的演讲——他们就是如此宣称的——以表现德国人的慈善目的。格里斯巴赫在一次类似的演讲后没有理睬比利时人的观点，写下了这样的文字："布鲁塞尔看上去非常平静。即使是像卢万这样遭到严重破坏的城镇，它们的废墟看上去也远没有之前那样可怕。而且我相信，你越是习惯于它们的存在，它们就越有可能为未来的旅游业发挥良好作用。"[1]

这群艺术鉴定家的行政领导人是艺术经纪人阿尔弗雷德·弗莱希特海姆（Alfred Flechtheim）。从许多方面来看，他在他们所有人中知识最为渊博，也最不可能屈服于狭隘的学术嫉妒情绪。更重要的是，弗莱希特海姆关于各个艺术流派的知识、他的国际声誉、友善态度、

---

[1] Kott, *Préserver*, 121, note 80.

对国际艺术市场的理解、培训艺术鉴定家和艺术经纪人的能力以及无可挑剔的品位使他自然而然地成为这个位置的合适人选。[1] 弗莱希特海姆将在 20 世纪 30 年代成为古利特的首批受害者之一。

在希尔德布兰德逗留比利时期间，他应该多次见到了弗莱希特海姆。作为下级军官和艺术系学生，他应该会非常敬畏这样一位受到普遍认可的专家。下一场战争将会证明，古利特对艺术知识的渴求和他在布鲁塞尔艺术家群体之中的那段日子——尤其是他在弗莱希特海姆关照下的那段日子——是一段极为有用的学习经历。

∞

比利时也成了德国艺术家的第二故乡。聚集在红十字旗帜下的人越来越多，比如埃里希·黑克尔、恩斯特·莫维茨（Ernst Morwitz）、马克斯·克劳斯（Max Claus）、奥托·赫尔比希（Otto Herbig）、库尔特·格拉泽（Curt Glaser）以及著名的马克斯·贝克曼。格蕾特·林（Grete Ring，后来移民到了英国）等女性艺术经纪人和哈根镇（Hagen）福尔克旺博物馆（Folkwang Museum）官方摄影师葆拉·德特延（Paula Deetjens）则是直接在克莱门领导下工作的女名人的代表。他们的任务是对一切事物进行编目和评论。

尽管看上去不可思议，但他们的公开目标是划分出德国在战争胜利后会获得的物品。"获得"一词应该被解释成被德国吞并的前奏。福尔克旺博物馆创始人卡尔·恩斯特·奥斯特豪斯（Karl Ernst

---

[1] Kott, *Préserver*, 117.

Osthaus）在《法兰克福报》（*Frankfurter Zeitungen*）上发表了一封回复佛兰芒文化政策同事亨利·凡·德·威尔德（Henry van de Velde）的公开信，称在比利时隐藏德国的吞并目标是毫无意义的；瓦隆文化或法国文化并不像凡·德·威尔德说的那样是对德意志文化的苍白复制；佛兰芒文化政策的唯一目的是在国内、比利时和国外将这种观念合法化。在他看来，对比利时的永久吞并只不过是"德国血脉"的重新团聚。[1]

佛兰芒政策将比利时的一切艺术品和建筑都贴上了法国瓦隆或佛兰芒的标签——这是向比利时人灌输"佛兰芒在文化上属于德意志"观念的第一步。他们认为勃鲁盖尔（Breughel）、凡·艾克、波茨（Bouts）、波希（Bosch）、恩索尔（Ensor）、鲁本斯（Rubens）等人的佛兰芒艺术品优于瓦隆艺术品。

根据科尔内留斯·古利特的说法，"由于无法找到名副其实的艺术流派，他们［瓦隆人］流亡到了国外。"由于"遗传性格""智力灵活""爱好新奇事物"或者"对文艺复兴的开放"，瓦隆艺术家"显然与佛兰芒艺术家不同，但他们不敢在种族上坚决地将自己与法国人划清界限，这使他们与佛兰芒人的差异变得更加明显……这是因为他们不敢唤起并喜爱自己的德意志血统"。[2] 有些观点指出佛兰芒艺术和建筑实际上源于德意志，而二者的差异在于种族和国籍——科尔内

---

[1] Kott, *Préserver*, 128–29; 参考 note 68。

[2] Ibid.; cf. Cornelius Gurlitt, *"Wallonien als Kunstland," Der Belfried*, 1ère année, 1917, 500–501. 虽然古利特在艺术活动和出生地的关系上表达了自己的观点，但还是明确指出自己支持泛德意志主义。

留斯的言论正属于第一批类似的观点。

这种将法国瓦隆艺术与佛兰芒艺术分割开的做法无视真实的历史。它没有考虑到当地的影响力、勃艮第与洛林的共同血统、"拉丁"与"德意志"元素的融合、现代比利时独立前作为西班牙哈布斯堡殖民地与其领主西班牙近一个世纪的抗争以及它在法德两国之外的国际影响力。在占领者的眼里，对于比利时人及其艺术来说，归属德意志、成为德意志文化的一部分意味着高级，拥有其他出身则意味着低劣。

∞

作为当时最为可见的艺术形式，美术一下子就成了东西两线宣传活动的基础形式和无声战场。艺术史学家和艺术批评家被征召到了战争新闻办公室（War Press Office），主管新闻工作。位于比利时和法国占领区的艺术史学家团队将信息反馈回柏林，也会反馈给战前担任莱比锡博物馆（Leipzig Museum）助理馆长的赫尔曼·福斯（Hermann Voss）等人，他们会接着将信息散布到军队和公众中。在东线，《德意志汇报》专栏编辑、艺术批评家保罗·费希特尔（Paul Fechter）领导着维尔纳的战争新闻办公室。[1]

这些古迹卫士以及总部位于柏林的战争新闻办公室反映出贯穿整个威廉德国的"金线"，证明德国应该坐上大国宴会桌上的主位。不过，泛德意志主义不允许其他任何文化或种族共享这份荣耀。当希尔

---

[1] Kathrin Iselt, *Sonderbeauftragter des Führers: Der Kunsthistoriker und Museumsmann Hermann Voss (1884–1969)* (Köln: Böhlau Verlag, 2010), 47.

德布兰德被调派到布鲁塞尔的德国艺术部门时，根深蒂固的德国反犹主义的第一条线索已经出现——对军队中犹太人的人口普查。像弗莱希特海姆这样的犹太人有资格参与作战，但他们永远都不是真正的德意志人。

"犹太人普查"运动之所以发生，是因为纳粹哲学家布鲁诺·鲍赫（Bruno Bauch）于 1916 年在他的期刊《康德研究》中发表了一篇文章《论民族的概念》（On the Concept of the Nation）。犹太人被称为"fremdvölkisch"——很难做到像真正的德意志人那样热爱德国这片土地的异族人。他理解前辈们禁止犹太人拥有土地和其他财产的原因。后来，在犹太裔及非犹太裔德国哲学家中都爆发了不可避免的反对声音，鲍赫就辞去了康德学会（Kant Society）的编辑职务，离开了该学会，并且对于自己有点反犹倾向的观点有所收敛。[1]

∽

古利特家族的儿子们并没有成为"犹太人普查"的对象，尽管他们的祖母是犹太人。实际上，希尔德布兰德完全没有意识到血管中流淌着的"犹太血液"可能会带来的问题，而是继续以真正的德意志大地之子的身份无忧无虑地对比利时艺术品和建筑进行编目。

1917 年 9 月 17 日，度过 21 岁生日后不久，希尔德布兰德愉快地向维利巴尔德写道，"在战争带来的短暂、偶然而毫无目标的

---

[1] Hans Sluga, *Heidegger's Crisis: Philosophy and Politics in Nazi Germany* (Cambridge, MA: Harvard University Press, 1993), 83–85.

远征过后……我感觉自己已经看到了许多事物：油画——（梅姆林[Memling]、伦勃朗[Rembrandt]、勃鲁盖尔、德国风格、现代法国风格、表现主义）建筑——（比利时、班贝格[Bamberg]、维尔茨堡[Würzburg]、科隆）以及许多我住过一段时间的城市（波森[Posen]、奥格斯堡[Augsburg]、维尔茨堡、布鲁塞尔、色当[Sedan]）。"[1] 当然，他的信件经过了军方的审查，所以即使他想加入更加详细的细节，它们也会被人用粗粗的黑色马克笔划掉。

一年前，在1916年夏天，科尔内利娅写道，希尔德布兰德"常常非常抑郁，非常悲伤"，还用书写"粗体字"来帮助自己摆脱痛苦。[2] 他的心理疾病是否复发了？他在1917年9月写给维利巴尔德的信件同时显示了这两种迹象。他说："我在努力对抗那个'庞然大物'，那个战争流行病：发疯。我希望到目前为止，我能确实保持智力上的敏捷；不仅在战场上，也在越来越多的其他方面。"

他的补偿方式是"用越来越大的孤独感"孤立自己。在德累斯顿，"在和我们的父母、汉斯（Hanns）、艾特尔和格特鲁德（Gertrud）的讨论中，[3] 他们说，我可以过另一种生活，我的不祥预感……毫无意义，我可以思考我的艺术并以此为基础构建一种生活。不过，这完全是荒谬的。"[4]

希尔德布兰德将歌德、荷尔德林（Hölderin）、巴尔扎克（Balzac）、

---

[1] NPG, 126/044.
[2] Ibid., 125/004.
[3] 汉斯是希尔德布兰德的犹太朋友。格特鲁德是维利巴尔德未来的妻子。
[4] NPG, 126/044.

陀思妥耶夫斯基（Dostoyevsky）和诗人里尔克（Rilke）的作品带在身边，如饥似渴地阅读。"你现在会问我，你从所有这些书籍、经历和人物中得到了什么？不过，即使面对拷打的威胁,我也无法回答你，"他写道，"我并没有偷懒，真的没有……我一直在这种沉闷的局面中寻找，用我那好奇的眼睛思考，我把空闲时间的每一分钟都拿来寻找答案……说实话，我真的没有偷懒。"他用几乎相同的语气又写了半页纸，反复恳求他的哥哥相信他没有偷懒。

随后，他突然爆发："永远危险的未来将我们称为'当下的猎物'，这是一个食人族词语，相当凶残，不是吗？"他用越来越多的小型循环论述来谈论"沉闷"和"懒惰"，试图"想出我们与人类[和平]共处的方式，我们必须采取的和睦生活方式。这个问题会反映出一个人最大的恐惧——关于自己应该如何生活的恐惧"。

这些重复和不完整的句子显然表明这个年轻人正处于痛苦之中。他在自己的精神世界里漫步，进行自我否定，以不同的方式重复同样的想法。最后，洪水决堤了："我正在这里仔细阅读尼采。我在阅读他的作品时采取了一种奇怪的怀疑态度，这是你的错……我从未经历这种[发现的快乐]，你和艾特尔应该对此感到愧疚，因为我知道你对一切事情的观点，这些观点对我来说基本上是陌生的……老子才不管呢……你会说，'你怎么变得如此粗俗？'我要对哥哥姐姐说，我诅咒他们！！"[1]

对生活或个人处境感觉舒适的年轻人几乎不会写出这样的信件。

---

[1] NPG,126/044.

尼采自然给他带来了最大的困扰,因为他觉得自己和这位哲学家一样,受到了兄弟姐妹的排斥。有人说:"只有清醒的国家社会主义者[纳粹]才能完全理解尼采。"另一方面,希尔德布兰德当时崇拜的另一位作家托尔斯泰(Tolstoy)认为尼采的思想很荒谬,这使他感到更加困惑。

不过,尼采与那个时代的关系非常密切。在同事和好朋友雅各布·布克哈特(Jakob Burchhardt)的教导下,他形成了"艺术史危机"的思想。尼采参加了布克哈特在巴塞尔大学(University of Basel)关于国家、文化和宗教历史力量的讲座"论历史研究",迷上了布克哈特所说的"暴风雨理论"。这个理论将历史描述为由时而受到抑制、时而得以释放的互相竞争、互相冲突的力量组成的戏剧作品,认为"受到抑制的力量在这个过程中会失去或提高它的适应力……当它被抑制时,明智的统治力量会寻找某种补救措施……整个系统会产生危机……历史进程突然以可怕的方式加速。本来需要几个世纪的发展过程似乎像幻影一样飞逝而过"。[1]

布克哈特和尼采都在探索叔本华英雄哲学的形而上学阴暗面。两个人都相信"危机本身即自然的权宜之举,就像发烧一样,人类的狂热意味着他们仍然有比生命和财产更为珍视的东西"。[2] 这就是困扰希尔德布兰德的问题:努力令全欧洲都臣服于德国的意志会遮蔽他的

---

[1] Hans Sluga, *Heidegger's Crisis*, 42–43.
[2] Ibid.

整个人生吗？

在1871年战胜法国的狂欢中，尼采写道："在过分漫长的时间里，来自外部的强大力量压制着德意志精神，后者像失去灵魂一样变得野蛮而杂乱无章……不过，德意志精神终于可以摆脱罗马文化的管束，站到其他国家面前了。"[1]

尼采的早期作品受到了之前的哲学家和政治活动家约翰·戈特利布·费希特（Johann Gottlieb Fichte）的影响。1807年，费希特在《对德意志民族的演讲》中第一次阐述了德意志民族组成一个国家采取行动和应对他国行动的需要。100多年后，在第一次世界大战中，费希特成了许多艺术史学家的榜样。实际上，1914年的费希特学会（Fichte Society）是在爱国狂热之中成立的。该学会自称是"全面的民族教育社区，其一切制度的目标是教育德意志人如何成为德国人"。[2]

不久，希尔德布兰德的精神再次崩溃。他在1917年10月写道，他在曼海姆（Mannhaim）的一家疗养院里，"我出现了精神问题，还碰到一些个人事务，这些事情过于无聊，不值一书。因此，我将在柯尼希斯布吕克（Königsbrück）停留一段时间，或者去艾特尔那里。那里有人为我找了一份出版社的工作。"[3]

希尔德布兰德怎么会再次获得拯救，并且有机会在东部前线后方

---

[1] Hans Sluga, *Heidegger's Crisis*, 44.
[2] Ibid., 82.
[3] NPG, 126/045.

最好的一个岗位上坐等战争结束呢？难道是他的父亲说服了克莱门，让希尔德布兰德远离色当的狙击手？不。科尔内利娅仍然以护士的身份驻扎在东线的维尔纳。正是在她的安排下，希尔德布兰德拿到了新闻办公室艺术批评家和领导人保罗·费希特尔的个人批准章。

那一年的早些时候，科尔内利娅写道，由于母亲生病，她无法"前往曼海姆"，这次出行的目的想必是为了见到希尔德布兰德。在进入疗养院大约8个月以后，希尔德布兰德才开始写信。[1] 科尔内利娅认为她有义务通过某种方式挽救她的弟弟。在混合着愉悦的铤而走险中，科尔内利娅最终为希尔德布兰德弄到了东线通讯记者的职位。她的家人毫不怀疑她已成了费希特尔的情妇。

1917年4月，当德国胁迫墨西哥对美国宣战的消息终于导致第一批美国军靴踩在欧洲大陆上时[2]，维利巴尔德收到了姐姐的一封信。她在这封信中挑明了自己对费希特尔的爱。"我喜爱这里的生活——同之前相比，这是一种相当美好的生活，"科尔内利娅兴奋地写道，"这生活的中心是一位记者……他也学习过哲学，也很有学问，对事情有着不同的理解，每当我谈论艺术时，他的想法总和我的一样。也许这个可爱的男人未来可以将他的知识传授给我，我对他的知识有着毫无疑问的、非常孩子气的崇拜。"[3]

---

[1] NPG, 125/019.

[2] 英国和法国将美国拖入战争的愿望最终导致了一场漫长的行动，涉及宣传、间谍活动和孤注一掷，这使美国获得了当之无愧的孤立主义者奖章。它组成了1914—1918年的那场战争中最有趣、最重要的篇章之一。遗憾的是，在这里它无法以应有的篇幅呈现。

[3] NPG, 125/020.

当战争的重量从他的肩上卸下时，希尔德布兰德似乎变得更加愉快了。虽然没有提到美国的参战，但他显然正在以更加冷静的态度接受他的命运——以及德国的命运。"你真的知道我对未来的新规划吗？"他问维利巴尔德。他接着自问自答，指出他想住在"某个拥有现代生活和大型工业的城市，比如不来梅（Bremen）或埃森（Essen）；在那里，他将在小型博物馆中做些有影响力的工作"。他相信，在那里，艺术可以被用作一切精神事物的"诱惑物"。

为什么他想去一座拥有大型工业的城市呢？"我希望在受人尊重的艺术机构中遭遇最小的阻碍，找到最大的需求。当然，这些都是空中楼阁。"他再次回到了紧张不安的状态："最重要的是，我想继续攻读艺术史博士学位，然后看看情况如何。当然，我并不知道我会在哪里读书，但我只想和你谈谈这件事情。"[1]

那一年的 10 月，弗拉基米尔·列宁（Vladimir Lenin）及其布尔什维克党人在第二次俄国革命中夺得政权[2]，结束了德国与俄国的敌对关系。停火协议到 1917 年 12 月 15 日才正式生效。不过，希尔德布兰德于 12 月 2 日写给维利巴尔德的圣诞节贺信表明，他并不相信和平。他的精神状态仍然很脆弱。他已经不再相信泛德意志主义以及德意志艺术的伟大了。他在精神上疲惫而脆弱，仿佛他几乎不知道自

---

[1] NPG, 126/045.
[2] 第一次革命发生在 1917 年 3 月。沙皇尼古拉二世在 3 月 15 日被迫退位，温和的社会主义者亚历山大·克伦斯基（Aleksandr Kerensky）夺取了政权。在同一时间，罗马尼亚也要求与德国停战。

己该转向何处。这封圣诞贺信的内容显得很绝望:"外面下着雪,现在是基督降临的时节,[我]几乎可以试着再次获得希望了。但是为了什么呢?为了和平?我觉得在不久的将来,人类将不会收到任何和平的消息。他们当然可能会对射击厌倦一段时间。不过,如果人们无法学着理解重要的不是敌人、国家等……[或者]战争,而是每个人都有罪,因为每个人都过着错误的生活,那么就不会有和平。"

他将战争比作"地震,而地震是自然界无法避免的事物",并且担心战斗"永远不会结束"。他试图用古怪的逻辑在战争的疯狂中找出原因:"在我看来,这场战争的原因就是宗教、科学和艺术已经提前达到了一定的高度和巅峰,但它们变得日益抽象,日益脱离日常生活。人类来到世上,却迷失了方向,科学、宗教等事物成了焦点。"

他指责正是艺术、科学和宗教导致了"可怕的失常……(因为对于几十万人的谋杀一定是一种失常)假如人类相信的如此众多的思想并未让所有的现实生活变得疯狂呢?"接着,他漫不经心地谈论着他们如何"应该尽量努力[过上]正确、美好(如果你想要的话)的生活……按照你希望他人具有的生活方式去生活。只有这件事才是重要的,只有通过这种方式,我们才能做一些阻止战争的事情。"

希尔德布兰德认为,当人们以错误的方式生活时,战争就会降临。"我相信,只有证明我们之前过着错误的生活(因为战争发生了),并且[相信]存在一种有着更多爱的真正生活,我们才能更加接近和平。"最后,他的思绪回到了圣诞季上。他粗暴地承认道:"所有这些正对我进行可怕的折磨,因为我不断看到这些思想在面对战争和整个世界时全然无助的状态。它们在这场战争中遭遇了惨败。基督教难道不是一种嘲讽吗？哲学难道不是一种梦呓吗？整个世界一边谈论着它［基督教］，一边互相残杀。"[1]

希尔德布兰德当时正在读托尔斯泰，这也许可以解释他对和平和庄严等概念的一些深思。不过，到了1月末，他承认自己并没有完成未来的规划。他沉浸在维尔纳的生活和对女色的追逐中。公务员的清闲生活很无聊，但他说他在科尔内利娅的眼睛里看到了一些更美好的东西。不过，他仍然深感不安，"只能活在当下"——这是所有战争幸存者的共同抱怨。

1月很快就过去了，他给维利巴尔德寄去了托尔斯泰《论生命》中的一段文字。这个寄给兄长的阴暗段落谈到了对爱的误解，"你可以从中看到我目前真正在思考的事情。其他一切事情都是次要的，而且我并不强迫自己遵从这些思想，因为我对它们感到害怕。"

维利巴尔德即将与格特鲁德·达姆施塔特（Gertrud Darmstäedter）结婚。这是某种暗语吗？或者，希尔德布兰德对爱情或托尔斯泰的爱情观感到害怕？这段重要的文字是："世界上最大的罪恶来自备受赞美的对女人、孩子和朋友的爱，当然还有对于科学、艺术和祖国的爱，这些爱只不过是动物在生活中通过比较对于某些条件的临时偏好。"[2]

不过，懒惰和精神不稳定仍然是他的主要关注点："你可以说我很懒，至少最近可以这样说。不过，我几乎对此感到高兴，因为在柯尼希斯布吕克，尤其是在伯吉舒贝尔（Berggiesshübel）……由于恐

---

[1] NPG, 126/046. 下划线部分是补充，非引用。
[2] Ibid., 126/047.《论生命》的专业翻译。

惧时间，我患上了严重的焦虑症。每一分钟似乎都很宝贵。如果我不能用它们取得某些成就，它们就被我白白浪费了——然而我并不知道是什么成就。"

他的语气仍然很阴郁。"我不再有精力冲破当前生活中的一切障碍，去实现我的目标……因此，我的博物馆计划变得又小又丑陋。请不要说我软弱，因为我每隔几个月就要来到一个不同的地方，面对完全不同的憧憬重新开始生活……我目前在这里停留的时间更长了一些，也许是一件好事。"[1]

3个月后，他的精神状况并没有好转起来："我自己正无助地面对这惊人的混乱，这些残酷而令人无法理解的状况，我正在考虑一些对我来说似乎……非常清晰的思想。我唯一想做的事情（除了一些异想天开、无法实现的计划）……就是避免使自己的人生变得沉闷而普通……懒惰、嫉妒和仇恨具有传染性，它们会扩散开来。"[2]

∞

希尔德布兰德在1918年4月的信件中成功预见到了战争结束和德国战败。俄国和罗马尼亚讲和、保加利亚战败、土耳其即将战败，他知道德国将会进入一个新时代——泛德意志主义将会消亡，他、他的家族以及他的国家在看待自我时都需要做出一些重要调整。

春去夏来，希尔德布兰德的预言变成了现实。战争形势正急速变

---

[1] NPG, 126/047.
[2] Ibid., 126/048.

化。他自然不知道如何解释所有这些事情的意义，如何迅速将其结束，如何最大限度地降低它对他们未来的影响，如何为迎接"新时代"做准备——最后一点最为重要。8月，希尔德布兰德变得更加镇静，他写到了自己的划船经历，他在起伏的乡村地带长时间散步，他在建造于14世纪立陶宛城堡废墟上的房子里过起了中产阶级生活，以及摆放在起居室里的钢琴。[1]

不过，8月也带来了一阵忙乱的军事活动。希尔德布兰德所在的新闻部门即将被解散和重组。"你不知道这意味着什么，不知道我们应该如何小心使自己不被分配到可怕的岗位上，"他向维利巴尔德写道，"所有这些事情正让我们变得不安，还带走了写作的乐趣。"

接着，另一个幸运的改变来了。9月，他被转移到了立陶宛军政府的艺术部门（Art Unit），向当地人讲授德国艺术课程，向士兵们提醒德国之美。他为自己漫长的沉默向维利巴尔德道歉，但他说自己仍然担心哥哥的非难。"1917年秋天，当我第一次来到伯吉舒贝尔时，我有时间来思考，有时间对事情进行全面考虑，我的个人经历以一种非常奇怪的方式加强了我的无助感，"希尔德布兰德回忆道，"接着，我读到了托尔斯泰……这位毫不妥协的思想家不断使人想到基督，你想要的东西也会影响他人。所以，我尽量远离每一个人，将自己孤立起来，只能听到自己心中响亮的忏悔。"[2]

然后……什么都没有。从9月到11月战争结束，他没有写过一

---

[1] NPG, 126/051; 126/052; 126/053.
[2] Ibid., 126/055.

封信。他有什么需要忏悔的事情？他是否再次精神崩溃？他的军事记录和家族通信记录都没有提及最后这几个月的事情。

对希尔德布兰德·古利特以及其他许多相信泛德意志伟大理想的德国人来说，战败似乎是不合理的。和其他几百万德国人不同的是，希尔德布兰德透过战争的迷雾认识到德国的确迷失了方向。

∽

虽然希尔德布兰德有着神秘的预见性，他的道德罗盘还是受到了战争大火的影响，他的心智被扭曲，再也不能搜寻"正北方向"，更别说找到它了。告解的想法萦绕着他，尽管他是路德派教徒。他做了哪些影响到其他人的事呢？在下一场战争中，他将亲自痛苦地回答这个问题。我强烈地感觉到他没有读过莎士比亚（Shakespeare）。他不知道《哈姆雷特》中波洛涅斯（Polonius）对儿子雷欧提斯（Laertes）的教导："对自己忠实。"也许和哈姆雷特一样，这一点也正是导致希尔德布兰德在第一次世界大战中发疯的原因。

希尔德布兰德·古利特永远也不会再过上"良好的生活"了。他在战争中明白了一个道理：要想生存下来，就必须为了自己的目的调整道德标准……他的确做到了这一点。

第七章

和平

> 到了晚上，我的仇恨就会增强，我憎恨这卑鄙罪行的发起人。
>
> ——阿道夫·希特勒，《我的奋斗》

凡尔登、帕斯尚尔（Passchendaele）、康布雷（Cambrai）、比尔谢巴（Beersheba）。这些都是1917年的重要战役。不过，没有一场战役能够取得足以结束战争的绝对胜利。12月的东线停火被称赞为德国对俄国和罗马尼亚的胜利。实际上，它们是布尔什维主义的胜利。更重要的是，英国军队于12月在巴勒斯坦击败了奥斯曼帝国，解放了耶路撒冷，结束了这座城市持续673年的土耳其统治。

"犹太人问题"已经给德国和欧洲其他地区带来了困扰。现在，解决这个问题的一个前所未有的机会突然出现。在美国的祝福下（这个秘密被保守了很长时间），外交大臣亚瑟·贝尔福[1]抓准时机，公

---

[1] 贝尔福（1848—1930）曾在1902—1905年担任首相。

开了1917年11月2日以信件的形式写给罗斯柴尔德勋爵的《贝尔福宣言》（*Balfour Declaration*）。他在信中说，在"巴勒斯坦现有非犹太人社区的公民和宗教权利以及犹太人在任何其他国家享有的权利和政治地位"不受损害的明确条件下，英国政府支持"在巴勒斯坦为犹太人建立一个民族家园"。[1]

接着，1918年1月，骚乱撼动着维也纳和布达佩斯。食不果腹的人们要求停止杀戮和持续多年的匮乏状态。很快，巴黎也出现了社会动荡。工会要求获得更好的生活条件和更强的安全保障。虽然战场上缺少马匹，但是这座城市仍然可以获得基本的食物供应，而且巴黎人就业充分。不过，大多数人都急于纠正1871年的错误。政治漫画"希望他们能够坚持住！""谁？""平民！"最能刻画出他们的急躁。[2] 然而，战争仍在继续。

尽管1918年3月的《布列斯特-立陶夫斯克条约和布加勒斯特条约》[3]使俄国[4]和罗马尼亚退出了战争，世界大战的炮火仍在继续。战争似乎残酷无情，不眠不休，永无停息之日。不过，被人们期待已久的美国陆军最后终于出现了，就像神话中的第五骑兵团一样，他们有坦克、精力充沛的士兵和经验丰富的潘兴将军（General Pershing）。[5]重新焕发生机的协约国军队在第二次马恩河战役中粉碎

---

[1] www.oxforddnb.com.ezproxy.londonlibrary.co.uk/view/article/30553?docPos=6.

[2] Jean-Jacques Becker, *The Great War and the French People* (Leamington Spa: Berg, 1985), 323.

[3] 另有1812年、1816年、1913年及1916年的《布加勒斯特条约》。——译者注

[4] 从1917年10月起更名为"苏维埃社会主义共和国联盟"，简称"苏联"。

[5] 1917年2月3日，美国断绝了与德国的外交关系。官方称，这是无限制海战的结果。不过，对于间谍的担忧以及德国煽动墨西哥对美国宣战也是非常重要的原因。1917年4月4日，参议院表决同意对德国及其盟国宣战。1917年4月6日，国会批准了该议案。参考 Boghardt, *The Zimmerman Telegram*, Annapolis, MD, The Naval Institute.

了德国的春季攻势，给德军带来无法挽回的损失。9月22日，德军在西线取得了重大胜利。仅仅5天后，协约国军队对德国的兴登堡防线展开猛攻。

第二天，德国最高统帅部（High Command）实际领导人埃里希·鲁登道夫将军向陆军元帅兴登堡坚决提议德国必须立即寻求停火。[1] 兴登堡用词并不委婉——必须"立即"签订停战协定"停止作战"，因为军队甚至无法再支撑"48个小时"。[2] 当德国命运遭到逆转的公告发出时，整个国家都震惊了。"现在，火星跳到了国内。柏林发生了恐慌。"德国总理写道。[3]

到了9月30日，整个巴勒斯坦都已经落到了英国人的手里，奥斯曼帝国进入最后的崩溃阶段。同一天，保加利亚与协约国签订了停战协定。德国和其他同盟国的力量几乎消耗殆尽，每天都在撤退。鲁登道夫和兴登堡表现得非常怯懦，当他们告诉文官政府情况有多糟糕时，一切都来不及了。弗赖赫尔·冯·肖耐希将军（General Freiherr von Schoenaich）在《法兰克福报》上写道，他"得到了一个无法反驳的结论：我们崩溃的原因在于我们的军事当局高于民政当局……事实上就是德国军国主义自杀了"。[4]

---

[1] 这很可能是"背后捅刀"传言最初的来源。一些人说，"一支取得巨大胜利的军队怎么会在6天后要求立即停火呢？"

[2] William L. Shirer, *The Rise and Fall of the Third Reich* (London: Mandarin Paperback, 1996), 31.

[3] Alan Bullock, *Hitler: A Study in Tyranny* (London: Book Club Associates, 1973 revised edition), 37.

[4] Shirer, *Rise and Fall of the Third Reich*, 32n; cf. Telford Taylor in *Sword and Swastika*, 16.

13天后，在佛兰德斯西部威韦克（Wervick）以南的一座山上，英国人试图用炮火和芥子气冲破德军防线。伤兵之中就包括阿道夫·希特勒。毒气攻击使他双目失明，没有人知道他能否恢复视力。他的嗓子也受到了影响，只能发出低低的声音。

在医院里，他听到了德国水兵哗变的消息，[1]但他觉得那是"个别恶棍的幻想"。到了11月，就连希特勒也承认海军出了乱子。"一天，灾难突然降临，出乎意料。水兵们开着卡车来到这里，发出革命宣言；少数犹太青年是这场哗变的'领导者'，他们要求我们的国家以'自由、美好和有尊严'的方式存在。他们都没有上过战场。"[2]

当水兵们于1918年10月28日在基尔（Kiel）海军主基地哗变时，一场革命似乎已经不可避免。战争的代价——物资、人才和生命的浪费——重创幸存者的心灵。人们的绝望感不可估量。不过，德国人有理由担心更糟糕的事情会接踵而至。他们要求获得"理解基础上的和平"；作为回应，威尔逊总统要求废除霍亨索伦（Hohenzollern）军国主义帝国，并且废除德国的所有王朝。[3]

一周以后，身材矮小、备受欢迎的犹太作家库尔特·艾斯纳（Kurt Eisner）——慕尼黑人熟悉的一位慈父般的人物，戴着一副夹鼻眼镜，长着长长的灰色胡须——带领几百人穿过街道，来到议会大楼，宣布

---

[1] 10月29日，亚德哗变（Jade Mutiny）爆发，当时德国海军拒绝与英国舰队作战。
[2] Adolf Hitler, *Mein Kampf* (London: Pimlico, 1997), 185.
[3] Peter Gay, *Weimar Culture: The Outsider as Insider* (New York: W. W. Norton & Company, 2001), 147–48. 另见 Shirer, *The Rise and Fall of the Third Reich*, 52。

成立社会主义共和国。艾斯纳恳请德国各州（Länder）效仿他的做法。

马克斯·冯·巴登总理（Chancellor Max von Baden）看见德国有再次分裂回过去诸侯国林立局面的危险，于是在11月8日要求威廉皇帝退位。柏林工人走上街头，陆军元帅兴登堡和鲁登道夫将军也由于没能赢取战争胜利而辞职，被支持巴登的威廉·格勒纳将军（General Wilhelm Groener）取代。只要德皇同意退位，他们就可以签署停战协定。当天晚上，德皇逃到了荷兰。午夜时分，社会民主党领导人弗里德里希·艾伯特（Friedrich Ebert）被任命为总理，宣告魏玛共和国成立。

"我必须承认，看到广大人民在德皇退位时表现出的喜悦，我本人感到震惊和惊讶，"出生在英国的布吕歇尔亲王夫人伊夫琳（Evelyn, Princess Blücher）在柏林写道，"他们兴高采烈，就像赢得了战争一样……皇帝也许应该遭受这样的命运，但在这个时刻向他身上投石似乎是一种非常冷酷残忍的行为，因为他一定正承受着不可名状的痛苦和悲伤。"贵族阶层对德国战败的感受最为深切："看到皇帝的个人陨落，看到国家的崩溃，他们感到了令人心碎的悲伤……我看到了我的一些朋友，他们都是强壮的男人，但他们听到这个消息后只能坐在那里哭泣。另一些人的身体似乎萎缩了一半，他们痛苦得一句话也说不出来。"[1]

同一天，埃里希·鲁登道夫将军戴着假胡子和蓝色眼镜，偷偷穿

---

[1] Joyce Marlow, ed., *The Virago Book of Women and the Great War* (London: Virago Press, 1998), 375–76.

越波罗的海,来到了瑞典。他在安全的藏身之处给妻子写了一封信:"如果我将来能够再次掌权的话,没有人会被宽恕。到那时,我会心安理得地将艾伯特、谢德曼(Scheidemann)和他们的同伙绞死,看着他们的身体在空中摇晃。"[1] 对这个蒙骗德国接受屈辱和平的懦弱军事领导来说,发出这种威胁毫不费力。

11月10日,一位牧师探访了希特勒所在的医院,当时希特勒正在恢复健康。当牧师劝说伤员接受"我们过去的敌人对我们的宽恕"时,希特勒不由自主地离开了房间。他一路摸索着回到寝室,写下这样的文字:"[我]倒在床铺上,将怒火中烧的头埋进毯子和枕头里……我越是想在此刻这个可怕事件中保持清醒,我就越是觉得愤怒的羞愧和耻辱在炙烧着我的额头。"[2]

∞

当时,希尔德布兰德·古利特、阿道夫·希特勒和亚尔马·沙赫特(Hjalmar Schacht)彼此并不相识。不过,在德国从1918年11月成立的魏玛共和国到1933年第三帝国的转变过程中,投资银行家沙赫特将会发挥非常重要的作用。当皇帝退位时,这位前德累斯顿银行(Dresdner Bank)经理已经通过"1914俱乐部"(Klub von 1914)活跃在政治舞台上。"1914俱乐部"由青年商人组成,他们全都具

---

[1] Shirer, *Rise and Fall of the Third Reich*, 34n; cf. Margaritte Ludendorff, *Als ich Ludendorffs Frau war*, 229.

[2] Hitler, *Mein Kampf*, 185–87.

有民主精神，并且对于皇帝退位后形成的权力真空日益担忧。[1]

他们的担忧是有道理的。在那一年的 11 月，一大批社会党和共产党士兵以"斯巴达克斯同盟"（Spartacus League）[2] 的名义发动起义。斯巴达克斯是一名反抗罗马人的希腊奴隶[3]。这一事件促使沙赫特和"1914 俱乐部"的其他成员组建了德意志民主党（Deutsche Demokratische Partei）。该党的目的是发起中间派政治运动，以回应左派和右派的过激行为；在德意志民主党看来，中央党[4]（Zentrum Party）不足以担此重任。他们的目标是为德国提供一个保守而开明的解决方案以应对面前这个动乱的时代。从本质上说，沙赫特是一个君主主义者，他坚持认为党纲的第一句应该写成"我们依赖于共和结构"而不是"我们是共和主义者"这一简单陈述。[5]

沙赫特和德意志民主党觉得他们需要拿出另一种方案，取代左派和右派那些有毒的豪言壮语。11 月 11 日早上 5:10，协约国部队最高统帅（supreme commander）法国元帅福煦（Foch）与马蒂亚斯·埃茨贝格尔（Matthias Erzberger）领导的德国最高统帅部签署停战协定。他们像一群在夜间行动的传奇大盗一样，挤在福煦的私人餐车上。当餐车在法国贡比涅（Compiègne）森林的铁轨上滑行时，他们——从后见之明的角度来看——签订了 20 年后的开战宣言。人们再也

---

[1] John Weitz, *Hitler's Banker — Hjalmar Horace Greeley Schacht* (New York: Warner Books, 1999), 54.

[2] 德文为"Spartakusbund"。

[3] 斯巴达克斯是色雷斯人，不是希腊人。——译者注

[4] 中央党是一个在俗的天主教政党。在英语中，它常常被称为"天主教中央党"（Catholic Center Party）。

[5] John Weitz, *Hitler's Banker — Hjalmar Horace Greeley Schacht* (New York: Warner Books, 1999), 55–56.

无法感受到霍亨索伦、哈布斯堡、罗曼诺夫（Romanov）和奥斯曼（Ottoman）王室稳定的影响力了——对大部分美国人来说，这几个名字是不和谐的。

∞

生活在飞速前进。"我觉得写信的意义不是很大，因为时间过得太快，信件又送得太慢，"希尔德布兰德在 11 月末向维利巴尔德写道，"今天正确的事情到了明天就变成了错误。"[1] 他在表达所有德国人的恐惧以及他们对当前乱局的恼怒。11 月时，无政府主义氛围非常浓烈，以至于每人都在对明天可能发生的事情感到担忧。一个个声称"自由军团"（Freikorp）的准军事组织四处游荡。战斗像地震一样突然爆发，平息后，几百英里外又发生了看似毫不相关的类似事件。

自停战协定生效之时起，在接下来充斥着暴行的几个月里，威尔逊总统一直领导着人们制订那些毫无商量余地的条约内容。他在 1917 年夏天首次提出的"十四点原则"是欧洲君主大规模退位的关键原因。在 1918 年 1 月 8 日面向国会两院的致辞中，威尔逊明确提出了"十四点原则"的内容。[2] 只要弗里德里希·艾伯特还是魏玛政府的临时领导人，协约国将不会同意签署任何条约。德国必须举行选举。不过，从魏玛的角度看，选举的时间并不合适。威尔逊领导的协约国并没有考虑到这种选举可能对德国产生何种影响。因此，动乱和

---

[1] NPG, 126/057.
[2] 参考 wwi.lib.byu.edu/index.php/President_Wilson's_Fourteen_Points。

不确定一直在持续。

到了 1919 年 1 月，当时人们所说的"恐怖活动"并没有缓解。[1] 一个积极致力于将德国变成社会主义共和国的重要人物是左翼哲学家罗莎·卢森堡（Rosa Luxemburg），外号"红色罗莎"。在 11 月德皇逃往荷兰的那个晚上，位于布雷斯劳（Breslau）监狱里的卢森堡获释。她和斯巴达克斯同盟的共同创始人卡尔·李卜克内西（Karl Liebknecht）创办了《红旗报》，要求赦免所有政治犯，废除死刑。

希尔德布兰德·古利特不仅惧怕"持久战争"，也惧怕左派政变。"我想，现在最重要的两件事情是统一和国民议会，尤其是一个有勇气的政府，即能够将李卜克内西和卢森堡绞死的政府。"他问他的哥哥，"在国民议会中，你会给谁投票呢？……属于我们的政党现在还不存在，因为我们无法将自己看作贵族、大地主或大资本家的一部分。"[2] 沙赫特的德意志民主党刚刚成立，而且远离维尔纳，因此希尔德布兰德很可能没有听说过这个组织。

在维尔纳相对安全的军营里，希尔德布兰德对如今政治和社会动荡不安的局面展开思索，他宣布：在征求了父亲的意见后，他认为自己也许最好放弃艺术研究，专注于政治和经济，以便弄清这些学科能否影响民族的精神发展。"在我看来，当我们整个国家……[正在]解体时，确定个体对政治事务的冷淡程度是尤为重要的。"[3]

---

[1] 德国人当时使用"恐怖"一词；今天，我们很可能会将其称为"政治暴力"——由政治目的激发的有组织或无组织的暴力活动及其威胁。

[2] NPG,126/057.

[3] Ibid.,126/057.

和以前一样，在鼓动人们加入各种事业的刺耳政治呼声中，大多数德国人仍在为了战败而痛苦，但希尔德布兰德已经获得了一种不同寻常的先见之明。罗莎·卢森堡和卡尔·李卜克内西参加了1919年1月以失败收场的德国革命——又叫斯巴达克斯团起义（Spartacist Uprising）。更为好战的李卜克内西说服卢森堡帮助他占领柏林自由媒体《红旗报》的编辑办公室。那次行动的结果对二人都是灾难性的。缺乏经验的魏玛领导人弗里德里希·艾伯特认为他必须迅速恢复秩序，于是号召右翼准军事组织"自由军团"采取一切必要手段解决问题。[1]

&

1月15日，自由军团实施第一次谋杀。卢森堡和李卜克内西被骑兵卫队志愿师（Volunteer Division of Horse Guards）俘获，并被带到位于伊甸园酒店（Eden Hotel）的师部。在那里，他们分别接受了瓦尔德玛·帕布斯特上尉（Captain Wawldemar Pabst）的审问。当天晚上，李卜克内西先被人从酒店后门带走。一名"接到军官严格命令"的卫兵用来复枪的枪托殴打他。随后，他被塞进一辆汽车的后座。[2] 在夏洛滕堡公路（Charlottenburg Highway）上一个荒凉的地方，载着李卜克内西的汽车停下来，放他出去。他摇摇晃晃地往前走了几步，然后在"试图逃跑时"被枪射中后背。

---

[1] 在德国，在停战和签订《凡尔赛条约》之间的那段不稳定时期，人们仍然认为自由军团代表了"旧式帝国军队"。

[2] Robert G. L. Waite, *Vanguard of Nazism: The Free Corps Movement in Postwar Germany 1918–1923* (New York: W. W. Norton & Company, 1969), 62 and 62n; cf. E. J. Gumbel, *Vier Jahre politischer Mord* 5th ed. (Berlin, 1922), 12.

当李卜克内西被带到他的处决地点时,卢森堡被军官押到了酒店后面。同一名卫兵再次挥起了来复枪。这一次,卢森堡直接被打昏。她被拖进第二辆待命中的汽车。她的看守之一福格尔中尉(Lieutenant Vogel)在近距离平射射程(point-blank range)内将左轮手枪里的子弹全部打进她正在流血的头里。接着,她的尸体被扔进了兰德韦尔运河(Landwehr Canal)。大约4个月后,当她被人发现时,尸体已经肿胀得几乎无法辨认。这位曾于1907年在伦敦的俄国社会民主党第5次代表大会上与弗拉基米尔·列宁合作的德国共产主义之母没能用她的语言征服军国主义。她的追随者相信,她和李卜克内西的死是一种全面战争宣言。

两个人的遇害导致武装反叛活动成倍增长;在接下来的几个月里,自发式罢工和暴行成了德国各地日常生活中的一个共同特征。深受爱戴的慕尼黑当地英雄库尔特·艾斯纳在2月21日遭到谋杀——被君主制联邦主义者安东·格拉夫·冯·阿克罗·奥夫·瓦利(Anton Graf von Acro auf Valley)射中后背。艾伯特号召右翼准军事组织"自由军团"部队入侵不莱梅、汉堡和图林根(Thuringia)等其他"议会共和国"(council republics)。将艾斯纳领导下的巴伐利亚自由州取而代之的慕尼黑苏维埃共和国是左翼抵抗运动的最后残余,当它于1919年5月2日陷落时,针对左翼的一系列暴行才最终结束。

∽

1月19日,卢森堡和李卜克内西遇难后仅仅4天,魏玛共和国的第一次选举在恶毒的氛围中开始。2月6日,合法选举出来的国民议会在魏玛召开会议。在社会党、中央党和民主党的控制下，具有独立思想的社会民主党人菲利普·谢德曼成为议会的首位总理。弗里德里希·艾伯特被选为魏玛共和国的首位总统。[1]

自然，生活在继续。1919年1月末，希尔德布兰德在德累斯顿的父母家里短暂停留了一段时间。他所看到的事情使他不安。"在家中，德国所承受的可怕负担加重了一倍，"他写道，"因为它已经以完全出乎意料的方式对父亲造成了冲击。"[2] 面对德国的战败，69岁的泛德意志主义者科尔内留斯感到幻灭和打击。一种不知所措的哀伤氛围笼罩着凯策街的家。和许多德国人不同，科尔内留斯拒绝相信"现实是无望的……拒绝相信整个世界不需要我们的胜利"。希尔德布兰德在给维利巴尔德的信中写道："他们多年来一直被［胜利］谎言所欺骗，这谎言给他们带来虚假的希望，令他们沉醉其中。"[3]

希尔德布兰德还强调说，德国人必须去除心中的任何复仇思想，将全部心思投入眼前的问题中。看到自己即将再次获得个人自由，他似乎恢复了活力。不过，他仍然觉得需要为自己在维尔纳的"逗留"向维利巴尔德道歉。实际上，希尔德布兰德指出，他推迟回家的原因有三个。第一，他发现在很长一段时间里，同其他任何地方相比，在东部他可以发挥出更大的作用；其次，情况并没有像媒体报道的那样糟糕；第三，他不想在"返家大潮"中被抓。毕竟，他可能会被人误

---

[1] 见 *Mein Kampf*, 181n。
[2] NPG, 126/059.
[3] Ibid.

当成革命者而被迅速绞死。[1] 他并没有提到其他可能。也许，他还有一个特别钟情的女人？也许，他觉得自己的心理还不够强大，无法承受回国后看到的满目疮痍的景象？也许，他甚至对将在家乡看到的事物感到害怕，或者担心可能有人会批评他"偷懒"。上述任何一点都能成为他留在维尔纳的充分理由。

作为一个23岁的年轻人，希尔德布兰德刚刚经历了难以想象的恐怖场面。他觉得自己需要向维利巴尔德辩解——尤其是他的心思似乎再次变得明朗——这件事再一次清晰表明，他极其需要某种只能被视作"挑剔的哥哥提供的吝啬认可"的事情。希尔德布兰德的"偷懒"和维利巴尔德的道德及精神优越一直被反复提及，这造成弟弟缺乏自信心，同时也使他向外部世界投射出一种炫耀的姿态。

∞

世界其他地方的人们惊愕地看着德国自我毁灭。骚乱和残酷的政治暴力使协约国的立场变得强硬。谢德曼内阁在6月20日辞职，称《凡尔赛条约》的方案是一种耻辱，并且拒绝签字。艾伯特迅速组建了新内阁，由古斯塔夫·鲍尔（Gustav Bauer）出任总理；鲍尔从实用角度出发，认为德国没有其他可行选项，并将条约称为"凡尔赛命令"。他们不被允许与人谈判。实际上，德国对结果没有任何话语权。协约国将德国停战以来的国内动乱作为证据，证明德国几乎无法管理自己，德国人仍然有着无法遏制的杀戮欲望。

---

[1] NPG,126/059.

1919年6月28日,德国在凡尔赛宫镜厅不情愿地签订条约,威尔逊的"十四点原则"已经化为惩罚德国的440项条款。对德国人来说,这些条款中最难以接受的一条就是要承认德国犯了"单一战争罪"(Alleinschulde),即德国挑起了战争,且敌国遭受的所有损失和破坏都是德国带来的。条约在许多方面都是由法国策划的。不过,美国和英国也自愿参与了催毁德意志帝国以及德国人自尊心和自豪感的计划。有人可能会指责美国人缺乏国际远见,或者说是缺乏贪欲。不过,这是美国第一次以"联合"交战国的身份登上世界舞台。有人可能会指责英国和法国贪婪和意图报复。不过,是伯纳德·巴鲁克(Bernard Baruch)的赔款委员会和经济委员会(Reparations Committee and Economic Council)成员约翰·福斯特·杜勒斯(John Foster Dulles)起草了臭名昭著的条款,包括对德国实施恶性经济制裁,最终使德国经济破产,尽管他本人对此持保留意见。[1]

条约的一些要点包括禁止新生奥地利共和国与德国合并;将阿尔萨斯-洛林归还法国;将德国萨尔地区的煤矿开采权转让给法国15年;德国解除在莱茵兰(Rhineland)的武装并由协约国军队——主要是法国军队——占领该地区,以确保服从;将德国的所有殖民地调整为法国或英国的托管地;制定《国际联盟盟约》,并明确将德国排除在外;将但泽港(Danzig)作为国际联盟控制下的自由市;

---

[1] Frederick Taylor, *The Downfall of Money* (London: Bloomsbury, 2013), 99. 另见 Peter Grose, *Allen Dulles, Spymaster: The Life and Times of the First Civilian Director of the CIA* (London: André Deutsch, 2006), 58。约翰·福斯特·杜勒斯将在1953年成为艾森豪威尔总统(President Eisenhower)的国务卿。

将德国军队人数限制在 10 万人以内，战舰数量不得超过 6 艘，不得拥有潜艇；禁止德国拥有空军；在前西普鲁士和波森的肥沃农田上创建一条"波兰走廊"，将东普鲁士与德国其他地区分开；当然，还有极为沉重的 1 320 亿帝国马克战争赔款。[1]

一些新国家成立了：波兰、拉脱维亚、立陶宛、爱沙尼亚。奥匈帝国分裂成了捷克斯洛伐克、匈牙利、南斯拉夫和奥地利。说意大利语的蒂罗尔（Tyrol）被划给了意大利。第二年，人们签订了更多的条约，继续拆分欧洲的各个帝国，直到民族国家间的边界基本成型。在魏玛共和国诞生之前，《凡尔赛条约》就紧紧勒住了它的脖子。这份条约将使右派复兴，使自由军团获得力量；这个军团自然不会受到条约的限制，还会不断提醒人们"背后捅刀"的传说。自由军团还将成为令第三帝国诞生的一件钝器。不过，经过混乱的酝酿期，魏玛共和国将首先诞生，为世界带来它的文化传奇。

在阿道夫·希特勒头脑中的阴暗角落里，魏玛共和国的成立之日——11 月 9 日——始终覆盖着一层屈辱的阴影。这一天将以国难日的形式深深铭刻在他的记忆里。他将把这一天转变成自己的胜利日。

---

[1] www.wwi.lib.byu.edu/index.php/Peace_Treaty_of_Versailles.

第八章

余波

你难道没有感觉到,人们渴望知识价值和精神价值的时刻会再次到来吗……?

——约瑟夫·戈培尔(Joseph Goebbels),1918 年

在 1919 年的混乱中,希尔德布兰德转到政治学和经济学的白日梦被搁置一旁。他回到法兰克福,继续学习艺术史。我们并不清楚这一次促使他改变主意的具体原因是什么。不过,我们很容易就想象到他父亲对他的最终决定起了很大的作用。当任何一个经历创伤的孩子与他所爱戴的衰老父母谈话时,一种难以抗拒的力量会使他不由自主地跟随对方的脚步。对于像希尔德布兰德这样的年轻人来说,这为他提供了一定程度的安全感和慰藉,他曾以为自己已经永远失去了这种安全感和慰藉。

他是为更好的事情而生的。他完全有可能像那个和他正好生活在同一时代的中产阶级日记作者、作家和哲学家恩斯特·云格尔(Ernst

Jünger）那样写出下面的文字：

> 上帝所赐予的这一天
> 当然是拿来用作比杀戮更好的用途。

在写下上面这段文字时，云格尔只是一个 19 岁的男孩。后来，他沉迷于冷酷和杀戮欲望，杀了 20 个人，骄傲地获得了被通称为"蓝马克斯"（Blue Max）的勋章。两年后，在领导一支突击营（Storm Battalion）时，云格尔彻底转变成了杀人机器。"我们的混乱感情由愤怒、酒精和嗜血唤起……无法抵抗的杀戮欲望赐予我翅膀。"[1]

是什么使云格尔走上了和古利特不同的道路呢？同第一次世界大战后加入自由军团的许多人一样，在德国青年运动错综复杂的各类团体中，云格尔曾经是其中某个团体的一名活跃成员。这些团体虽然有着迥然不同的目标，但在历史上被合并成同一种青年运动来考虑。其中，云格尔所在的"流浪鸟"是最具代表性的团体。

该团体强调健身，强调要通过漫步和远足等户外活动来摆脱社会的虚伪桎梏。穿着皮短裤、皮肤被晒成古铜色的健康金发日耳曼年轻人围在篝火旁唱歌，感受着森林深处的神秘力量，倾听自己所理解的民族魂——这熟悉的画面可以使人回想起尼采和诗人斯特凡·乔治

---

[1] Robert G. L. Waite, *Vanguard of Nazism* (New York: W. W. Norton & Company, 1969), 22–23; cf. *In Stahlgewittern: Ein Kriegstagebuch*, 16th ed., Berlin, 1922, 257, 265 [Translated as *Storm of Steel*, Jünger's diary of World War I].

（Stefan George）。[1]

后来，许多参与"流浪鸟"的人不仅加入了自由军团，还成了希特勒的"褐衫党"——冲锋队——的坚定分子。他们是真正相信"背后捅刀"带来了《凡尔赛条约》的中坚力量。

相反地，和许多试图理解战争但没有取得成功的年轻人一样，希尔德布兰德属于在头脑或意识形态方面深感不安的那一类人。他喜爱乡村，但对身体是否强壮并不关心。他当时才23岁，却因为战争而停在了人生中梦想和规划的那个阶段——并为自己还没有过上梦想中的生活而不满。他的情绪波动非常剧烈，在言语上表现得很暴力。他频繁地在两种精神状态之间转换，一种是抑郁，一种是试图隐藏自己对过去4年生活被谎言夺走的深切怨恨。[2]

不过，希尔德布兰德在1919年5月为父母绘制的肖像的主要色调是温和的："父母正在变老，他们［大学］希望父亲立即退休，因此他的处境很艰难。他眼睛很疼，影响到了他的工作……不过，他仍然在撰写他的大学课本，而且和过去一样繁忙。母亲比过去好一些。她现在需要做的事情不多。整体而言，她在许多事情上都更加自在了。"[3]

[1] Robert G. L. Waite, *Vanguard of Nazism* (New York: W. W. Norton & Company, 1969), 19; cf. Theodora Huber, *Die soziologische Seite der Jugendbewegung*, 12.

[2] 这是精神分析学家和历史学家埃里克·埃里克松（Erik Erikson）的分析。这段引述说的是马丁·路德（Martin Luther，约1520年），但也适用于一些在战后希望获得高等教育的前参战人士的精神状态。参考托比·撒克（Toby Thacker）的《约瑟夫·戈培尔》（*Joseph Goebbels*），15–16，该文献引用了埃里克松的 *Young Man Luther: A Study in Psychoanalysis and History* (London: Faber & Faber, 1959), 12。

[3] NPG, 126/066。

∞

自 1 月以来，科尔内利娅一直没有联系希尔德布兰德，尽管她曾写信给父亲，说她再次开始作画，而且对自己的作品感到满意。[1] 显然，她决定跟着情人保罗·费希特尔回到柏林。离开费希特尔的想法显然使科尔内利娅无法忍受，不管她会面临什么后果。毕竟，费希特尔已婚，还有孩子。考虑到他是一家大报的艺术评论家，而且小有名气，如果他俩在一起的话，就不可能不产生丑闻。在情妇和未婚母亲几乎完全不被社会接受的年代，科尔内利娅正走入绝境。更糟糕的是，费希特尔和她父亲的朋友、狂热的艺术爱好者格奥尔格·福斯（Georg Voss）在同一家报社工作。[2]

科尔内利娅的进退两难比不过好朋友洛特·瓦勒的困境，因为洛特去年 12 月和艺术家情人康拉德·菲利克斯穆勒生了一个儿子。[3] 出人意料的是，根据家族信件的内容，科尔内利娅决定暂时搬到 30 岁的堂兄沃尔夫冈的柏林家中。有趣的是，沃尔夫冈仍然在经营他父亲位于波茨坦街（Potsdamer Strasse）113 号的画廊和艺术出版社——他有着自己独特的盗窃手段，科尔内留斯并不知道这一点。[4]

很快，情况失去了控制。科尔内利娅告诉两个弟弟，她在柏林并

---

[1] NPG, 053/001.

[2] 赫尔曼·福斯（Hermann Voss）不是他的直系后代。

[3] 尤斯图斯·乌尔里希·马蒂亚斯（Justus Ulrich Mathias）出生于 1917 年 12 月 14 日。希尔德布兰德是这个孩子的教父。不到一年后，菲利克斯穆勒的儿子卢卡（Luca）出生。6 个月之前，菲利克斯穆勒和另一个女人结婚，当时尤斯图斯已经出生了。Hubert Portz, *Zimmer frei für Cornelia Gurlitt, Lotte Wahle und Conrad Felixmüller* (Landau: Knecht Verlag, 2014), 34.

[4] Portz, *Zimmer*, 18, note 49.

不开心，她渴望再次过上在维尔纳和护理部队的同志们在一起的快乐日子。接着，她与生俱来的夸大感以一种猛烈的形式回归，她向两个弟弟写道："你们这帮人都与我为敌！"[1]

此次爆发的催化剂是科尔内利娅在 2 月至 5 月间的某个时候向父亲做出的声明：她怀孕了。科尔内留斯仍然在为德国的战败和自己曾听信谎言而伤心，但还是尽可能地为女儿提供支持，但他的信件不可避免地反映出自己的痛苦。她信中的话"你曾教导我们对内心发生的任何事情都保持沉默"是否在他的头脑中留下了难以磨灭的印迹？他是否明白她谈论的是她自己？当他让女儿考虑他人时，自己是否会觉得难以承受，哪怕只是暂时觉得呢？科尔内利娅回复道："我们［战前］绘制、思考和感觉到的事情是属于无政府主义的，我们当时虔诚而深切地相信这种无政府主义——不过，当我们看到它穿着政治的伪装时，我们也会厌恶它的。"[2]

当希尔德布兰德听说科尔内利娅发脾气的事情时，他迅速给维利巴尔德写了一封信："我觉得你为她做不了太多事情……我认为她也不会来找你，因为她觉得太惭愧了。我之前常常建议她来这里，离开那疯狂的柏林，但她不回信。"[3]

科尔内利娅以某种方式继续坚持了 3 个月。也许她希望费希特尔能够为了她离开妻子和孩子，或者她觉得自己可以在父母家里抚养孩子，这也是洛特·瓦勒养育她儿子所不得不采取的做法。她的弟弟们

---

[1] NPG, 126/065; 126/070.

[2] Ibid., 053/001.

[3] Ibid., 126/067.

是否坚持要求她将孩子送给别人收养呢？还是说更糟糕的是，她可能尝试了危险且非法的堕胎呢？不管她是怎样想的，科尔内利娅最终陷入绝望，在1919年8月5日自杀身亡。

❧

她将希尔德布兰德指定为她的遗嘱执行人。希尔德布兰德获得了一项可怕的任务：将科尔内利娅的艺术品、信件和个人物品整理到一起并运回德累斯顿。其中一些信件来自保罗·费希特尔，希尔德布兰德带着沉默的尊严将它们返还给了费希特尔。[1] 科尔内利娅死后，费希特尔对她的唯一评价与她的艺术作品有关。费希特尔认为她的作品有一种"强大而带着压迫感的力量，技法精巧，这使她成为冉冉升起的新一代表现主义艺术家之一"。费希特尔觉得她的艺术品最好放到东部，她在那里"用羽毛笔和平板绘制的作品更多地描绘出了维尔纳贫困的那一面……她本人受到了夏加尔作品的强烈影响，因此你会在她的作品里看到另一个全新的世界。它比夏加尔的世界更加严酷……画风粗暴"。[2] 另一方面，费希特尔也公然忽略了这场他需要承担部分责任的悲剧。

科尔内利娅的自杀距离战争结束、1月的德国革命以及耻辱的《凡尔赛条约》如此接近，因此我们无法判断这个家族承受了多么巨大的损失，或者这件事是如何进一步影响他们未来几年的生活。玛丽和科

---

[1] Portz, *Zimmer*, 22, note 72.
[2] Ibid., 24.

尔内留斯·古利特在接下来的夏天和整个秋天一直都非常伤心。每当夜幕降临时，他们二人就会陷入沉默，沉浸在自己的哀思之中。[1]

希尔德布兰德似乎有意忘掉这件事，专注于自己的学业——直到1919年11月1日写信祝贺维利巴尔德的成功。"我不太敢处理艾特尔的画作、信件等物品。我现在还做不了这件事。我首先需要获得更大的自由和更远的距离。我必须能忘掉她的死，只记得她这个人，不记得她的死。"[2]

不过，行动比语言更能反映人的内心想法。希尔德布兰德对艺术家凯绥·珂勒惠支产生了很大的兴趣，珂勒惠支的后期作品与科尔内利娅的作品在风格上存在一种难以解释的相似。珂勒惠支记录了社会上受压迫人民的生活，通过日常生活场景尖锐地描绘出战争的恐怖，比如母亲抱着死去的孩子，或者饥饿的母亲伸出手拉着瘦弱的孩子，孩子抓着她的裙子。悲伤的父母、寡妇、糊里糊涂的志愿参军者。第一次世界大战后，珂勒惠支的调色板、钢笔和铅笔流泻出愤怒和焦虑，督促德国人回顾之前发生的事情并防止其再次发生。[3]

                      ∞

大学学期在10月份开始。在此之前，1919年9月，希尔德布兰德在慕尼黑四处参观那里的美术馆。[4] 阿道夫·希特勒也回到了这座

---

[1] NPG, 126/084.
[2] Ibid., 126/081.
[3] 珂勒惠支失去了她的小儿子彼得。她那个名为《悲伤的父母》的雕塑作品位于弗拉兹洛（Vladslo）德国战争墓地。
[4] Ibid., 126/079.

城市。5月，这里从共产主义者手中获得解放。之前不久，希特勒宣称，当"三名恶棍"想要逮捕他的时候，他举起卡宾枪阻止了他们。[1]

将慕尼黑从左派手中"解放"出来的过程非常血腥。城市卫生官员不知如何处理散布在城市街道和公园中正在腐烂的大量尸体。就在人们担心瘟疫爆发时，自由军团想出了一个解决方案：他们挖出浅沟，将正在腐烂的尸体扔进没有任何标记的巨大坟墓里。[2]这也是后来纳粹的一种常见做法。这里不仅存在小规模战斗和就地处决，还有简单的审判程序。任何胆敢公开表达反对意见的人都会在自由军团设立的人民法庭上被定罪并被投入临时监狱。1919年秋天的慕尼黑是由自由军团统治的，尽管这里的文官政府在法理上已经复原，由慕尼黑总理（minister-president）阿道夫·霍夫曼（Adolf Hoffmann）领导。[3]希尔德布兰德应该亲眼见到了这种暴行。

希特勒参加了由"冯·莫尔司令部"的指挥官讲授的为期一周的培训课程，由此成为军队内部对抗左派激进分子的领薪民族主义煽动者之一。[4]他的第一项任务是参加德国工人党（German Workers' Party）的一次会议，把该党领导人戈特弗里德·费德尔（Gottfried Feder）的言论汇报给上级。

希特勒执行命令，来到赫伦街（Herrenstrasse）破烂不堪的老罗森巴德酒馆（Alte Rosenbad tarvern）。在这里，希特勒第一次了解

---

[1] Adolf Hitler, *Mein Kampf* (London: Pimlico, 1997), 188–89.
[2] Waite, *Vanguard of Nazism*, 90; cf. Toller, *Eine Jugend in Deutschland*, 232.
[3] 据估计，自由军团有40万人，这使它成了德国最大的单一力量。参考 Arthur Rosenberg 的 *Geschichte der Deutschen Republik* (Karlsbad, 1935), 75–76。
[4] Hitler, *Mein Kampf,* 189n.

到借贷资本以及国际证券交易所活动，感到惊奇不已。费德尔的演讲揭示出残酷无情的股票市场和借贷资本具备投机性和盈利性的特征，使希特勒非常清晰地认识到追求利息的本质。"他的论述在所有基本问题上都相当合理，因此他的批评者从一开始就一直在质疑这些理论的正确性……其他人眼里的弱点……是我眼里的优势。"希特勒解释道。[1]

费德尔真正想说的是，通过全球股票交易所从事投机活动的资本是德国经济灾难的根源。需要向资本支付股息或利息是一种罪恶。在一场放到今天将会受到欣赏的运动中，费德尔甚至创建了一个名为"德意志反抗利息奴隶制战斗联盟"（German Fighting League for the Breaking of Interest Slavery）的组织。希特勒看到了一条对大众具有巨大意义的简单信息以及"成立新政党的必要前提"，并且"发现了可以用到即将到来的斗争中的一个强大口号"。[2]

有一个人对费德尔的经济学提出了批评，认为巴伐利亚应该与德国的其他地区断绝关系。[3] 希特勒将他称为"教授"，对他进行了充满激情的回击。之后，目光短浅、长相平平的锁匠安东·德雷克斯勒（Anton Drexler）最先向希特勒提出加入该党的邀请。工人党主席、《慕尼黑－奥格斯堡晚报》记者卡尔·哈雷尔（Karl Harrer）认为，即使只考虑煽动能力，希特勒也可以做出有用的贡献。党委书记、德雷克

---

[1] Hitler, *Mein Kampf*, 191.
[2] William L. Shirer, *The Rise and Fall of the Third Reich* (London: Mandarin Paperback, 1996); cf. *Mein Kampf*, 210 and 213.
[3] 这是一种流行观念。由于巴伐利亚憎恨一切普鲁士的事物，这种观念得以加强。这种观念在20世纪20年代初被人接受。

斯勒的好朋友、职业为火车司机的米夏埃尔·洛特（Michael Lotter）批准了希特勒的入党申请。

虽然希特勒最初有些沉默寡言，但还是成了德国工人党委员会的第 7 名成员。[1] 鲁道夫·赫斯是他之前在战争时期结识的团书记。波希米亚人、酒鬼迪特里希·埃卡特（Dietrich Eckart）比希特勒年长 21 岁，是一个聪明的记者和蹩脚的剧作家。他被许多人视作国家社会主义的精神之父。费德尔当然是团队里的经济学家。不过，这个政党的真正领导是恩斯特·罗姆上尉（Captain Ernst Röhm），他是驻扎在巴伐利亚的自由军团步兵指挥官里特尔·冯·埃普（Ritter von Epp）的副官。[2]

罗姆是一个冷酷的战士，出身工人阶级，一路奋争爬到现在这个高位。和希特勒一样，他将魏玛政府看作"十一月罪人"，并始终强烈反对魏玛政府。他那被打掉鼻梁的鼻子、脸上的伤疤以及小而凹陷的眼睛发出的凝视目光使人过目难忘。健壮结实的身材和粗壮的脖子使他成了其他人无论如何也不敢反驳的人。罗姆的任务是将退役军人和自由军团的志愿者带到他们的会场，以扩大工人党的规模。他在希特勒身上看到了初露锋芒的惹事天赋和念独白的才能。罗姆将成为希特勒权力崛起之路上的催化剂。

---

[1] 他的执行委员会编号是 7，但他的党员编号是 555。
[2] Lothar Machtan, *The Hidden Hitler* (Oxford: Perseus Press, 2001), 106.

当然，希尔德布兰德·古利特完全不知道阿道夫·希特勒和他那个鲜为人知的德意志工人党，以及希特勒将会如何改变他和其他人的生活。当埃卡特在施瓦宾（Schwabing）款待啤酒馆里的朋友时，希尔德布兰德回到了德累斯顿。在那里，他被父亲强迫学习巴洛克雕塑。这是科尔内留斯的"新计划"，希尔德布兰德在10月15日向维利巴尔德写道。你几乎可以听见他的叹息声。随着时间的推移，他担心前面将会出现"寒冷和黑暗"——但他表示自己仍然"满怀希望，心情愉快"。[1]

不过，自我怀疑和压力仍然使他付出了代价。他并没有在10月份学期开始时回到法兰克福，而是仍然住在德累斯顿的父母家里。维利巴尔德显然又一次责备了他。这不仅是因为希尔德布兰德非常懒惰，不知道写信，也因为他看到了弟弟非常渴望过着备受宠溺、衣来伸手饭来张口的生活，而不是去独自面对世界。

希尔德布兰德回信说，父亲喜欢"在不看收信人的情况下拆开任何信件"，这使他很恼火。他还说，他去见了他们的团书记，后者建议说，维利巴尔德应该申请军队抚恤金，因为他曾在1914年9月腿部中弹。两个星期后，希尔德布兰德带着歉意写道，"对我来说，回忆和遥远未来的梦想带来的负担有点沉重……工作以及与父母在一起的生活占据了我每一天的时间。"[2]

---

[1] NPG, 126/080.

[2] Ibid., 126/082; 126/083.

到了 11 月末，希尔德布兰德变得对自己和哥哥更加真诚，但仍然用正面的陈述方式缓和自己的阴暗思想。"我们的父母只看到了我的烦恼。有时，我会沉浸在这种烦恼中。我在这所房子里非常害怕……但太阳依然闪耀着。"[1] 他需要通过某种方式找到再次掌控局面的勇气。他在圣诞节寄给维利巴尔德的信显示出他在精神和情感上的剧烈挣扎——其中许多挣扎是参加第一次世界大战的整个"迷惘的一代"所共有的：

5 年前的平安夜，我在战场上的第一道战壕里站岗，差一点被子弹击中。接着，危险解除了。狭窄的战壕是非常阴暗的。

4 年前，我在家里，艾特尔在战场上。

3 年前，我和汉斯……在法国。我和连队的士兵在一起。我有一座小屋……早上，我开着汽车，在结冻的坚硬路面上经历了一段愉快而狂野的旅程。接着，连队在巨大的马厩里举办了一场宴会。人们[唱着歌]。在灯光的照耀下，气氛温暖而愉悦……

两年前，我待在艾特尔位于安托考尔（Antokol）的小房间里。雪很大，一切都很宁静。

1 年前，在革命期间，我住在维尔纳。电力公司开展罢工，商店和酒馆关门了，我是那里的少数行政官员之一……我和

---

[1] NPG, 126/085.

一个犹太少年在一起……平安夜有一场盛大的假面舞会——波兰人、德国人、俄国人和犹太人在一起庆祝节日……平安夜的镇上死气沉沉，一片黑暗。我们站在窗前，看着灯火在一个富人家的树上闪耀着。我们被邀请到一些善良的陌生人家里吃饭。

今天，我在家里。

明年会带来什么呢？也许，我们可以一直在一起。也许，我可以找回自我，父母就可以不再为我担心了。[1]

❧

虽然希尔德布兰德患有忧郁症，但还是在 1920 年 1 月 2 日重返大学校园。在写给父母的信中，他以近乎窒息的方式描述了自己对艺术哲学的热情——不要把它与美学弄混，他的教授如此建议。"康定斯基的作品完全是美学——完全是颜色和修饰。"他的教授恩斯特·特勒尔奇（Ernst Troeltsch）在战前是德国新教思想界一位颇有影响力的人物，相信"对世界的幻灭"给基督教带来了威胁。特勒尔奇的宗教哲学及其他对艺术的观点使希尔德布兰德着迷。当天早些时候，维斯巴赫（Wiesbach）在关于洛可可艺术的讲座上描述了卢浮宫和巴黎的私人府邸，他继续在信中写道。在听完了这些巡回演讲后，希尔德布兰德评论道，"古利特的儿子"露出了高傲的微笑。[2]

---

[1] NPG, 126/087.

[2] Ibid., 197/009.

希尔德布兰德还提到了他的一个朋友达维德（David），后者是一名受过训练的图书装订工。他陪着达维德去了失业办公室。他的姑姑埃尔泽见过达维德，认为他"人很好"。虽然他"健康、积极、精力充沛"，能够以友好的态度完成别人吩咐他的一切事情，但就是找不到工作。他只有19岁。"没有人会认为他是犹太人，"古利特写道，"他长着灰色眼睛和棕色头发，看上起甚至非常英俊……虽然他是犹太人，但属于正派的那一类。"[1]

希尔德布兰德·古利特描述犹太人的用词当时已被人普遍接受，尤其是在柏林。自由军团没能在1919年6月《凡尔赛条约》签订之前收复波罗的海国家，其直接后果就是大量东部移民涌入了这座城市。希尔德布兰德完全没有想到，他的犹太祖母很快就会给他本人带来祸患。

---

[1] NPG, 197/009.

第九章

魏玛的战栗

> 报纸只会报道丑恶的事情。有时，我感到非常难过，因为一切都变得如此堕落，我对所有这些"糟糕的事情"感到非常不安。
>
> ——玛丽·古利特，1920年4月3日

自由军团单方面决定在"凡尔赛命令"签署之前收回东部领土——德国人相信他们已经战胜了那里的敌人。"这也许就是条顿骑士永不止息的追求精神，"自由军团编年史家恩斯特·冯·萨洛蒙（Ernst von Salomon）推测道，"这种精神曾经反复驱使他们离开坚固的城堡，踏上新的冒险之旅。"[1]

1919年5月，面对主要由德国志愿者组成的拉脱维亚临时军队，自由军团成功夺回了里加（Riga）。然而，这场胜利同时也敲响了最

---

[1] Robert G. L. Waite, *Vanguard of Nazism* (New York: W. W. Norton & Company, 1969), 129; cf. Von Salomon, *Die Geächteten* (Berlin: 1930), 115.

终失败的丧钟。[1] 在英国炮兵和拉脱维亚爱国者的压制下，被德国抛弃的自由军团只能回国。他们变成了强盗。因为无法忍受自己的无能，他们就像传说中的野蛮游牧部落一样将所到之处全都夷为平地，将一个个平静的村庄烧得一干二净。当他们返回祖国时，他们烧掉了自己的希望和梦想，也烧掉了"文明世界的法律和价值观……他们满载着战利品，醉得左摇右晃，嘴里说着大话"。[2]

魏玛政府并没有充分认识到，自由军团的指挥官将会努力团结麾下士兵，发动政变。当他们接到返回德国的命令时，不止一个颠覆政府的计划已处于酝酿过程中。在看上去毫无关联的情况下，"劳工协会"如田野中的蘑菇一般在德国各地突然出现，它们通过勃兰登堡（Brandenburg）、萨克森、巴伐利亚、弗兰科尼亚（Franconia）和符滕堡（Württemberg）向西部和南部延伸，直到法国和瑞士边界。在东普鲁士和前波美拉尼亚（Pomerania）——就在他们被迫离开的土地上的边界线的另一边——前自由军团成员整装待命。作为献身于战斗的群体，他们仍然有着最强的参战渴望，将会加入到任何推翻共和国的运动之中。

❦

希尔德布兰德的信件内容仍然专注于自己的事情，完全没有提及

---

[1] 参考 Waite's *Vanguard of Nazism*, chapter 5, "The Baltic Adventure." 自由军团对拉脱维亚的入侵不仅得到了魏玛政府的默许，还得到了英国的明确支持，因为英国担心苏联入侵该地区。

[2] Ibid., 131.

德国不稳定的政治和军事局面。1920年2月，在回到柏林重新开始学习仅仅一个月后，他就生病了。房东太太给他的父母写信，说必须有一个人立即过来照顾他，因为他现在非常虚弱，无法照顾自己。玛丽在这个月一多半的时间里忧心忡忡地坐在儿子床边。当希尔德布兰德逐渐恢复健康后，她终于松了一口气。[1] 没有人提及希尔德布兰德得了什么病。不过，考虑到他在重新学习艺术史仅仅一个月后就患上了这种疾病，他可能是再次被抑郁"魔鬼"附身了——特别是科尔内留斯还要求维利巴尔德和他的弟弟谈一谈，因为"他非常需要这种谈话"！[2]

古利特家族和其他许多德国人并不知道，一场暴动即将在这一年的3月于柏林爆发。事实上，德国之前并没有真正经历过民主，不稳定的魏玛自由政府招致了许多人的反感。[3] 不过，魏玛国防军——一个名副其实的"国中之国"——以及效仿魏玛国防军腐败行为的刑事司法体系才是问题的核心所在。[4] 没有军队，魏玛共和国就无法夺取社会秩序的控制权。

在经济上，德国徘徊在崩溃边缘。战争开始时，德国马克对美元的汇率是4.19。到1920年3月，变成了83.89。由于关键的钢铁和煤

---

[1] NPG, 224/021.

[2] Ibid., 033/011.

[3] 在15年里，共有16届政府。前5年中换过7届政府。魏玛国防军是政府的"官方"军队。

[4] 1921年1月，在魏玛国防军成立之前，该组织以另外两种伪装的形式存在：临时国防军和过渡军队。自由军团是一支可以规避《凡尔赛条约》限制的非官方军队。自由军团的许多前成员加入了希特勒的纳粹党和冲锋队。参考 Mein Kampf, 476n. 刑事司法系统是一个"国中之国"，管理着那些反革命右翼政治团体。参考 Shirer, The Rise and Fall of the Third Reich, 60–61.

炭行业的产量只有战前的四分之一,因此政府无法勇敢面对经济问题的根源。困扰所有战后国家的通货膨胀在德国尤其猖獗。虽然还没有达到恶性通货膨胀的程度,但德国人还是深受匮乏之苦。

不过,财政部长马蒂亚斯·埃茨贝格尔仍然下令印制日益贬值的钞票,无视国内外的价格差。回归金本位制已经成了一个无法想象的目标。和战争最后阶段的德国军事指挥官一样,埃茨贝格尔已才智枯竭。

1920年1月26日,埃茨贝格尔被一名年轻的前自由军团志愿兵射杀。那个人曾是那些复员强盗中的一员。对一些人来说,这一结果并不意外。袭击者仅仅被判了18个月的监禁,在监狱里待了4个月后就被释放。[1] 显然,法庭认同这种暴力行为。

当这个国家深受通货膨胀影响时,人们对艾伯特本已不稳定的政府的支持率下降了。来自男爵群体(德国最大的地主们)和工业界的支持正迅速降温。从萨克森到威斯特伐利亚(Westphalia),各个地方出现了一块块共产主义及社会主义的飞地。古利特家族的信件表明,两个德意志正不和谐地并存着。

仅仅9个月之前,希尔德布兰德的宗教哲学教授恩斯特·特勒尔奇在《观察家》中写道,德国是一个正在哀悼的国家。文章称:"在民众之中,你可以明显看到普遍存在的痛苦、愤怒和屈辱。你会再次听到人们对政府的控告,这个政府允许自己被威尔逊[总统]的和平言辞所愚弄⋯⋯那个完整的传说再次传到国外:我们引以为傲的军队

---

[1] Frederick Taylor, *The Downfall of Money* (London: Bloomsbury, 2013), 133.

完全是被国内的失败主义者、犹太人和社会民主党人打断了脊梁……如果我们不是那么感情用事，最光荣的胜利本该属于我们。"[1]

许多人忘了革命和叛乱是需要资金的。之前支持魏玛共和国的富人需要让人们感受到他们的不悦。绰号"戴着单片眼睛的斯芬克斯"的魏玛国防军天才指挥官汉斯·冯·塞克特将军（General Hans von Seeckt）将成为他们坚定的喉舌。在被艾伯特总统问到魏玛国防军是否会支持政府时，塞克特给出了谜语般的回答："总统先生，军队站在我的身后。"[2] 钱也站在他的身后。

❈

1920年3月12日清晨，埃尔哈特旅的战士们在黎明前开始从营地向柏林进发。这个旅之前因被认定为自由军团的非法作战单位而遭解散。士兵们的头盔上画着巨大的卐字标志。据说，这种标志在月光下会闪闪发光。他们忘掉了一个月以来军营里的无聊生活，他们的旗帜在早春的微风中飘动。他们一边唱着他们的"埃尔哈特之歌"，一边步伐整齐地奔赴战场。他们前往柏林的路线是众所周知的。他们知道，当悠闲的行军结束时，他们向政府发出的最后通牒刚好会过期。前潜艇指挥官赫尔曼·埃尔哈特上尉（Captain Hermann Ehrhardt）已向政府承诺，在那之前，他是不会夺取政权的。他是一个信守诺言的

---

[1] Frederick Taylor, *The Downfall of Money*, 105; cf. "*Die Aufnahme der Friedensbedigungen,*" in Troeltsch, *Die Fehlgeburt einer Republik*, 44. 关于汇率，参考 *The Downfall of Money*, appendix。

[2] William L. Shirer, *The Rise and Fall of the Third Reich* (London: Mandarin Paperback, 1996), 64; cf. Lt. Gen. Friedrich von Rabenau, *Seeckt aus seinem Leben*, II, 342.

人，并引以为傲。[1]

这些人在柏林的蒂尔加滕（Tiergarten）待命。他们坐在那里抽着烟、端着热气腾腾的咖啡，柏林人愉快地和他们打着招呼。值夜班的魏玛国防军在回家时朝他们喊道："早上好，祝你们好运。"不久，两个穿着便装的平民走了过来，他们是被这些人称为"政府区域行政主管"的沃尔夫冈·卡普（Wolfgang Kapp）和无处不在的埃里希·鲁登道夫将军。他们声称自己是"碰巧路过"。鲁登道夫向这个非法的强盗旅敬礼，称赞他们的军人风度，还祝愿他们取得"成功"。[2]

上午7点整，这群强盗穿过勃兰登堡门，走上了威廉街（Wilhelmstrasse）。到了中午，所有人去楼空的政府大楼都被他们占领了，暴动的行政领导人沃尔夫冈·卡普已经在他的办公桌前开始工作。这些人从未动过毛瑟枪上的保险栓。不过，令人吃惊的是："在他们占领城市的最初几个小时内……暴动在道德支持上出现了绝对真空。"[3] 暴动的一个关键人物是帕布斯特上尉。我们之前提到他策划了对共产党员罗莎·卢森堡和卡尔·李卜克内西的残忍谋杀。帕布斯特的反动政治俱乐部"民族协会"（Nationale Vereinigung）聚集了普鲁士官员沃尔夫冈·卡普、鲁登道夫和吕特维茨（Lüttwitz）将军、鲍尔上校（德国最高统帅部 [German Supreme Command] 前部门主管 [section chief]）以及富有的实业家胡戈·施廷内斯（Hugo Stinnes）

---

[1] Waite, *Vanguard of Nazism*, 140–41.
[2] Ibid., 141n. 详细信息摘自 Mann 的回忆录 *Mit Ehrhardt durch Deutschland*, 147–52, 以及 Ehrhardt, *Kapitän Ehrhardt, Abenteuer und Schicksale*, 166–67。
[3] Ibid., 142; cf. "An Eye-Witness in Berlin" in *The New Europe*, April 1, 1920, 274.

等人。作为暴动的精神向导，帕布斯特被任命为全国其他自由军团部队的协调人，但他并不适合这个角色。他忘记了这样一条格言："发生在柏林的任何事情都不能代表德国其他地区。"

仿佛是为了充分证明这条格言，3月16日晚，就在暴动发生仅仅3天后，一架军用飞机降落在柏林滕珀尔霍夫（Tempelhof）的飞机跑道上。两个人走下飞机。他们见到了联系人，后者的职责是带他们去会见新"总理"卡普。当二人发现卡普的暴动已经出现动摇时，他们决定立即返回慕尼黑。二人中的年长者是德国人民工人党（German Peoples Workers' Party）的迪特里希·埃卡特，年幼者是阿道夫·希特勒。他们的目的是讨论在巴伐利亚发生的那些事件，看他们能否通过某种途径展开合作。

两天后，一切都结束了。当柏林街道上发生武装冲突时，卡普、吕特维茨、帕布斯特和其他叛乱分子立刻逃之夭夭。据说，波茨坦广场（Potsdamer Platz）和布达佩斯街被人用自动武器扫射一通。3月18日，《曼彻斯特卫报》评论道："我们现在生活在柏林，没有灯光、煤气和自来水。新政府就像一只被夹住的老鼠。"[1]事实上，新政府的大老鼠们已经全部逃到安全地带，流亡到了国外，留下的是历史对这些谋反者的谴责——"对复杂［政治］事务一无所知的家伙"。[2]

作为"德意志共和国历史上最黑暗的一页"，对这704个被控叛国罪的人，司法部并没有判刑，他们免于惩罚。被判刑的只有柏林警

---

[1] Taylor, *Downfall of Money*, 139.
[2] Waite, *Vanguard of Nazism*, 164.

察局局长（police commissioner），他需要在家中接受5年的"荣誉监禁"。[1]

~

4月1日，德国工人党更名为国家社会主义德国工人党（National Socialist German Workers' Party），简称国社党（NSDAP）。很快，在国际上，它将被称作"纳粹党"。阿道夫·希特勒成了这个政党的领导人。他辞去了军队职务，将时间全部投入到这个政党之中。和一本诽谤性宣传册中的说法不同，希特勒从未从党中领取工资，但在受邀向其他志同道合的组织发表演讲时的确会收"演讲费"。毕竟，希特勒这个只有大约3 600名党员的新生政党并没有能够支持其党魁的必要资金。不过，对迪特里希·埃卡特、赫尔曼·戈林以及被希特勒这样的朋友昵称为"普奇"（Putzi）的恩斯特·汉夫施丹格尔（Ernst Hanfstaengl）这样的富人支持者来说，资金无疑不是问题。[2]

希特勒成功掌权。几天后，科尔内留斯从德累斯顿给维利巴尔德写信，他说自己对暴动失败后席卷法兰克福的共产主义骚乱感到担忧。动荡的局势和不断攀升的物价是最令人不安的。他怀疑自己没有能力在短期内前往弗莱堡（Freiburg）看望维利巴尔德。毕竟，一张柏林和德累斯顿间的二等火车票需要62马克，由于"去弗莱堡的火车票价为207马克，你母亲和我去看望你的旅费是824马克，再加上铃铛

---

[1] Shirer, *Rise and Fall of the Third Reich*, 60; "黑暗一页的引文"参见 Franz L. Neumann, *Behemoth*, 23。

[2] Shirer, *Rise and Fall of the Third Reich*; cf. Mein Kampf, 154, 225–26.

和汽笛的费用，一共可能需要 1 200 马克……无论如何，我们需要留意局势的演变，对我们的财务储备加以考虑"。[1]

科尔内留斯还说希尔德布兰德仍然住在柏林。"他现在为来自勃兰登堡的策展人格奥尔格·福斯博士工作。柏林艺术史学家阿道夫·戈尔德施密特（Adolphe Goldschmidt）为普茨推荐了这份工作——让我非常高兴。普茨的前途一片美好。"[2] 可以想见，科尔内留斯对儿子在艰难处境中的生理及精神健康状况感到担忧。

"我正在重新开始，正在到处寻找一个朋友，他有着坚实的社会地位，不像我这样因为心中充满怀疑和冲突而痛苦。"希尔德布兰德在 7 月向父母写道。他想要安慰家人，就说："我已经从各种焦虑和可能的命运组成的蜿蜒曲折的小径中走了出来。我环顾四周，看到了疯狂而充满仇恨的狂热分子（包括左派和右派）。"他把这个想法在信中重复了好几遍，又接着写道："我感到非常充实……我意识到自己在［战场］上的时候，眼中看到的一切事物都是美好的……无论如何，我希望不断努力生活，而不是低着头、敷衍了事地活着。我应该抓住当下，也许生活会变得更加平静，不像以前那样冒险了，但不会逆来顺受。"[3]

他真的放弃了更为宏大的抱负吗？由于希尔德布兰德的情绪飘忽不定，因此我们很难恰当地评估他选择平静生活的决心有多坚定——尤其是他还身处柏林的喧嚣之中。仿佛是为了证明这一点，在向父母

---

[1] NPG, 033/012.
[2] Ibid.
[3] Ibid., 197/011.

做出保证后仅仅过了3天,他就痛斥自己的父亲,因为科尔内留斯给希尔德布兰德在柏林的导师、负责安排希尔德布兰德在大学工作的格奥尔格·福斯写了一封信。他听说自己需要为自己的无偿工作感谢福斯这个勃兰登堡策展人,感觉异常愤怒。

"我对这封信感到有些震惊,因为我觉得……他并没有给我提供很大的帮助,"希尔德布兰德几乎没有掩饰自己的愤怒,"我为他做了许多工作,但他只给了我一些物品……我觉得我的工作并不比别人的低劣……毕竟,在我们的实习过程中,不是每个人都生活得像我这样节俭……如果我能拿到一些工资,我会非常高兴的……我并不想抱怨,但我过得不如其他同事……但我并不因此而感到痛苦或抑郁。"

希尔德布兰德似乎停不下来了。他那长篇大论的指责延伸到了父亲的吝啬上。"我对未来一无所知……聪明人已经起飞,而我却什么也看不见。我对一切的理解都是错的,并且现在重新开始学业还是有点晚了。我再次感谢你最强烈的不信任……我希望节俭度日,不去追求快乐〔因此我搬到了泰格尔(Tegel)〕。我更喜欢住在维尔默斯多夫(Wilmersdorf),或者诺伦多夫广场(Nollendorfplatz),或者艺术与工艺图书馆(Arts and Crafts library)附近。"[1]

这封信不像是参加过战争、应该已经成熟的24岁青年写的,反而像是出于18岁的孩子之手。希尔德布兰德似乎并不理解供他上大学为父母带来的困难和经济负担,更不知道自己需要通过打零工来帮助父母。这辩解是他短视、无知、无礼的表现。

---

[1] NPG, 197/013.

不过，科尔内留斯有理由感到担忧。次年，长期持续的通货膨胀从平和的慢跑变成疾驰，然后开始一路狂奔，最后冲上顶峰。到了1921年年末，汇率再次翻番，1美元可以兑换超过160马克。纳粹党党员数量超过了6 000人。

由于通货膨胀成了常态，只有在经济交易中最有创造力的人才能幸存。那年夏天，科尔内留斯向维利巴尔德写道："美国文学公司'美国艺术［百科全书］'（The American [Encyclopedia] of the Arts）请我以千字20美元的价格为他们工作。1美元目前可以兑换72马克，就是说那个人开价千字1 440马克。这意味着我写这封信所使用的大约320个字可以换来460马克［原文如此］。如果这件事不是一场闹剧，我会要求他们提前支付整笔帐单！"[1]

到1922年复活节时，情况已经演变成了危机。在热那亚（Genoa）的一次会议上，西方协约国开出了赔款账单——320亿美元——由于通货膨胀，这笔帐单所对应的马克金额每天都在上升。需要采取措施了。

当德国还在对这条可怕的消息倍感震惊时，一支德国代表团来到了几十英里以外的意大利度假胜地拉帕洛（Rapallo），与苏联迅速签署了一项秘密条约。条约取消了签约国之间的所有赔款，确立了贸易最惠国待遇，将帮助两国经济稳定地发展到20世纪30年代。当条约内容遭到泄露时，性情暴躁的法国总理、曾在战争中做过将军的雷

---

[1] NPG, 033/071.

蒙·普恩加莱（Raymond Poincaré）勃然大怒。德国人在取悦"红祸"（Red Peril）——因此，共产主义者将战胜右派，占领德国。普恩加莱宣称这个条约是一种公然恢复敌意的行为。巴黎开始认真讨论入侵鲁尔的计划。[1] 结果，马克兑美元的汇率达到了 284.19。

∞

左翼的强烈反抗对工业核心区造成了冲击。右翼金融家胡戈·施廷内斯忙于应对鲁尔红军（Ruhr Red Army）对他鲁尔地区工厂和煤矿的占领，钢铁和军火大王古斯塔夫·克虏伯（Gustav Krupp）和奥古斯特·蒂森（August Thyssen）也是如此。香烟制造巨头菲利普·雷姆茨马（Philipp Reemtsma）及其位于汉堡的工厂比克虏伯和蒂森的情况要好。当 1914 年世界市场对德国关闭时，其他人通过为坦克、吉普和小汽车制造原始设备和制动系统而暴富，比如库尔特·基希巴赫（Kurt Kirchbach）。每一位商人都对社会临近崩溃的状态和马克的持续贬值而担忧不已。

这一年的 7 月，马克兑美元的汇率达到了 670。通货膨胀成了所有德国人关注的焦点。"提包客"就是在这时出现的。外国人可以将他们的货币兑换成马克，然后用这些马克以极其低廉的价格购买资产、货物甚至服务，这意味着他们可以在损害德国人利益的情况下迅速发财。

在柏林，利用崩溃的马克大占便宜的人被称为"投机者"（Raffkes）。

---

[1] Taylor, *Downfall of Money*, 184–85.

他们就像美国南北战争后遍布南方的北方提包客一样，带着贪婪的目光成群结队地涌向德国，用暴涨的外汇购买工厂、企业、房屋和土地。可以轻易获得外国资金的德国实业家常常也会加入并大赚一笔。[1] 游客被德国人欺骗的谣言甚嚣尘上，这要部分归功于伦敦《泰晤士报》所有者诺思克利夫勋爵（Lord Northcliffe）恶毒的反德观点。

但是，风雨飘摇的魏玛政府不敢让印钞机停下来。对明天的不确定很快就变成了对今天晚些时候马克面值的担忧。科尔内留斯不得不卖掉父亲送给他的金表。物品变得比钞票更有价值：一磅食糖或几磅水果蔬菜是一种更为确定的交换形式。以物换物在工薪阶层之中变得流行起来。虽然工资有着与通货膨胀保持同步的趋势，但员工和工会领导人常常算不出他们需要向雇主提出多高的涨薪幅度。

到了 7 月末，德国政府要求在他们将马克稳定下来之前暂停战争赔款的现金支付。普恩加莱警告说，要想暂停赔款，需要提供"生产力担保"，包括交出德国化工业和采矿公司的多数股份以及广阔的国有森林。

∽

两周后，马克兑美元的汇率变成了 1 134。政府的悲剧性经济政策导致德国没有能力继续从其他国家进口食品。与此同时，德国人变成了马克的百万富翁和其他货币的穷人。德国农业还没有恢复正常。一切需要进口的东西都变成了昂贵的奢侈品。战前在农业中使用的硝

---

[1] John Weitz, *Hitler's Banker* (London: Warner Books, 1999), 60.

酸盐被转到军火制造业，土地因此而失去了养分。

不过，普恩加莱自有他的计划。到了1922年圣诞节，德国正式宣布无法支付赔款。用7 589马克才能换1美元。[1] 实业家很久以前就购买了比一磅食糖或几磅蔬菜更有价值的商品：古董、黄金、白银、白金、珠宝——尤其是钻石，它是浓缩程度最高的财富形式——以及美术品。这些商品都拥有国际市场，并将持续升值，即使是在困难时期。克虏伯和蒂森家族已经拥有了一些一流美术收藏品，但他们只会从需要出售的人那里购买。德国香烟大王雷姆茨马也开始增加收藏品的购买数量。

实业家库尔特·基希巴赫也开始收藏了。他目前的爱好是签名照片，而这些照片将成为他们这个时代一部宝贵的编年史。

希尔德布兰德·古利特成了他的个人艺术顾问。

---

[1] John Weitz, *Hitler's Banker*, 364.

第二部分

艺术与政治

我们今天所能见到的一切人类文化、艺术、科学和技术的结晶几乎完全是雅利安人的创造成果。

——阿道夫·希特勒,《我的奋斗》

第十章

有因的反叛

> 文人并不是新时代的创造者；真正塑造和引导人民的战士才是历史的创造者。
>
> ——阿道夫·希特勒，慕尼黑，1937 年 7 月

当法国和比利时在 1923 年 1 月 11 日占领鲁尔区时，第二次世界大战的基石就已经铺好了。此次行动的借口是德国未能按时交付 14 万根电线杆——那是代替战争赔款现金的"抵押产品"。被称为"戴着单片眼睛的斯芬克斯"的塞克特宣称，"从多特蒙德（Dortmund）到柏林的道路不是很长，但中间会经过血之溪流。"[1]

比利时？德国人相互询问着，下巴都惊掉了。接着，德国东侧遭到了又一次对民族自豪感的重大打击：立陶宛夺回了边境城市梅

---

[1] Robert G. L. Waite, *Vanguard of Nazism* (New York: W. W. Norton & Company, 1969), 239. Also Rabenau, *Seeckt aus seinem Leben* (Leipzig, 1940), II, 324.

梅尔[1]（Memel）。软弱的魏玛政府请求被它定性为非法组织的自由军团——改称"黑色国防军"（Black Reichswehr）或"黑色防御联盟"（Arbeitskommandos）——出面保护德国，同时督促被占领地区的人民进行消极抵抗。

对于法国人、比利时人和立陶宛人对德国采取的行动，古利特家族的感受非常深刻。一个月后，科尔内留斯写道，他"非常痛苦，但希望德国的'米迦勒'能够像1914年时那样被唤醒"。[2]根据《但以理书》中的路德教传统，德国的米迦勒是一位伟大的君王，他会为了德国人民的孩子挺身而出。在《启示录》中，米迦勒领导着上帝的军队对抗撒旦的军队。

在同一封信中，科尔内留斯还提到，他被授予了哈雷大学（Halle University）的荣誉博士学位，这让他很失望。在科尔内留斯看来，莱比锡那位有魅力的艺术史和考古学教授威廉·平德（Wilhelm Pinder）阻止他在莱比锡的母校授予他同样的荣誉，因为平德认为他的学术水平还不够高。

奇怪的是，在那年2月写给维利巴尔德的年度生日信件中，除了提及自己正在以自由职业者的身份为一家没有提到名字的报纸工作，希尔德布兰德并没有提到生活成本和任何困难（马克兑美元的汇率达到了27 000）。相反，他的信完全是在描述一次奇妙经历，即自己按照维利巴尔德的吩咐拜访那位应当受到谴责的艺术史教授平德。此

---

[1] 现立陶宛城市克莱佩达（Klaipėda）。——译者注
[2] NPG, 033/076.

次拜访谈到了平德关于诺曼底建筑罗马式内饰韵律结构的重要作品。希尔德布兰德自然没有跟平德谈起父亲的指控。他看到了崇拜教授的女学生的肤浅世界——"非常非常漂亮的女生",似乎很高兴。更妙的是,他还认为平德接待他的礼貌态度很适合自己。实际上,希尔德布兰德写道,此次拜访使他感到"振奋",这很可能既是出于平德的恭维,也由于那些非常漂亮的女生,她们"喜欢他的眼睛"。当然,他并没有提到平德那顽固的反犹立场。[1]

希尔德布兰德在那次拜访中是否遇到了平德当时最有名的博士生呢?建筑史学家尼古劳斯·佩夫斯纳(Nikolaus Pevsner)——后来被称为尼古劳斯爵士,开创了佩利坎(Pelican)《艺术史》和《英国建筑》系列[2]——将在这一年结束前无意间妨碍了希尔德布兰德的前进道路。或者,他是否在平德家中遇到了埃哈德·格佩尔(Erhard Goepel)呢?他是一个更为平庸的学生,后来跟着希尔德布兰德洗劫法国、荷兰和比利时的艺术品。他在信中没有说。

∞

两个月后,希尔德布兰德再次回到德累斯顿生活,可能是因为他缺现金。早在1922年8月,他就曾向维利巴尔德讨钱,为了打印关于奥本海姆(Oppenheim)天主教堂的博士论文而需要寻找外部经费来源。[3]

---

[1] NPG, 126/142. Also www.dictionaryofarthistorians.org/pinderw.htm.
[2] 佩利坎系列是耶鲁大学出版社出版的艺术、建筑史图书系列。——译者注
[3] NPG, 126/127.

在德国每一个地方，每个人都在讨论同一个主题：不断贬值的马克。最大的输家是签订作品合同并在几周后交付的人，比如艺术家，他们只能获得一小部分的初始价值。达达主义和新即物主义艺术运动中的著名漫画家和艺术家乔治·格罗斯（George Grosz）对20世纪20年代柏林的生活进行了描绘。他回忆了自己只能"萝卜配咖啡，贻贝就布丁"的日子。后来，他受到了一位柏林厨师的帮助，这位厨师囤积食物，成了一个黑市投机者。幸运的是，厨师也是格罗斯的仰慕者。[1]

到了1923年春天，支票和赊账不再被人接受。人们要求对方用可以移动的有价值物品支付——通常用食品或香烟进行日常交易，用珠宝、珍本书或美术品进行更加昂贵的交易，比如汽车——或者在德国以外进行交易，以获取外币。对那些一无所有的男女来说，就只能用自己的身体了。魏玛成了在绝望和耻辱中艰难生存的同义词。

"他们给我们递来了香槟，也就是加了一点酒精的柠檬水，"俄罗斯作家伊利亚·爱伦堡（Ilya Ehrenburg）和朋友拜访了柏林一个体面的中产阶级家庭，他如此描写道。"接着，这家人的两个女儿光着身子走进来，开始跳舞。母亲满怀希望地看着外国客人：也许她的女儿能够取悦他们，也许［他们］能够给出不错的价钱——当然，是用美元。'这就是我们的生活，'母亲耸了耸肩，叹息道。"[2]

政府取缔了一切卡巴莱表演[3]和演出，限制了卖淫、裸体和自由

---

[1] Frederick Taylor, *The Downfall of Money* (London: Bloomsbury, 2013), 273–74.
[2] Ibid., 275–76.
[3] 一种歌厅式音乐剧，通过歌曲与观众分享故事或感受，演绎方式简单且直接，不需要精心制作的布景、服装或特技效果。——译者注

表达的空前高涨——这既是为了消除德国道德滑坡的外在表现,也是为了避免其他国家指责他们将一个隐秘的世界深浸在腐化的奢侈生活中,用来隐藏德国支付战争赔款的能力。

然而,不管经济多么拮据,希尔德布兰德还是坠入了爱河。他遇到了一名玛丽·魏格曼（Mary Wigman）[1]现代舞演员海伦妮·汉克（Helene Hanke）,并且有时一边观赏她的舞蹈,一边演奏音乐。这给他带来了"令人愉悦的巨大惊异","奇怪而陌生",因为这种舞蹈突显了她那受控的形体。[2]有趣的是,在这个寻找新视野的生机勃勃的表现主义艺术家群体中,玛丽·魏格曼的舞蹈演员处于中心位置;不过,由于卡巴莱表演和演出遭禁,海伦妮·汉克也许需要立即对她的职业舞蹈梦想进行重新考虑了。

∞

德意志表现主义运动在战前就开始了,而科尔内利娅和希尔德布兰德一直是这场运动的一部分。视觉艺术家、音乐家、电影工作者和文学家被艺术表现团结在了一起,尽管他们的政见大相径庭。成立于1918年11月的"十一月集团"（Novembergruppe）的成员就是最好的一个例子。画家埃米尔·诺尔德是一位种族主义者和神秘主义者,后来被不受拘束的艺术权力集团排除在外时,他感到非常吃惊。一年

---

[1] 玛丽·魏格曼在德累斯顿建立了一所表现主义舞蹈学校,并且被视为魏玛文化最重要的标志性人物之一。德累斯顿艺术家恩斯特·路德维希·基希纳于1926年在画中对她的"巫舞"进行了描绘。
[2] NPG, 126/150.

后创办包豪斯学校的瓦尔特·格罗皮乌斯（Walter Gropius）完全不关心政治。其他一些人也迅速加入了十一月集团，比如马克思主义诗人、剧作家和戏剧导演贝托尔·布莱希特（Bertolt Brecht）以及他最喜爱的犹太人作曲家库尔特·魏尔（Kurt Weill）。他们宣称："艺术的未来和当前严重的局面迫使我们这些精神革命者［表现主义者，立体主义者，未来主义者］走向联合和密切合作。"[1] 立体主义者，基本上指的就是毕加索和布拉克（Braque），代表了法国的表现主义者，而未来主义者则象征意大利的运动。其他一些人受到了德国表现主义的强烈影响，被视为条顿艺术家，比如挪威的象征主义画家爱德华·蒙克（Edvard Munch）。自表现主义者出现以来，视觉艺术市场才变得现代并具备真正的国际化。表现主义者试图继续将其带入下一个发展阶段。

由于魏玛共和国从一开始就取消了审查制度，表现主义发展出了全新的维度。1919年1月，包豪斯艺术学院在魏玛市成立。它的风格以线条简洁和缺少装饰著称，成了一种将设计、实用功能和美学相统一的国际潮流。包豪斯成为最持久的魏玛文化符号——可能也是最被大众普遍认可的魏玛文化符号。

各种艺术、工艺和设计都得到了繁荣发展，比如古斯塔夫·克里姆特等画家的视觉艺术，毕加索为佳吉列夫（Diaghilev）的俄罗斯芭蕾舞团（Ballets Russes）做的创新舞台设计，以及出生在瑞士

---

[1] Peter Gay, *Weimar Culture: The Outsider as Insider* (New York: W. W. Norton & Company, 2001), 105; cf. Bernard S. Myers, *The German Expressionists: A Generation in Revolt* (New York: Frederick A. Praeger, 1966 ed.), 220.

的保罗·克利、美国的莱昂内尔·费宁格（Lyonel Feininger）和俄罗斯的瓦西里·康定斯基等包豪斯画家的作品。每个人都发明了自己所特有的表现主义形式。虽然存在着风格差异，但他们对开创性的工作都有着不懈的激情。

这种激情为他们的所有工作带来了一种独特的个人主义世界观，而这种世界观带着一种强有力的信息。不管是奥托·迪克斯关于皮条客和妓女的社会及文化评论，乔治·格罗斯对实业家和战争投机商的大胆呈现，还是凯绥·珂勒惠支画笔下悲伤的母亲、饥饿的儿童或者对卡尔·李卜克内西的送别，他们的每一件作品都给世界提供了一些他们看待混乱时期德国的文化及社会的视角。

在其他媒介中，这种世界观也同样强烈。作为最新的视觉艺术形式和甫一诞生即随处可见的宣传手段，电影将寓言作为一种宣泄口。创作者/编剧和导演之间最初产生的大量争论之一就和《卡里加里博士的小屋》的拍摄和发行相关，它是另一部著名的表现主义作品。这则电影寓言刻画的似乎是在战后德国大行其道的疯狂和残忍。制片人埃里奇·鲍默（Erich Pommer）委派罗伯特·维内（Robert Wiene）执导这部影片，歪曲编剧的意图，以展示战争的疯狂。维内的这部电影获得了史无前例的成功，却使编剧陷入永恒的惊愕。[1]

其他革新式的电影接踵而至。曾经被称为"暗黑大师"的弗里茨·朗（Fritz Lang）拍出了《赌徒马布斯博士》，这部精心制作的非写实影片时长超过4个小时，讲述了一个关于犯罪和疯狂的故事。

---

[1] Peter Gay, *Weimar Culture: The Outsider as Insider*, 105.

1923年，贝托尔·布莱希特也完成了他的第一个电影剧本，那是一部名为《理发店的秘密》的滑稽短片。

科尔内利娅、希尔德布兰德和布莱希特等人都属于这个反叛的表现主义艺术群体，他们的创意源自他们所生活的时代。表现主义是治愈魏玛政府软弱的一剂强效药。他们创建了现代德国文化，试图解释当前的生活状况，站在希特勒纳粹艺术观的对立面。

当文化和政治革命继续向前时，希尔德布兰德终于拥有了属于自己的生活。1923年8月23日星期六下午一点半，他在德累斯顿锡安教会一场凄凉的小型仪式中与海伦妮结为夫妻。在一小段风琴前奏曲过后，舒尔茨牧师（Pastor Schulze）为他们举行了仪式。"在这个可怕的时刻，我们需要力量。每一份帐单和差使都会是一次可怕的打击。实际上，你精疲力尽，因此什么也不想要，只想敷衍过去，"玛丽向维利巴尔德写信道。"这和你的婚礼不同——［只有］两对父母在这里陪他们吃饭，然后就走了。没有婚礼马车，没有经过装饰的圣坛空间，没有丰盛的酒席。"[1]

玛丽似乎很喜欢海伦妮的父母，她把他们描述为善良、单纯的人。她还回忆说，科尔内留斯觉得很难过，仿佛科尔内利娅的灵魂正在阴影中出没。希尔德布兰德感觉她的缺席仿佛是一种沉闷而酸楚的痛苦。维利巴尔德和他的妻子由于"在我们所生活的沉重时代"要付出的成本而无法到场，玛丽对此几乎无法忍受。[2]

---

[1] NPG, 224/215.
[2] Ibid., 224/217 和 224/218。

8月，鲁尔区出现了更多骚乱：被法国占领的威斯巴登（Wiesbaden）发生了食品暴动，杂货店和肉铺纷纷关门。令人难以置信的是，法国还强迫德国往被占领区运输食品的所有车辆掉头。马克继续贬值，兑美元的汇率达到了353 412。古斯塔夫·施特雷泽曼总理（Chancellor Gustav Stresemann）被调到了艾伯特内阁财政部长的位置上，并立即宣布了他解决恶性通货膨胀的作战计划：颁布一项紧急法令，禁止在德国境外用马克交易。到了8月20日，一条面包的价格为20万马克，1元金马克相当于100万元纸马克。[1] 协约国像闻到尸体的豺狼一样冲进德国。

根据和约，德国的上西里西亚（Upper Silesia）被作为新边界的一部分割让给波兰，再加上被法国和比利时占领的地区，德国丢掉了超过80%的煤炭、钢材和生铁产量。由于缺少这些重要资源，德国丧失了继续支付战争赔款的一切途径。

恶性通货膨胀重新点燃了德意志骄傲的火焰——以及德国富有实业家那所谓的愤怒。越来越多的德国商人和工厂主转向投机，发挥自己的优势：外汇能力及企业家的精明。他们一本正经地说，他们努力维持企业运转，使工人不致失业，因此代表着德国的整体利益。不过，这并不能使他们的行为合乎道德和正义。他们需要一个能成功将自己的世界观表述出来的人。恶性通货膨胀是人民的共同灾难，影响到了

---

[1] Taylor, *Downfall of Money*, 366–67.

生活在德国的每一个人。它摧毁了人们对财产和金钱的一切信心。[1]

恶性通货膨胀在财务和心理上给德国人带来了严重的创伤,让他们不知所措,不确定自己的呼吸能否在 1924 年变得轻松一些。同一年,德国举行了选举。尽管纳粹党被定性为非法组织,但它和盟友还是在德国国民议会[2](Reichstag)中赢取了三分之二的席位。[3] 不过,他们的当选并不能缓解莱茵兰被法国占领的问题,它仍然是德国的心头之痛。[4]

在一片政治和经济的混乱中,希尔德布兰德和他的妻子海伦妮在一间狭小的出租公寓里安定下来,过上了婚姻生活。在艰难的德国经济困境中,他们不得不住在德累斯顿,和希尔德布兰德的父母共进午餐,以节省开支。不过,希尔德布兰德的精神状态发生了奇迹般的变化。一种想要取得成功的坚定决心取代了没完没了的疑虑和恐惧。

这是因为海伦妮的强烈影响,还是因为他意识到自己必须在这个世界上找到立足之地呢?或者,这也许是婚姻的责任感?不管是什么原因,从 1924 年开始,赚钱成了他唯一的优先事项。海伦妮开始收舞蹈学生,以便维持生计,希尔德布兰德则以自由撰稿人的身份为多家报社撰写有关艺术和建筑的文章。不过,他无法像自己希望的那样——或者像他父亲期待的那样——获得博物馆馆长那样的固定工

---

[1] Alan Bullock, *Hitler: A Study in Tyranny* (London: Book Club Associates, 1973), 90–91.
[2] "Reichstag" 直译为"帝国议会",但魏玛德国是共和国的政体,因此此处翻译为"国民议会"。——译者注
[3] Taylor, *Downfall of Money*, 338.
[4] 法国人对莱茵兰的占领持续到了 1930 年年底,对面积小得多的萨尔州(Saarland)的控制则持续到了 1935 年。

作。在这段时期，希尔德布兰德帮助科尔内留斯编辑他的下一本书《1800年以来的艺术》，玛丽则自豪地向家人写道，希尔德布兰德"有关现代艺术的文章很有价值"。[1]

科尔内留斯已经74岁了，而且眼部又动了第二次手术。不过，他的头脑仍然灵敏而活跃。他别无选择。虽然他们住在一所大房子里，但这所房子既没有安装中央供暖系统，也没有通电。墙皮正在脱落，修缮势在必行。科尔内留斯继续担任德累斯顿科技大学（Dresden Technical University）的客座讲师，并再次当选德国建筑师协会（German Association of Architects）主席。他那部关于巴洛克建筑和萨克森"强力王"奥古斯特（August the Strong of Saxony）时代的开创性作品在1924年由西比伦出版社（Sibyllen-Verlag）出版，该书确立了科尔内留斯在德意志巴洛克研究领域中的国际声誉。[2]

∞

在1923年这个关键年份，其他一些可怕的反叛声音开始出现。赫尔曼·戈林在1922年加入纳粹党，次年成了希特勒的忠实信徒。戈林是第一次世界大战中的王牌飞行员，曾经赢得众人觊觎的蓝马克斯勋章（Blue Max medal）。在希特勒眼里，他是纳粹党暴徒集团"冲锋队"最高领导者的合适人选。7月，戈林向冲锋队地区领导人明确表示："各个爱国团体还没有明确自己的定位……必须不惜一切代价

---

[1] NPG, 033/063.
[2] 西比伦出版社的所有人是本书被题献人亚历山大·霍伊特和贡特尔·霍伊特的曾祖叔。

避免这些团体之间的竞争。"[1]

实际上，纳粹党并没有控制自由军团的很多部队。联合爱国部队联盟（Vereinigte Vaterländischen Verbände）和赫尔曼部队联盟（Hermannsbund）与纳粹党之间存在松散的联系，他们大概很快就会加入纳粹党的阵营之中。不过，埃尔哈特的维京部队联盟（Viking Bund）只想除掉纳粹党，他们已经对纳粹党宣战了。[2] 对阿道夫·希特勒来说，这只是一件琐事——能干的戈林足以摆平这件琐事。

德国的困境使希特勒感到高兴。作为星座的狂热信仰者，他焦急地翻阅着书中的天宫图，发现当前正是行动的好时机。他决定9月初在纽伦堡为新成立的德意志斗争协会（Deutscher Kampfbund）组织一场大型集会，并且使自己当选为协会主席。这次集会将成为他所举行的"德国日"系列活动的第一场，他会用漫长的系列活动纪念纳粹党取得的胜利。"将所有战斗团体统一成一个伟大爱国团体——'德意志战斗联盟'（German Battle League）的做法绝对可以确保我们这场运动的胜利。"希特勒在就职演讲中慷慨激昂地说道。[3]

不过，巴伐利亚事实上的独裁者古斯塔夫·冯·卡尔（Gustav von Kahr）非常担心喜欢高谈阔论的暴发户希特勒会毁掉他的计划——他想让巴伐利亚脱离德国，成为一个独立国家，并恢复维特尔斯巴赫王朝。"必须根据广大群众来调整宣传的内容和形式，"希特

---

[1]   Waite, *Vanguard of Nazism*, 255–256; cf. *Münchener Post*, August 20, 1923.
[2]   Ibid., 256.
[3]   Ibid., 256–57.

勒高声说道，"是否明智应当仅仅用其实际效果来衡量。"[1]卡尔的担忧是有道理的。

希特勒决定将他的所有活动都集中在慕尼黑。在那里，他们将"培养一个无条件忠诚可靠的支持者社区，建立一所随后宣传这种思想的学校"。一旦他们在慕尼黑确立了不可改变的领导地位后，他们就可以将其扩展到整个巴伐利亚乃至柏林。[2]在那以后，没有任何事物能够阻挡这只庞然大物了。

对希特勒来说，生活就是一场永恒的斗争，是一段"没有尽头的阶梯"。[3]为了让德国赢得这场斗争，为了让德国的雅利安超级男女获得胜利，他自创出一套扭曲的哲学——一种粗糙而野蛮的社会及文化达尔文主义。在他的世界里，"一个生物以另一个生物为食，弱者的死亡意味着强者的生存"。

不过，对希特勒来说，即使是这种坚定的哲学也不够深入。他曲解了从叔本华（Schopenhauer）到尼采的德意志伟大哲学家、从席勒到哥德的德意志伟大作家以及北欧神话，拼凑出一部伪造的雅利安历史，而这个宏大的神话传说很容易得到德国人的认同。在一个可以使人想起误入歧途的亚当和夏娃的段落中，希特勒写道："雅利安人放弃了纯正的血统，因此无法继续生活在自己创造的乐园之中。"

在雅利安人的血液受到稀释之前，希特勒说，他们一直处于伟大文化的中心。事实上，当时的雅利安人是"文化的传播者"，他们创

---

[1] Adolf Hitler, *Mein Kampf* (London: Pimlico, 1992), 311.
[2] Ibid., 316–17.
[3] Ibid., 268.

造出了"当今世界上我们赞赏的一切事物——科学和艺术、技术和发明……如果他们消亡了，世界上的美好事物就会随着他们进入坟墓"。[1] 雅利安人是"人类的普罗米修斯……他们重新点燃了知识之火，照亮了沉寂神秘的黑夜，使人类得以向上攀登，成为世界的统治者……是他们为人类文化的每一座建筑打下了地基，立起了围墙"。[2]

当然，犹太人是最大的杂质。共济会会员、斯拉夫人和俄罗斯人也是如此。希特勒相信，犹太人一直在将一切伟大事物拖进"排水沟……在文化上，他们污染了艺术、文学、戏剧；他们嘲笑自然感情，推翻了一切美好、庄严、高贵和善良的概念，使人类沦落到和犹太人的本性一样低劣的水平上"。[3] 雅利安文化对犹太人的同化是德国一切问题的根源。它违反了自然法则，如同狐狸与鹅交配。[4]

❦

希尔德布兰德此时并没有意识到希特勒所代表的危险。那年秋天，他正在开姆尼茨艺术学院兼职教授艺术课程。他已经29岁了，但仍然没有一份稳定的工作。当然，科尔内留斯作为父亲，很享受儿子和儿媳的陪伴，对儿子很关心，做了自己所能做到的一切，希望儿子能够在离家不远的地方找到艺术史学家的工作。不过，他的帮助并没有起到任何作用。

[1] Adolf Hitler, *Mein Kampf*, 262.
[2] William L. Shirer, *The Rise and Fall of the Third Reich* (London: Mandarin Books, 1991), 86–87.
[3] Hitler, *Mein Kampf*, 268, 296.
[4] Ibid., 258–59.

掌管萨克森所有艺术史学家工作岗位的人是德累斯顿绘画馆馆长汉斯·波瑟（Hans Posse）——他比科尔内留斯小一辈，已经显露出了贪婪和卑鄙的本性。这两个人之间已经划了一条火线，这也是学术界人士间经常发生的事情。波瑟是平德阵营的坚定支持者。更令人恼火的是，平德最近写了一部关于德国巴洛克的书，书名和科尔内留斯的一模一样，想以此降低人们对科尔内留斯作品的关注度。如果科尔内留斯毕恭毕敬地去找波瑟，他就会失望地发现，年轻的尼古劳斯·佩夫斯纳刚刚获得了德累斯顿绘画馆唯一的实习生职位。这是一份美差，因为德累斯顿美术馆被视为整个德国在文艺复兴艺术方面最优秀的美术馆之一。[1] 佩夫斯纳比希尔德布兰德小7岁，所以这次冷落在古利特家族中就像流脓的伤口一样疼痛。

佩夫斯纳不仅占据了整个萨克森最好的初级职位，而且几乎立即成了德累斯顿两份日报之一的《德累斯顿报》的艺术记者和评论员，并在第一年发表了大约40篇文章，以此赚钱糊口。[2]

∞

1923年秋，自由军团的一些部队希望向柏林进军，在路上出点儿血，最好是希特勒的血。10月，卡尔改变了他们的前进方向，将他们派到了附近的图林根和萨克森，去推翻当地的左派政府。[3] 萨克森的2000名纳粹党党员准备填补权力真空。戈林和他的冲锋队知道

---

[1] Games, Stephen, *Pevsner — The Early Life: Germany and Art* (London: Continuum, 2010), 116.
[2] Ibid., 129
[3] Waite, *Vanguard of Nazism*, 257–58.

应该做什么。恩斯特·罗姆上尉拥有自己的自由军团部队。最终,"那一天"到来了,就是11月9日。

卡尔知道希特勒正在谋划一些事情。希特勒计划伏击卡尔、魏玛国防军少将洛索(Lossow)以及巴伐利亚州警察局(Bavarian State Police)局长汉斯·里特尔·冯·塞瑟尔(Hans Ritter von Seisser),不让他们宣布恢复维特尔斯巴赫王朝。不过,他不得不在最后时刻放弃这项计划。然而,第二个机会将在11月10日和11日之间的晚上出现。届时,合并后的战斗联盟(Battle Leagues)将举行集会和游行,抗议几年前在这一天签订的停战协定。11月8日上午,提前得到通知的卡尔在媒体中宣布,他将发布巴伐利亚政府即将实行的计划。希特勒感受到了无法用语言形容的愤怒。在11月8日整整一天里,卡尔一直都拒绝与他见面。

作为一个向来精于算计的机会主义者,希特勒迅速修改计划。他会出席卡尔的勃格布劳啤酒馆(Bürgerbräukeller)会议,然后用武力接管巴伐利亚政府。在听了卡尔半个小时的演讲后,希特勒站到一张桌子上,用左轮手枪朝空中开了一枪,高声叫道:"全国革命已经爆发了!这座建筑已经被600名全副武装的军人占领。任何人不得离开大厅。如果大家不立即安静下来,我会在走廊里放上一挺机关枪。"[1]

卡尔、洛索和塞瑟尔被赶进一间里屋。他们最初拒绝遵从希特勒的要求。不过,希特勒手上有一张王牌:鲁登道夫将军。他们曾向这位前德军统帅介绍了此次暴动。如果成功的话,鲁登道夫将在希特勒

---

[1] Shirer, *Rise and Fall of the Third Reich*, 67–68.

的政府里获得一个位置。鲁登道夫就这样上了船。鲁登道夫劝说卡尔、洛索和塞瑟尔，说他们需要给后起之秀希特勒提供支持。他成功了。他们几个都回到了大厅里，和茫然的观众站在一起。在那里，他们被告知"十一月罪人［魏玛共和国的创建者］已被推翻"。[1]在演讲过程中，赫斯带领一队冲锋队员监视着其他内阁成员，以防他们溜走。

但是，革命是永远不会这样一帆风顺的。会议结束时，巷战的谣言传到了希特勒的耳朵里。他立即决定开车赶往现场参加战斗。与此同时，中了埋伏的三位领导人逃了出去，否认自己支持希特勒——而是要求当局逮捕反叛者。

11月9日正午过后不久，战斗爆发了。据说，罗姆在战争部（War Ministry）被捕。希特勒和鲁登道夫决定前去营救他。当希特勒等人穿过统帅堂（Feldherrnhalle）不远处狭窄的雷希丹茨街（Residenzstrasse）进入音乐厅广场（Odeonsplatz）时，他们遭遇了100多名武装警察。有人认为希特勒开了第一枪，另一些人认为先开枪的是警察。戈林倒在了地上，他的大腿被一颗子弹击中。当枪声在1分钟后散去时，地上出现了3名警察和16名纳粹党员的尸体或奄奄一息的躯体。希特勒在逃跑时负伤。

虽然希特勒第一个疾跑到了安全地带，但两天后还是在普奇·汉夫施丹格尔的家中被捕。戈林被偷偷运出了国界，并被送进奥地利因斯布鲁克（Innsbruck）的一家医院。他在妻子的照料下渐渐康复。赫

---

[1] Shirer, *Rise and Fall of the Third Reich*, 70.

斯也躲了起来。[1]

卡尔、洛索和塞瑟尔立即宣布纳粹党为非法组织。他们相信国家社会主义已死,希特勒也丢尽了脸。他们不知道11月9日这一天将成为纳粹日历上最重要的日期之一,并将在1939年以后成为国家的一个节日。

---

[1] Shirer, *Rise and Fall of the Third Reich*, 74–75.

第十一章

希望与梦想

> 金钱是抽象意义上的人类幸福；那些再也无法享受真正幸福的人……将全部心思都放在了金钱上。
>
> ——亚瑟·叔本华（Arthur Schopenhauer）

钱（更确切地说，是钱的贬值）是古利特家族——乃至整个德国——的烦恼之源。希特勒暴动后不到3天，艾伯特总统任命亚尔马·沙赫特为德国货币专员（currency commissar）。此时，马克兑美元的汇率已经达到了令人眩目的26兆。

到了1921年，沙赫特已被视作天才，他本人地位的提升为他的雇主、名为"数据库"（Databank）的投资公司带来了好处。不过，就在同一年，为了公司新的执行董事会成员、狂妄自大的犹太人雅各布·戈尔德施密特（Jakob Goldschmidt），银行的董事们放弃了沙赫特。戈尔德施密特还拥有一家经纪行和投资银行。戈尔德施密特"对银行业务的观点与我的截然相反",沙赫特在回忆录中写道。[1]沙赫特反感戈尔德施密特夸张的冒险行为,所以他心烦意乱,重新产生了之前受到压抑的对犹太人的厌恶。有一次,当戈尔德施密特完全失去分寸感时,沙赫特警告道:"看在上帝的份上,戈尔德施密特,平静下来。这种局面一定不能用犹太人的亢奋来处理,只能用雅利安人的镇定来应对。"[2]

沙赫特知道,鲁尔被法国和比利时占领、立陶宛发生武装叛乱以及全国各地为应对持续恶性通货膨胀而爆发无数骚乱和抢劫事件,其原因在于德国无法支付战争赔款。他们需要立即恢复信心。他们需要一种新的马克。除了近乎废纸的官方马克,德国还存在着各种私人工业马克,叫做"应急货币",比如克虏伯和蒂森企业集团以及其他大公司发行的货币。应急货币使他们获得了极为强大的力量,因为这种货币是由他们自己的产量和外汇支持的。

然后是德国国民议会缺乏领导能力的问题。沙赫特公开宣称,他们不能继续无所作为了。他的思想很快引起了施特雷泽曼的关注。施特雷泽曼迅速通过了使用地租马克(Rentenmark)的折衷方案。地租马克将基于全德国土地的价值,而土地价值又以德国剩余黄金储备为抵押。施特雷泽曼向国民议会表示,要想让他同意这项议案,议会必须授予他与新货币有关的一切事务的完全控制权。国民议会匆忙接受

---

[1] John Weitz, *Hitler's Banker* (London: Warner Books, 1999), 63; cf. Hjalmar Schacht, *76 Jahres meines Lebens*, 216.

[2] Ibid., 64.

了他的条件。[1] 很快，沙赫特被任命为财政部长，领导地租马克的发行使用，尽管国民议会强烈抗议，认为他并不是合适的候选人。施特雷泽曼智胜国民议会。

1923 年 11 月 13 日上午，沙赫特带着他一直以来的秘书来到他们位于财政部（Finance Ministry）的新办公室——散发着石炭酸味道的看门人的小房间。在这间没有窗户的小窝里，他们制订出了德国的金融救援计划。沙赫特拒绝领取任何薪水，但要求为他的秘书克拉拉支付每月 600 马克的工资。[2]

当沙赫特坐到这个完全看不到外面的贮藏室时，官方印钞机已经无法满足需求了。由于 1 美元可以兑换数万亿马克，财政部发布命令，称为了加快印钞速度，马克钞票只需要印一面。两天以后，印钞机暂时停止工作，以更换地租马克的新图版。一地租马克相当于一万亿贬值的老马克。

沙赫特的唯一关注点仍然是重新确立人们对马克的信心。为此，他知道他必须将自己变成新德意志决心的化身，让人们建立起对他的信任。德国国家银行（Reichsbank）和德国国民议会在国内外已经失去了公信力。沙赫特在接受《星期六晚邮报》采访时说："我努力使德国货币变得稀有和有价值。"[3] 数日后，冷酷的投机者已经找不到可以搜刮的卖家了。用外国货币开展的抢劫式投机活动结束了。11 月 20 日，

---

[1] John Weitz, *Hitler's Banker*, 66–67.
[2] Ibid., 70.
[3] Ibid., 71; cf. *Review of Reviews* (November 1924), 541.

德国宣布了与战前 4.2 金马克兑 1 美元类似的固定汇率。[1]

☙

在这种背景下，科尔内留斯担心如果希尔德布兰德无法专注于打造自己的未来、无法摆脱自己的内在懒惰，他就会被生活抛弃，尤其是在经济困难时期。虽然他的父亲在建筑界的国际声誉与日俱增，但 29 岁的希尔德布兰德还没有实现成为博物馆馆长的梦想。

1924 年 2 月，希特勒和他的 9 名支持者因发动具有叛乱性质的啤酒馆暴动而接受审判。他知道自己的话语将在全世界的新闻媒体上被转载，因此就将那次审判变成了展示个人演说才能的舞台。这是一个宝贵的机遇，尤其是因为他的手里还紧紧握着巴伐利亚司法部长这张牌。希特勒按照自己的意愿随意打断诉讼程序，盘问目击者，并且不止一次用充满激情的长篇独白取悦观众。"我对这件事负全责，"希特勒像卡尔·哈雷尔（Karl Harrer）[2]那样扬起了下巴，"不过，我并没有因此而成为罪犯……对 1918 年卖国贼的反叛不等于背叛国家。"[3]显然，他忘记或者故意忽略了一件事：和他一起站在被告席上的鲁登道夫就是最大的一个卖国贼。

鲁登道夫在辩护中称希特勒是一个没有工作、毫无顾忌的煽动家，相信军队中一个小小的"鼓手"就可以当上国家领导人。"小人物的

---

[1] 18 马克合 1 英镑。
[2] 德国记者、政客，生于 1890 年，卒于 1926 年，曾参与创建纳粹党的前身德意志工人党（DAP）。——译者注
[3] William L. Shirer, *The Rise and Fall of the Third Reich* (London: Mandarin Books, 1991), 76–77.

思想是多么狭隘啊！"希特勒叫道，"我希望自己成为马克思主义的毁灭者。我将完成这项任务。"想起瓦格纳的伟大，他喋喋不休地说自己的职责是由命运授予的。"天生的独裁者不会受人驱使……他不会被推着前进，而是主动向前。这话没有任何傲慢无礼的成分。"[1]

希特勒预言道："在未来某一天，今天举着卐字旗站在街上的群众将和朝他们射击的人联合起来……因为，先生们，你们是不能审判我们的，真正的审判来自那永恒的历史法庭。"[2]

鲁登道夫被判无罪，只获得了最轻微的口头警告，劝他谨慎择友。希特勒和其他人被判有罪，希特勒被判在兰茨贝格（Landsberg）堡垒接受 5 年监禁。虽然这个判决看上去很严厉，但希特勒将在 6 个月内获得假释资格。在被判刑不到 9 个月后，希特勒于 12 月 20 日被释放。

在兰茨贝格服刑期间，他对未来进行了富有成效的规划。被视为尊贵客人的希特勒在他那间视野开阔、可以俯瞰莱希河美景的"牢房"里通过口述完成了一本书。他的司机和鲁道夫·赫斯先后为他代笔。这部书成了纳粹主义和希特勒邪教的理论基础，最初的名字是《四年半来同谎言、愚蠢和胆怯的斗争》，但将被希特勒的前助手、现纳粹出版业务经理马克斯·阿曼赋予一个更加吸引眼球的名字。这部臭名昭著的书就是《我的奋斗》。

---

[1] William L. Shirer, *The Rise and Fall of the Third Reich*, 77.
[2] Ibid., 77–78.

∽

同年秋天，科尔内留斯获得了艾伯特总统的召见。在柏林，艾伯特告诉科尔内留斯，作为建筑协会一直以来的主席，他会受邀领导一个大型德国代表团前往美国参加 1925 年 4 月在纽约市举行的世界建筑师大会。此次旅行的费用将完全由政府支付。由于代表团代表了德国的国家形象，他们将采取时尚路线，访问大约 10 座城市。

当然，如果希尔德布兰德能够报道此次事件，这就将成为他千载难逢的机会，科尔内留斯想道。幸运的是，由于希尔德布兰德之前艺术主题的相关报道以及他父亲在此次美国之行中的重要角色，他毫不费力地说服了《法兰克福汇报》聘请他以内部人员的身份参与此次事件的报道。

这次旅行将始于美国的艺术交易中心纽约，并给希尔德布兰德的未来岁月带来一些宝贵的洞察力和人脉。他已经做好了将魏玛文化展示给全世界的准备，至少他是这样想的。

第十二章

从纽约到茨维考

我是一位国际"明星"——此次旅行将使我们获得为房屋通电、抹灰和刷漆的资金。

——科尔内留斯·古利特,1925 年 3 月

4 月 3 日,作为包括 25 人的德国建筑学家代表团的成员,科尔内留斯和希尔德布兰德登上了从汉堡前往纽约的"SS 威斯特伐利亚号"。穿越北大西洋的早春航行极其寒冷,海面上风雨交加、波涛汹涌,他们抵达纽约的时间被推迟了整整一天。当他们于 4 月 17 日在纽约曼哈顿西区的一个码头上岸时,希尔德布兰德对移民官员说自己是一名教师。他还撒了第二个谎——他在此后 20 年里对美国官员撒了数百个谎——他住在父亲家里。

玛丽和海伦妮都没有陪在丈夫身边。他们已经做出了决定:男人

们离开后,海伦妮就会搬过来和总是烦燥不安的玛丽住在一起。[1] 她们收到了他们在 4 月 18—20 日每天寄来的"美丽报告",那些信件似乎是由同一艘轮船送来的。"我需要聚集起全部力量,为科尔内留斯和希尔德布兰德归来的日子做准备,很可能是 5 月 20 日,"玛丽激动地写道,"我怀着沉重的心情在艾特尔的画室里铺好了床,挂上了她的画作。"[2] 科尔内利娅的幽灵从未走远。

∞

科尔内留斯立即对纽约市产生了反感,这是可以预见的结果。希尔德布兰德则有着自己的观点。科尔内留斯在写给家人的信中说,纽约人冒失无礼,喜欢吵架;那里的手提钻此起彼伏地发出噪音,人们将已经非常壮观的楼宇群变得更加壮观。他认为那里的建筑毫无美感。汽车喇叭的嘟嘟声,车子在鹅卵石街道上疾驰而过的隆隆声,污染,警车和救护车警笛的咆哮,生活的节奏,投进到无意义事物中的大笔资金,都在使他渴望德累斯顿的平静。对这位老人来说,由控制交通的 3 位摩托车警察引导的持续 11 个小时的城市观光之旅完全是一种折磨。他赶紧写信告诉玛丽,同纽约提供的美好相比,他看到的是更多的粗俗。美国人过于热衷金钱,过于浮夸,科尔内留斯惋惜道。[3]

纽约官员应该会自豪地解释出现在美国的世界上第一部分区法——1916 年颁布的《纽约分区法》(New York zoning law)。在

---

[1] NPG, 121/040. 参见 www.ancestry.com Microfilm publication NARA RG237, roll 3637。
[2] Ibid.
[3] Ibid.

1960年之前，人们用这部法律控制着所有摩天大楼的外形，规定阳光和空气在任何时候都必须能接触到地面，赋予纽约城独特的轮廓。然而，科尔内留斯并没有被打动。[1]

与此同时，希尔德布兰德给自己分配了一项任务：发现这座城市。也许，这个焕然一新、有了长进、意志坚定的希尔德布兰德考虑到了积极追求财富的妻子。或者，当海伦妮指出他是平德、波瑟和他父亲之间学术妒意的牺牲品时，他的懒惰蒸发了？还是说这仅仅因为他感到现代艺术经纪人可以赚到真金白银？不管他内心深处的想法是什么，他无疑认识到了纽约到处都有发财的机会。

这是一次独特的机遇，他得以理解不断扩张的美国艺术市场——表面上是为了他所撰写的报刊文章——同时为自己的未来结交有用的人脉。他访问了世界著名的大都会艺术博物馆，之后匆匆赶到了J.B.诺伊曼（J. B. Neumann）位于西五十七街（West Fifty-seventh Street）的新艺术圈（New Art Circle）美术馆。[2] 诺伊曼是德国人，最近移民到了纽约，他是爱德华·蒙克、马克斯·贝克曼、保罗·克利以及出生在德累斯顿的马克斯·佩希施泰因的崇拜者。他的商业伙伴卡尔·尼伦多夫（Karl Nierendorf）留在了德国，负责管理柏林的诺伊曼-尼伦多夫美术馆（Neumann-Nierendorf Gallery）。[3] 在不到10年的时间里，尼伦多夫和其他几十位犹太裔美术馆所有者都将尝试加入诺伊曼的行

---

[1] www.ci.columbia.edu/0240s/0242_2/0242_2_s7_text.html.
[2] 在全世界范围内，大都会艺术博物馆是第一个收藏亨利·马蒂斯（Henry Matisse）油画作品的博物馆（1910年）。
[3] Gesa Jeuthe, *Kunstwerte im Wandel: Die Preisentwicklung der deutschen Moderne im nationalen und internationalen Kunstmarkt 1925 bis 1955* (Berlin: Akademie Verlag, 2011), 33.

列——或者死在半路。

希尔德布兰德发现诺伊曼是一个善良慷慨的人,是现代艺术不知疲倦的支持者。作为一位在德国和欧洲拥有广泛经历的经纪人和发行人,诺伊曼向饥渴的希尔德布兰德提供了万花筒般的思想和观点。诺伊曼很可能向希尔德布兰德展示了一幅自己的肖像画,那是德累斯顿人奥托·迪克斯送给他的,并且告诉希尔德布兰德,他准备在德国宣传美国现代艺术,在美国宣传德国艺术。[1] 1926年,诺伊曼将向另一个初出茅庐的艺术学者、现代艺术博物馆的未来馆长阿尔弗雷德·H. 巴尔(Alfred H. Barr)展现他的慷慨。[2] 5年后,希尔德布兰德将诺伊曼跨国展览的想法变成了他自己的。

∽

希尔德布兰德的另一个必看选项是阿尔弗雷德·施蒂格利茨(Alfred Stieglitz)在安德森美术馆(Anderson Galleries)的展览。施蒂格利茨是纽约摄影分离主义运动的领导者。1905年,他与爱德华·斯泰肯(Edward Steichen)在第五大道(Fifth Avenue)建立了291美术馆(Gallery 291)——简称"291"。施蒂格利茨比其他人更加努力地使摄影在美国成了一种被人可接受的、可以收藏的艺术形式。他在安德森美术馆的最新展览"阿尔弗雷德·施蒂格利茨呈现的7位美国人:159件之前从未公开展示过的最新画作、照片和其他作

---

[1] Sybil Gordon Kantor, *Alfred H. Barr, Jr., and the Intellectual Origins of the Museum of Modern Art* (Cambridge, MA: MIT Press, 2002), 93–94.

[2] Ibid., 94.

品"取得了巨大成功。安德森美术馆迅速为施蒂格利茨安排了常设展览区。[1]

施蒂格利茨出生于 1864 年,只比科尔内留斯小 4 岁。当希尔德布兰德在纽约看到他的作品时,施蒂格利茨已将美国视觉艺术领域最重要人物之一的名声保持了 20 多年。在此次展览的启发下,古利特开始认识到摄影的巨大意义,并再也没有忘记,尤其因为当时的美国艺术在欧洲并不流行。

在 1925 年的纽约,希尔德布兰德发现了一个特别有意思的现象:毕加索和塞尚(Cézanne)等在德国已有存在感并且备受欣赏的名人还没有被纽约艺术圈接纳。至少 12 年前,在他堂兄位于柏林的画廊里,这两位画家和其他后印象主义及立体主义画家的作品就开始销售了。在整个欧洲,马蒂斯为人所熟知和喜爱,他的作品在 20 世纪初就被居住在巴黎并颇具影响力的斯坦(Stein)家族热情收藏。施蒂格利茨曾请求利奥·斯坦(Leo Stein)为他的杂志《相机作品》写一篇文章,但后来只能无奈接受格特鲁德有关马蒂斯和毕加索的短文。[2] 囊中羞涩的希尔德布兰德并没有忘记拥有一位收藏艺术家作品的大赞助人是相当重要的。

德国的建筑学家就像沙尘暴一样周游美国,席卷了波士顿、芝加哥、底特律、圣路易斯、费城和华盛顿特区等相对"闭塞"的地区。他们在每座城市的日程安排很有可能是大同小异的。科尔内留斯和他

---

[1] www.getty.edu/art/gettyguide/artMakerDetails?maker=1851.
[2] Janet Bishop, Cécile Debray, and Rebecca Rainbow, eds., *The Steins Collect: Matisse, Picasso, and the Parisian Avant-Garde* (New Haven: Yale University Press, 2011), 61.

的建筑学家旅伴们想必来了一次旋风般的城市观光,并油腔滑调地要求发表关于德国建筑的演讲,同时希尔德布兰德应该会在已预定的活动、博物馆和美术馆之间穿梭。遗憾的是,希尔德布兰德和科尔内留斯都没有给后人留下任何关于这场大型旅行的相关细节。[1]

❦

最终,在这一年的9月,希尔德布兰德迎来了个人的重要转机。他和妻子搬到了115英里以外的萨克森工业城镇茨维考。经过漫长的等待,他终于得到了柯尼希-阿尔贝特博物馆(König-Albert-Museum)馆长的职位,那是位于茨维考的一家小型博物馆。对科尔内留斯来说,这是一片难以下咽的苦药,因为他一直希望希尔德布兰德在更知名的德累斯顿获得一份博物馆工作。

对于此次调动,他们是否经过"讨论"了呢?关于这个问题,我们只能猜测。他们有可能经过了多次讨论。不过,这仍然是一份博物馆的工作。茨维考市长里夏德·霍尔茨(Richard Holz)根据希尔德布兰德在附近的开姆尼茨进行的一次演讲以及从开姆尼茨艺术学院寄来的热情洋溢的报告向小古利特提供了这份工作。科尔内留斯可能花了一些时间才不得不接受这次令人吃惊的调动。

---

[1] 不久以后,阿尔弗雷德·H.巴尔在《哈佛深红报》(*Harvard Crimson*)上写道,波士顿是一个"现代艺术沙漠",因为那里没有塞尚、梵·高、修拉(Seurat)、高更、毕加索、马蒂斯、德兰(Derain)和波纳尔(Bonnard)等现代名家的作品。《波士顿先驱报》(*Boston Herald*)、《波士顿环球报》(*Boston Globe*)、《波士顿晚报》(*Boston Evening Transcript*)和《艺术》(*The Arts*)对巴尔和他提到的艺术家进行了攻击。参见 Alice Goldfarb Marquis, *Alfred H. Barr, Jr.: Missionary for the Modern* (New York: Contemporary Books, 1989), 38–40。

玛丽也努力装出一副若无其事的样子。当希尔德布兰德已经开始在茨维考工作时,她给一位同辈女性姻亲写信说,海伦妮的舞蹈班在10月1日开课,她的儿媳将在9月22日离开德累斯顿,因为他们需要重新装修茨维考的住所。"希尔德布兰德需要时不时地回德累斯顿,"玛丽自我安慰道,"因为展品将从茨维考转到这里。"她还补充说,至少,茨维考比维利巴尔德住的弗莱堡要近一些。[1]

∞

那一年秋天,萨克森的政治面貌也发生了变化。茨维考在4年前成了纳粹党的大本营,从饰带和线轴制造商中获得了一大批追随者。虽然纳粹党仍然是非法组织,但支持者找到了规避问题的方法。茨维考实业家弗里茨·蒂特曼(Fritz Tittmann)和位于萨克森省南部普劳恩(Plauen)的饰带制造商马丁·穆奇曼(Martin Mutschmann)成立了一个名为"民族社会同盟"(Völkisch-Soziale Block)的临时运动团体,其实就是纳粹党的一个仿造组织。穆奇曼很快成了萨克森的一个纳粹党要人,并将这种地位维持了20年。

纳粹党的非法状态并没有持续很长时间。纳粹党党报《民族观察家报》在1925年2月复刊。希特勒在前一年的12月被监狱释放,之后兴奋地在德国各地进行巡回演讲,他的旅行费用完全是由他的赞助人施廷内斯和其他实业家提供的。6月,一个相对籍籍无名的记者写了一篇头版文章《理想和牺牲》。这篇文章是献给一位虚构的无名共

---

[1] NPG, 109/001.

产主义者的，他认识到之前的错误，加入了纳粹党——真正代表工人战斗的政党。这个记者名叫约瑟夫·戈培尔。

1925年，当希尔德布兰德开始履职时，戈培尔和希特勒都在萨克森。戈培尔已经成了新闻业的一颗新星，而且非常崇拜希特勒。在读了希特勒的《我的奋斗》后，他在日记中写道："元首不仅仅是一个人。他一半是凡人，另一半是上帝甚至基督。"[1] 1925年11月5日，戈培尔和希特勒都要在不伦瑞克（Braunschweig）的一场集会上向追随者发表演讲，二人相遇了。

戈培尔被希特勒一双蓝色的大眼睛迷住了——那双眼睛就像闪耀的星星，他说。他几乎无法相信自己在那天晚上的所见所闻："机智、讽刺、幽默、挖苦、严肃、热情洋溢——那个人拥有成为国王所需要的一切特质。一个天生的人民领袖、未来的独裁者。"[2]

11月中旬，戈培尔来到了大区区长（Gauleiter）马丁·穆奇曼的家乡、位于萨克森西南部的普劳恩。在与穆奇曼会面之后，戈培尔将他描述为"一个体面的、残暴的领导人"。第二天，戈培尔接着遵循那令人疲惫的日程安排，来到了开姆尼茨。在那里，2,000名共产主义者打断了演讲。据说，有两人在随后爆发的冲突中死亡。接着，戈培尔在德国汽车和饰带制造产业的中心地带茨维考发表演讲。他在那里和希特勒重逢了。"他非常高兴，"戈培尔在日记中写道，"像老朋友一样和我打招呼，而且很照顾我。我是多么爱他！他给了我一张

---

[1] Toby Thacker, *Joseph Goebbels: Life and Death* (London: Palgrave Macmillan, 2009), 58.
[2] Ibid.

自己的照片！"[1]

这次相遇并不是巧合。希特勒已经听说了这个足部畸形的小个子男人有着深沉悦耳的嗓音。他还听说戈培尔能将大厅里拥挤的听众吸引过来，还说服他们入党。元首出现在那里是要亲自看一看戈培尔的表现，看他在未来几年可以怎么利用戈培尔的才华。戈培尔通过了测试，成了希特勒核心集团的一分子，并且贡献出了"第三帝国"（Das Dritte Reich）这个重要的词语——那是他在默勒·范登布鲁克（Moeller van den Bruck）的一本书中看到的。[2]

∽

当戈培尔和希特勒在萨克森巡游时，古利特在准备他的第一次博物馆展览。根据目前的公开资料，我们并不知道他是否去了纳粹领导人的演讲现场；不过，考虑到希特勒所引发的公众关注，好奇的希尔德布兰德应该会前往会场亲自见识一下这位已经获得"元首"称号的人物。

---

[1] Toby Thacker, *Joseph Goebbels: Life and Death*, 59.
[2] Ibid., 61–62.

第十三章

神秘的基希巴赫先生

> 赞助人：赞同、支持或保护你的人。通常是傲慢地支持你并将恭维作为回报的恶棍。
>
> ——塞缪尔·约翰逊（Samuel Johnson）

要想取得成功，希尔德布兰德需要做三件事：找一份合适的博物馆工作，用于积累资历；发表艺术主题的学术文章；还有最重要的，找到一位赞助人。人们很容易忘了和每一位艺术家一样，每一家博物馆都需要至少一位赞助人。在德国，赞助来自备受尊重的美术馆，这些美术馆的主人愿意展出艺术家的作品或者充当艺术家的代理人，并收取10%到25%的费用。

如果足够幸运的话，其他一些人可以通过地区艺术家协会展出作品。这些协会实际上既是准经纪商和代理商，又是准博物馆——他们撰写关于艺术家的评论文章，将他们的作品描绘得精彩绝伦，同时宣传他们在协会举办的展览。由于艺术家协会实际上是由政府资助的，因此真正的赞助人其实就是德国的纳税人。

对于博物馆来说，生活会更轻松。欧洲的博物馆由政府提供资金，并以私人领地的形式由馆长经营，以展现当地社区的文明和文化遗产。馆长拥有这种关系中固有的一切权利、特权和职责。不过，博物馆馆长仍然必须创造出一个磁铁般的星光闪耀的世界，吸引参观者、美术馆主人和艺术家。

∽

希尔德布兰德·古利特的赞助人来自最不可能出现的地方，还成了他人生的转折点。不过，他首先需要评估茨维考的馆藏并与美术馆主人、艺术家、其他博物馆和私人收藏家（比如他父母的犹太邻居弗里茨·格拉泽 [Fritz Glaser]，他拥有超过60张迪克斯的油画）协商特别借调。和今天的博物馆一样，古利特知道举办原创主题展览可以吸引参观者，而且他已经对德意志现代艺术产生了浓厚兴趣。美国之行向他提供了一个如何利用这个爱好和未来趋势变现的新鲜视角。凭借父亲的关系——以及他自己在战争中和战后结交的人脉——他希望将茨维考放进艺术版图中。

20世纪20年代后半段的德国艺术市场正在迅速发生变化。阿尔弗雷德·弗莱希特海姆和J.B.诺伊曼等重要艺术经纪人转移了经营中心——弗莱希特海姆从杜塞尔多夫转到了柏林，诺伊曼从柏林转到了纽约。诺伊曼的转移是一种投机行为，弗莱希特海姆的转移则有着政治原因。

杜塞尔多夫位于法国人占领的鲁尔区，弗莱希特海姆在法国的政治战犯名单上，因为他曾担任布鲁塞尔"佛兰芒政策"（Flamenpolitik）组织的领导人。[1] 古利特曾在战争中为弗莱希特海姆工作过。现在，已经找到工作的古利特很想重新和他建立友谊。由于他刚刚在纽约见过诺伊曼，所以这非常容易。这段重生的友谊也给了古利特与弗莱希特海姆圈子里其他人相结识的机会，比如他那个温文尔雅的年轻助手卡尔·布赫霍尔茨。其他柏林人也得到了他的殷勤相待——比如在1926年保罗·卡西雷尔（Paul Cassirer）企图自杀后接管其画廊的瓦尔特·菲尔肯费尔特（Walter Feilchenfeldt）和格蕾特·林，以及管理诺伊曼-尼伦多夫柏林美术馆的卡尔·尼伦多夫。[2]

诺伊曼位于慕尼黑的美术馆专攻图像艺术，目前由金特·弗兰克（Günther Franke）经营。在未来数年中，弗兰克将经常与古利特打交道。类似地，弗莱希特海姆位于杜塞尔多夫的美术馆由他和布赫霍尔茨培养的亚历克斯·弗梅尔（Alex Vömel）管理。巴伐利亚的其他重要经纪人包括慕尼黑的安娜·卡斯帕里（Anna Caspari）和玛丽亚·阿尔马斯-迪特里希（Maria Almas-Dietrich）以及来自奥格斯堡的卡尔·哈伯施托克（Karl Haberstock）。

弗莱希特海姆还有一些海外人脉，就在伦敦，尤其是马乐伯画廊（Marlborough Gallery）。他还与巴黎西蒙美术馆（Galerie Simon）的达尼埃尔-亨利·坎魏勒（Daniel-Henry Kahnweiler）存在合作关系。

---

[1] 2014年7月15日，我在德国马尔堡（Marburg）对马库斯·施特策尔（弗莱希特海姆的德国律师）进行了采访。

[2] Gesa Jeuthe, *Kunstwerte im Wandel—Die Preisentwicklung der Deutschen Moderne im Nationalen und Internationalen Kunstmarkt 1925 bis 1955* (Berlin: Akaedmie Verlag, 2011), 35.

希尔德布兰德很快发现了弗莱希特海姆另一个吸引人的地方：他那享有盛名的派对上到处都是电影明星、艺术家、金融大亨、音乐家、卡巴莱舞者——任何自认为在魏玛共和国日益堕落的文化领域占有一席之地的人几乎都出现在那里。古利特认识到："柏林正在对德国的未来进行试探性的预测。想要捡拾希望的人应该看一看这里。"[1]

在个人层面上，希尔德布兰德知道父亲反对他这种新的成功策略。它带有唯利是图者的味道，还有傲慢商人的味道——甚至可能还有，天哪，美国人的味道。他知道父母正在变老，无法理解这个陌生世界的新秩序。战争的失败、恶性通货膨胀和政治动荡对他们造成了很大的打击。[2]

现代柏林的想法本身就使科尔内留斯感到厌恶——它被比作一位性感女郎。它蕴藏着几乎违背道德的挑逗性文化能量。柏林常常被人形容成冷漠、妖艳、傲慢、势利、暴发户、没教养和平庸的样子，还成了每个人都想拥有的某种事物的符号，"因为如果他拥有了柏林，他就将拥有世界"。[3]

柏林的粗鄙使科尔内留斯感到担忧。再说，1915年后，他难道就没有为儿子的心理健康而烦恼吗？而且，希尔德布兰德决定深入柏林这座城市，但那条路并不会通向学问。和那些有掠夺意图或精神粗俗的人交往完全没有必要。不过，要想取得成功，古利特需要反抗这

---

[1] Peter Gay, *Weimar Culture* (New York: W. W. Norton & Company, 2001), 132; cf. Heinrich Mann.

[2] NPG 信件清晰表明了这一点。

[3] Gay, *Weimar Culture*, 132.

种固执的"保守派"观点。在接下来的 10 年里，希尔德布兰德故意和父亲保持更为疏远的关系。他在父亲那里很少说话，也不做过多的解释。[1] 他终于学会了独立。

古利特同意他那位法兰克福大学校友、许多人梦寐以求的格奥尔格·比希纳奖的获得者、剧作家卡尔·楚克迈尔（Carl Zuckmeyer）的观点。楚克迈尔借用了法国国王亨利四世（Henry IV）的说法："柏林的价值不只在于大众。这座城市用无可比拟的胃口和龙卷风般的力量吞下了大量的人才和人类的能量。"[2]

1929 年，楚克迈尔将海因里希·曼（Heinrich Mann）的小说《下流教授》（*Professor Unrat*）改编成了电影剧本并以此成名。这部电影名为《蓝天使》（*Der blaue Engel*），由玛琳·黛德丽（Marlene Dietrich）主演。希尔德布兰德一直羡慕的堂兄沃尔夫冈已经混进了楚克迈尔星光闪耀的社交圈；在希尔德布兰德看来，沃尔夫冈有义务为他打开柏林的世界。[3] 把他介绍进竞争激烈的柏林艺术圈可以在一定程度上让沃尔夫冈偿还家族人情。

任何一个有价值的柏林艺术经纪人都有自己豢养的收藏家和艺术家。沃尔夫冈也不例外。和弗莱希特海姆类似，他专门销售法国现代

---

[1] 参考 NPG 信件 1925—1935。

[2] Ibid.

[3] 我采访了一些人，并根据一些文献对希尔德布兰德进入柏林社交界和结识阿尔弗雷德·弗莱希特海姆的过程进行了仔细研究。我的采访对象请求我不要提及他们的姓名。我所引用的一个非常有用的知识来源是洛杉矶盖蒂博物馆（Getty Museum）的"爱德华多·韦斯特达尔文件"。我要感谢盖蒂博物馆洛伊斯·怀特（Lois White）的帮助。如果我写作此书时，德国政府拥有的古利特文件是完整的，那它们就会更加详细地证实这些人际关系的存在。

艺术品，这很像他的父亲弗里茨在19世纪80年代后期的做法。不过，希尔德布兰德知道他很难赢得沃尔夫冈的信任。另外，希尔德布兰德有可能知道沃尔夫冈从未归还迈克尔（Michael）和萨拉·斯坦（Sarah Stein）在1914年6月为了在他的画廊展出而借给他的19幅亨利·马蒂斯的画作。[1]

即使希尔德布兰德发现了这件事，他可能也只会耸耸肩，同意沃尔夫冈的观点：这19幅马蒂斯的画作是第一次世界大战的牺牲品。而且，艺术界充斥着暗地交易和经过高度筛选的秘密。背叛是一种通用货币。人们在猜疑之下保护自己的人际关系。由于担心被人超越或失去信誉，没有人会把绝对事实告诉其他人。

∽

即使住在荒凉的茨维考，柏林依然是古利特的艺术重心。海伦妮受了伤，无法继续教学，每天艰难支付生活费用的折磨遮蔽了一切宏大的计划。虽然希尔德布兰德通过展览和讲座在短时间里取得了很大的进步，但他已经发现，在纳粹党占据统治地位的时期，他很难改变茨维考以古典雕塑著称的刻板定位。他仍然在从母亲那里借钱，她因此而推迟了为德累斯顿住宅安装暖气和通电的计划。"我们有许多义务，"玛丽在1926年8月写道，"我们需要节俭地使用资源。"[2]

更令人担忧的是，作为希特勒的坚定追随者，萨克森大区区长马

---

[1] Janet Bishop, Cécile Debray, and Rebecca Rainbow, eds., *The Steins Collect: Matisse, Picasso, and the Parisian Avant-Garde* (New Haven: Yale University Press, 2011), 161.
[2] NPG, 121/042; 121/045 and 121/059.

丁·穆奇曼已经对茨维考应当被允许的展出内容产生了兴趣。他还负责确定什么是"好艺术",什么不是"好艺术"。这应该不会使古利特吃惊,因为希特勒的艺术哲学的基本原则就是关于文化的堕落。从卖淫——"违反人性的耻辱"——到文理中学那被视为导致"性意识产生"的"一种对希腊典范的拙劣模仿"的教育。导致社会文化崩塌的催化剂自然就是犹太布尔什维主义。"这并不意外,"希特勒宣称,"布尔什维克浪潮只有在那些由于饥饿和长期营养不良而变得堕落的人群生活的地方才能找到更好的土壤:德国中部、萨克森、鲁尔。"接着,他直言不讳地将矛头指向了学者:"所谓的知识界不再对犹太疾病进行任何认真的抵抗,原因很简单,那就是这个知识界本身已经完全堕落了。"[1]

也许,到20世纪20年代末时,科尔内留斯已经读过了《我的奋斗》。如果没有,那么他在学术上一定不太用功,因为1936年以前他一直都在支持希特勒。[2] 如果希尔德布兰德此时读了这本书,那么他选择无视书中对他所热爱的当代艺术的咒骂。1923年,希特勒指出,艺术布尔什维主义是这场运动在文化和精神层面的整体表达。[3] 正如阿尔伯特·爱因斯坦(Albert Einstein)后来所说的那样:"如果事实与理论不符,那就更改事实。"

"在20世纪开始之前,"希特勒高声说道,"一个元素就已经

---

[1] Adolf Hitler, *Mein Kampf* (London: Pimlico, 1997), 228, 230.

[2] 1935年,科尔内留斯吃惊地发现《纽约堡法案》将他划为了"混血儿"(Mischling)。这时,他才改变了对希特勒的看法。

[3] Hitler, *Mein Kampf*, 235.

开始入侵我们的艺术……我们可以将其看作完全外来的未知元素。"[1]这不仅仅是像过去那样的品味偏差,而是对德国文化的溶解。希特勒将一切拒绝接受这种观点的人称为"逐渐玷污德国未来的共犯",必须要在戏剧、艺术、文学、电影、出版、海报甚至橱窗陈列领域对德国文化进行净化。否则,"腐烂的世界"将在"我们现代色情主义那令人压抑的香水气味中"窒息,"同时,它也必须摆脱一切怯懦而拘谨的虚伪"。[2]

早在1924年,魏玛文化就已经被希特勒贴上了"堕落"的标签。这标签隐藏了一种伪装成哲学的根深蒂固的仇恨。希特勒从未摆脱这种仇恨。《我的奋斗》不仅仅是一本书。它是希特勒的宣言。如果他获得权力,他将把自己的构想付诸实践。实际上,1925年2月27日,在离开兰茨贝格监狱后的第一场演说中,希特勒发出了战书。纳粹党的敌人是魏玛政府、马克思主义者和犹太人。"在我们这场战斗中,只可能有两个结果:要么敌人从我们的尸体上踏过去,要么我们从他们的尸体上踏过去!"[3]

∞

古利特似乎很不走运。此时此刻,他正试着打造自己作为艺术史学家和博物馆馆长的独立人生。1925年,纳粹党有27 000名党员。

---

[1] Hitler, *Mein Kampf*, 234.
[2] Ibid., 232.
[3] William L. Shirer, *The Rise and Fall of the Third Reich* (London: Mandarin Books, 1991), 119; cf. Baynes, ed., *The Speeches of Adolf Hitler*, vol. 1, 155–56.

希特勒将国家分成了 32 个大区，[1] 并为每个大区分配了大区区长，其中马丁·穆奇曼负责领导萨克森。两年后，纳粹党党员几乎增加了两倍，达到了 178 000 人。

1926 年 10 月，约瑟夫·戈培尔成了柏林大区区长。大区区长的任务是在当地恢复党的活力：清除那些使"沉默的大多数"产生反感的粗暴吵闹之人，彻底改变德国巴比伦式的堕落状态。因此，古利特从一开始就发现，穆奇曼是他教育茨维考居民打开现代艺术新视野的一个阻碍。

不过，他并没有失去全部希望。敏捷而傲慢的古利特迅速接受了要永远亲切对待艺术家、美术馆主人和收藏家的概念。他是魅力和说服力的化身。他的展览设有特别招待会，配有令人眼羡的热情服务，可以使当地有名望的人士在那里谈笑风生。古利特在现代艺术上的天资、在艺术家圈子中他的人脉、他那文雅的良好品味以及他的家族声望都是他独特的卖点。他的信心、新近获得的精力和显而易见的慷慨精神一定引起了鉴赏家们的注意。

古利特培养的最重要的艺术爱好者是富有的实业家库尔特·基希巴赫。基希巴赫和他的双胞胎兄弟恩斯特在德累斯顿出生并长大。他们的父亲卡尔为工业和汽车领域的密封装置发明了一种新工艺，并于 1910 年在德累斯顿和茨维考之间的小镇科斯维希（Coswig）开了一家工厂。1914 年战争爆发时，德国发现自己无法继续为汽车和蒸汽机车配备密封装置，因为英国制造商菲罗多（Ferodo）几乎垄断了德

---

[1] 基本对应 32 个选区。

国市场。战争爆发后，菲罗多自然拒绝向德国运输任何设备。

他们的父亲在 1913 年去世。之后，掌管企业的兄弟两人看到了机遇，并拯救了德国国防部（War Department）。两位天才发明了一种编织石棉，利用了当地饰带制作领域的专业技术，创造出可用于一切可能用途的模塑固化密封装置。战争爆发几个月后，他们交付了第一批由德国制造的制动器衬垫和密封件。到战争结束时，他们获得了惊人的巨大财富。

他们有了支持更多发明的足够资金，开发出了专业摩阻树脂和新的穿孔密封装置。他们的财富呈指数级增长。遗憾的是，1920 年初，在骇人的西班牙流感流行期即将结束时，恩斯特去世了。这场流感在全世界范围内导致大约 5 000 万人死亡。[1]

当库尔特·基希巴赫遇到希尔德布兰德时，他已经结婚，并找到了商业合作伙伴汉斯·卡特温克尔（Hans Kattwinkel），他的公司正在进入汽车离合器衬片领域，并用"优锐"（Jurid）做商标向欧洲其他地区和美国出口产品。面对恶性通货膨胀，基希巴赫认为他们不仅需要让对方尽量用外汇付款，而且需要在大范围内投资，以便保护自己的财产。

我们并不清楚基希巴赫和古利特开始合作的方式、时间和原因。[2]不过，在希尔德布兰德来到茨维考不久后，他和基希巴赫之间就变得相当友好了，基希巴赫请他以受薪顾问的身份帮助自己以投资为目的

---

[1] www.deutsche-biographie.de/sfz41057.html.

[2] 德国政府拥有的古利特文件应该可以解释这件事情。

采购艺术品。这是一个不同寻常的机会，古利特为此投入了大量的时间和精力。

∽

对希尔德布兰德来说，只要打造出令库尔特·基希巴赫喜爱的收藏，就算成功了。这意味着他们需要相互了解和信任，后者更为重要。任何商界人士都知道，如果你拥有一个富有的客户，他将昂贵的私人项目托付给你，你们之间就会形成特殊的关系，而你就会处于掌握一定权力的位置上。希尔德布兰德不仅看到了这份工作有短期内获取稳定金钱回报的好处，还看到了基希巴赫帮助他敲开其他富有实业家密室大门的无尽可能。

到了 20 世纪 20 年代末，基希巴赫生产的原装汽车离合器衬片和制动器已经垄断了整个德国汽车产业。基希巴赫的人脉遍布世界，并触及德国工业的顶层。古斯塔夫·克虏伯和弗里茨·蒂森（Fritz Thyssen）是他的重要业务伙伴。雷姆茨马卷烟有限公司（Reemtsma Cigarettenfabriken）的菲利普·雷姆茨马是他的私人朋友。如果古利特可以紧贴基希巴赫，他一定能在以后的整个人生中作为德国富人的"完美之眼"屹立于艺术界。

因此，在与他的赞助人进行了漫长而愉快的商议后——到了 1926 年，基希巴赫已经远远不止是他的客户了——他们认为第一次涉足艺术世界时，应该选择摄影领域。这是一个崭新的领域，被许多德国人严重低估了。而且，正如古利特在纽约见到的那样，摄影在美国正在变得广受欢迎。在他的赞助人看来，摄影的另一个优势就是它通过视觉形式很好地记录了过去 20 年的混乱岁月。库尔特·基希巴赫收藏的 600 多张照片——它们后来获得了一个奇怪的名字：海伦妮·安德森收藏（Helene Anderson Collection）——将成为 20 世纪 20 年代最重要的先锋派摄影收藏。它所涵盖的众多摄影艺术家包括曼·雷（Man Ray）、埃尔·李西茨基（El Lissitzky）、爱德华·韦斯顿（Edward Weston）、拉兹洛·莫霍利－纳吉（László Moholy-Nagy）、温伯（Umbo）和阿尔贝特·伦格帕契（Albert Renger-Patzsch）。这看上去很像是施蒂格利茨为自己最想收藏的欧洲摄影师列出的愿望清单。[1]

当然，这仅仅是开始。在漫长的友谊岁月里，他们打造出了一流的现代艺术收藏系列。洛维斯·科林特、埃贡·席勒（Egon Schiele）、马克斯·贝克曼和马克斯·利伯曼的作品成了基希巴赫 234 件现代艺术收藏品的基础。古利特不仅通过这批收藏品为自己确立了无可挑剔的名声，还巩固了自己作为基希巴赫忠诚而坚定的朋友的形象。在未来的岁月里，他们将形成紧密的相互依赖的关系。

---

[1] www.photo.dresden.de/de/03/nachrichten/2008/c_82.php?lastpage=zur%20Ergebnisliste. 另见 www.faz.net/aktuell/feuilleton/fotokunst-weder-ein-speicherfund-noch-die-helene-anderson-collection-es-gab-einmal-eine-pionier-sammlung-mit-meisterlicher-fotografie-1277846.html. 这份收藏存在着巨大争议。

第十四章

恶之根源

将种族因素看作人类戏剧中的"解围之神"是一种主流时尚。
——克里斯托弗·道森（Christopher Dawson），《神祇时代》（1928 年）

俗话说，重要的不是你知道什么，而是你认识谁。有了库尔特·基希巴赫，古利特才能在商业竞争中独占鳌头。虽然纳粹党在 20 世纪 20 年代一直在崛起，穆奇曼也经常公开表达他的不满，但在偏远的威斯特伐利亚州哈根镇，人们还是会来寻求古利特的意见。[1]

1925 年，希特勒和纳粹党人的嘲笑几乎没有对现代艺术产生过影响。实际上，在整个 20 世纪 20 年代，当代艺术品的价格一直没有偏离它们的价值。博物馆仍然在从艺术家或德国艺术经纪人那里购买艺术品。弗朗茨·马尔克、奥托·迪克斯、马克斯·利伯曼和马克斯·贝

---

[1] NPG, 026/006.

克曼等人是最受欢迎的德国表现主义和印象主义画家。[1]只要这种好时光可以持续，古利特在既有秩序中就可以继续崛起。

然而，古利特再次陷入厄运之中。海伦妮的健康状况令人担忧，她在医院住了整整 5 个月，给他们带来了巨大的开销。他们比过去更加缺钱。"我卖掉了几样东西，以便帮助孩子们摆脱经济困境，"玛丽写道，"科尔内留斯卖掉了花园里的两尊雕像——这对我们来说并不容易，但我们的税负很重……能够再次见到海伦妮和普茨是一件非常美妙的事情。"[2]

希尔德布兰德无法或者不愿意待在家里照顾做过两次手术的妻子。相反，他需要在兼顾正职工作的同时抽时间为基希巴赫提供咨询，还要去医院看望海伦妮。不过，虽然他变得精力充沛，但并没有意识到他所对抗的是自己从未想象过的巨大力量。

由于艾伯特总统突然去世，77 岁的已经退休的陆军元帅保罗·冯·兴登堡被人哄骗出来，成了德国的新总统。在外交领域完成所有基础工作的施特雷泽曼的确非常忙碌。洛迦诺公约确定了德国的西部边界，也保证了法国军队从莱茵兰"防疫封锁线"[3]（cordon sanitaire）撤退。这道公约大餐的主菜是德国加入国际联盟。在英国人当中，希望自然占了上风，他们都认为法德关系将得到改善，同时，法国将解除在东边针对德国的联合"防疫封锁线"，捷克斯

---

[1] Gesa Jeuthe, *Kunstwerte im Wandel: Die Preisentwicklung der Deutschen Moderne im Nationalen und Internationalen Kunstmarkt 1925 bis 1955* (Berlin: Akademie Verlag, 2011), 61–62.

[2] NPG, 031/009.

[3] 这个词在国际上指法国占领区和位于东边的法国盟国。

洛伐克的苏台德区（Sudetenland）、波兰走廊以及但泽自由市最终也将得到和平移交。

不过，在洛迦诺（Locarno），赔款问题还远没有解决。美国银行和企业一直在为德国人提供越来越多的短期贷款；借款人在拿到钱后以纯粹的投机目的迅速将部分资金投入到一片虚假繁荣景象的股市。保证金购买和快速盈利是"新希望时代"的投资特点。同时，德国仍然不得不继续用借来的资金偿还赔款，给自己挖下越来越深的坟墓。沙赫特在 1927 年 5 月 11 日宣布，德国国家银行认为商业银行的储备金太少了。[1] 两天后，沙赫特中止了德国国家银行的一切信贷，创造了 5 月 13 日的"黑色星期五"。[2] 正像美国财政部长（secretary of the treasury）的总代表（agent general）解释的那样，"德国人无法依照精简后的'道威斯计划'支付赔款，因为他们正用远远超出正确价值的保证金购买证券。现在，当银行回收贷款时，他们就不得不以亏损的价格将其抛售了。"[3]

实际上，整个欧洲都沉醉在轻松赚钱和革命之中。各地的富人都在从事投机活动，将自己的一部分资金"投资"在股市。英国在 1926 年为期 10 天的总罢工（General Strike）中挺了过来。这场罢工不仅导致工党这一新兴政治力量以不可阻挡之势崛起，而且证实了英国的社会结构已经发生了不可逆转的改变。大多数人担心英国作为欧洲民主

---

[1] 这是 2007 年银行大崩溃的原因之一。
[2] John Weitz, *Hitler's Banker* (London: Warner Books, 1999), 90–91.
[3] Ibid., 91–92; cf. *Literary Digest*, May 28, 1927, 8.

的坚定支持者将会像法国那样转向左倾。[1]与此同时，法郎兑美元的汇率也在下降，1法郎只能兑换2美分。法国的财政状况失控了。约瑟夫·斯大林掌握了苏联的权力，并热衷于拓展俄罗斯的影响力和共产主义。突然，俄国熊用两条后腿站起来，发出了咆哮。

更糟糕的是，沙赫特理所当然地在1929年2月的"杨格会议"（Young Conference）[2]上变得不依不饶。这场会议是在他的督促下召开的，目的是减少赔款的支付金额。沙赫特对德国与美国经济上的紧密关系以及德国欠美国的债务感到担忧。与此同时，《纽约时报》在前一年12月报道说，施特雷泽曼和沙赫特中间产生了冲突。实际上，沙赫特表现得过于极端，要求同盟国归还德国的殖民地，重新划定波兰的边界（使其变成内陆国家），还要求进一步减少赔款的支付金额。

沙赫特的要求被人看作一个政治妙招，具有极大的风险。在谈判桌上，他被彻底击败了。德国代表、联合钢铁公司（United Steelworks）的实业家阿尔贝特·弗格勒（Albert Voegler）气冲冲地离开会议室，并声明政府并没有为德国提供足够的保护。[3]当然，弗格勒也把这件事告诉了他的实业家朋友古斯塔夫·克虏伯、弗里茨·蒂森和库尔特·基希巴赫。在政府的巨大压力下，沙赫特并没有辞职，

---

[1] 10天大停工的原因之一是大约80万矿工的工资和生活质量下降了。为了表示对矿工的同情，共有170万工人参与罢工，主要涉及交通和重工业领域。

[2] 得名于美国实业家欧文·D. 杨格（Owen D. Young），他领导了战后同盟国成立的意在振兴德国经济的委员会。——译者注

[3] Ibid.,100.

而是停止了抵抗，在 1929 年 6 月 7 日签署了协议。[1]

克虏伯和蒂森的企业集团对沙赫特的迅速投降提出了严厉批评。政府非常激动。需要依靠蒂森提供钢铁的基希巴赫反对任何可能对重工业产生负面影响的措施，因此坚决反对这项协议。

不过，克虏伯和蒂森的批评是面向某些受众的。沙赫特的态度被人报道成"激烈、偏执……激动而武断。他是我在公共生活中见过的最生硬、最好强、最易怒的人。不过，他基本上是对的"。[2] 尽管如此，沙赫特还是和这两个伟大的实业家家族一样对魏玛共和国失去了信心和信任。

沙赫特还意识到，弗里茨·蒂森是联合钢铁公司监督委员会主席，也是纳粹党的一个主要捐赠人，亲自向希特勒提供资金。鲁尔区煤炭大王埃米尔·基尔多夫（Emil Kirdorf）也在做同样的事情。[3] 他们是支持希特勒的实业家中的领导级人物。联合钢铁公司是世界第二大煤炭和钢铁公司，仅次于美国钢铁公司（US Steel Corporation）。[4]

蒂森与纳粹党的联系不容小觑。到 1929 年时，希特勒显然已经入不敷出。他向税务官员宣称，他与德国大企业主的私人关系可以使他维持生存。实际上，在他的纳税申报表中，希特勒声称自己的职业是"作家"，唯一收入就是《我的奋斗》的版税。如果他的纳税申报

---

[1] 杨格会议最为持久的结果是在瑞士巴塞尔（Basel）成立了国际结算银行（Bank for International Settlements），用于监督赔款的支付。
[2] Ibid., 96.
[3] William L. Shirer, *The Rise and Fall of the Third Reich* (London: Mandarin Books, 1991), 134.
[4] David R. L. Litchfield, *The Thyssen Art Macabre* (London: Quartet Books, 2006), 79.

表可信的话，他早已负债累累。就在1929年，这些债务被完全结清了。[1]

1年前，弗里茨·蒂森以保证人的身份通过自己家族的荷兰银行贷给慕尼黑的纳粹新总部"褐宫"（Brown House）35万帝国马克。为了迎合赫尔曼·戈林日益强烈的自我膨胀，蒂森还送了三件总价值15万帝国马克的礼物，以"扩建"并修缮戈林的住所。[2] 未来数年中，这种关系将在温柔的呵护下茁壮成长，并促成蒂森旗下公司呈指数型增长。弗里茨·蒂森本人领导的大企业已经放弃了魏玛共和国。

∽

事实证明，1929年的10月是灾难性的一个月。施特雷泽曼在月初去世，美国股市也在10月24日崩溃。美国人立即要求收回贷款，德国——以及世界其他地区——陷入了严重萧条之中。那一年结束时，德国失业人数超过了6 000 000。之前蓬勃发展的工厂突然沉寂下来。城市里领取面包的人排起了长蛇队。轻度犯罪活动不断增多。青年失业率疯涨。广泛存在的痛苦包围了这个国家。沙赫特的世界末日预言变成了现实。

罪恶滋生于痛苦之上，阿道夫·希特勒这朵罪恶之花显然正在盛放。"在我的生命中，"他写道，"我从未像现在这样开心，从未像现在这样感到发自内心的满足。"[3] 对希特勒来说，人类遭受的不幸是他未来机遇的源泉。之前夺权企图失败后，他就知道自己只能在金

---

[1] David R. L. Litchfield, *The Thyssen Art Macabre*, 135.
[2] Ibid., 87.
[3] Ibid., 136.

融机构和军队的支持下迎来出头之日。即将到来的选举是为他的目标量身定做的。

～

在他为了赢得德国人民的支持而进行的宣传活动中，希特勒将情绪放在了最基础的核心位置。他相信，只有艺术——不管是什么形式的艺术——可以触动德国人民的灵魂。他吸收了汉斯·金特（Hans Günther）博士1923年的作品《德国人民的种族科学》（*Rassenkunde des Deutschen Volkes*）以及1926年的作品《种族与风格》（*Rasse und Stil*）中种族仇恨和艺术理论的本质。他还利用了其他一些理论，比如奥特马尔·鲁茨（Ottmar Rutz）1921年的《人类设计与艺术》（*Menschheitstypen und Kunst*）以及费迪南德·克劳斯博士（Dr. Ferdinand Clauss）1923年的《北欧灵魂》（*Die nordische Seele*）和1926年的《种族与灵魂》（*Rasse und Seele*）。其中，金特的《种族与风格》条理清晰地把艺术和种族主义结合成一种危险同盟。[1] 希特勒是一只永远都在偷窃的鹊鸟，他把这种关系铭记于心，将其变成了自己的理论。

从本质上说，这些关于艺术的种族理论歪曲了艺术家的意图以及位于一切表现形式核心的人道主义理想。在收集能够点燃所有创意的心理催化剂的同时，种族主义者可以打造出一种用地狱之火烘烤出

---

[1] Hellmut Lehmann-Haupt, *Art under a Dictatorship* (New York: Oxford University Press, 1954), 37–39.

的基于仇恨的哲学以及一种对所有人类创造性壮举进行歪曲解释的理论。当建筑学教授保罗·舒尔茨－瑙姆堡（Paul Schultz-Naumburg）的作品《艺术与种族》（*Kunst and Rasse*）在1928年出版时，他写道："艺术不仅可以表达其物理原则，而且用每一种方法努力使自身的精神法则获得支配地位。世界观的斗争在很大程度上是在艺术领域进行的。"[1]这是希特勒思想的真实写照。

不过，首次在艺术领域表达种族主义观念的荣誉也许应该归于犹太作家马克斯·诺尔道（Max Nordau）及其于1892年出版的《堕落》（*Entartung*）。诺尔道宣称，堕落很快就会变成一切非德意志元素的代名词。这种概念就像狂风中的灌木丛火灾一样席卷了20世纪20年代末的整个魏玛德国。[2]

❦

在这种喧嚣中，古利特仍然在为基希巴赫提供收藏咨询服务。这不仅是一种获取财富和确保外汇的途径，也可以在文化上将基希巴赫提升到他的商业伙伴克虏伯和蒂森所在的平台上。作为挪威原材料的顶级进口商之一，基希巴赫还帮助古利特在奥斯陆组织了一场茨维考博物馆德国表现主义艺术家的展览。

未来，同蒂森的关系将为古利特带来丰厚的利益，尤其是它为古利特提供了一个进入国际专家圈的机会，这些专家之中包括为伦敦

---

[1] Hellmut Lehmann-Haupt, *Art under a Dictatorship*, 40.
[2] 1908年，萧伯纳（George Bernard Shaw）对《堕落》做出了机智回应，出版了《艺术的理智》（*The Sanity of Art*）。

科尔纳吉美术馆（Golnaghi Gallery）提供咨询服务的约瑟夫·杜维恩爵士（Sir Joseph Duveen）以及出生在美国的开创性的艺术史学家伯纳德·贝伦森（Bernard Berenson）。[1]这些人和美国收藏家进行了大量交易。杜维恩很有远见地认识到，欧洲只有艺术，美国收藏家则"有钱"。[2]杜维恩和贝伦森（被杜维恩起了"多丽丝"的代号）拥有你能想象到的最令人垂涎的私人客户名单，包括伊莎贝拉·斯图尔特·加德纳（Isabella Stewart Gardner）、亨利·J.弗里克（Henry J. Frick）、安德鲁·W.梅隆（Andrew W. Mellon）和J.P.摩根。

不过，最吸引古利特的是据说存在于杜维恩和哈佛毕业生贝伦森之间的"秘密"私下交易。他们生活在冷酷的时代。据传说，在这种交易中，贝伦森与杜维恩达成了协议：只要给一件艺术品盖上认可标志，贝伦森就可以从它的销售价格中赚取25%的佣金。[3]古利特将在未来试图复制这种方法。

与贝伦森的接触使古利特大开眼界。根据蒂森－博尔奈米绍档案馆（Tyssen-Bornemisza archive）的文件，海因里希·蒂森购买的第一幅为人所知的油画是伦勃朗的朋友扬·列文斯（Jan Lievens）于1635年完成的风景画《逃往埃及途中的休憩》（*Rest on the Flight into Egypt*）。他在购买这幅画时并没有看到任何出处信息。不过，蒂森的经纪人鲁道夫·海涅曼（Rudolf Heinemann）和"BB"（朋

---

[1] 伯纳德·贝伦森是蒂森的顾问，也是用他引入的"科学方法"为收藏家和拍卖行"解密"文艺复兴时期艺术品的艺术史学家。他将不同的画作分为"学院"作品、"匿名大师"作品或"画室"作品。

[2] ODNB, Joseph Duveen and Colnaghi Family.

[3] Litchfield, *Thyssen Art Macabre*, 85–86.

友们对贝伦森的称呼）丝毫不感到担心。[1] 和其他人一样，古利特也注意到了这一点。

1929 年的崩溃发生后，古利特进入了一个阴暗的世界，开始从那些曾经很富有的、渴望将投资变现的人那里购买艺术品——用于支付追加保证金或者仅仅用于维持生存。就是在这个时候，古利特开始建议基希巴赫从新近陷入贫困、自愿将收藏出手的人那里收购德国表现主义艺术品。也许，这与政治环境的变化或古利特正常的远见几乎没有关系，完全是一种原始的投机行为。

不过，古利特在 1929 年的上半年仍然过得很艰难。威斯特伐利亚的哈根市长曾提出将他任命为他们的文化顾问，但最后他却被放了鸽子——不是因为市长存有任何恶意，而是因为他那不合时宜的瘸疾。[2] 那一年 6 月，海伦妮的兄弟在医院里病情危急。他是一艘轮船的工程师，遭遇海难后在波罗的海上游了 3 天才获救。古利特"动用他的人脉"将他带到了茨维考，让他待在海伦妮身边。不过，他很快死于肺炎，被埋葬在德累斯顿靠近科尔内利娅的地方。[3]

不到 3 个星期后，"希尔德布兰遇到了各种麻烦，因为茨维考市面临破产，所以博物馆即将关闭，"科尔内留斯在一封信中写道。"市长向他宣布了这个消息，还表达了他的遗憾，称他［希尔德布兰

[1] Litchfield, *Thyssen Art Macabre*, 86.
[2] NPG, 026/006.
[3] Ibid., 031/032; 121/073 and 031/033.

德]的展览为'闪耀的宣言'。谁也不知道他将如何决定自己的未来，但他的精神很好。"[1]

确实，如何决定自己的未来是一个问题。穆奇曼对奥斯陆艺术展感到非常愤怒。在德国内部处理这种"梅毒"艺术是一回事，在国外展出又是另一回事了。玛丽也在担忧。这一年10月，她写道："可怜的希尔德布兰德在博物馆里非常忙乱。市政府没钱了，博物馆将被关闭，馆长的职位将被撤销……对他们来说，今年真是糟糕。"的确，11个月前，希尔德布兰德患上了严重的阑尾炎，不得不做两次手术，还在医院里住了4个星期。接着，海伦妮的祖母在4月去世了。两个月后，她的兄弟也走了。然后是她嫂子（或弟媳）[2]在交通事故中惨死，肇事司机事后逃逸。[3]

显然，希尔德布兰德只向父母说了他希望他们相信的那些事：他是大区区长穆奇曼发起的系统性诽谤运动的目标，而里夏德·赫尔茨市长（Oberbürgermeister Richard Holz）显然已经忘了他说过的话。

∞

以前是建筑系学生的纳粹党理论家阿尔弗雷德·罗森堡（Alfred Rosenberg），曾经写下不堪卒读的《20世纪的神话》（*Myth of the Twentieth Century*），这本书将所有关于种族和艺术的观点都误认为哲学，他于1928年成立了德意志文化战斗协会（Kampfbund für

---

[1] NPG, 031/034.
[2] 她兄弟奥斯卡的妻子。
[3] NPG, 121/075.

deutsche Kultur），将希特勒奉为纳粹党的文化领袖。这个组织利用政治环境的变化来攻击现代艺术，在维护和培养一切真正的德意志元素时将目标对准了心灵与头脑，即情感的核心。

从此以后，艺术将成为创建纳粹新神学的重器以及希特勒改良版"新集体社会"中形塑一体化社会的关键。[1] 每个人在对艺术的反应中产生的原始情绪力量被提升到了高级纳粹信条的级别。希特勒觉得这是他最终取得成功所需要的内在条件。

"凡尔赛命令"使德国受到了压迫。当然，希特勒将其归咎于犹太人和布尔什维主义者。这是一条被不断重复的简单讯息，也是一条击中要害的讯息。希特勒旋风般的运动和讯息打动了德国人民。他们觉得自己有了一个盟友。他们还错误地觉得希特勒能够对他们的痛苦感同身受。

结果出来了，希特勒的纳粹党在国民议会中赢得了惊人的107个席位，成了第二大政党。[2] 希特勒的内部圈子里挤满了和他一样的人，都相信这个新式集体社会的完美模型将把德国艺术完全吸纳到永恒的国家结构中。[3]

曾几何时，希特勒被嘲讽为某个疯狂边缘群体的领导人。如今，那样的日子已经一去不复返了。当纳粹党以明显优势赢得萨克森选举时，穆奇曼采取行动了。在对古利特的人品进行过无数次攻击后，茨维考地区的纳粹团体于1930年4月1日驱逐了古利特。[4] 不过，他们

---

[1] Lehmann-Haupt, *Art under a Dictatorship*, 43.

[2] 6 409 600名德国人投票支持纳粹党，4 592 000人投票支持共产主义者（他们的席位增加到了77个）。出自 *The Rise and Fall of the Third Reich*, 138.

[3] Ibid., 62.

[4] Jeuthe, *Kunstwerte im Wandel*, 45.

表面上仍继续掩饰,这一次是在全国层面上。穆奇曼在向纳粹党的汇报中说古利特是博物馆工作的进步典范,但他还是被解除了职务。这件事的官方原因是他的机构"财务状况糟糕",非官方原因是他喜爱现代艺术,里夏德·赫尔茨市长竭尽全力证实第二个原因才是真正的原因。[1]

当联邦艺术家协会(Reichsverband Bildender Künstler)听说古利特被免职时,他们都勃然大怒。就在几个月前,纳粹党对柏林国家美术馆(Nationalgalerie)发出了严厉批评,称他们筹集大量资金购买梵·高的油画,使德国艺术家在大萧条中陷入困境。对他们来说,古利特是一位盟友,他代表自己的博物馆、基希巴赫及其他私人收藏家从在世的德国艺术家手上购买艺术品。很快,大约50位博物馆馆长向政府请愿,表示抗议。支持当代德国艺术当然是他们的任务,不是吗?

不出意料,当希特勒在1933年1月上台时,这50个人将为自己当初支持古利特而后悔。他们都出现在了纳粹党未来报复行动的特别名单上。

同时,古利特别无选择,只能和妻子收拾行李返回德累斯顿。不过,他并不想去过勉强糊口的日子,也不想长时间听他父亲对自己的未来发出没完没了的建议。因为有基希巴赫的赞助,他已经提前品尝到了成功的滋味,并且还想获得更大的成功。为此,他需要保持灵活的头脑,维持迷人的外表,还要装出一副真诚的样子。

---

[1] Jeuthe, *Kunstwerte im Wandel*, 43. 参考 end note 48. Verlag Zuschlag, 1995, 35; Winkler 2002, 321。

第十五章

变色龙与蟋蟀

艺术是人类在上帝之后重新创造世界的途径。

——《大师》(1919) 中的人物戈特利布 (Gottlieb)

古利特意识到，无法适应时代变化的人将被时代所吞噬。自1929年的大崩溃导致艺术市场出现萧条以来，古利特平时的洞察力就一直处于高度警觉状态。1928年，博物馆的采购量占整个德国市场的大约50%。不到一年后，这个比例下降到了28%左右。[1] 到1931年，博物馆的比例只剩下了18%。

一些经纪人在1923—1924年的恶性通货膨胀中破产，几乎无法东山再起，比如贝利纳·费迪南德·莫勒（Berliner Ferdinand Möller）。其他一些人则公开报怨价格下跌以及摄影、宣传、目录印

---

[1] Gesa Jeuthe, *Kunstwerte im Wandel: Die Preisentwicklung der deutschen Moderne im nationalen und internationalen Kunstmarkt 1925 bis 1955* (Berlin: Akademie Verlag, 2011), 40 (see table).

刷和交通运输费用的上升给美术馆带来的困境，比如 1930 年时阿尔弗雷德·弗莱希特海姆的同事库尔特·瓦伦丁。[1]

市场是不可预测的。根据卖家的急切程度和艺术品的类型，艺术品的价格存在剧烈的波动。当时正是需要古利特在市场上大举收购的时候。他的赞助人基希巴赫相信他的判断，明白在他人感到痛苦的时候提出收购是具备优势的，也能占到便宜。当然，由于科尔内留斯的反对，希尔德布兰德不得不将他的艺术交易掩饰起来。[2]

将近一年以后，1931 年 3 月，希尔德布兰德和海伦妮仍然住在德累斯顿——而且他仍然没有告诉父亲真相。科尔内留斯无忧无虑地向他的同辈女性姻亲写道，希尔德布兰德"举办了许多讲座，养活他自己和非常心爱的妻子。如果不考虑住房问题的话，他们想搬到柏林，那里的赚钱机会更多了"。[3]

希尔德布兰德可能尝试过谈论这个话题。如果真得谈了，科尔内留斯很可能会漠视他的想法，列举出希尔德布兰德的叔叔弗里茨曾经面对的问题以及他的堂兄沃尔夫冈目前的财务困境。如果希尔德布兰德继续坚持的话，老人可能会唠叨起希尔德布兰德那脆弱的神经，说他更适合学术生活。而且，希尔德布兰德知道父亲对艺术品商业交易和自己心理健康问题所持的态度，所以他可能认为沉默是一种更好的解决办法。

---

[1] Gesa Jeuthe, *Kunstwerte im Wandel*, 41; cf. letter from Oskar Schlemmer to Will Grohmann, 10 November 1930.

[2] 根据玛丽的信件 121/081，希尔德布兰德和海伦妮当时并没有和他们生活在一起。

[3] NPG, 031/036.

离开博物馆后，希尔德布兰德度过了13个月的间歇期，他偷偷地为基希巴赫及其介绍给他的其他人处理艺术交易。他与沃尔夫冈的艺术交易也是始于这段时期。[1] 古利特和基希巴赫最喜欢采购的是德国表现主义艺术家——诺尔德、贝克曼、利伯曼和席勒——的作品。随着纳粹党的壮大，古利特相信当代艺术市场将继续处于不稳定的状态。在德国低价收购、在美国高价出售的机会是无法阻挡的，而那正是诺伊曼、杜维恩和贝伦森多年来一直在做的事情。

由于莉莉·P. 布利斯（Lillie P. Bliss）、玛丽·奎恩·沙利文（Mary Quinn Sullivan）和艾比·洛克菲勒（Abby Rockefeller）三位女士的推动、捐赠和友谊，现代艺术博物馆已于前一年在纽约开业。[2] 作为"蓝色四人组"——莱昂内尔·费宁格、保罗·克利、阿列克谢·冯·雅弗林斯基（Alexey von Jawlensky）和瓦西里·康定斯基——的"女预言家"，佩吉·古根海姆（Peggy Guggenheim）正在成批购买其他艺术家的作品。[3] 1929年，期待已久的德国表现主义艺术家进入美国的跳板也被架设起来了，当时底特律艺术学院（Institute of Arts）买了第一幅贝克曼的作品。如果古利特不跳上去的话，这趟列车就会弃他而去。

和基希巴赫一样，希尔德布兰德也认为艺术市场的最大威胁不是

---

[1] 德国政府和伯尔尼美术馆（Kunstmuseum Bern）坚决拒绝公开古利特的文件，但伯尔尼美术馆在网上发布的经过编辑的文章表明，沃尔夫冈是希尔德布兰德早期的一个重要交易伙伴。

[2] Sybil Gordon Kantor, *Alfred H. Barr, Jr., and the Intellectual Origins of the Museum of Modern Art* (Cambridge, MA: MIT Press, 2002), 191–94.

[3] 佩吉·古根海姆被1925年11月1日的《旧金山观察家报》（*San Francisco Examiner*）称为"蓝色四人组的女预言家"。

大萧条，而是共产主义的兴起。1930 年的选举表明，共产主义投票者增加到了 4 592 000 人，这使他们在国民议会的席位从 54 个增加到了 77 个。[1] 右翼的民族主义者减少了一半，这为他们与纳粹党的公开对话铺平了道路。具有"流沙式"道德观的古利特认为，他无力改变自己所生活的时代，只能最大限度地对其加以利用。

不过，时代的变化超出了所有人的想象。在两年之内，德国人看到和听到的一切事物都被仔细而无情地肃清了所有外国影响。从广告到进口食品，一切都将被审查，以便根据某个人的品味清除外国元素或危险元素。今天，我们中的许多人都几乎无法想象用拷打和死亡来惩罚批评者的世界。古利特知道，如果他不能适应新秩序，他就会变成蟋蟀，被那些已经变成变色龙的人活吞。

❦

1930 年秋，有一位青年建筑学家曾在柏林－夏洛滕堡技术学院（Institute of Technology）跟随海因里希·特森诺教授（Professor Heinrich Tessenow）学习并曾在那里听过科尔内留斯·古利特的讲座，他正处在人生的转折点上。在此之前，他不太关心政治，尽管他的父亲一直对共产主义者在 9 月选举中取得的进步深为担忧。和特森诺一样，他相信"热爱祖国是我们的天性……只有来自祖国母亲腹中的文化才是真正的文化"。[2] 他叫阿尔贝特·施佩尔（Albert Speer）。

---

[1] William L. Shirer, *The Rise and Fall of the Third Reich* (London: Mandarin Books, 1991), 138.
[2] Albert Speer, *Inside the Third Reich* (London: Phoenix, 1995), 43.

一天晚上，在一些同学的邀请下，施佩尔来到了一家啤酒馆，来聆听希特勒的演讲。希特勒在近乎歇斯底里的热情欢呼声中走进房间，就像某个上了年纪的摇滚明星一样。"我曾在海报和漫画中见过他穿着紧身军装上衣、戴着肩章和卍字袖标、头发在额头前飘动的样子，"施佩尔写道，"不过，在这里，他穿着一件合身的蓝色西装，看上去非常正派。他的一切都给人一种得体而谦逊的印象。"[1] 施佩尔目睹了希特勒转变成变色龙的异常天赋。

施佩尔以为自己会听到某种疯狂的演说。不过，他却听到了希特勒对共产主义带来的危险的激情申诉。希特勒指出共产主义将偷走德国的希望，让德国人无法充分就业，使他们热爱的国家永远失去安全保障。希特勒一下子就成功认识到了他的观众需要听到什么以及如何传达明确的消息。他将学生、讲师、小店主和失业者联合起来，甚至还给他们提供了一个替罪羊——遍布全世界的犹太人。施佩尔对希特勒的强烈震撼力感到吃惊。至于反犹主义，它已经在德国出现了很长一段时间，几乎算不上什么新思想。而且，和其他人一样，施佩尔有几个"犹太朋友"，断言自己并没有看到所谓的危险。[2]

施佩尔声称，希特勒带来了一种催眠般的印象，所以他就像梦游一样加入了"希特勒的政党"。他还说自己此前并没有读过《我的奋斗》和罗森堡的《20世纪的神话》。他将这种严重的过失归咎于他所接受的政治教育的缺失。[3] 古利特是不能找这种借口的。

---

[1] Albert Speer, *Inside the Third Reich*, 45.

[2] Ibid., 46.

[3] Ibid., 49.

古利特是第一个成为纳粹现代艺术意识形态牺牲品的博物馆馆长。不知是有其他博物馆馆长的支持，还是因为基希巴赫在幕后的引荐或帮助，他终于被任命为汉堡艺术家协会（Hamburg Kunstverein）的主任。

"我们对希尔德布兰德的选择感到非常高兴，这对亲爱的年轻人终于可以回到属于自己的公寓了，他们对此非常期待。"玛丽在1931年4月写道。[1]这个艺术家协会位于新拉本街（Neue Rabenstrasse）靠近易北河的时尚地段。不过，搬进公寓以后，希尔德布兰德向母亲抱怨，说艺术家协会缺少资金，无法向他支付合理的工资。[2]有关卖画佣金的财务制度或者他当时与基希巴赫的私下交易目前仍然是一个迷。[3]

1931年10月，古利特去了瑞典哥德堡（Gothenburg），他在那里为一位年轻的汉堡艺术家安排了一场展览。他是如何在如此短的时间里为一位鲜为人知的德国表现主义艺术家安排国际展览的呢？和以前一样，基希巴赫似乎用他多年来在进口优质瑞典铁矿石过程中与瑞典培养的紧密关系给古利特打开了一扇方便之门。[4]古利特与这位茨维考实业家的关系非常亲密。当基希巴赫和妻子的婚姻危机日益严重时，他向科尔内留斯倾诉衷肠，说希尔德布兰德就像他的

---

[1] NPG, 121/086.
[2] Ibid., 121/088.
[3] 这方面的证据可能存在于德国政府持有的古利特文件中。
[4] NPG, 026/088.

养子一样。[1]

在12月的第一个星期里，弗劳·基希巴赫（Frau Kirchbach）以客人的身份在德累斯顿凯策街的古利特家里度过了整整一个星期。她把希尔德布兰德和海伦妮的真正动向告诉了科尔内留斯和玛丽，还告诉他俩，她参加了阿尔托纳（Altona）的"古利特节"。听到希尔德布兰德成功举办了又一场展览，还有曼弗雷德·古利特（Manfred Gurlitt）让自己的歌剧成功上演，他们的感受可能是很复杂的。[2]毕竟，他们不得不通过这位礼貌但疏远的女士的双眼想象出一切。[3] 更令人难过的是，希尔德布兰德和海伦妮无疑正在日益远离他们的单调生活，并且和基希巴赫一家人更加亲密了。到了1932年年末，基希巴赫给了希尔德布兰德足够的资金，将沃尔夫冈·古利特从破产边缘拯救出来。在后裤兜里放着一家柏林画廊总是值得的。

∞

1931年夏，希特勒开始筹集资金，以备战——及赢得——1932年的选举。根据他的宣传主管（press chief）奥托·迪特里希（Otto Dietrich）的说法，"元首突然决定系统性地专注于培养和有影响力的工业巨头的友谊。"[4] 他将把煽动群众的任务交给他的煽动家戈培

---

[1] NPG, 026/022. 参考 Diarmuid Jeffreys, *Hell's Cartel: IG Farben and the Making of Hitler's War Machine* (London: Bloomsbury, 2008), 177. 在未来的年月里，优质进口商品与合成材料的问题将变得极为重要，而这也是戈林"四年计划"的核心问题。

[2] 曼弗雷德是希尔德布兰德的堂兄沃尔夫冈的弟弟。

[3] NPG, 026/099 and 026/007.

[4] Shirer, *Rise and Fall of the Third Reich*, 144.

尔和二把手格雷戈尔·施特拉塞尔（Gregor Strasser），自己同时奔波在德国各地，私下会见德国实业家，通常采用一对一的形式。这份"黑名单"很长，"惯常嫌疑犯"的犯人已赫然在列——弗里茨·蒂森、埃米尔·基尔多夫和阿尔贝特·弗格勒。

德国煤炭大王、早期皈依者基尔多夫负责希特勒的政治基金，这笔基金私下被称为"鲁尔金库"（Ruhr Treasury）。其他一些人也表示了对希特勒的支持，比如法本公司（I. G. Farben）董事格奥尔格·冯·施尼茨勒（Georg von Schnitzler）和碳酸钾行业的奥古斯特·罗斯特格（August Rosterg）。很快，德意志银行（Deutsche Bank）、德累斯顿银行和德国商业银行（Commerz Bank）纷纷效仿。希特勒那位于慕尼黑的党卫军首领海因里希·希姆莱（Heinrich Himmler）拥有自己的"经济朋友圈"（Freundeskreis der Wirtschaft），它将为纳粹党筹集数百万马克。[1] 一些次要人物也成了捐助者，比如库尔特·基希巴赫，因为德国在1932年正面临着倒向共产主义者还是右翼和纳粹党的严峻抉择。

沙赫特也进入了这个圈子的边缘地带，虽然他还没有加入纳粹党。他与法本、博世（Bosch）和西门子（Siemens）的领导人会面了，这些领导人对希特勒整体人格的态度一直不温不火的。煤炭和钢铁大王弗里德里希·弗利克（Friedrich Flick）象征性地向希特勒赞助了5万马克。[2] 另一个纳粹实业家威廉·开普勒（Wilhelm Keppler）向

---

[1] Shirer, *Rise and Fall of the Third Reich*, 144–45.

[2] 他为兴登堡的重新当选捐赠了180万，比他对希特勒的态度要慷慨多了。

重工业同行施压，让他们通过他的筹资部门"开普勒之圈"（Keppler Kreis）加入进来。[1]

在这个重要时刻，另一位筹资者也在不知疲倦地工作着。一场政治大赦后，赫尔曼·戈林于1927年返回德国。之前的很长一段时间里，他一直在瑞士流亡，还娶了一个瑞士妻子。遗憾的是，他妻子是癫痫患者，还患上了肺结核。弗里茨·蒂森和其他实业家是他的好朋友。戈林很快成了汉莎航空（Lufthansa）的顾问。虽然戈林已经不是第一次世界大战中那个潇洒的飞行员了，但他对于提升纳粹党在德国贵族中的形象起到了不可估量的作用，那些贵族中就包括维多利亚女王（Queen Victoria）的曾孙、意大利国王维托里奥·埃马努埃莱三世（Victor Emmanuel III）的女婿菲利普·冯·黑森亲王（Prince Philipp von Hessen）。最重要的是，在赢取军方支持的过程中，戈林发挥了最大的作用。

在距离1932年选举还有一个多月的时候，希特勒成了德国公民，于是他获得了竞选总统的资格——如果他想的话。1932年2月22日，希特勒让戈培尔宣布，他将与年迈的兴登堡竞选德国总统。[2] 随着竞选活动的进行，希特勒——后来被兴登堡总统起了一个绰号："波希米亚下士"——摆脱了最近无精打采的状态，开始一轮冷酷的竞选造势活动，在全国各地做了一系列公开露面和演讲，期间常常乘坐汉莎航空的包机。根据戈培尔的说法，元首像神话中来自维京英灵殿

---

[1] John Weitz, *Hitler's Banker* (London: Warner Books, 1999), 127.

[2] 兴登堡完全做好了击败希特勒的准备。他和他的支持者丝毫没有想到他没有活到第二个七年任期结束。

（Valhalla）的诸神一样降落在德国大地上，将他的人民从苦难中解救出来。[1]

身为冲锋队40万队员的领导，恩斯特·罗姆派遣手下的暴徒在第一轮选举的前一天晚上包围了柏林。根据戈培尔的说法，"政变"一词再次在空气中回荡。不过，3月13日的第一轮投票结果显示，兴登堡得到了49.6%的选票，比组建新政府所需要的多数票只差了一点点。希特勒赢得了30.1%的选票，共产主义候选人恩斯特·台尔曼（Ernst Thaelmann）获得了13.2%的选票。有很大影响力的商人阿尔弗雷德·胡根贝格（Alfred Hugenberg）没有与纳粹党联合，而是让他的德意志国家人民党（German National People's Party）候选人退出了将在一个月后举行的第二轮投票。不过，希特勒仍然希望收获足够多的选票，以击败兴登堡。令他失望的是，1932年4月10日，在投票数减少了100万的情况下，兴登堡赢得了53%的绝对多数票。[2]两周后，在普鲁士的地方选举中，纳粹党重新成了该地区最大的政党，赢得了38.3%的选票。[3]

萧条变得更严重了。沙赫特正在扑救自己的经济火灾，他以前的银行及其他机构都已经破产了。另一方面，希特勒继续对共和国展开攻击。因此，不可避免的事情发生了。1932年5月，老鼠

---

[1] Toby Thacker, *Joseph Goebbels: Life and Death* (London: Palgrave Macmillan, 2009), 127.

[2] Shirer, *Rise and Fall of the Third Reich*, 158–59.

[3] Thacker, *Joseph Goebbels,* 129.

们抛弃了腐朽的船只。库尔特·冯·施莱谢尔将军（General Kurt von Schleicher）拒绝领导国防部（Ministry of Defense），除非兴登堡雇用新的船长。海因里希·布吕宁总理（Chancellor Heinrich Bruening）被迫辞职，带走了魏玛共和国仅剩的最后一丝气息。那一年6月，国民议会解散了。

罗姆想要动手，但希特勒犹豫了。我们很难判断他产生迟疑是因为自己的半血亲外甥女、据称是他的情妇的格莉·劳巴尔（Geli Raubal）在去年9月自杀了，还是源自党内的问题，或者二者兼而有之。此时，希特勒开始怀疑他无可争辩的"二号人物"格雷戈尔·施特拉塞尔。当希特勒被监禁在兰茨贝格时，施特拉塞尔和鲁登道夫共同领导着纳粹党。

实际上，希特勒认为，现在已经没有人相信施特拉塞尔了。不过，希特勒不愿意放弃他。施特拉塞尔、他的弟弟奥托以及恩斯特·罗姆是最早支持他获取党内领导权的人；不过，在他们看来，元首已经改变了这个政党的方向。他们认为与纳粹党基调相一致的更加偏向社会主义的路线可以帮助他们赢得选举。

这支私人军队拥有将近50万的武装人员，所以德国街头开始被混乱所笼罩。光是在普鲁士就发生了400多次激战。在汉堡和阿尔托纳，19人被射杀，285人受伤。来自威斯特伐利亚贫困贵族家庭的新总理弗朗茨·冯·巴本（Franz von Papen）几乎没有政治权力基础，他在即将到来的七月选举开始前禁止了一切游行，并且宣布柏林戒严。

巴本知道自己别无选择，只能接受由希特勒领导的临时内阁。"我仅仅把你的内阁看作临时解决方案。我将继续努力，使我的政党成为全国最强大的政党。"巴本对希特勒说。到了选举日那天，纳粹党成了国民议会中最大的政党，赢得了 230 个席位。[1] 兴登堡现在不能不把希特勒任命为总理了吧？

不过，事已至此。兴登堡"感到很遗憾，因为希特勒先生并没有像他在选举前同意的那样把自己放到合适的位置上，去支持德国总统带着信心组建起来的政府"。[2] 自然，巴本获得了总理的职位。

作为反击，希特勒要求亲信准备发动一场武装起义。在他们进行谋划的时候，希特勒回到了自己位于上萨尔茨堡（Obersalzberg）的隐居之地。当希特勒离开舞台中心时，戈培尔开启了与中央党的对话，探询组建联合政府的可能。1932 年 8 月，戈培尔去了奥地利，去巩固维也纳的纳粹党。[3] 当希特勒结束美妙的独居生活时，他宣称自己一直在为经济而担忧。他宣称自己"曾偶尔与戈特弗里德·费德尔和卡尔·勒维尔（Carl Röver）等经济专家交谈，而且他们的理论预言了一个灾难般的未来"。[4] 巴本必须走人。只有希特勒才有权领导德国，他对政府说。

奇怪的是，导致巴本政府倒台的不是纳粹党，而是来自共产主义者的反对。共产主义者提出了对总理的"不信任案"，要求进行投票；不管纳粹党人多么不情愿，他们仍然不得不投票支持共产主义者。[5] 513 票对 32 票，投票结果对政府不利。9 月，国民议会再次解散，新的

---

[1] Shirer, *Rise and Fall of the Third Reich*, 165–66.
[2] Ibid., 168–69.
[3] Thacker, *Joseph Goebbels*, 135.
[4] Weitz, *Hitler's Banker*, 126.
[5] Shirer, *Rise and Fall of the Third Reich*, 170.

国民议会主席赫尔曼·戈林（代表最大政党）在组织"不信任案"投票时做出了无视巴本总理的声名狼藉的举动。另一场选举将于1932年11月举行。

∞

此时，出现了这样的谣言：格雷戈尔·施特拉塞尔与临时总理施莱谢尔就副总理的职位达成了交易。多年来一直在怀疑施特拉塞尔的戈培尔敦促希特勒开始行动。希特勒在他的别墅里四处踱步——确实踱了几个小时——思考他的行动方针。希特勒告诉戈培尔，如果纳粹党分裂的话，他就开枪自杀。[1]

当然了，希特勒并没有自杀。1932年12月，施莱谢尔成为总理，不久他就试图拉拢格雷戈尔·施特拉塞尔分裂纳粹党。施特拉塞尔的弟弟奥托已经叛变。作为党的领导，施特拉塞尔与所有地方领导人都保持着直接联系，并赢得了他们的忠诚。当施特拉塞尔要求纳粹党容忍施莱谢尔政府时，戈林和戈培尔劝希特勒不要听他的。两天后，施特拉塞尔与希特勒单独会面。经过激烈的争吵，施特拉塞尔正式辞去党内职务。这件事的影响在党内要高于党外，主要是因为人们不知道施特拉塞尔可能会采取怎样的行动。希特勒和戈培尔不得不付出极大的努力，以保持纳粹党的团结。格雷戈尔·施特拉塞尔的决定揭开了两年后"长刀之夜"的序幕，到时候，至少45名前党员将会被杀，包括施莱谢尔、罗姆和施特拉塞尔。

---

[1] Thacker, *Joseph Goebbels*, 135–36.

虽然巴本被推翻了，但他已经尝到了权力的滋味，并希望再次获得权力。他和希特勒在一位曾经捐助纳粹的科隆银行家的家中进行了一次秘密会议。[1] 在场的还有希特勒的经济顾问威廉·开普勒、鲁道夫·赫斯和海因里希·希姆莱。希特勒将盟友们留在客厅里，和巴本单独进行了两个多小时的会谈。事实证明，这是两个人命运的转折点。

这个新协议的结果就是施特拉塞尔迅速拒绝了施莱谢尔让他担任副总理的建议，仍然效忠希特勒，至关重要的是，他还把新总理的计划透露给了元首。自11月选举结束以来，德国已经在没有实际政府的情况下苦苦挣扎了两个月。

1933年1月15日，当戈培尔领导纳粹党在利珀（Lippe）赢得地方选举的胜利时，兴登堡的儿子奥斯卡和国务秘书（State Secretary）奥托·迈斯纳（Otto Meissner）打破了僵局。他们乘坐出租车偷偷溜出总统府，前往伪贵族约阿希姆·冯·里宾特洛甫（Joachim von Ribbentrop）位于柏林的住所。巧的是，在1914—1918年的战争中，里宾特洛甫是巴本在土耳其前线的老战友。抵达目的地后，奥斯卡·冯·兴登堡离开同伴，与希特勒进行单独会谈。两个人对会谈内容严格保密。不过，根据迈斯纳的印象，奥斯卡在一定程度上被希特勒迷住了。[2]

1933年1月23日，施莱谢尔不情愿地向兴登堡承认，他无法组

---

[1] 双方都宣称自己促成了这次开创性的会面。
[2] Shirer, *Rise and Fall of the Third Reich*, 180–81.

建多数派政府，并请求解散国民议会。兴登堡拒绝了。5 天后，施莱谢尔辞职。兴登堡把巴本召回来，让他研究组建一个由希特勒领导的合法立宪政府的可行性。

虽然施莱谢尔已经下台，但他还是试图阻止希特勒掌权。他命令军队占领首都，称由于形势所迫，他不得不采取紧急措施夺取国民议会的权力。奥斯卡·冯·兴登堡上校出面干预。作为总统父亲的副官，他质问领导军队的维尔纳·冯·布隆贝格将军（General Werner von Blomberg）究竟向谁效忠。布隆贝格找到总统，说他收到了两道截然相反的命令——一道命令来自施莱谢尔将军，另一道来自总统的儿子。兴登堡立即让困惑的布隆贝格宣誓成为国防部长（defense minister），并授予他镇压一切叛乱的权力。[1]

1933 年 1 月 30 日成为总理后不久，希特勒对此提出了充分的表扬，称"在革命的日子里，如果不是军队站在我们这边，我们今天就不会出现在这里"。[2]

∞

不过，这些重大事件看上去几乎没有影响到古利特。1932 年 5 月，他去伦敦出差，这仍然要感谢基希巴赫日益丰富的收藏和他的海外人脉。科尔内留斯仍然和以前一样给儿子提建议，虽然他本人正日益与外部世界相隔离。"他热情地赞同我在这些艺术问题上的观点，

---

[1] Shirer, *Rise and Fall of the Third Reich*, 183.
[2] Ibid.

对此我很高兴。"科尔内留斯相信学术理论知识并没有一定之规，只有天分——而天分是一种无法衡量的东西。每一位艺术家都会创造出属于自己的艺术。要想取得成功，希尔德布兰德需要去努力理解艺术家，而不是艺术家的艺术。最后，科尔内留斯适时地提到，他很高兴希尔德布兰德在访问伦敦期间能够花时间去看望他的堂亲罗泽·古利特（Rose Gurlitt）。[1]

显然，希尔德布兰德的伦敦之行大获成功。那一年的7月，他用自己在英国亲自挑选的作品在汉堡举办了一场英国艺术展。英国大使和汉堡市长在开幕式上发表讲话。作为回礼，希尔德布兰德被人要求在伦敦为汉堡艺术家组织一场展览。[2]

1932年，希尔德布兰德·古利特终于成功了。然后，仿佛是为了毁掉他的好运，他开始出现胃肠问题，它之前被错误地视为神经问题导致的炎症。实际上，他患上了克罗恩氏病（Crohn's disease）。他被告知，要想避免手术，只能食用不加盐的流质食物。考虑到海伦妮怀上了他们的第一个孩子，健康是这对夫妇最在意的事情。与此同时，德国政府陷入了一片混乱。[3]

1932年12月28日，海伦妮诞下一个健康的男婴。他们用希尔德布兰德父亲的名字给他起名为科尔内留斯。他将被祖父称为科尔内留斯三世，就像"其他王公贵族一样"。[4]

---

[1] NPG, 026/012.

[2] Ibid., 026/014.

[3] Ibid., 026/016.

[4] Ibid., 026/018.

这个叫做科尔内留斯·古利特的婴儿将在2013年即将迎来81岁生日的时候闻名全球，因为这位奇怪的隐士收藏着一大批艺术品。在所有1945年后被发现的据称是由纳粹掳走的艺术品中，这一批的规模是最大的。

第十六章

第一批被偷走的生命

> 要想拯救一切，我们必须赌上所有。
>
> ——弗里德里希·席勒（Friedrich Schiller）

担任少数派政府的总理远远无法满足希特勒的梦想。更糟糕的是，文化部（Ministry of Culture）部长及其下属机构宣传部（Department of Propaganda）都不在希特勒的掌控中。[1] 在无法控制所有德国人心灵和头脑的情况下，他要如何才能把德国从一群共产主义者手中拯救出来呢？

这样根本就不行。所以，希特勒宣称他无法与那些被选进国民议会的代表合作，并要求在 1933 年 3 月 5 日举行新的选举。虽然他的党卫军和冲锋队已经做好了夺权的准备，但希特勒坚持认为自己必须以正当的方式当选。如果选举失败，罗姆和希姆莱麾下的军事狂热分

---

[1] Jonathan Petropoulos, *Art as Politics in the Third Reich* (Chapel Hill, NC: University of North Carolina Press, 1996), 19.

子绝对不能武装叛乱。这件事必须采取合法的方式。在他束缚欧洲的12年里，"合法性"将成为希特勒罪行的重要基础——他会直接改变法律，以适应他的目标。

∞

不过，没有人能预料到他的第一次非法举动。1933年2月27日晚，当副总理巴本和兴登堡总统在赫伦俱乐部（Herrenklub）吃饭时，他看见一道红光从国民议会的方向升起。尖锐的警笛声与惊慌奔跑着的人们意味着国会大厦起火了。巴本急忙将年迈的兴登堡带到安全的地点。几分钟后，他回来了，看到火焰正舔舐着国民议会的屋顶，一团团黑烟向夜晚的天空翻腾而去。现在救火已经来不及了。

那天晚上，希特勒和戈培尔一家人在一起。当他们正在吃晚饭时，希特勒的朋友普奇·汉夫施丹格尔用一通紧急电话向他通报了这个消息。当他们抵达被火焰吞噬的国民议会时，戈林正在向目瞪口呆的群众喊道："这是共产主义者对新政府犯下的罪行。我们不会表现出任何仁慈。必须枪毙每一个共产主义官员……今天晚上必须绞死所有的共产主义代表。"[1]

戈林是否在幕后操纵这起事件呢？在他的国民议会主席官邸（Reichstag's President's Palace）中，有一条地道将中央供暖系统直接与国会大厦相连。这条地道是否为卡尔·恩斯特和他手下一小群带着自燃化学物质和汽油的冲锋队队员充当了行动通道呢？恩斯特之前

---

[1] William L. Shirer, *The Rise and Fall of the Third Reich* (London: Mandarin Books, 1991), 192.

是一位酒店服务员,现在是新上任的柏林冲锋队领导人。这些人是否在纵火后成功逃回了戈林的主席官邸呢?[1] 此时距离选举只有一周的时间,这场火灾恰好发生在一个完美的时间点上。

同样地,"戈培尔和希特勒都被蒙在鼓里"的说法是令人难以置信的。另一个荒谬的想法则是相信他们的确给了那个被他们选中的纵火犯一条生路。有着长期纵火的前科、头脑简单的荷兰共产主义者马里纳斯·范德吕伯(Marinus van der Lubbe)已被他们当成了替罪羊。当冲锋队队员在大厦的一侧动手时,范德吕伯正在另一侧点燃他那可怜的篝火。这个可怜的傻瓜进入大厦两分半后,国民议会已被火焰吞没了。[2]

范德吕伯在离开时被戈林逮捕了。"戈林知道火灾开始的确切时间,"盖世太保领导人鲁道夫·迪尔斯(Rudolf Diels)后来说道。实际上,迪尔斯曾让戈林"在火灾前准备一份火灾发生后立即实施逮捕的人员名单"。[3] 那天晚上,迪尔斯抓了大约 4 000 名共产主义"煽动者"。

第 2 天,国民议会的共产党领导人恩斯特·托尔格勒(Ernst Torgler)向盖世太保投降。几天后,3 名保加利亚共产主义者——格奥尔基·季米特洛夫(Georgi Dimitrov)、布拉戈伊·波波夫(Blagoi Popov)和瓦西尔·塔内夫(Vasil Tanev)——也被逮捕了,并和范

---

[1] Shirer, *The Rise and Fall of the Third Reich*, 192–93. 来自纽伦堡战争审判法庭的记录。弗朗茨·哈尔德将军(General Franz Halder)声称,他在 1942 年的一次午宴上听到戈林在这件事上大声吹嘘。要想获得大体上的了解,请参考 www.historylearningsite.co.uk/reichstag_fire_1933.htm。

[2] Ibid.

[3] Ibid.

德吕伯一道在莱比锡最高法院接受审判。后来成为保加利亚总理的季米特洛夫驳斥了戈林关于此次事件的说法，并为自己和同胞赢得了无罪释放的审判结果。范德吕伯就没有那么幸运了。他被判有罪，并被推上断头台。[1]紧接着，纳粹开始盗窃其他人的生命。

～

虽然希特勒在2月28日被授予了紧急权力，可以中止宪法中的部分条款——包括出版自由、言论自由、合法集会以及其他确保个人自由的规定——但他没能在选举中获得绝对多数票，只赢得了288个席位。考虑到他们积极的宣传活动，这是一个令人失望的结果。贴着纳粹海报的布告板，向全国播放希特勒、戈培尔和戈林讲话的广播节目，群众集会，火炬游行，强闯民宅以及即时逮捕并没有给希特勒带来极为渴望的结果——德国人民让他拯救他们的清晰授权。他没能获得确立合法独裁统治所需要的三分之二多数席位。

接下来就是耳熟能详的历史了。希特勒操纵着兴登堡留下来的部长们，让他们服从他的命令。3月13日，约瑟夫·戈培尔成为宣传部长。两个人将魔杖一挥，想出了一个绝招，宣布在普鲁士精神（Prussianism）的伟大圣地、位于波茨坦的格雷森教堂（Garrison Church）举行新国民议会的开幕大典。1871年，俾斯麦在这里举行了德国统一后的第一次国民议会。腓特烈大帝（Frederick the Great）被葬于此。这里是霍亨索伦王朝诸王的祈祷场所，是兴登堡

---

[1] Shirer, *The Rise and Fall of the Third Reich*, 194.

在 1866 年作为年轻的皇家近卫队（Guards）军官前来朝圣的地方。自然，戈培尔安排电台对开幕大典进行了广播。

明显大受感动的兴登堡宣布："愿这个著名圣地的古老精神渗透到这一代人之中，愿它使我们摆脱自私和党派冲突的束缚，用民族自觉将我们团结在一起，为这个自豪、自由、团结的德意志国家祈福。"[1] 要是真能这样就好了……

⁂

科尔内留斯·古利特要求他的家人在 1933 年 3 月的选举中给希特勒投票。虽然希特勒发布了反犹言论，但科尔内留斯仍然希望希特勒当选总理，因为他"是一个伟大的人"。为了获得足以保护德国的"更强大的力量"，他愿意接受对个人自由的限制。[2]

这些"限制"指的是希特勒于 3 月 23 日在国民议会提出的授权法案（Enabling Act）。那一天，正式当选的代表们在柏林唯一可以容纳住他们的克罗尔歌剧院（Kroll Opera House）举行了首次会议。随着《消除人民及国家不幸之授权法案》（*Enabling Act Law for Removing the Distress of People and Reich*）的通过，希特勒用 5 段简短而尖锐的发言清除了德国国会的民主。在实行紧急状态的 4 年中，内阁获得了有关立法、国家预算及宪法修正案的所有权力。总统的权力和国民议会的地位不会受到影响。联邦政体结构不会改变。教会和

---

[1] Shirer, *The Rise and Fall of the Third Reich*, 197.

[2] NPG, 026/033.

它们同政府的关系也不会改变。

所有反对议案的声音都被其他人的叫喊声淹没了。不过，中央党领导人路德维希·卡斯阁下（Monsignor Ludwig Kaas）[1]还是成功提出了一个观点：应当保留总统的否决权。卡斯肯定不知道兴登堡已经徒剩一副衰老的躯壳了。议案的表决结果是，441名代表赞成，84名代表反对，反对者全都是社会民主党人。

匪徒们终于合法夺取了国家。兴登堡将永远不会使用他的否决权。终于，希特勒被少数德国人选为了独裁者。

∞

就在科尔内留斯发誓支持希特勒独裁的几天后，希尔德布兰德给特内里费岛（Tenerife）的艺术经纪人爱德华多·韦斯特达尔（Eduardo Westerdahl）写了一封信。作为一位备受尊重的西班牙艺术批评家、画家、作家和《艺术公报》（Gaceta del Arte）的出版人，韦斯特达尔曾就超现实主义运动联系过古利特。古利特能否寄给他一些照片和文章，供他在杂志上发表呢？希尔德布兰德激动地答应了，因为从1933年起，他已经变了一个人。"新的、改良过的"古利特再也不会错过任何机会了，所以他问韦斯特达尔是否考虑举办一次展览；如果是的话，他是否愿意展出一位汉堡艺术家的作品呢？当然，古利特愿意为韦斯特达尔安排一艘免费轮船作为交通工具，也希望他能做出答复，把他那个美术馆的面积以及可以为这样一次展览提供的展览面

---

[1] "Monsignor"是对天主教高级教士的专用称谓，一般译为"阁下"。——译者注

积告诉古利特。[1]

韦斯特达尔显然很高兴。1933年1月,古利特针对交通和包裹安排给他写了回信。[2] 6个月后,古利特向韦斯特达尔致歉,说由于"颠覆活动"以及其他"外部事务"的打扰,过了这么长时间才回复对方4月2日的信件。[3] 他在6月的信中说,为了办理出口许可证,"你必须在写给我的信中说自己想展出德国表现主义作品的最佳范例"。接着,古利特指导韦斯特达尔撒谎。他还必须宣称:"这些作品来自既有艺术(以及不那么极端的艺术,比如小型实验)的古老传统。请高度明确地表达你的愿望……因为只有那样,我才能向你寄出你想要的画作。"[4]

是什么导致古利特延迟了两个月才回复韦斯特达尔于4月发出的信件呢?考虑到他指导韦斯特达尔公然撒谎时使用的精确措词"既有艺术的古老传统",只有一个可能的原因:纳粹正一步步逼近现代艺术品的供应商,因为希特勒痛恨现代艺术。

不过,在1933年6月,希尔德布兰德并不是唯一感到紧张的艺术经纪人。杂乱无章的艺术世界正变得日益恶毒。4月1日是希特勒独裁统治的第二天,也是达到人生顶点的艺术经纪人阿尔弗雷德·弗莱希特海姆的生日和纳粹开始将他作为专门攻击目标的日子。24个小时之前,戈培尔已将建筑师欧根·霍尼希(Eugen Hönig)任命为

---

[1] GETTY, Eduardo Westerdahl Papers, ref. 861077, November 14, 1932 letter.
[2] Ibid., January 14, 1933, letter.
[3] Ibid., June 3, 1933, letter.
[4] Ibid.

帝国美术院（Reichskammer der Bildenden Künste）的临时领导人。霍尼希将发起针对犹太人弗莱希特海姆的第一次攻击。

霍尼希宣称，艺术界的通货膨胀问题不是由世界经济问题导致的。相反，通货膨胀的出现是因为"一些艺术经纪人的提价……那些职业鉴赏家缺乏足够的道德感"。霍尼希小心地选择措辞，指责柏林州立博物馆（Staatlichen Museum）总馆长弗莱希特海姆、艺术学院（Akademie der Künste）的普鲁士参议员威廉·瓦埃特佐尔德（Wilhem Waetzold）以及杜塞尔多夫艺术学院（Düsseldorfer Kunstakademie）院长瓦尔特·克斯巴赫（Walter Kaesbach）设下了"艺术大骗局"。[1]

整个国际艺术市场倒吸了一口凉气。弗莱希特海姆？这肯定不是因为他的艺术，而是因为他那明显的犹太人身份吗？为什么会牵连到弗莱希特海姆在政府艺术部门最亲密的朋友、代表普鲁士艺术的参议员、位于杜塞尔多夫的瓦尔特·克斯巴赫呢？支持希特勒的埃米尔·诺尔德以及其他表现主义艺术家又会怎样呢？

这样的事后面还有更多。霍尼希针对弗莱希特海姆的语言战争爆发 10 天后，戈林发布了搜查柏林包豪斯学院的命令，称其为破坏分子的堡垒。1933 年 7 月，学期结束时，学院被关闭了。这只是终结游戏的开局。

---

[1] Gesa Jeuthe, *Kunstwerte im Wandel: Die Preisentwicklung der deutschen Moderne im nationalen und internationalen Kunstmarkt 1925 bis 1955* (Berlin: Akademie Verlag, 2011), 52; cf. Fuchs: *Organisation und Ziele des Reichsverbands des Deutschen Kunst und Antiquitätenhandels, in Die Weltkunst*, 7–31, 1933. 另见 Ottfried Dascher, *Die Ausgrenzung und Ausplünderung von Juden*, Essen, 2003, 129.

∽

"文化政治"运动开始于1933年3月31日。在接下来的两年里,一个独裁文化机构逐渐形成。这场运动不仅涉及戈培尔的帝国公共启蒙与宣传部(Reichs Ministry of Public Enlightenment and Propaganda),而且涉及内政部长威廉·弗里克(Wilhelm Frick)和教育部长伯恩哈德·鲁斯特(Bernhard Rust)。虽然省级政府在第三帝国的前9个月内维持着自己的司法权,但希特勒已经命令戈林对留在德国的共产主义艺术家实施逮捕。[1]

从一开始,职责的重叠和对职权范围的解释就一直很模糊。阿尔弗雷德·罗森堡自封纳粹精神领袖,但无法有效从戈培尔那里抢来自己应当获得的那一份宣传领域的好处。与此同时,国家劳工阵线(National Labor Front)领导人戈林、戈培尔和罗伯特·莱(Robert Ley)经常在艺术表现领域展开小型争论。教育部长鲁斯特私下表扬诺尔德,却公开阻止柏林国家美术馆老板阿洛伊斯·沙尔特(Alois Schardt)支持现代艺术。内政部长弗里克关闭了柏林费迪南德·莫勒美术馆(Ferdinand Möller Gallery)的现代作品展,随后又重新开放了展览——这些行动都带有犹豫不决的意味,或者某种弗里克没有意识到的裙带主义意味——后者更加糟糕。[2]

裙带主义通常意味着来自强大盟友的保护,但也可以意味要执行纳粹的意志。莫勒同鲁斯特及戈培尔二人很亲近,因为他被允许继续

---

[1] Petropoulos, *Art as Politics in the Third Reich*, 20.
[2] Ibid., 20–21.

在自己的美术馆里展示"诺尔登派"等支持现代主义的群体创作的艺术品，直到1935年秋天为止。不过，他真正的安全感来自外交部长康斯坦丁·冯·诺伊拉特（Konstantin von Neurath）和后来的约阿希姆·里宾特洛甫。[1] 莫勒继续在纳粹的默许下不受打扰地展出、购买和销售现代艺术品。[2]

不过，在希特勒感知到的敌人中，艺术市场只占一小部分。对希特勒的独裁统治来说，最危险的是他的政治对手。他用《授权法案》[3]来对付他们。这部法案允许他消除德国历史上各诸侯国的独立权力，摧毁德国的核心政治结构。同时，冲锋队获得了许可，将其施虐狂的原始冲动发泄在德国大众身上。

大约5万名被视作政权"敌人"的人被逮捕，并被关押进一些机构和特设集中营。他们遭受到极为野蛮残暴的对待。接下来是一些"失踪"的人——主要是来自中央党的反对者、共产主义者和社会民主党员。和之前不同，他们在公共场合清除这些反对者，不断提醒人们对抗政权的真正下场。[4]

∞

弗莱希特海姆的面孔成了国际上无处不在的犹太人的象征，因为

---

[1] Hüneke, *Degenerate Art*, 127.

[2] Ibid., 24. 我向莫勒的女儿（现已去世）成立的费迪南德·莫勒基金会（Ferdinand Möller Stiftung）发送了电子邮件和信件，希望对他们进行采访，以了解关于莫勒所从事活动的更多详细信息。不过，对方并没有回复。

[3] 即上文提到的《消除人民及国家不幸之授权法案》。——译者注

[4] Toby Thacker, *Joseph Goebbels: Life and Death* (London: Palgrave Macmillan, 2009), 140–41. Petropoulos, *Art as Politics*, 24. Shirer, *The Rise and Fall of the Third Reich*, 200.

他成了希特勒的"海报男孩"——被贴在海报上,被各个报纸刊登,并被歪曲成堕落的形象,而堕落正是希特勒为现代艺术贴上的标签。卡尔·布赫霍尔茨已经在 1933 年之前明智地离开了弗莱希特海姆位于柏林的机构,建立了自己的书店和画廊。不过,他仍然通过库尔特·瓦伦丁与自己的前老板保持着松散的联系。布赫霍尔茨离开后,瓦伦丁就成了弗莱希特海姆的经理。亚历克斯·弗梅尔仍然经营着弗莱希特海姆位于杜塞尔多夫的美术馆。他们将共同成为关键人物,"帮助"弗莱希特海姆将他最宝贵的画作运送到法国、瑞士和英国的安全地区。

不过,随着时间的推移,弗莱希特海姆听到或看到了发生在周围的暴行。他变得日益紧张不安,担心盖世太保会破门而入,将他带到某个地方拷打,偷走他的画作和生计。他之所以留在柏林,完全是为了妻子贝蒂(Betty)。贝蒂拒绝离开她的柏林。事情一定会好转的,她对丈夫说。

希尔德布兰德可没这么傻。8 月 31 日,他从新的临时地址——策森街(Zesenstrasse)13 号——给爱德华多·韦斯特达尔写了一封信。"我必须告诉你,经过长期而艰难的犹豫,我辞去了艺术家协会的职位。我不想放弃我们共同的项目,但我必须首先通过另外一批伙伴来看德国抽象艺术在国际上是否还有未来。在这一篇章被冻结的过程中,我希望我们的计划仅仅只是延缓了。"[1] "另外一批伙伴"是什么呢?"今天的德国在知识领域发生了很大的变化,"他继续写道,"因此

---

[1] GETTY, Eduardo Westerdahl Papers, ref. 861077, August 13, 1933, letter.

我们之前的工作习惯已经不再有效了。"[1]

这封信表明，弗莱希特海姆等经纪人以及诺尔德和利伯曼等艺术家面临的困境可能已经使古利特受到了触动。或者说他看到了前所未有的暴富机遇？他当然足够聪明，能够理解所有参与现代艺术交易或赖以为生的人所面临的威胁都要取决于那些犹太艺术家。他与韦斯特达尔之间的变故带来了双重打击：他失去了一个新市场，并在弗莱希特海姆那里丢了面子，因为弗莱希特海姆同意通过古利特向韦斯特达尔的杂志提供照片，并且提供康定斯基的联系方式。[2]

如果不考虑古利特对现代艺术的支持，他似乎不可能在新政权刚刚成立的时候受到攻击。拥有犹太祖父母的人——二级"混血儿"——直到1935年9月15日[3]《纽伦堡法案》（Nuremberg Laws）颁布后才会受到影响。这些法律限制犹太人和非犹太人（Gentile）通婚，将犹太人降格为"国家臣民"，剥夺他们的德国公民权。因此，他在1933年8月辞去艺术家协会职务的决定是他在清晰评估纳粹流行风向后精心选择的生存策略。

当然，纳粹法律的警戒效应也是一大因素，它会把科尔内留斯的生命力榨干。7个星期之前，这位老人还投票支持希特勒；现在，他却在用即将变成老生常谈的措辞给妹妹埃尔泽写信。在信中，科尔

---

[1] GETTY, Eduardo Westerdahl Papers, ref. 861077, August 13, 1933, letter.
[2] Ibid., July 29, 1933.
[3] 古利特的40岁生日。

内留斯用冗长而枯燥的语言回顾自 1870 年起就开始为德国战斗的古利特家族往事，然后惋惜地说，他突然变成了"充斥犹太人的家族"的一部分，需要否认自己那位"亲爱的高贵母亲"。[1] 他为家族中的其他人感到担忧，不知道他们今后会怎样。科尔内留斯最后想到了罗泽和曼弗雷德，前者远在伦敦，后者的生活由于他"最近的布尔什维克歌剧"变得步履维艰。[2]

科尔内留斯还不知道的是，曼弗雷德的母亲、被人鄙视的安纳雷拉已经将儿子的事业与纳粹联系到了一起，称曼弗雷德不是弗里茨的儿子，而是维利·瓦尔德克的后代。不管这是不是事实，它至少抹去了儿子的犹太污点。曼弗雷德还承诺，他将加入纳粹党，为纳粹作曲。从此，科尔内留斯的侄子也成了纳粹艺术体系中的一员。[3]

接着，数日后，科尔内留斯愤怒地咆哮道："我的儿子们，我不得不对我们是否为雅利安人的身份发表声明了。这很困难，因为没有人知道什么人才算是雅利安人。我们的祖先、修道士玛提努斯·戈尔利提乌斯（Matinus Gorlitius）是德意志人还是犹太人呢？"[4] 戈尔利提乌斯是一名虔诚的路德教徒，是不伦瑞克主教（superintendent）。[5] 他们的姓来自格尔利茨村（Görlitz）的村名。不可否认的是，附近戈拉山（Mount Gora）的名字是斯拉夫式的。希特勒接下来会把那些

---

[1] NPG, letter 026/020.
[2] Ibid.
[3] www.musikmph.de/musical_scores/vorworte/017.html.
[4] 戈尔利提乌斯和马丁·路德生活在 16 世纪的同一时期。
[5] 宗教改革后，在德国新教中，主教的头衔从"Bishop"变为"Superintendent"。
　　——译者注

人划为斯拉夫人吗？"和所有组织的成员一样，我和我的儿子们已被人要求证明自己的雅利安人身份。我怎么能否认我们所挚爱的母亲呢……？我们已把自己的生命献给了德国……这个家族赢得了 4 枚铁十字勋章。"[1] 所有辩称自己是德意志人的犹太人都使用了相同的说辞。

∞

以艺术经纪人的身份从事商业需要一大笔资金、巨大的办公场所以及免受迫害的适当安全感。即使不需要资金，也只有基希巴赫才能为古利特提供他自己和他家人所需要的保护。和以前一样，是科尔内留斯指出了希尔德布兰德的境遇，尽管用了不赞同的语气。"希尔德布兰德过着奇怪的生活。一个非常富有的、婚姻关系很艰难的工厂主发现希尔德布兰德是他所认识的唯一不自私的人，因此非常愿意帮助他，给他提供一份工资，并承担后续的开支。"[2]

在科尔内留斯的新年信件中，信息量很大。"希尔德布兰德正在经历奇怪的事情。富有的德累斯顿实业家基希巴赫先生前来拜访我，以说明情况。"显然，当科尔内留斯听说希尔德布兰德从艺术家协会辞职时，他被儿子新的生存计划给弄糊涂了。基希巴赫是在希尔德布兰德的请求下抽出时间来亲自拜访科尔内留斯的。当科尔内留斯写这封信时，基希巴赫和希尔德布兰德已经到了那不勒斯（Naples），并将会在那里度过整个圣诞节假期。

---

[1] NPG, 026/021.
[2] Ibid., 026/022.

基希巴赫还向科尔内留斯透露"他的妻子对他不忠"。科尔内留斯建议道，既然婚姻已经破产，就应该申请离婚。不过，出于不明原因，基希巴赫拒绝考虑通过法律手段结束婚姻。"现在，他已将希尔德布兰德选作他的守护天使，因为他的精神崩溃了。他俩现在都在那不勒斯，他在大部分时间里卧床不起，但承诺付给希尔德布兰德高薪。当他们归来后，希尔德布兰德将在德累斯顿为他买一所房子。"希尔德布兰德的表兄弟、房地产经纪人汉斯·格拉赫（Hans Gerlach）正走在和他俩见面的路上，他们将讨论各种可选方案。同时，"海伦妮留在汉堡的家里照顾可爱的小科尔内留斯。她是一位优秀的女性。"[1]

科尔内留斯内心深处对经商的反感影响到了他的判断。基希巴赫和希尔德布兰德得出一个结论：要想在未来的年月里购买和销售艺术品，他们就需要购得文艺复兴时期或更早的艺术品，作为同第三帝国做生意的基础。要想建立这样一种无与伦比的历史收藏，除了墨索里尼（Mussolini）多年来一直实施另一种文化暴力的意大利，还有更好的地方吗？更妙的是，他们把工作地点选在了克莫拉[2]（Camorra）的温床那不勒斯。就连西西里的黑手党也对克莫拉忌惮三分。基希巴赫无法忍受他的"养子"希尔德布兰德在纳粹的影响下失去人性，他承认和自己对备战工作无可置疑的贡献相比，这种收藏活动更能保证古利特的安全。

纳粹不再需要表现主义艺术，因此古利特将基希巴赫看作一种方

---

[1] NPG, 026/024.
[2] 意大利三大黑手党之一，势力范围在那不勒斯地区。——译者注

法，他可以用这种方法将德国表现主义置于保护之翼下并将其带到更广阔的世界中。希尔德布兰德很快看到了边"拯救现代艺术"边发财的好处。对基希巴赫来说，他可以积累起足以和他的摄影收藏相媲美的规模宏大的当代艺术收藏，同时还可以享受一个他开始钦佩的人的陪伴。在即将到来的战火中，这种计划终将在纳粹身上反映出来。

第三部分

世界大战与荒芜

天空如此阴沉,只有一场暴风雨才能把它廓清。

——威廉·莎士比亚,《约翰王》

第十七章

恐怖之馆

现在，阅读报纸的方法不同了……弦外之音。
——维克托·克伦佩雷尔（Victor Klemperer），《我愿意作证》，1933年4月7日

"在我们魏玛共和国的大多数人看来，种族主义及种族主义艺术的倡导者是一群孤独的狂热分子，势必会持续遭受挫折，"见证人赫尔穆特·莱曼-豪普特（Hellmut Lehmann-Haupt）写道，"我们中的许多人，无论老幼……都忽视了一个重要事实：这些疯狂的倡导者正在自己周围聚拢起数量越来越多的观众。"[1] 纳粹不再是可以被轻松无视的小型右翼组织。他们已经用羞辱和排除异己的政治策略把国家掌控住了。

另一名见证人、德累斯顿科技大学老师、记者和日记作者维克托·克伦佩雷尔从一开始就知道他之前皈依新教的行为对纳粹来说

---

[1] Hellmut Lehmann-Haupt, *Art under a Dictatorship* (New York: Oxford University Press, 1954), 63–64.

并不重要。他在纳粹时期写下的日记显示了一个与科尔内留斯·古利特笔下完全不同的德累斯顿。当许多人正咬紧牙关、满怀希望时，克伦佩雷尔却感到被耻辱浇遍了全身。在希特勒成为总理的那一天，他只是写了这样一句话：他在一家玩具店里看到"一只儿童玩具皮球上带有卍字符"。[1] 元首准备从孩子们最小的时候开始歪曲他们的心智。

反对希特勒的人为自己带来了真正的危险。4月1日，抵制犹太商店的通告发布。德累斯顿全体学生宣布："德意志学生的尊严不允许他们接触犹太人。"慕尼黑的犹太裔教授已经被禁止踏足大学校园。法兰克福大学、不伦瑞克科技大学（Technical University Brunswick）和波恩大学医院（Bonn University Hospital）的校长、院长以及信奉基督教的《法兰克福报》（*Frankfurter Zeitung*）经济栏总编被逮捕了。[2] 克伦佩雷尔嘲笑西班牙教育部向阿尔伯特·爱因斯坦提供教授职位（他接受了这个职位）的做法是历史上最奇怪的转折。当"德国确立血液净化制度（最初由西班牙宗教裁判所实施）时，西班牙却在为德国犹太人提供职位"。[3]

犹太人——不管是已归化的犹太人还是保持自身宗教信仰的犹太人，不管是工业巨头还是农民——都在遭受同样无礼的对待。羞辱和折磨是纳粹的惯用手段。在多特蒙德，在对犹太商店展开抵制的10天前，冲锋队及党卫军暴徒拖着屠宰商尤利乌斯·罗森费尔德（Julius

---

[1] Victor Klemperer, *I Will Bear Witness 1933—1941* (New York: Modern Library, 1999), 9–10.
[2] Ibid., 10–11.
[3] Ibid., 14.

Rosenfeld）和他的儿子穿过街道，来到一个砖厂。在那里，抓捕他们的人强迫儿子拿一张燃烧的报纸去烧父亲的胡子，供他们取乐。5个小时后，老罗森费尔德被释放，他还要给折磨他的人带回来一头宰好的公牛，作为儿子的赎金。[1]

在希特勒夺取政权前，这些暴行以及其他所谓的"个人行动"早已稀松平常。法官和律师因自己的政治观点或宗教信仰被禁止进入法院；医生被禁止进行医学研究或者治疗某些病人。事实并不像那些想要对此轻描淡写的纳粹党人说的那样，这些"个人行为"不是自发的过火行为，而是全国集中宣传运动的组成部分，目的是用恐吓的方法让所有反对人士屈服。

艺术家也在为自己的存在而斗争。1933年，德国有超过870名犹太作家和编辑，活跃在视觉艺术和音乐领域的犹太艺术家估计有2 600人。此外，还有几千名共产党员或纳粹的政敌。[2] 就连1933年夏天被罗斯福派到柏林的相当缺乏经验的新手大使威廉·多德（William Dodd）也不能不注意到这种威胁及它对人民生活造成的不可挽回的损失。[3] 如果一个人声称自己对整个德国社会发生的逮捕、消失、宣传或日益严重的暴力一无所知，他那完全就是在自欺欺人。

---

[1] Avraham Barkai, *From Boycott to Annihilation: The Economic Struggle of German Jews 1933—1943* (Hanover, NH: University of New England Press, 1989), 14.

[2] Ibid., 4.

[3] William E. Dodd, Jr., and Martha Dodd, *Ambassador Dodd's Diary, 1933—1938* (London: Victor Gollancz Ltd., 1941), 30.

就像希特勒一年前同意的那样，作为第三帝国的"文化沙皇"，约瑟夫·戈培尔管理着一台如匕首般锋利的国家宣传机器。[1]戈培尔被允许在艺术、宣传和文化政治领域建立自己的庞大管理体系，负责原封不动地传达希特勒的信息。在纳粹夺权后的第一个月里，克伦佩雷尔注意到了"大规模宣传的影响——电影、广播、报纸、旗帜，越来越多的庆典（今天是国家的节日，是领袖阿道夫的生日吗？）"，他很欣赏他们宣传工作的专业度，他们在电影院里排满了"希特勒和60万冲锋队队员集会的电影……而且一直都在放《霍斯特·威塞尔之歌》[2]。所有人都屈膝投降了"。[3]

到了1934年年初，戈培尔的私人领地德国公共启蒙与宣传部——缩写为RMVP——已经成了一个猛犸象般的庞大组织。戈培尔成功从其他部长的地盘偷来了一些职权——从邮政部偷来广播权，从帝国总理府（Reich Chancellery）盗来新闻办公室，从内政部窃来审查制，从经济部偷来广告——这些都使他获得了极大的权力。他们将电台执照的税收转移过来了，尽管公共启蒙与宣传部发展迅速，但几乎也实现了财政上的自给自足。[4]

事实证明，戈培尔同希特勒见面不受拘束，他们之间还有大约

---

[1] Jonathan Petropoulos, *Art as Politics* (Chapel Hill, NC: University of North Carolina, 1996), 21.

[2] 《霍斯特·威塞尔之歌》(*Horst Wessel Lied*) 又称《旗帜高扬》(*Die Fahne Hoch*)，是1934年后纳粹德国国歌《德意志高于一切》(*Deutschland über Alles*) 之外的另一首非正式德国国歌。——译者注

[3] Victor Klemperer, *I Will Bear Witness 1933—1941*, 9-10.

[4] Ibid. 这些税收占运营预算的88.5%。

12年的长期友谊，对其他部长来说，这就像是一把异常锋利的匕首。当戈林、希姆莱或里宾特洛甫抱怨戈培尔粗暴的态度和贪婪时，希特勒似乎会产生反常的愉悦感。没有什么事情比部长间的分歧更能阻止他们密谋造反了。此外，戈培尔还是一个高明的管理者、一个主要的策划者，而且无疑很忠诚，这都是他的加分项。

不过，戈培尔也有一个弱点。他其实喜欢现代艺术。1933年6月，当阿尔贝特·施佩尔被派到戈培尔的新家做一些少量的室内设计时，他从柏林的国家美术馆（National Gallery）"借了几幅诺尔德的水彩画"——几幅以鲜艳的花朵为主题的作品。戈培尔和他的妻子玛格达（Magda）对自己的选择感到很激动——这还是在希特勒前来欣赏施佩尔成果前的事情了。"这些画得立即撤走；它们完全无法令人接受！"希特勒大喊。[1] 于是，他们照办了。

施佩尔感到戈培尔不受约束的权力和他像狗一样服侍希特勒的行为是一种奇怪的组合。"即使在品味方面，希特勒在多年来最亲密的伙伴面前也有着绝对的权威，这有点不可思议。戈培尔在希特勒面前完全是俯首帖耳……我一点也不排斥现代艺术，但是也只能默默接受希特勒的观点。"[2]

这种美学讨论的缺失促使戈培尔在1933年9月成立了帝国文化院（RKK）。帝国文化院将监督7种艺术：视觉艺术、音乐、文学、电影、报刊、广播和戏剧。每一个艺术部门将拥有自己的办公室。为

---

[1] Albert Speer, *Inside the Third Reich* (London: Phoenix, 1995), 60.
[2] Ibid., 61.

了证明该机构不涉及党派政治，非民族性艺术家受聘担任每个办公室的领导。弗里茨·朗领导电影办公室，现代主义诗人斯特凡·乔治领导文学办公室，里夏德·施特劳斯（Richard Strauss）领导音乐办公室。要想合法工作，艺术家、艺术经纪人以及任何与这7个部门存在联系的人都需要成为帝国文化院的成员。这就是希尔德布兰德从艺术家协会辞职前一个月发生的事情……

∞

古利特最后一次给特内里费岛的爱德华多·韦斯达尔写信后不到三个星期，阿尔弗雷德·E. 舒尔特（Alfred E. Schulte）就对弗莱希特海姆的柏林美术馆进行了"雅利安化"。瓦伦丁没有留在舒尔特身边，而是找到了布赫霍尔茨并与他合作。瓦伦丁已经意识到，他在未来的日子里需要布赫霍尔茨的保护。毕竟，瓦伦丁的母亲在他出生之前从犹太教转到了路德教，这使他成为了一级"混血儿"。[1]

与此同时，阿尔弗雷德·弗莱希特海姆逃到了巴黎。他先是希望在达尼埃尔－亨利·坎魏勒（Daniel-Henry Kahnweiler）那里避难。坎魏勒断言自己无法提供帮助。弗莱希特海姆的另一个伙伴保罗·罗森贝格（Paul Rosenberg）也不愿意帮助他，尽管弗莱希特海姆向他不停哀求。在接下来的三年里，弗莱希特海姆成了名副其实的"漂泊的犹太人"，不停地搬家，在每一个地方停留的时间几乎不超过两个星期，试图向他认为可以买到自由的任何地方销售他艺术库存中剩余

---

[1] AAA—Valentin, Jane Wade Papers, Lutheran Birth Certificate from Saint Jakobi Church.

的艺术品。他无时无刻不生活在恐惧之中。[1]

由于出口限制和严密的监视，弗莱希特海姆不得不以不合理的低价出售艺术品，而古利特正是渴望对弗莱希特海姆尴尬经济状况和个人处境加以利用的众人之一。[2] 到了 1933 年夏天，弗莱希特海姆向逃到纽约的乔治·格罗斯描述了他的困境："请向你的妻子和[I.B.]诺伊曼转达我的问候。我向他寄去了贝克曼的作品，他应该至少付我一些钱。我已经身无分文了。"[3]

事实证明，弗莱希特海姆的困境是布赫霍尔茨、瓦伦丁、弗梅尔甚至古利特的幸运。作为弗莱希特海姆－杜塞尔多夫美术馆的经理，弗梅尔给他特别亲密的朋友、位于巴塞尔的艺术经纪人克里斯托弗·贝尔努利（Christoph Bernoulli）写信，说他正在对美术馆进行大规模调整，到 3 月 30 日时，"调整之后，杜塞尔多夫美术馆将被更名为亚历克斯·弗梅尔美术馆（Galerie Alex Vömel）。"[4] 不过，弗梅尔犯了一个常见的错误——他高兴得太早了。通过向弗莱希特海姆本人发送前往"全新升级的"阿尔弗雷德·弗莱希特海姆美术馆（Alfred Flechtheim Gallery）的邀请函，逃亡中的主人安排手下将他剩余的库存迅速转移到了布赫霍尔茨那里，并让他妥善保管。[5] 当然，没有什么将会是安全的。

---

[1] Gesa Jeuthe, *Kunstwerte im Wandel* (Berlin: Akademie Verlag, 2011), 53. Ottfried Dascher, *Alfred Flechtheim. Sammler — Kunsthändler* (Verleger Wädenswil, 2012), 537–38. 要想阅读更多内容，请参考 Thea Sternheim's *Tagebücher* 2 (1925–1936)，以了解弗莱希特海姆的精神状态。

[2] 参考第三十一章。

[3] 参考 www.alfredflechtheim.com. Flechtheim Munich Case memo MS2014-01-28。

[4] BP, 1933 年 3 月 30 日之前弗梅尔寄给贝尔努利的无日期信件。

[5] Jeuthe, *Kunstwerte*, 53. 另见 Verlag Beckmann, 1893, 19 and PhD Thesis Tiedemann 2010, 85. 1936 年，他们的库存间存在可以证明的联系。

其他一些人也将因为希特勒德国这个新设立的恐怖部门而受益。一些受害者不是犹太人，比如马克斯·贝克曼。其他一些人则属于"堕落"的共产主义者、共济会会员和纳粹政敌。卡尔·尼伦多夫和 I.B. 诺伊曼被迫解散他们的合伙业务，让刚刚遭遇大萧条的诺伊曼陷入严重的财务困境。从此，尼伦多夫在慕尼黑与金特·弗兰克合作经营的店铺被称为尼伦多夫美术馆和绘画陈列室（Gallery Nierendorf and Graphic Cabinet）。接替保罗·卡西雷尔管理柏林美术馆的格蕾特·林和瓦尔特·菲尔肯费尔特完全放弃了他们的德国艺术业务。林转移到了卡西雷尔位于伦敦的子公司。菲尔肯费尔特先是去了荷兰，随后去了英国，最终在瑞士定居。卡西雷尔的名字在伦敦依然延续了下来，这在很大程度上要归功于通过赫尔穆特·吕特延斯（Helmuth Luetjens）经营的阿姆斯特丹子公司从德国转移过来的艺术品。[1]

不过，纳粹装甲中的一个裂缝向那些拥有最高生存意愿的人射出了一道明亮的光线。一些神秘的拍卖行躲过了攻击。列普基（Lepke）——德国最大的拍卖行之一——和格劳普（Graupe）都是犹太人的产业。不过，根据"宽容法规"（Toleration Regulations），这两家非雅利安公司被允许照常经营（直到 1936 年）。换句话说，能为帝国带来急需的外汇的犹太人被允许继续从事贸易活动。从 1936 年起，列普基被迫接纳了一个雅利安合伙人汉斯·卡尔·克吕格尔（Hans Carl Krueger）。1937 年 12 月，保罗·格劳普（Paul Graupe）的公司被"雅

---

[1] Jeuthe, *Kunstwerte*, 53–54.

利安化",成了汉斯·W. 朗格拍卖行（Hans W. Lange）。[1]当时,朗格（Lange）已经成了古利特的生意伙伴。

从1933年3月起,所有拍卖行都无法销售诺尔德、黑克尔、马尔克、费宁格、迪克斯和奥斯卡·施莱默（Oskar Schlemmer）的作品。很快,贝克曼和利伯曼也加入到了这个群体之中。这些艺术家在德国的唯一生存方式就是通过私人画廊销售作品,比如古利特的画廊,或者将他们的作品偷偷运到国外。[2]

古利特在混乱中看到了无与伦比的前景。他和海伦妮立即加入了帝国文化院,与该机构的成员变得尽可能得亲近,尤其是朗格、戈培尔的助手罗尔夫·黑奇（Rolf Hetsch）以及曾经师从科尔内留斯的帝国美术院的领导人欧根·霍尼希。古利特和基希巴赫利用基希巴赫的资金、艺术市场的恐慌、卖家的困境以及日益丧失美术馆渠道的艺术家的信任,以外币的形式获得了惊人的收入。凭借新近获得的关于文艺复兴艺术的专业知识,古利特可以通过黑奇为德国公共启蒙与宣传部提供帮助,通过霍尼希为帝国美术院提供帮助,同时基希巴赫还可以在高层保护他。

∞

戈培尔是对公众进行反现代艺术宣传的幕后策划者,纳粹党理论家阿尔弗雷德·罗森堡则更加擅长支持民族艺术运动。作为纳粹日报

---

[1] Jeuthe, *Kunstwerte*, 53–54.

[2] Ibid.

《民族观察家报》（*Völkischer Beobachter*）的编辑和德意志文化战斗联盟的成员，罗森堡成了以激进的传统主义者为主要成员的各个民族团体的名誉领袖。[1]

这个希特勒极为欣赏的民族运动将德意志农民作为理想目标，排斥从印象主义到20世纪各个流派的所有现代风格，还常常给这些艺术品贴上"文化垃圾""犹太艺术"和"布尔什维克艺术"的标签。正是罗森堡普及了"犹太布尔什维主义"这一愚蠢而错误的说法。他的主要任务是"证明种族、文化、科学、道德和军人价值观之间的相互依赖"。他最早的追随者之一是海因里希·希姆莱。从1932年起，罗森堡的德意志文化战斗联盟接收了著名期刊《德意志文化守卫》（*Deutsche Kulturwacht*），用表演艺术和文学的评论来塑造读者的思想。[2]

希望保住工作的博物馆馆长们左右为难。为了生存，他们知道自己必须在展览中谴责现代艺术。这种深深根植于人类头脑中的生存愿望造成了被统称为"恐怖艺术馆"或"耻辱展览"的各类艺术展。一些博物馆馆长选择使用其他名字，比如"文化布尔什维主义影像"。[3] 展出的作品选自当地的公共收藏，聚焦于德国艺术家创造出来的"怪胎"。[4] 在1933年的整个夏季，更多的展览在德国举办，用来教育特

---

[1] Petropoulos, *Art as Politics*, 28.

[2] Ibid., 29.

[3] Stephanie Barron, ed., *Degenerate Art—The Fate of the Avant-Garde in Nazi Germany* (New York: Harry N. Abrams, 1991). Christoph Zuschlag, "An Educational Exhibition," 83.

[4] 其他一些城市更喜欢展出当局认可的艺术，比如卡尔斯鲁厄（Karlsruhe）（*Government Art 1918—1933*）。

定的观众。不过，博物馆馆长们向纳粹精英传达的隐性信息是"这些作品是我的前任们收购的，我并不赞同他们的政策"。

⁂

古利特家族也是新政策的直接受益者。突然之间，像希尔德布兰德祖父路易斯这样的风景画家开始再度流行。戈培尔手下负责帝国美术院的建筑师欧根·霍尼希在4月21日给科尔内留斯写了一封信，向他表达自己对这位知名前辈的切实钦佩，并且借用了莎士比亚的说法，称"他不仅是一位卓越的建筑学家，而且天生就是一位伟大的人物"。[1] 科尔内留斯受宠若惊。那一年12月，当他还在为没有出版社愿意出版他的自传而烦恼时，他向妹妹埃尔泽写道："德意志人民的重大过错就是他们太过强大了。"[2]

奇怪的是，科尔内留斯并没有提及那一年9月的一场展览在德累斯顿引发的狂热。这场展览在新市政厅（Neues Rathaus）的内院举办，被称为"艺术堕落映像"。到1937年时，这场展览已在其他12座城市中举办过了。希特勒称"应该在尽可能多的德国城市中……举办这场独特展览"。[3]

由于德累斯顿曾经是德国表现主义运动的中心，拥有桥社、1919年的德累斯顿分离派以及缩写为ASSO的德意志革命视觉艺术

[1] NPG, 214/001.
[2] Ibid., 026/024.
[3] Zuschlag, "An Educational Exhibition," 84–85. Also Olaf Peters, ed., *Degenerate Art*, Karl Stamm, " 'Degenerate Art' on Screen" (New York: Prestel Publishing, 2014), 196.

家协会（Association of Revolutionary Visual Artists of Germany），因此和其他规模类似的城市相比，这座城市拥有更多可以展示的视觉艺术作品。在卡尔斯鲁厄和曼海姆也举办过这类展览，但德累斯顿才是先驱，而其中最为臭名昭著的展览则是1937年慕尼黑的"堕落艺术展"。

根据1933年4月3日的《卐字旗》内容，这类展览不仅故意使艺术品看上去显得混乱而草率，也在公众面前显示艺术家精神错乱的一面，还使用了最残酷的技巧，即邀请公众"来到这里表达自己的看法"。每当公众的愤怒缓和下来时，受雇的演员就会向访客展示他们的"愤怒"。

艺术家被指堕落且有精神疾病。一些展览甚至以1924年前的马克为单位贴出了博物馆购买这些艺术品的价格，这样它们就显得过于昂贵了。未成年人常常被禁止进入展出"下流"画作的场地。与"恐怖之馆"相邻的"模范美术馆"突显了展览的教育意义。在那里，"健康、稳重的艺术品"用理智而反差明显的范例引导着公众的审美趣味。

到1935年时，在煽动起公众对艺术家和艺术经纪人的愤怒后，博物馆开始积极清理这些讨厌的画作。它们迅速被古利特、布赫霍尔茨和莫勒之流以原价的若干分之一抢走，用于实物交易、销往国外或者作为未来的储备。最初，埃森市福尔克旺博物馆与莫勒合作，科隆市瓦尔拉夫－里夏茨博物馆（Wallraf-Richartz-Museum）则找到了古利特。[1]

---

[1] Hüneke, *Degenerate Art*, "On the Trail of Missing Masterpieces," 122.

1933 年 3 月，没有人可以对未来装作一无所知。由贝蒂娜·法伊斯特尔－罗默德尔（Bettina Feistel-Rohmeder）编辑的《德意志艺术报道》（*Deutscher Kunstbericht*）明确指出了新政府将为"德国艺术家"带来的结果："德国博物馆和收藏品中一切具有世界主义和布尔什维主义意图的作品都将被清除。它们将被允许'成堆'展示……〔同时〕还有花在它们上面的金钱数额，以及负责收购它们的美术馆官员和文化部长的名字。随后，这些缺乏艺术性的作品就只能有一个用途了，那就是成为公共建筑的供暖燃料。"[1]

∞

赫尔曼·戈林等人最先认识到艺术品在出口市场上拥有巨大的潜力，尤其是面向英国、瑞士和美国的出口市场。从意识到这一点到他将当代艺术品的使用写进四年计划，中间只隔了很短一段时间。出口当代艺术成了为德国重整军备提供资金的一种主要方式。他准备启动一个缺乏周密考虑的自给自足计划，使德国可以不依赖任何进口商品。为达到这种理想化的自给自足状态，因缺乏效率而被弃置很久的煤矿和其他采矿业也重新运转起来。代用原材料被生产出来，但从未达到或超越国际市场上的价格。时任经济部长的沙赫特误认为德国计划出口这些合成原材料以获取外汇。

所有这些原材料注定将被用于重整军备。德国人需要用外汇购买自己无法生产的东西。戈林的四年计划抛弃了沙赫特于 1936 年制订

---

[1] Hüneke, *Degenerate Art*, "On the Trail of Missing Masterpieces,", 121.

的"新计划",完全无视他之前的工作。《新闻周刊》(*Newsweek*)报道,正在过复活节的沙赫特匆匆赶回了柏林,"因为阿道夫·希特勒已经授予纳粹首席助理、空军部长戈林对原材料进口和外汇的绝对控制权……愤怒的经济部长提交了辞呈。元首将辞呈还给了他——并且提醒这位博士,阿道夫·希特勒就是德意志"。[1]

显然,沙赫特并不知道希特勒想用德国的当代美术财富来获取外汇。不过,在这件事得到官方许可之前,德国需要顺利举办1936年的奥运会,向世界展示自己在体力和道德两方面再次成了欧洲强国。

---

[1] John Weitz, *Hitler's Banker* (London: Warner Books, 1999), 204, 208–10.

第十八章

四骑士

是我们强迫你们,还是你们强迫我们?

——约翰·沃尔夫冈·冯·歌德,《浮士德》

疾病、战争、饥荒和死亡将首先降临德国,然后在接下来的战争中降临全世界。1937 年德国当代艺术大灾难中的四位官方骑士分别是希尔德布兰德·古利特、卡尔·布赫霍尔茨、费迪南德·莫勒和伯恩哈德·A. 伯默尔(Bernhard A. Böhmer)。不过,古利特本人却是一个二级"混血儿"。

在 1937 年以前,和希特勒青年时代待过的维也纳中那位卡尔·卢埃格尔一样,副总理戈林很早就声称自己可以决定谁是犹太人。对适用于《宽容法案》(Toleration Act)的例外人士的判定基于他过去的服务和未来的机会。古利特是一个资源非常丰富、头脑十分聪明的经纪人。另外,有了欠他父亲人情的霍尼希、在日益刺耳的战争机器中充当重要齿轮的基希巴赫以及他的日常旅伴黑奇,古利特很好地确保了自己的未来。

不过，1935年12月，当大区区长穆奇曼要求科尔内留斯从建筑师协会退休时，这位老人十分恐慌。[1]他失去了写完自传的意愿。[2]在距离科尔内留斯86岁生日还有几天的时候，维利巴尔德也被迫向弗莱堡大学（University of Freiburg）"请假"。只有新近获得显赫职位的希尔德布兰德躲过了家族的厄运；他的职位在一定程度上归功于他与不可或缺的基希巴赫的关系。科尔内留斯没能认清希特勒德国的现实，尽管它已经发展了很长一段时间。

从1933年3月起，没有人会天真地认为艺术仅仅是一种无害的消遣。七大艺术形式中的任何内容对"好"德意志人的塑造都有着极为重要的影响。两个月后，戈培尔以柏林大区区长的身份要求珂勒惠支、贝克曼和卡尔·霍费尔（Karl Hofer）从艺术学院辞职。第三帝国最具影响力的艺术批评家罗伯特·肖尔茨（Robert Scholz）呼吁对艺术领域的异族元素进行"清洗"。[3]穆奇曼猛烈攻击德累斯顿的迪克斯。克利失去了他在杜塞尔多夫的教职。普鲁士艺术学院（Prussian Academy of Arts）的10名成员被要求提交"自愿"辞呈，包括学院备受称赞的犹太裔主席马克斯·利伯曼。[4]现代艺术家被告知，如果他们收到了"禁

---

[1] NPG, 195/001.
[2] 德国政府拥有的古利特文件可能会提供更多信息。
[3] Hüneke, *Degenerate Art*, "On the Trail of Missing Masterpieces" (New York: Harry N. Abrams, 1991), 121.
[4] Lynn H. Nicholas, *The Rape of Europa* (London: Macmillan, 1997), 12–13.

画令",那么他们必须遵守命令。当盖世太保突然造访时,只要闻到松脂的味道或者摸到湿画笔,他们就可以判定对方违法。虽然年迈的埃米尔·诺尔德支持纳粹,但还是惊诧地收到了禁画令。

那年 10 月,希特勒亲自出席了慕尼黑市"德意志艺术之家"(Haus der Deutschen Kunst)的奠基仪式,这座博物馆将展出由他亲自审查的艺术品。希特勒最喜爱的艺术家之一卡尔·施皮茨韦格(Carl Spitzweg)将与卢卡斯·克拉纳赫(Lucas Cranach)、威廉·冯·考尔巴赫(Wilhelm von Kaulbach)和勃克林一起共享被展出的荣誉。那里应该还会有几幅路易斯·古利特的作品。"对战争真面目的呈现"以及"未完成作品"则完全不会得到展示。[1]

对博物馆馆长的清洗自然仍在继续,许多曾经支持古利特的人被打上了"需要剔除"的标记。1933 年,卡尔斯鲁厄的莉莉·菲舍尔博士(Dr. Lili Fischel)被解雇,替代她的新馆长要求所有印象主义和表现主义画作在展出时必须要带上贬低性的标志。斯图加特很快效仿了卡尔斯鲁厄的做法。

1935 年,曼海姆博物馆勇敢的古斯塔夫·哈特劳布(Gustav Hartlaub)被"发现"在博物馆地下室里藏匿非法现代艺术品。在一场通常针对娼妓、鸨母和窃贼的中世纪式游街活动中,大区区长让人们将这些"堕落"画作(包括马克·夏加尔的《拉比》)装到货车上,然后穿过市街道,并向公众清晰展示哈特劳布在这些画作上浪费了多少纳税人的钱。为了确保哈特劳布在公众面前受到羞辱,活动还展

---

[1] Lynn H. Nicholas, *The Rape of Europa*, 10–11.

示了他的一张大幅照片。[1]

当博物馆馆长逃避或者公然忽视他们所收到的强制命令时，羞辱就成了他们最不担心的事情。1933年9月，卡尔·格奥尔格·海泽（Carl Georg Heise）被建议"放弃自己的愿望"，否则就会受到挪用公款和不道德行为的虚假指控。纳粹艺术史学家之一克劳斯·鲍迪辛伯爵（Count Klaus Baudissin）成为埃森市福尔克旺博物馆馆长后，他下令重新粉刷饰有奥斯卡·施莱默壁画的极为精美的圆形大厅。[2] 鲍迪辛高兴地以9 000帝国马克的价格将康定斯基的《即兴创作28号》卖给了费迪南德·莫勒，后者迅速以中介身份将康定斯基的几幅画卖给了纽约古根海姆博物馆（Guggenheim Museum）。[3] 在未来的年月里，除了瓦尔拉夫-里夏茨博物馆，古利特在福尔克旺博物馆也找到了一个心甘情愿的买家。

∞

在1936年奥运会即将开幕的时候，柏林市尼伦多夫美术馆为弗朗茨·马尔克的画作举办了一场展览。马尔克是犹太人，但他也在战争中赢得了一枚人们梦寐以求的铁十字勋章。在开幕宴会上，[4] 盖世太保冲进美术馆，关闭了展览，因为它对德国的文化政治以及"公共安全和秩序"造成了威胁。不久，柏林国家美术馆馆长阿洛伊斯·沙

---

[1] Hellmut Lehmann-Haupt, *Art under a Dictatorship* (New York: Oxford University Press, 1954), 74–75.
[2] Nicholas, *Rape of Europa*, 12.
[3] Hüneke, *Degenerate Art*, 122.
[4] 古利特当时完全有可能也在场。

尔特移居美国[1]。

奥运会期间，沙尔特的替代者埃伯哈德·汉夫施滕格尔（Eberhard Hanfstaengl）在柏林举办了名为"自杜勒至今的德意志艺术"展览。不过，就连这种展览也无法弥补汉夫施滕格尔之前的违规行为——他曾举办过马克斯·利伯曼的作品展。观众离开展览返家后，教育部长鲁斯特立即关闭了国家美术馆位于太子宫（Kronprinzenpalais）的现代艺术分馆。类似的行动遍布德国各地。清除社会和德意志艺术中"梅毒"元素的时候终于到了。

戈培尔显然拥有一项宏大的计划。虽然所有零零碎碎的艺术展都很受欢迎，但缺少带领全国反对堕落的最后一股推动力量。希特勒的钦定建筑师保罗·特罗斯特（Paul Troost）得到了在慕尼黑建造"元首楼"（Führerbau）博物馆的任务，这座博物馆专门用来展示当局认可的最优秀的艺术品。戈培尔的自负要求自己得做出巨大的贡献：一场关于现代艺术的国家级展览。它将被称为"堕落艺术展览"。

人们将从德国诸多博物馆中没收艺术品，来装点这个表达轻蔑的舞台。当时，希特勒的残暴和拒绝承认德国、波兰、波罗的海诸国和苏联之间现有边界的行为使人们日益焦虑——德国人常常戴着所有战争徽章在公共场合公开展示——因此许多人认为对这场展览的巨大投

---

[1] Hüneke, *Degenerate Art*, 122.

入显得很不协调，有的人甚至认为有点疯狂。[1]

为了选出组织展览的合适候选人，戈培尔和黑奇与出生在摩拉维亚的批评家罗伯特·肖尔茨进行商议，将平庸的艺术家阿道夫·齐格勒（Adolf Ziegler）选为帝国文化院的新院长。1937年6月30日，齐格勒接到指示，开始"1910年以来的堕落艺术"展览的筹备工作。他领导着一个5人委员会，包括平庸的画家沃尔夫冈·威尔里奇（Wolfgang Willrich），希特勒的摄影师、业余艺术经纪人海因里希·霍夫曼（Heinrich Hoffmann），希特勒那位无情的艺术经纪人卡尔·哈伯施托克，哈雷市（萨克森）莫里茨堡博物馆（Moritzburg Museum）馆长肖尔茨，以及古董商人马克斯·陶贝尔（Max Täuber）。希特勒要求这些人不得参与艺术交易，因为这可能会显得不太合适。[2]

他们的任务是设计一场展览，把"堕落"艺术与"得到认可的"艺术进行对比。然而，在齐格勒和威尔里奇的热情面前，就连戈培尔也感到有些畏缩。一个"值得信任的"策划人被任命负责在最初的没收后进行"淘汰"程序，以免齐格勒和威尔里奇的胳膊伸得太长。[3] 国家美术馆的埃伯哈德·汉夫施滕格尔拒绝亲自参与这项工作，预示着他未来一定会受到羞辱。汉夫施滕格尔派他的策划人保罗·奥尔特温·拉韦（Paul Ortwin Rave）代替他参加委员会。

---

[1] William E. Dodd, Jr., and Martha Dodd, *Ambassador Dodd's Diary, 1933–1938* (London: Victor Gollancz Ltd., 1941), 236, 397, 428.

[2] Nicholas, *Rape of Europa*, 24.

[3] Janda, in *Degenerate Art*, 113.

齐格勒因对裸体的描绘尤为详细而被许多对手称为"阴毛大师"。6月5日,他带着委员会成员对汉诺威发起了第一次突然袭击。第二天,埃森成了他们闪电战的受害者。第三天,厄运降临到了汉夫施滕格尔的当代艺术博物馆即太子宫的头上。[1] 在每一座博物馆中,威尔里奇都会带着狂乱的眼神在他那本臭名昭著的死亡笔记上疯狂记录需要清洗的艺术品的详细信息。身为庸才的完美代表,齐格勒和威尔里奇非常享受这种公开辱骂和嘲笑现代艺术大师的机会。

奇怪的是,在这场"经过希特勒同意"的行动中,他们对艺术品的没收是对法律的一种公然亵渎。他们没有要求被劫掠的博物馆签订任何协议。他们直接将艺术品带走,不承诺归还,没有"借用"的保证书,对它们的最终命运也没有只言片语。光是国家美术馆就损失了141件艺术品:64 四幅油画,4 尊雕塑,73 幅素描。这其中还包括盖世太保一年前在尼伦多夫美术馆没收的画作,它们被误认为"属于国家美术馆"。显然,关于它们的所有权,人们存在不同的意见。不过,在数千次类似的清洗活动中,这不过是第一次而已。他们盗走了许多人的生命。数百万人还会遭受同样的命运。

∞

关于这些艺术道德净化活动,最令人信服的目击证词来自委员会策划人保罗·奥尔特温·拉韦。艺术不再仅仅是一个品味问题。它已经沦落成了一种错误的"种族杂质"概念,而这种杂质需要以不容置

---

[1] Janda, in *Degenerate Art*, 113.

疑的方式清除掉。

"堕落艺术"展览故意选择了一个不恰当的地点：慕尼黑王宫花园（Hofgarten）的拱廊。1937年7月19日，展览开幕。展品包括600件被没收的艺术品，参观者人数创下了历史记录——参观是免费的——预示着展览最后的成功。在拉韦的描述中，狭窄的房间里布置着格子架，架子上覆盖着粗麻布。

"画作挂在隔板上，题词写在粗麻布上。"拉韦写道。隔板紧挨着上面的窗户，房间又很狭窄，让人们难以对展出的作品进行恰当的观赏。展览的主要宣传目标是由众多题词体现出来的，比如"在中央党人统治下对神的无礼嘲笑"。关键的是，"收购价格被标示出来了，艺术品上贴着一个巨大的红色标签，上面写着'用德国工人的税款支付'"。[1]

展览故意呈现出一种巨大的混乱感，以便让观众感到厌恶、愤怒甚至恶心。不出所料，希特勒、戈林和戈培尔非常高兴。"给我四年时间"也许不再是"堕落艺术"展览的标题，但它仍然实现了希特勒的预言。从1938年到1941年，展览先后在柏林、莱比锡、杜塞尔多夫、萨尔茨堡、汉堡、斯德丁（Stettin，现什切青[Szczecin]）、魏玛、维也纳、法兰克福、开姆尼茨、瓦尔登堡（Waldenburg，现西里西亚[Silesia]瓦乌布日赫[Walbrzych]）和哈雷（萨克森）举办，观看人数超过了200万。[2]

---

[1] Janda, in *Degenerate Art*, 89; cf. Rave, *Kunstdiktatur*, 145-46.
[2] Ibid., 90. 1937年11月23日，戈培尔发出电报，邀请各城市在举办该展览的日期上展开竞争。大约65座城市做出了响应。

在生活中，时间安排意味着一切。不过，在戈林实施德意志四年计划的同时，1937年真的是实施艺术领域四年计划的时机吗？由于德国渴求外汇，帝国马克再次出现波动。曾经对货币问题无所不知的沙赫特开始进口外国商品，随后把支付给出口商的钱给冻结了。接着，他试图同卖家协商易货协议，拿德国制造的商品来支付。虽然希特勒对此很高兴，但这无异于金融犯罪。[1] 可以想见，被沙赫特冻结资金的把戏伤害的国家越多，外国人对帝国马克的信心就越低。

从根本上说，沙赫特改变策略的做法是由德国的种族法和重整军备所导致的。1937年3月9日，希特勒宣布成立空军，并将其称为"Luftwaffe"；一个星期后，他宣布实行征兵制，组建12个军团，下设36个师，并颁布了管理军事部门的种类齐全的相关法律。《凡尔赛条约》的第173条被撕毁了。[2]

据说，希特勒投桃报李，对沙赫特非常满意，在自己生日那天向经济部长赠送了一幅带有精美画框的画作。向来高傲自大、自以为是的沙赫特把画还给了希特勒，感谢希特勒"周到的选择"，但他指出这幅画是赝品。他把画框留了下来。[3]

不出所料，沙赫特讨厌这种新的经济制度。11月29日，他在法学院（Academy of Laws）发表了一篇真诚的演讲，谈论资本主义和企业家精神的优点。这是对纳粹经济学家所持观念的公然反对。纳粹

---

[1] John Weitz, *Hitler's Banker* (London: Warner Books, 1999), 192.
[2] Ibid., 193.
[3] Ibid.

经济学家认为资本主义和企业家精神是国际犹太阴谋集团的发明和"工具"。当然,在把脚趾蘸进滚烫热水前,他知道自己可以得到德国重工业的支持,因为实业家群体知道他们需要用硬通货购买来自海外的优质原料。

希特勒实际上是在利用沙赫特之前的好名声。当四位艺术经纪人接到他们的任务时,沙赫特已经辞去了经济部长的职务,尽管他在德国国家银行行长的位子上继续待了一段时间。他终于明白希特勒的不可靠和虚伪了。[1]

∽

与此同时,在帝国美术院的默许下,古利特、布赫霍尔茨、莫勒和伯默尔编辑了一份"国际上可以加以利用的"艺术品清单。官方已经通过了这些经纪人的一系列合同。这四个人的共同知识和人脉意味着任何有价值的艺术品都无法逃离他们的手掌心。不过,他们真正的工作始于慕尼黑展览刚刚结束之时。

到了8月,没有出现在展览中的艺术家的作品被收集到仓库里。一切"歪曲"人体结构、使用不自然的色彩或者"未完成"(希特勒使用的说法)的视觉艺术品均被没收。如果艺术家在种族或政治上不被接受,他们的作品也会被扣押,不管他们是否有证据能证明自己属于雅利安人。如果外国艺术家所属的国家曾在1914—1918年的战争中对抗德国,他们的作品也会被劫掠过来。

---

[1] John Weitz, *Hitler's Banker*, 220; cf. Schacht, 457.

1938年3月，当没收委员会主席弗朗茨·霍夫曼（Franz Hofmann）宣布德国博物馆需要被净化时，这已经成了"旧闻"。根据当时的委婉说法，被没收的艺术品已经被"保护"起来了。任何依然展出的艺术品都会成为"元首特权"的目标。[1] 多年来，学者们相信在这场艺术灾难中，有超过 1 000 位艺术家的大约 17 000 件艺术品落到了四骑士的手里。不过，根据费迪南德·莫勒基金会战后建立的柏林自由大学（Freie Universität of Berlin）数据库的资料，这个数字被上调至大约 21 000。[2] 绝大多数作品都属于平面艺术，清单里有大约 5 000 件艺术品（包括画作和雕塑）。

曼海姆艺术馆（Mannheimer Kunsthalle）收集了很多现代艺术品，共有 584 件艺术品被没收，馆藏完全被毁。杜塞尔多夫州立艺术收藏馆（Düsseldorf's Staatliche Kunstsammlungen）有 900 件艺术品被抢走了。法兰克福施泰德美术馆（Frankfurter Städelgalerie）失去了 496 件艺术品，布雷斯劳西里西亚博物馆（Breslauer Schlesische Museum）失去了 560 件，斯图加特美术馆（Stuttgarter Galerie）失去了 283 件，开姆尼茨公共收藏馆（Chemnitzer Öffentliche Sammlung）失去了 366 件，开姆尼茨艺术小屋（Kunsthütte）失去了 275 件。德累斯顿州立美术馆（Dresden's Staatsgalerie）失去了 150 件艺术品，其城市博物馆（Stadtsmuseum）失去了 381 件，其铜版画

---

[1] Nicholas, *Rape of Europa*, 23.
[2] Hüneke, *Degenerate Art*, 124. Franz, Roh, *Entartete Kunst—Kunstbarbarei im Dritten Reich* (Hannover, Germany: Fackelträger-Verlag, 1962), 51. Petropoulos, "From Lucerne to Washington, DC" in *Degenerate Art* (New York: Neue Galerie, 2013), 283. 莫勒基金会为自己安排了一项任务：资助这个涉及所有被清洗艺术品的数据库。

艺术博物馆（Kupferstichkabinett）失去了 365 件版画和素描。汉堡艺术馆（Hamburg's Kunsthalle）有大约 983 件艺术品被没收，织物艺术博物馆（Kunstgewebemuseum）失去了 269 件艺术品。简而言之，共有 101 家公共收藏机构的现代艺术品遭到清洗。由于这次抢劫的规模过于庞大，在行动的第一年，柏林科珀尼克尔街（Köpenikerstrasse）的一座大型粮仓被他们征用为艺术品仓库。[1]

与此同时，黑奇开始制订库存清单。齐格勒代表布雷斯劳西里西亚博物馆用一幅没收的爱德华·蒙克的作品换到了一幅卡斯帕·达维德·弗里德里希（Caspar David Friedrich）的作品，希望通过这笔交易获得可观的佣金。[2] 赫尔曼·戈林视察了一次仓库，选了 13 幅画作供自己"使用"，包括 4 幅梵·高和蒙克的作品，3 幅马尔克的作品，1 幅塞尚的作品以及 1 幅西涅克（Signac）的作品。接着，他让经纪人泽普·安格雷尔（Sepp Angerer）替他在国外卖掉这些作品或者用其交换其他东西。[3] 戈林可能辩称这种盗窃是市场测试，但他一直没有为了这些画作——或者他所带走的任何画作——而向任何人付款。一直没有。

∞

在这一系列突如其来的行动中，科尔内留斯·古利特于 1938 年 3 月 25 日去世，享年 88 岁。两个星期之前的 3 月 12 日，德国吞并

---

[1] Roh, *Entartete Kunst*, 52.
[2] Hüneke, *Degenerate Art*, 124.
[3] Ibid.

了奥地利，史称"德奥合并"。科尔内留斯是否会像1914年那样认为这是一件好事呢？这一点值得怀疑。他的许多东西都被剥夺了，包括自己所珍视的一切荣誉，还有他在所有建筑师协会中的会员资格，他曾在职业生涯的大部分时间里拥有其中一些协会的会员资格。如果希尔德布兰德没有通过强大的基希巴赫先生在地方上进行干预的话，科尔内留斯在大街上行走时可能就需要戴上黄色的"大卫星"。

吊唁信涌入凯策街的古利特宅邸。此外，还有一点需要交待的事情。按照常理，古利特家族需要做一些必要的安排，并通知亲友。考虑到希尔德布兰德长期离家工作以及维利巴尔德远离德累斯顿，照顾玛丽的任务很可能落到了海伦妮的肩上。海伦妮目前是两个孩子的母亲。小科尔内留斯只有5岁，女儿贝妮塔[1]只有3岁。[2]

科尔内留斯已死，维利巴尔德也住得很远，希尔德布兰德道德罗盘上的两块试金石陷入了沉默。如果希尔德布兰德和哥哥在父亲死后通过信的话，那些信件也没有被公开过。希尔德布兰德成功地将他的抢劫活动解释成让家人免受当众侮辱的方法。家里没有人被迫戴上黄色的"大卫星"。就像其他处于同等位置的人那样，他们并没有被丑化。

然而，由于父亲再也不会不断向希尔德布兰德提醒他对自己、家人以及艺术世界的道德责任，他似乎无法看到自己目前的行为在后纳粹时代对自己名誉造成的损害。考虑到他之前的精神崩溃和内心对自己个人能力的高度评价，我们完全有理由认为他想出了这样一种策略，即宣称自己的行为只是为了拯救他所热爱的艺术。

---

[1] 她的教名是雷娜特，但她的家人叫她贝妮塔。
[2] 科尔内留斯去世后，家族通信停滞了几个月。德国政府的古利特文件可能会提供更多线索。

第十九章

经商术

任何皇帝都没有支配臣民内心思想的权力。

——弗里德里希·席勒

德奥合并带来了一座真正的宝库。维也纳，这座在希特勒青年时代被他长期憎恨的城市由于给他贴上了"没有天赋的流浪者"的标签而付出了高昂的代价。博物馆的珍贵收藏品被劫掠一空。一些艺术品被存放在地方城镇，用于重新分配；另一些艺术品则被带回到德国的仓库里，作为未来的易货货币。其他一些被抢走的艺术品则成了纳粹高层的私人收藏。

在德奥合并后的24小时内，罗斯柴尔德和埃弗吕西等犹太家族的私人藏品就被人抢走了。犹太妇女一边被迫跪在地上擦洗街道，一边被她们的雅利安主子吐唾沫和踢打的场面被拍成了新闻短片，并被传回德国国内。她们中的许多人是维也纳精英的妻子和女儿。她们先是被抢走了财富，随后又被夺走了尊严。

当第三帝国不断取得成功之时,德国和奥斯特马克(奥地利当时的称呼)的艺术品没收狂潮也在如火如荼地上演。希特勒将他最冷酷无情的艺术史学家和党卫军成员考耶坦·米尔曼(Kajetan Mühlmann)任命为维也纳大区区长,让他执行自己的命令。奇怪的是,当希特勒听说了博物馆藏品和私人收藏的没收规模时,他感到了暂时的不安,担心他的政府由于这项罪行而受到很多指控。

能证明元首存在这种担忧的证据就体现在他在那一年突然制定的一大批法律中。国民议会不再拥有任何权力,反对派有的移居国外,有的被杀,有的遭到了其他形式的对待。4月26日,德国颁布了《犹太人财产登记法令》(Ordinance for the Registration of Jewish Property),要求对价值超过5 000帝国马克的财产进行登记。5月31日颁布的"没收堕落艺术品"的法律很好地解决了利润丰富的艺术界问题。接着,在"水晶之夜"发生后的11月12日,《将犹太人排除在德国经济生活之外的第一法令》(First Ordinance on the Exclusion of Jews from German Economic Life)通过,戈培尔禁止犹太人参与任何形式的文化活动。11月20日和21日,《人民和国家公敌财产扣押法令》(Ordinance for the Attachment of the Property of the People's and State's Enemies)和"赎罪税"将犹太人完全排除在德国的一切社交生活之外。[1]

希特勒还确保法律规定"所有博物馆的员工都是国家雇员",从

---

[1] Jonathan Petropoulos, *Art as Politics* (Chapel Hill, NC: University of North Carolina, 1996), 92–93. Also Avraham Barkai, *From Boycott to Annihilation* (Hanover, NH: University of New England Press, 1989), 84–87; BAB, R43II/1238c, 17.

而保证他们能保持沉默。从现在开始,"没收"意味着合法征用。"堕落艺术没收和处理委员会"（Commission for the Seizure and Disposal of Degenerate Art）负责处理没收上来的所有艺术品,并与古利特等人展开密切合作。他们的主要联系人正是罗尔夫·黑奇。[1] 与古利特、布赫霍尔茨、莫勒和伯默尔达成的交易基于一张许可证,用这张许可证可以确定哪些艺术品拥有在国外销售以换取外汇的价值、哪些艺术品在德国国内具有正面价值。4 位官方经纪人很快就淹没在了这种庞大的挑选工作中。

其他一些人也被选派过来,在这场"处理战役"中帮忙,包括卡尔·哈伯施托克、卡尔·梅德尔（Karl Meder）、马克斯·陶贝尔以及古利特的堂兄沃尔夫冈。[2] 不过,这工作并非对所有人都开放。黑奇组织了六伙人,负责"认真"确定艺术品的价值级别。4 位官方经纪人仍然负责科珀尼克尔街的宝库,也几乎不愿分享他们这项工作的利益,除非"迫不得已"。

这些经纪人知道,和其他大约 60 个参与类似官方认可活动的经纪人相比,他们的地位要高一些。他们还知道,一次错误行动就可能使他们从这种重要的位置上跌下去。和其他所有被希特勒提到很高位置上的人一样,这 4 个人将成为表面上最好的朋友,但暗地里却是死

---

[1] Esther Tisa Francini, Anna Heuss, and Georg Kreis, *Fluchtgut—Raubgut: Der Transfer von Kulturgütern in und über die Schweiz 1933—1945 und die Frage der Restitution*, Expertkommission Schweiz—Zweiter Weltkrieg, Bd. 1 (Zurich: Chronos, 2001), 67. 这是瑞士专家委员会（Swiss Expert Commission）对于瑞士在"逃命品"（Escape Goods）和"劫掠品"（Looted Goods）方面所起作用进行的首次历史分析。

[2] Petropoulos, *Art as Politics*, 76; Iselt, *Sonderbeauft ragter des Führers* (Cologne: Böhlau Verlag, 2010), 100. Also BAB R55/21015 and R55/21017 for details.

敌。在第三帝国，信任是一种非常稀缺的商品。

∞

很快，粮仓里聚集了1 290幅油画、160尊雕塑以及7 350幅水彩画、素描和版画，另有3 360张纸页和230张地图。在大型城市中，一家博物馆平均展出4 000件艺术品，因此科珀尼克尔街的仓库成了德国最大的"博物馆"之一。[1] 那些艺术经纪人立即开始贸易活动，联络他们的海外人脉。艺术品背面的一切题词都被清除掉了，以隐藏它们可疑的出处。

不过，他们仍然无法以足够快的速度让艺术品周转起来。他们需要更多的空间。他们还需要当心，不能让大量艺术品涌入市场，造成价格下跌。因此，1938年8月，最有价值的780件油画和雕塑以及3 500件水彩画、素描和平面美术作品被转移到了柏林郊外的涅德舍恩豪森宫。[2]

最早在涅德舍恩豪森宫疯狂抢购的博物馆馆长之一是巴塞尔艺术博物馆（Basel Kunstmuseum）的格奥尔格·施密特（Georg Schmidt）。4位官方经纪人被允许为自己以及自己的客户购买艺术品，条件是必须使用外币。古利特以1瑞士法郎的"巨款"购买了一幅马克斯·贝克曼的肖像画。不久，他又买了几幅蒙克的油画。[3] 布赫霍尔茨的估值则没有那么小气：他用160美元买到了基希纳的《街景》

---

[1] Roh, *Entartete Kunst*, 53.
[2] Hüneke, *Degenerate Art*, 125.
[3] Ibid., 127; cf. letters to Franz Hofmann October 14, 1938 and Rolf Hetsch October 28, 1938 from (ZStA, Best. 50.01-1017, bl. 49).

(*Strassenszene*)，并通过瓦伦丁把它转卖给了纽约现代艺术博物馆。[1] 瓦伦丁不知疲倦地工作，把美国私人收藏家、美术馆和博物馆的热情煽动起来，使他的合作伙伴可以一直处在狼群的前端。布赫霍尔茨曾向宣传部写道，他"收到了美国一家重要机构的请求，对方想要购买科柯施卡的油画……除了这个请求，我还想看一下所有库存的清单"。[2]

莫勒动用了自己在高层的私人关系。在1938年11月初写给里宾特洛甫妻子的信中，他提到了根据计划即将在卢塞恩（Lucerne）通过菲舍尔美术馆（Fischer Gallery）销售堕落艺术品："不过，我想指出的是，如果这场拍卖会被允许举行的话，它将造成很不好的印象……从外交政策的角度来看，相关艺术家所属的国家将会觉得这场拍卖会是一次侮辱。"不出所料，为了进行心理操纵，莫勒将这条消息的关键点放到了最后："如果对这些物品的处理当真无法避免，可以把这项任务委托给德国经纪人，让他们在不会引起太大轰动的情况下主动将其销售给外国收藏家，然后再处理他们收到的所有外币。"[3]

尽管里宾特洛甫进行了干预，德国还是与卢塞恩艺术经纪商及拍卖商特奥多尔·菲舍尔（Theodor Fischer）达成了交易。剩下的工作就是选择需要出售的画作了。与此同时，戈培尔决定，既然在1939年冬天前，粮仓的用途是固定的，那么他们可以将一切无法在卢塞恩出售的物品付之一炬，"作为一种象征性的宣传"，以便和1933年以"非德意志"作者为目标的焚书行动相呼应。

---

[1] Lynn H. Nicholas, *The Rape of Europa* (London: Macmillan, 1997), 25.
[2] Hüneke, *Degenerate Art*, 127.
[3] Ibid.; cf. Nachlass Ferdinand Möller, Berlinische Galerie, letter November 9, 1938.

同时，布赫霍尔茨位于柏林莱比锡街的美术馆以及威廉街上一个曾被沃尔夫冈·古利特使用的仓库被征用，作为涅德舍恩豪森宫的延伸空间。[1] 2月末，他们收到了命令，要销毁粮仓中剩余的艺术品。3月20日，据说有大约5 000件艺术品在柏林中央消防局的院子里被烧毁。4位艺术经纪人有可能事先带走了一切被认为有价值的艺术品。

预见能力很强的古利特、世故而狡猾的布赫霍尔茨、老练的艺术经纪人莫勒以及来自居斯特罗（Güstrow）、曾做过雕塑家的经纪人伯默尔都清楚自己试图垄断被征用艺术品的市场时会承担的风险。每个人都发展出了自认为多少可以信任的辅助人脉网。[2] 在最初的销售阶段，沃尔夫冈·古利特、特奥多尔·菲舍尔、库尔特·瓦伦丁、哈拉尔德·霍尔斯特·哈尔沃森（Harald Holst Halvorsen）和奥格·维尔斯特鲁普（Aage Vilstrup）是他们最偏爱的合作伙伴。[3]1937年，瓦伦丁被允许离开德国，手里拿着一封政府部门签发的允许他在外国销售德国艺术品的许可证，还成了布赫霍尔茨在纽约曼哈顿的合作伙伴。据估计，布赫霍尔茨的利润中有85%来自瓦伦丁的工作。[4]

∞

不过，不是所有的"堕落"艺术品都完全处于政府的控制之下。一些艺术品仍然留在经纪人或私人收藏家的手中。前一年，由于"禁

---

[1] Hüneke, *Degenerate Art*, 128.

[2] 我怀疑伯尔默之所以能够进入这个圈子，是因为他和巴拉赫（Barlach）很"亲密"。就连希特勒也表达了在某种程度上与巴拉赫和解的愿望。巴拉赫的妻子还是伯尔默的情妇。

[3] Francini, *Fluchtgut*, 67.

[4] Ibid., 72.

画令"中的艺术家名单囊括了所有不被认可的当代艺术家,马克斯·贝克曼追随着曾任德意志帝国枢密院顾问和绘画馆馆长的马克斯·J.弗里德伦德尔（Max J. Friedlander）等人的足迹来到了荷兰。这意味着经纪人群体需要警惕移居海外的德国画家和艺术家低价出售自己的作品。为了保护囤积藏品的价值,黑奇下令所有现代艺术品都必须提交给当地临时政府保管人：慕尼黑的金特·弗兰克、斯图加特的弗里茨·卡尔·瓦伦丁（Fritz Carl Valentien）[1]、杜塞尔多夫的亚历克斯·弗梅尔以及柏林的沃尔夫冈·古利特。这些半官方保管人要按照要求将艺术品转交上来,以便对其分类,做好出售的准备。[2]

虽然官方禁止这4位经纪人直接向德国人销售艺术品,但他们无视这项禁令,创造出一个黑市。在纳粹掌权的12年里,他们熟练地掌握了一项技能：精确判断出他们可以获得的最符合自身经济利益的价格。矛盾的是,政府从公民手中征收的私人物品反而增加了这些经纪人的麻烦。从富有犹太人那里没收的物品长期被视为对犹太资产的救赎。从那些被归类为"犹太人"（包括遵守基督教传统或不遵守犹太教传统的犹太人）的人那里拿走金钱或有价值的物品是作恶者的赎罪过程,类似于一种宗教救赎行为。根据《纽伦堡法案》,犹太人不再是德国公民,因此他们的资产就是对"人民财产"的非法占有。犹太群体所拥有的一切都被视为抢来的或剥削来的资产,应当归还给德国人民。

---

[1] 不要把他与库尔特·瓦伦丁弄混。
[2] Francini, *Fluchtgut*, 71.

这些资产常常会以出境税或移民税的形式被带走，作为"逃命品"。不知为什么，神奇的是，逃离德国时被强制支付的费用与当事人的全部财产在数额上是一样的，因此他们在新国家中就成了贫民。当这些"逃命品"被兑换成现金后，它们就会被转移到德国犹太人联盟[1]（Reichsvereinigung）的一个特别账户里。[2]

德国总理府建立了一个类似的系统，用来销售所有的堕落艺术品，通常被称为"EK 账户"。不过，这个系统存在一个巨大的错误：它只要求存入所有艺术品销售产生的净收益。这意味着经纪人要首先售出艺术品——直接销往海外或者通过一系列涉及交换和易货的复杂交易——然后再取走他们的佣金，最后将净收益转到 EK 账户上。佣金的比例原则上在 5% 到 25% 之间。这是一个充斥着不当操作的系统。到 1939 年时，4 位经纪人已经熟练掌握了另一项技能：盗窃希特勒的财富。

∽

我们不应该认为所有的"销售"都是简单的买卖操作。艺术品常常被用来交换国外"得到认可的"作品或者其他价值被低估的"堕落"艺术品。由于帝国马克是不可兑换的，在国外市场进行采购也是相当需要技巧的。大量帝国马克在德国被冻结，等待对方在海外用外币进行交易。一向很有企业精神的瑞士人提出了一个解决方案，帮了大忙。

---

[1] 全称为"Reichsvertretung der Deutschen Juden"，是德国犹太人于 1933 年 9 月 17 日成立的组织，旨在协调全德犹太人的行动，为犹太人提供法律保护。——译者注

[2] Barkai, *From Boycott to Annihilation*, 174–75; cf. Yad Vashem Archive, JM/2828.

费迪南德·莫勒写道:"你知道,在销往美洲时,我们有机会通过苏黎世特罗伊汉德信托公司(Trust of the Treuehand-Gesellschaft)进行代理销售。这样可以节省大约三分之一的购买价格。自然,对客户来说,33%的降价是很诱人的,这就是瑞士信托如此吸引人的原因。"[1]

这种折扣率使瑞士信托系统成了4位经纪人的首选代理机构。在德奥合并之前,挪威人哈拉尔德·哈尔沃森(Harald Halvorsen)同意以5 000帝国马克的价格购买18件蒙克作品。其中的4 500帝国马克是用冻结货币支付的,500帝国马克则是用非冻结货币即硬通货支付的。1938年,莫勒在和哈尔沃森进行后续交易时使用了相同的方法。后来,哈尔沃森用同样的方法通过古利特从德国博物馆中又买了几幅蒙克的作品。[2] 在上述所有交易中,一家名为瑞士清算中心(Schweizerische Verrechnungsstelle)的瑞士信托机构是这些经纪人盈利交易的一个重要组成部分。在一切外国交易中,付款都被纳粹冻结了,但有了瑞士,艺术品就成了一种解决方案。早在1935年12月,人们对硬性货币的需求已经将购买价格抬升了50%。[3]

在与瑞士进行的这种复杂信托活动中,没有一件事情是显而易见的。以哈沃尔森的一次收购为例:从本质上说,德国政府将之前无关交易中被冻结的帝国马克以10%的折扣卖给瑞士人,哈沃尔森只需要在此基础上向瑞士人支付10%的费用即可。接着,瑞士清算中心

---

[1] Francini, *Fluchtgut*, 137.

[2] 哈沃尔森是由基希巴赫介绍的。古利特在任职茨维考博物馆期间曾举办过奥斯陆展览,当时就和他打过交道。

[3] Francini, *Fluchtgut*, 137.

会以中间人的身份用清算中心的标准做法，即根据市场汇率向德国人偿付他们梦寐以求的瑞士法郎或其他外币，并且向交易双方收取佣金。对德国来说，德国人在这些艺术交易中获得的外币越多越好。

其他一些因素会影响到折扣率，也会影响交易中使用的冻结帝国马克与非冻结帝国马克的百分比，这些因素就包括外国政府与德国的贸易意愿，以及画作的数量多寡。艺术品与硬性货币之间的关系使它成了一种纯粹的交易商品，可以使德国释放最初用于支付原材料或其他物品的被冻结的帝国马克。对日益罪恶的希特勒政权来说，瑞士一下子成了他们的洗钱工具，而艺术品则成了获取军需物资的付款方式。

不过，我们不应该将责任完全推给瑞士。在瑞士清算中心之前，在 20 世纪 30 年代中期，英美两国都曾深深地参与到了类似的复杂金融交易中。1936 年，瑞士博物馆馆长奥托·菲舍尔（Otto Fischer）曾经完全让英国和美国为他的收购提供资金。不过，他经过瑞士清算中心完成的第一笔收购极为可疑，当时他代表巴塞尔艺术博物馆用 65% 的冻结帝国马克从洛维斯·科林特遗孀那里买了几幅科林特的油画。[1]

早在 1939 年，希尔德布兰德·古利特就已经和卡尔·布赫霍尔茨一起开始通过这些瑞士渠道以及其他代理机构来进行艺术品交易了。在瑞士清算中心的帮助下，从 1937 年到 1941 年，4 位官方经纪人在瑞士出售了大约 8 700 件艺术品。[2] 希尔德布兰德·古利特终于进入了世界财富之屋。

---

[1] Francini, *Fluchtgut*, 139.

[2] Ibid., 215.

第二十章

财宝屋

> 我们手握良机，可以代表德国在瑞士销售这些画作，而这机会至关重要、极为宝贵。
>
> ——沃尔夫冈·古利特致巴塞尔艺术博物馆，1942年4月

1938年3月12日，声称"德国既不准备也不希望干涉奥地利内部事务、吞并奥地利或者缔结合并协议"的德国人以征服者和英雄的身份被迎进了维也纳。

在当天以及接下来的几个星期里，德国空军飞机成群结队地从人们头顶飞过，数千人逃到了英国大使馆。在许多可怕的故事中，临产妇女打破了大使馆的玻璃，为了让自己的孩子出生在英国土地上，要么进入大使馆后毫无必要地延长面谈时间，希望能进入分娩阶段。为了逃离必死无疑的命运，其他一些犹太人、共济会会员和共产主义者在维也纳大使馆外的街道上排起了几乎长达一英里的长蛇队。

英国议会迅速制定紧急法案。在维也纳大使馆负责英国情报工作

的海军上校托马斯·肯德里克（Thomas Kendrick）以及圣公会的休·格兰姆斯教士（Reverend Hugh Grimes）立即开展了一系列地下活动，包括签发假护照、将洗礼证明上的日期提前以及使用最优秀的间谍才能想到的其他欺骗手法。[1]

将近 8 个月后，犹太青年赫舍尔·格兰斯庞（Herschel Grynszpan）在巴黎谋杀了一名德国使馆秘书，据说是为了报复这起谋杀，上层对一场精心策划的针对犹太人的袭击开了绿灯。[2] 这股仇恨犹太人的风潮被宣传为公众对格兰斯庞罪行的义愤，但更像是在元首慕尼黑暴动失败 15 周年时献给他的充满感情的纪念品。11 月 9 日和 10 日间的那个晚上，冲锋队与德奥普通市民制造了"水晶之夜"——在所有犹太教和犹太人的大型建筑里进行有组织的暴力活动。[3]

在伦敦，《泰晤士报》登出了"德国的黑暗之日"的头条，《每日电讯报》则刊出了"德国暴徒报复犹太人"的新闻报道。[4] 据说，"只有 95 个人"遇害。同时，超过 3 万的犹太人在德国和奥地利被逮捕。超过 1 000 座犹太教堂被烧毁，里面所有的犹太文物不是被毁就是被盗。在几个星期后的 12 月 3 日，为了避免出现会导致犹太资产贬值的黑市，德国颁布了《犹太资产利用法令》（Ordinance on

---

[1] Helen Fry, *Spymaster: The Secret Life of Thomas Kendrick* (London: Kindle edition, 2014). 我曾和海伦（Helen）在一些电影剧本上有过愉快的合作，她同我分享了有关德奥合并以及这场战争的丰富知识。

[2] Avraham Barkai, *From Boycott to Annihilation* (Hanover, NH: University of New England Press, 1989), 133. 格兰斯庞宣称自己是在报复父母受到的不公正对待。10 月 28 日，他的父母被驱逐到了波兰。

[3] 大约 70 年后，仍然有一些犹太教圣物没有找到原出处。

[4] 两条新闻的报道日期均为 1938 年 11 月 11 日。

Utilization of Jewish Assets）。[1] 一些文化财产和艺术品落到了希尔德布兰德·古利特的手里。

༄

从事木材进口生意的弗里德曼（Friedmann）家族非常富有，在布雷斯劳（现波兰弗罗茨瓦夫 [Wroclaw]）附近拥有四处用来耕种和打猎的地产。达维德·弗里德曼（David Friedmann）是家族商业财富的主要受益人。他的姐妹玛丽·希尔德加德（Marie Hildegarde）生活宽裕，因为她自己继承了一份遗产，她的律师丈夫格奥尔格·加诺斯基博士（Dr. Georg Garnowski）也很富有。1938 年 11 月，加诺斯基夫妇有两个儿子——14 岁的克劳斯和 18 岁的汉斯。作为德国进口外国硬木的最重要商人，弗里德曼的父亲曾被魏玛共和国任命为德国驻委内瑞拉的总领事。幸运的是，希特勒成为总理后不久他就去世了。

那年 10 月，弗里德曼同意将家族的狩猎小屋卖给保罗·冯·克莱斯特将军（General Paul von Kleist）——不到一年后，这位将军将指挥第 22 装甲军团入侵波兰。克莱斯特想在即将来到的战争中把这座狩猎小屋作为游乐场和避风港。弗里德曼的姐夫（或妹夫）格奥尔格·加诺斯基担任弗里德曼的律师。交割时间定在 11 月 10 日上午，地点在弗里德曼相邻某处地产的住宅。不过，在"水晶之夜"的大破坏中，加诺斯基被盖世太保逮捕了。

玛丽·希尔德加德极为担忧，她给兄弟打了一个电话。狩猎地

---

[1] Avraham Barkai, *From Boycott to Annihilation*, 138.

产的交割当然得推迟了。接着,玛丽·希尔德加德想到自己可以直接给克莱斯特打电话。如此有权势的一个人当然能帮到她的丈夫了,不是吗?他的被捕当然是一个可怕的错误——毕竟他是一个善良的德国人,她恳求道。克莱斯特消除了她的疑惑。他将释放格奥尔格。她必须去她兄弟的家里,按计划和丈夫会合。

于是,玛丽给丈夫带了温暖的内衣和袜子,因为她觉得丈夫昨晚肯定被关押在肮脏的环境里。她开着车,带着小儿子克劳斯到了兄弟家中。在接下来紧张的几个小时里,克劳斯在挂着马克斯·利伯曼的油画《海滩上的两名骑手》(*Two Riders on the Beach*)的房间里痛苦而焦急地等待父亲出现。他喜欢那副画,还有画中的马。

克莱斯特没有食言,专职司机载着他来了,后面还跟着格奥尔格。格奥尔格被两名党卫军看守从监狱开车送到了那里。克莱斯特一边看着重聚的夫妇相互拥抱,一边拍着小克劳斯的头,安慰他说:"看,你父亲没有受到伤害。"随后,克劳斯被送回挂着《海滩上的两名骑手》的小书房里等待。克莱斯特的房产交割顺利进行,而克劳斯却在画中看到了另一个世界和另一个时代。

交易完成后,他们全都坐下来,一起吃了一顿有三道菜的丰盛午餐。然后,男人们玩了一会儿斯卡特[1]。到了下午晚些时候,别离的时候就到了。格奥尔格向儿子、妻子和舅子告别。这时,克劳斯才明白父亲只被释放出来一天。格奥尔格被他们用车直接送到了布痕瓦尔德集中营,在那里待了三个星期。这种将人短期关押在集中营的做法

---

[1] 可以叫牌的德国三人扑克游戏。

不是谋杀，而是羞辱，为了消除对纳粹意志的任何抵抗，为了占有被拘押者的一切个人财产——最后一点是最重要的。

1939年8月23日——在英法两国因德国入侵波兰而对德宣战的一周前——克劳斯被送上了开往瑞典的儿童班车。他的哥哥汉斯已经单独逃到了荷兰。15岁的克劳斯再也见不到舅舅和父母了。他第二次听说《海滩上的两名骑手》时，已经是2013年11月3日了。到时，媒体会报道希尔德布兰德·古利特和儿子科尔内留斯手上有大约1,406幅画，其中就包括这幅画。[1]

∽

1939年，整整一年中，大区区长考耶坦·米尔曼一直在掠夺维也纳的财富。数以千计的物品被卖到了瑞士。到春天时，汉斯-海因里希·拉默斯（Hans-Heinrich Lammers）从德国总理府发出了一份备忘录，称所有保管人需要在仓库内部"建造防空地下室"，保护艺术品免受炸弹破坏。敏锐的古利特和聪明的布赫霍尔茨由此明白了希特勒的未来战争计划。[2]

战争的幽灵早已徘徊多时，4位经纪人有时间为自己做好准备。不过，即使在这个阶段，"保护"艺术品也可能不是他们的当务之急。第三帝国的恐怖已经相当明了，尽管将非德意志人大规模驱逐到东方的行动直到1941年才开始。个人生存取决于"自动保护措施"，尤

---

[1] 2014年6月4日，在位于曼哈顿的公寓里，我对戴维·特伦（David Toren，又叫克劳斯·加诺斯基）进行了采访。

[2] BAB, R2-12920 microfilm.

其是对二级"混血儿"古利特而言。

科尔内留斯去世后，希尔德布兰德愈发把基希巴赫当作父亲，用等量的慷慨回报他的帮助。[1] 他们的亲密关系将持续终生，亲密到古利特从未向抓捕他的人提及基希巴赫的名字。1940年7月15日，在布赫霍尔茨的协助下，古利特安排基希巴赫在相对安全的乌拉圭为他以神秘的名字命名的"优锐"工艺注册了世界专利。从此，人们在使用他的专利时需要直接向他的乌拉圭账户付款，很可能是美元、瑞士法郎或英镑。他们总是更喜欢让人们用令人贪求的外汇付款，由此消除资金被扣押的风险。

∽

当然，1939年的欧洲卷入了又一场世界大战。从此，上一场大战被永久更名为"第一次世界大战"，而这场新的战争被不知羞耻地接续命名为"第二次世界大战"。

不过，事实证明，这个人类的恐怖之年也是艺术界的重要年份。经常遭受批评的纳粹党人和艺术经纪人卡尔·哈伯施托克设计了一个在世界舞台上提高艺术品交易量的方案。他有两个出色的想法，并希望借此推翻"四骑士"，控制德国艺术品市场。第一个想法是在瑞士举办国际拍卖会，第二个则是实现希特勒的梦想。

几十年来，希特勒一直有一个未经认真考虑的想法，那就是在他的家乡林茨创建一座艺术圣殿。实际上，他曾多次亲自在纸上对林茨

---

[1] NARA, RG153, roll 0001, 86.

的一切做了重新设计。哈伯施托克至少是一个组织奇才,他向希特勒建议说,他认识适合担任林茨主任的人。可以想见,元首的林茨项目落后于慕尼黑和柏林的再设计工程。希特勒已经雇用了十几名建筑师,负责这两座城市的重要项目。[1]

希特勒设想中的林茨改进项目包括一座吊桥以及沿多瑙河两岸延伸至城市两端的壮观公共建筑。这张规划蓝图中的顶点是纳粹党的地区总部,内部有一座钟楼,钟楼的地下室将是他的长眠之所。另外还包括一座画廊、一座图书馆、一座武器博物馆、一座展览馆、一个军队总部、一座体育场以及一座市政厅。当希特勒对这项工程心驰神往并解释林茨将如何成为德国的布达佩斯时,哈伯施托克指出,和其他建筑相比,希特勒的博物馆仿佛是一个穷亲戚。[2] 显然,希特勒此时还没有意识到他所规划的博物馆与其他城市的博物馆是处于同一级别的。稍经点拨(如果有的话),元首就看到了创建一座"超级博物馆"的机会——尤其是在他负责挑选艺术品的情况下。

希特勒还需要再谋划一场战争。当然,哈伯施托克也主张他们不必等到博物馆建成后再去采购。在过渡时期,他们可以暂时将艺术品存放在慕尼黑元首楼的地下室里,那里有足够的空间。关于林茨主任,哈伯施托克只提出了一个人选:德累斯顿绘画馆馆长汉斯·波瑟。在经验、文艺复兴时期艺术的专业知识以及国际声誉方面,波瑟都非常合适,而且他将永远感谢哈伯施托克。对他来说,后一点才是最重要的。

---

[1] Albert Speer, *Inside the Third Reich* (London: Phoenix, 1995), 127–28.

[2] Speer, 154.

哈伯施托克希望一旦波瑟受命上任，4位经纪人的时代就会走向终结。

不出所料，1939年6月21日，希特勒宣布波瑟被任命为林茨特别委员会主任。这是一个显赫的职位。波瑟将与希特勒和建筑师保持联系，讨论并修改建筑规划，但他的主要职责还是收集适合充当希特勒遗产的艺术品。当建设工作完成时，博物馆将被称为"元首博物馆"（Führermuseum）。与此同时，林茨特别委员会的官员将留在德累斯顿绘画馆。在那里，波瑟把手下的两位艺术史学家罗伯特·厄特尔（Robert Oertel）和戈特弗里德·赖默尔（Gottfried Reimer）任命为林茨采购助理。[1]

∞

波瑟上任后，哈伯施托克开始取代4位经纪人的重要地位；同时，其他一些独立经纪人威胁到了他的计划。赫尔曼·戈林的艺术代理商瓦尔特·安德烈亚斯·霍费尔（Walter Andreas Hofer）不断将财宝送往戈林洞穴般的宅邸"卡琳宫"（Carinhall），满足主人贪得无厌的胃口。霍费尔有一张运转良好的人脉网，包括瑞士卢塞恩的艺术经纪人和拍卖商、狡猾的特奥多尔·菲舍尔，以及菲舍尔的巴黎代表、德国侨民汉斯·文德兰（Hans Wendland）。这使霍费尔能够在一定程度上不受惩罚地代表戈林开展买入、卖出和实物交易的商业活动。

---

[1] 佩夫斯纳的职业生涯始于德累斯顿。他的祖先是犹太人，因此当他可以举家迁往伦敦时，他抓住了这个机会。

不过，哈伯施托克认为自己也可以凌驾于霍费尔之上。菲舍尔是他在柏林卡西雷尔公司工作时的老朋友，因此哈伯施托克决定抛给他一块肥美的骨头——一场德国堕落艺术拍卖会。菲舍尔欣然接受。既为戈林个人也为纳粹国家工作的菲舍尔将成为一位优秀的面向德国人的瑞士拍卖商和艺术经纪人。[1] 这种做法的优点是很明显的：当大约每个月一次的国际拍卖会可以带来更多外汇时，为什么还要用冻结和非冻结货币的复杂对冲方法售卖十几幅油画呢？

不过，哈伯施托克没有考虑到 3 个重要因素。首先，希特勒和他的大众传媒巨头戈培尔多年来一直在公开宣传堕落艺术品是"垃圾"。从逃亡难民那里没收来的艺术品以及从博物馆和犹太人那里抢来的艺术品已经大量流入市场。1938 年 5 月通过的法律将没收行为合法化，加深了外国人已有的印象。其次，有一些博物馆已经明确表示不愿购买那些从合法存放处劫掠过来的艺术品。最后，4 位经纪人已经了解到了艺术和货币市场的变化无常，他们在过去两年里熟练掌握了对自己有利的操纵方法。他们的贪欲是灵活的，而哈伯施托克则被贪婪遮住了视线。

∞

不管哈伯施托克在耍什么阴谋，涅德舍恩豪森宫的交易仍在继续。巴塞尔艺术博物馆的格奥尔格·施密特的交易热情高涨，整个春天都在购买艺术品。通过分批购入的方式，他仅为卢塞恩挑选了 125 件艺术品。不过，古利特似乎很想与施密特达成交易，可以直接在柏林购买艺术品。

---

[1] Francini, *Fluchtgut*, 144.

因此，他在拍卖会开始前的星期三拜访了位于巴塞尔的施密特。

古利特告诉施密特，在拍卖期间，他可以帮这位博物馆馆长竞标他最喜爱的艺术品。另一方面，布赫霍尔茨也提出自己可以在拍卖会结束后代表博物馆向德国政府购买艺术品。古利特来访后，施密特向布赫霍尔茨写道，他们已经约定，博物馆将首先采购仍然存放在柏林的作品，以便更好地确定他们在拍卖会上可以使用的剩余资金。古利特和布赫霍尔茨联合起来将巴塞尔的会面当成了最后的操纵手段。

布赫霍尔茨是更为资深的经纪人，在随后的谈判中充当了领导者的角色。[1] 施密特在拍卖会之前挑选了 13 幅油画，包括科林特的《看这个人》(*Ecce Homo*)、马尔克的《动物的命运》(*Tierschicksale*) 以及科柯施卡的《暴风雨》(*Die Windsbraut*)。为此，他一共支付了 18 000 瑞士法郎。[2] 这是布赫霍尔茨和古利特合作达成的第一单留有记录的交易。其他交易接踵而至。

∽

1939 年 6 月 30 日是一个美好的夏日，菲舍尔拍卖会在国家大酒店举行，酒店俯瞰平静的卢塞恩湖。全世界的博物馆馆长在参与和抵制间左右为难，因为有传言说拍卖所得收入将拿来资助纳粹扩张和重整军备。巴塞尔艺术博物馆没有这种顾虑。瑞士中央图书馆（Switzerland's Zentralbibliothek）也是如此。施密特获得了 5 万瑞

---

[1] Stephanie Barron, ed., *Degenerate Art* (New York: Harry N. Abrams, 1991), 138; cf. Kreis, "*Entarte" Kunst für Basel*, 12–13.

[2] Ibid.; cf. Kreis, 168–69.

士法郎的初期拨款。[1] 现代艺术博物馆的阿尔弗雷德·H.巴尔当时人在巴黎,他拒绝参加拍卖会。不过,他将继续通过他的朋友瓦伦丁和布赫霍尔茨购买德国政府收藏的、已遭到清洗的现代艺术品,直到1941年11月甚至更晚的时候。[2]

6月初,围绕拍卖的微风演变成了雷雨,当时《艺术新闻》的编辑、为美国银行家和艺术收藏家提供咨询服务的莫里斯·沃特海姆(Maurice Wertheim)向菲舍尔发了一份电报:"为抗谣言建议发密电不公开6月30日的真正买家以及收益是否转至德国。相信这会刺激美国人投标。"[3] 不太诚实的菲舍尔回复说,所有款项都将由他的美术馆分配给德国博物馆,用于执行新的采购计划,那些可恶的谣言是由巴黎的一个竞争对手散布的。

这个"竞争对手"就是流亡者保罗·韦斯特海姆(Paul Westheim),一个被驱逐到法国的德裔犹太出版商。韦斯特海姆清楚地知道德国政府打算如何让这些资金重新流通起来。菲舍尔还说,由于韦斯特海姆的强烈抗议,一群经纪人勾结在一起,形成了一个小圈子,而他们的恶劣影响已经传播到了纽约。他直接与潜在竞标者联系,但没有结果。到了125件艺术品进行预展的时候,未经证实的流言蜚语已经使多位重要人物失去了参加拍卖会的兴趣。

惊慌之下,菲舍尔给宣传部写了一系列信件,抗议施密特直接在

---

[1] Stephanie Barron, ed., *Degenerate Art*, 140.
[2] Francini, *Fluchtgut* (Zurich: Chronos, 2001), 216; 与乔纳森·彼得罗普洛斯(Jonathan Petropoulos)的私人通信。
[3] Ibid., 139.

柏林通过布赫霍尔茨和古利特购买艺术品。在收到回复之前，他又写了一封信，请求将高更、梵·高和马尔克的 6 件最珍贵的作品以及毕加索的 3 件作品的保留价[1]调低 20%。他还请求在拍卖会后用整整一个星期的时间为没有拍掉的作品寻找买家。

回信人的语气很坚决。菲舍尔可以降低 3 件不太贵重的作品的保留价，也可以在拍卖会后为没有卖掉的作品寻找买家。不过，最宝贵的油画绝对不能以低于保留价的价格出售。而且，宣传部认为自己只适合派一位不知名的初级官员作为代表参加拍卖会。霍夫曼和黑奇都不会到场。哈伯施托克也被人命令要远离拍卖会。[2]不过，古利特参加了这场活动。

3 点钟，拍卖会开始了。350 名落座的宾客之中包括埃米尔·比勒（Emil Bührle）等瑞士收藏家，代表莫里斯·沃特海姆竞标的《艺术新闻》编辑阿尔弗雷德·法兰克福特（Alfred Frankfurter），以及画家亨利·马蒂斯的儿子、纽约和巴黎的艺术经纪人皮埃尔（Pierre）。皮埃尔主要是对父亲的油画《游泳者与海龟》感兴趣，而来自密苏里州的小约瑟夫·普利策[3]（Joseph Pulitzer, Jr.）和妻子路易丝（Louise）也是如此，他们正在度蜜月。普利策已经说服马蒂斯代他为这幅画竞标。电影导演约瑟夫·冯·施特恩贝格（Josef von Sternberg）以及纽约经纪人卡尔·尼伦多夫和库尔特·瓦伦丁也在场。美国各大城市

---

[1] 指出卖人在委托拍卖时提出的拍卖最高应价达不到该价格应停止拍卖的价格，它是出卖人维护自己利益的保证手段。——译者注

[2] Francini, *Fluchtgut*, 140.

[3] 创办普利策奖的美国报业巨头约瑟夫·普利策是他祖父。——译者注

博物馆的代表与他们在安特卫普、巴塞尔、伯尔尼、布鲁塞尔和列日（Liège）的同行一起溜了进来。还有少数英国、法国、瑞士和德国的收藏家，以及前来报道此次拍卖的记者。拍卖人使用德语、法语和英语，报价以瑞士法郎为单位。参与者不需要预支信用，也能保证自己的匿名状态——相当有瑞士特色。[1]

拍卖会即将开始时，一名酒店侍者冲了进来，低声告诉法兰克福特有一通紧急电话找他。出乎意料的是，正在拍卖的那幅油画报价落锤后，菲舍尔宣布他们会等待法兰克福特返会。人们开始窃窃私语。即使到了今天，专家们对于那通电话的内容仍然持有不同看法。法兰克福特受到了威胁吗？受到了谁的威胁呢？还是说，对方警告他不得购买除45号拍品以外的其他任何画作呢？不管电话的内容是什么，它仍然是个谜。几分钟后，面色苍白、浑身发抖的法兰克福特重新进入拍卖室。[2]

拍卖会继续进行，其间只有菲舍尔3种语言的单调低沉的介绍声。当45号拍品文森特·梵·高（Vincent van Gogh）的《自画像》（*Self-Portrait*）被摆上拍卖台时，法兰克福特突然活跃起来，迅速击败竞价与他最为接近的比利时对手，为这幅画支付了相当于40 000美元的价格。他马上交出竞标卡，带走那幅画，叫来了他的汽车。他飞快地将画放进行李箱，然后开车离去，仿佛被这场拍卖会烫到了。[3]

---

[1] Francini, *Fluchtgut*, 140.

[2] Ibid. 虽然本书引用了这篇文章，而且本文作者在很多方面都研究得很细致，但是却根据威廉·F.阿恩茨（William F. Arntz）的文件得出了德国在那天"入侵了但泽自由市"的结论。而事实上，那天并没有发生过这样的入侵事件。第二次世界大战爆发前，距离战争最近的重要事件发生在6月17日，当时被美国和古巴拒绝入境的难民船只"圣路易斯号"返回了比利时。船上几乎所有的难民后来都被纳粹屠杀了。

[3] Ibid., 141.

"犹太人抵制了拍卖会，"菲舍尔随后向哈伯施托克报怨道，只有"三分之二的作品被人买走"。[1] 在 125 件拍品中，38 件没有拍出保留价。毕加索的《喝苦艾酒的人》（*Absinthe Drinker*）没有卖出去，还引发了一场国际事件。最初将这幅画捐赠给汉堡艺术馆的人要求获得优先回购这幅画的权利。不过，在接下来的两年里，在诉讼过程中，它一直挂在伯尔尼的德国大使馆里。法院最终裁定捐赠者在这幅画上并无进一步的权利。"我想不惜一切代价避免我们的款项在瑞士被冻结，"哈伯施托克以激烈的语气向菲舍尔写道，"如果这件事有任何危险的话，必须确保油画能首先还给我们，并用英镑把款项直接打到我们在德国国家银行的'EK'账户上。"[2]

与此同时，瓦伦丁让阿尔弗雷德·H.巴尔暂时摆脱了自己心中最可怕的恶魔。"同样令我高兴的是，博物馆和我的名字没有与拍卖会联系在一起。"巴尔在 7 月 1 日向他的经理托马斯·马布里（Thomas Mabry）如此写道。他知道马布里计划通过瓦伦丁在拍卖会上购买 4 件重要艺术品：德朗（Derain）的《韦尔的洛特河谷》（*Valley of the Lot at Vers*），在科隆被扣押下来；勒姆布吕克（Lehmbruck）的雕塑《跪着的女人》（*Kneeling Woman*），来自柏林国家美术馆；克利的《鱼之圈》（*Around the Fish*），窃自德累斯顿绘画馆；以及埃森市福尔克旺博物馆的《蓝色窗户》（*Blue Window*），由马蒂斯创作。[3] 当然，

---

[1] Francini, *Fluchtgut*, 144, 145.

[2] Ibid., 215.

[3] Alice Goldfarb Marquis, *Alfred H. Barr, Jr.* (Chicago: Contemporary Books, 1989), 177–78.

巴尔此前已安排手下通过瓦伦丁买了基希纳（Kirschner）的《街景》（*Strassenszene*），那是布赫霍尔茨用160美元从涅德舍恩豪森宫买的。

巴尔知道他是在让自己的心掌控大脑。同欧洲媒体，尤其是法国媒体的狂怒相比，从贝克曼和毕加索等艺术家以及法国经纪人那里感受到的愤怒显得不值一提。以德国博物馆收藏人及私人收藏家被迫净身逃离德国为代价获取艺术品虽然也在良心上过不去，但为自己博物馆弄到这些艺术品的绝对需要战胜了这种良心谴责。在这种想法的清晰指引下，他在7月1日的那封信中向马布里发出了指示："我认为我们在展出时……应该说明［这些作品］是从纽约布赫霍尔茨美术馆买来的，这一点非常重要。"[1]

巴尔不仅为瓦伦丁的所有交易支付了佣金，还派博物馆委托人在纽约布赫霍尔茨美术馆进行采购，他每周一次会亲自露面和对方"打招呼"。瓦伦丁是否曾经告诉巴尔身为希特勒4位官方经纪人之一的布赫霍尔茨其实是他的商业伙伴呢？或者说，在瓦伦丁移居国外后，布赫霍尔茨是否曾将粮仓和涅德舍恩豪森宫的艺术品作为美术馆的一部分初始库存？再或者，希特勒甚至给他写了一封信，授权他在美国销售这些艺术品？[2] 这份授权是在1936年11月中旬发出的，以回应瓦伦丁9月22日的请求——移居纽约并在美洲销售德国艺术品。它与希特勒向其他"得到认可的"经纪人签发的授权书并没有什么不同。

---

[1] Alice Goldfarb Marquis, *Alfred H. Barr, Jr.*, 178.
[2] AAA, Jane Wade Papers, Nazi Authorization dated November 14, 1936.

瓦伦丁的授权书原件存放在华盛顿特区美国艺术档案馆（Archive of American Art）里，这个档案馆是史密森学会（Smithsonian）的一部分。瓦伦丁把这封信交给了他忠实的助手珍·韦德（Jane Wade），信的底部附有"1936年继续在德国购买画作的许可"的手写注释。在下一行，他向韦德写道："可以销毁。"[1] "可以"和"必须"是两种不同的指示，因此韦德保留了这份文档。

瓦伦丁也许没有向巴尔透露这些最阴暗的秘密，但现代艺术博物馆的馆长一定怀疑过瓦伦丁与布赫霍尔茨的亲密关系。十多年以后，巴尔向一名美联社记者暗示，现代艺术博物馆实际上抵制了这场拍卖会，失去了蒙克曾被出售过的最好的作品（被古利特获得）。[2] 战争期间，他为瓦里安·弗赖（Varian Fry）提供资助，支持弗赖展开紧急行动，通过位于马赛（Marseilles）的基地拯救德法两国的知识分子。他这么做，或许是为了缓和自己的负罪感，也许只是为了能帮助弗赖这个哈佛老同学。

18年后，巴尔在和肯尼思·多纳休（Kenneth Donahue）交流时对自己的行为进行辩护。多纳休是佛罗里达州萨拉索塔市（Sarasota）林林艺术博物馆（Ringling Museum of Art）馆长，他也曾在同样的道德困境中挣扎过。"坦率地说，我认为这对全体德国人来说是一件好事，"巴尔辩解道，"因为这件事可以让他们想起那些共同的罪恶和愚蠢。"这已足够糟糕了。不过，巴尔还在继续安慰多纳休："你在

---

[1] AAA, Jane Wade Papers, Nazi Authorization dated November 14, 1936.
[2] Marquis, *Alfred H. Barr, Jr.*, 178.

第一个层面上（法律上）是安全的；你的良心一定会在第二个层面上（道德上）为你提供指导。"[1]

❧

菲舍尔在1939年6月的拍卖会一共获得了500 000瑞士法郎的收入。同那段时期世界重要首都的其他专业拍卖会相比，这是一个很可怜的结果。在没有卖掉的38件作品中，只有《喝苦艾酒的人》在瑞士找到了买主。其余37件作品直到1941年才被返还到德国宣传部。

然而，古利特、布赫霍尔茨、莫勒和伯默尔将从菲舍尔的损失中获利。最终，伯默尔在1941年将菲舍尔从困境中解救出来，他代表宣传部以大约24 000瑞士法郎的价格将毕加索的《喝苦艾酒的人》卖给了菲舍尔，条件是菲舍尔要以150 000瑞士法郎的估值买下安东尼·凡·戴克（Anthony van Dyck）的《圣母与圣婴》（*Madonna and Child*）。凡·戴克的这幅作品是在不久前以60 000瑞士法郎的估值从马克斯·埃姆登（Max Emden）的收藏中窃取过来的。菲舍尔以25 000瑞士法郎的价格将其转卖给了奥托·胡贝尔（Otto Huber）。[2] 伯默尔根据110 000瑞士法郎的修正估值从这幅画中抽取了10%的佣金。在那年6月的拍卖会上，伯默尔以不到一半估值的价格买了科林特的《自画像》。

---

[1] Marquis, *Alfred H. Barr, Jr.*, 178–79.
[2] BAB, R55/21019; also Francini, *Fluchtgut*, 145.

那年夏天，波瑟的林茨特别委员会掌控了欧洲艺术市场。1939年9月1日，希特勒入侵波兰。几天后，第二次世界大战爆发。到了1940年6月，希特勒已经将他的网络扩展到了整个东欧，还成功入侵了丹麦、挪威、荷兰、比利时和卢森堡，并将法国一分为二。捷克斯洛伐克被慢慢扼杀：1938年，苏台德区被吞并；1939年3月15日，整个国家遭受最终入侵。法国陷落后，英国成了欧洲唯一反抗德国的国家，徘徊在毁灭的边缘，直到1941年3月与美国签订"租借法案"——这也结束了中立的美国人打太极的态势。1941年6月22日，希特勒发动入侵苏联的巴巴罗萨行动。人们不再对希特勒的目标抱有任何幻想。

在1941年年底之前，古利特、布赫霍尔茨、莫勒和伯默尔主要为宣传部工作，他们做了数千次交易，全都涉及被没收的艺术品。古利特那些被改动的不完整的个人账簿清晰表明了这一点。德国政府没收的数千件艺术品一直没有被找到。直到不久前，人们还相信这些艺术品已经丢失。这些丢失的艺术品中包括马克斯·利伯曼的《驯狮者》(*The Lion Tamer*)，它将于2011年在斯图加特的一场拍卖会上被重新发现。它的匿名卖家是古利特的儿子科尔内留斯。

第二十一章

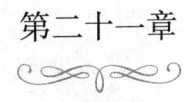

波瑟时代

当一个人的欲望和渴望苏醒时,他别无选择,只能犯错。

——约翰·沃尔夫冈·冯·歌德,《浮士德》

迫近的战争不可避免地导致全欧洲兴起藏匿艺术珍宝的风潮。伦敦国家美术馆将大多数馆藏品搬到了遥远的威尔士。比利时请求法国为他们的无价之宝凡·艾克的根特祭坛画提供保护。法国国家博物馆（Musées Nationaux）知道法国是希特勒在欧洲大陆上最为垂涎的战利品，因此将宝贵的馆藏分散到了卢瓦尔省（Loire）几十座前皇家城堡中。比利时的祭坛画被转移到了南方。著名收藏家在保护个人收藏的同时也获得了保护卢浮宫馆藏的机会。许多收藏家愿意提供帮助，包括罗斯柴尔德家族，他们的堂亲曾在奥地利遭受残酷的折磨。身为英国公民的阿方斯·卡恩（Alphonse Kann）将他的一部分收藏品送到了布里萨克（Brissac）城堡。支持纳粹的美国人弗洛伦斯·古尔德

（Florence Gould）将她宝贵的挂毯存放在美国大使馆里。[1]

∽

菲舍尔拍卖会之后，第三帝国的所有艺术经纪人都想为一位新主人服务——汉斯·波瑟博士，一个小下巴、薄嘴唇的德累斯顿人，自1913年以来一直是绘画馆的馆长。他很有天赋，固执己见，对新职位给他带来的无与伦比的潜在可能而感到非常激动：他将为希特勒的超级博物馆积累财富。

在1914—1918年的战争期间，波瑟负责保护拉斐尔（Raphael）那幅华丽的《一位年轻人的肖像》（Portrait of a Youth）。为了保护这幅画，德国古迹卫士们把它从克拉科夫（Cracow）国家美术馆（National Galerie）的恰尔托雷斯基收藏中抢救出来，疏散到德累斯顿。[2] 当德国遭受"凡尔赛命令"的严厉判决时，波瑟将这幅拉斐尔油画的归还时间推迟到了1920年。[3] 对希特勒来说，这也许就是波瑟最大的几个卖点之一。以国家为借口的贪婪行为总是会得到人们的鼓掌。1933年，当大区区长穆奇曼声称波瑟具有反纳粹情绪并试图驱逐他时，在哈伯施托克静悄悄的催促下，希特勒很快就亲自恢复了他的职位。波瑟真正的罪行是采购现代艺术。[4]

---

[1] NARA, M1934, RG226, roll 0001, 173–78. 据说，纳粹女招待古尔德还同时是3个不同纳粹党人的情妇。

[2] www.dictionaryofarthistorians.org/posseh.htm.

[3] Ibid.

[4] Kathrin Iselt, *Sonderbeauftragter des Führers* (Köln: Böhlau Verlag, 2010), 98–99, note 94. BAB, R 55/20.744, fol. 92–114.

古利特知道，当他们都生活在有着不同派系的德累斯顿艺术社区时，波瑟对他并不热情。希尔德布兰德认为他所感受到的冷落和怠慢源自波瑟的莱比锡朋友平德和他父亲间无休止的纷争。不过，另一种更加合理的解释则是波瑟无法忍受希尔德布兰德高度的自我评价。不管原因是什么，古利特觉得确保自己未来尊贵地位的唯一途径就是同时为宣传部和波瑟工作。不过，他首先需要打破哈伯施托克对波瑟的束缚，而束缚的理由是波瑟需要感恩。

实际上，哈伯施托克和波瑟从德奥合并时就开始合作了。波瑟来到维也纳，看到了德军在城市里的胜利游行。当盖世太保在他们位于维也纳大都会酒店（Hotel Metropole）的基地审问和拷打私人收藏家时，波瑟亲自扣押了阿方斯和路易·德·罗斯柴尔德（Louis de Rothschild）的收藏品。波瑟和不幸叫做冯·巴尔达斯（von Baldass）的纳粹艺术史主管（Nazi Kunsthistorisches director）一起从私人收藏家那里抢来了数千件艺术品，这些收藏家要么撤下自己喜爱的藏品逃离家园，要么被迫签字转让这些藏品以换取自由，比如埃弗吕西家族。

这些艺术品被运到霍夫堡宫（Hofburg Palace，被用作维也纳的仓库），随后被重新分配到艺术史博物馆（Kunsthistorisches Museum）和奥地利各地的小型博物馆，或者在国有拍卖行多禄泰（Dorotheum）出售。然而，一些艺术品却像变戏法一样重新出现在第三帝国 4 位官方经纪人的手中。

在德奥合并之前，古利特和同事们一直在奥地利有交易活动。不过，理论上说，当奥地利成为德国的一部分时，这种行为应当会被禁止。他们的任务是通过出售艺术品换取外汇，但他们并没有获得许可向德国人出售艺术品，而奥地利人已经变成了德国人。不过，他们仍在继续交易。如果巴尔都能为几件现代艺术品杰作流口水，不那么高尚的凡夫俗子又会做出什么事情呢？

总体而言，瑞士（尤其是瑞士清算中心）大体解决了他们会遭遇的困境。多禄泰拍卖行行长汉斯·赫布斯特博士（Dr. Hans Herbst）可以将艺术品销往瑞士、欧洲的非占领区以及美国。在接下来的6年里，他将成为古利特的主要联系人和交易来源——包括私下交易和代表林茨特别委员会的交易。[1] 巴塞尔艺术博物馆的施密特将成为他的另一条重要人脉。

古利特通过瓦伦丁往美国出售了许多艺术品，所以他将瑞士作为重要的中介处，以便用冻结（打折）和非冻结帝国马克进行易货和销售，获取备受追捧的外币。1939年，瓦伦丁本人在加利福尼亚给难民艺术经纪人加尔卡·沙伊尔（Galka Scheyer）写了一封信："顺便说一句，从欧洲获得画作不是特别困难。我曾收到瑞士、法国、英国甚至还有［原文如此］[2] 克利本人发来的货物。"[3]

为了加入这场寻宝游戏，古利特迟早会在奥地利建立一个行动基地，这是符合行业规矩的。20世纪30年代初，他曾将沃尔夫冈从破产边缘拯救出来，不是出于对家人的忠诚，而是为了掌控沃尔夫冈。沃尔夫冈在奥地利郊区为自己买了一座位于乡村小路旁的单层小屋，

---

[1] NARA, CIR no. 4: 57–59.
[2] 原文为德语"und"。——译者注
[3] Francini, *Fluchtgut* (Zurich: Chronos, 2001), 220, 239n.

小屋就在阿尔卑斯山寂静的巴德奥斯村（Bad Aussee）中。这里距离林茨只有大约一个小时的路程，因此它也是希尔德布兰德的理想工作地点。不过，它一定是许多安静家庭的谈资，因为当 1943 年的柏林变得危险后，沃尔夫冈和他的前两任妻子就经常住在那里。不久，他的情妇也搬了过来。

古利特还隐藏了一个令人厌恶的秘密：沃尔夫冈曾试图绕开他。1938 年年末，沃尔夫冈给卢塞恩的特奥多尔·菲舍尔写了一封信，称他可以为这位瑞士艺术经纪人和拍卖商提供"上等"服务。菲舍尔回信说，他已经与沃尔夫冈的堂弟希尔德布兰德及宣传部建立了合作关系。沃尔夫冈想提供的服务将超出他的需求。[1] 最终，在 1940 年 2 月 7 日，他们解决了相互之间的矛盾后，古利特才做出安排，让沃尔夫冈获得垂涎已久的官方授权，以便代表第三帝国从事国际贸易，前提是需要遵从希尔德布兰德的指示。[2]

∞

1939 年 9 月 3 日，英法对德宣战。这时，奥地利才发现在纳粹想要劫掠的众多富裕国家中，自己只是那第一个国家罢了。当德军在闪电战中席卷波兰时，波瑟回想起了他之前保护过的作品——拉斐尔的《一位年轻人的肖像》。事实证明，再度保护它的想法令人迷醉。

---

[1] 2013 年 5 月 24 日，我采访了林茨市兰多斯博物馆（Lentos Museum）馆长伊丽莎白·诺瓦克－塔勒尔（Elisabeth Novak-Thaller）。此信的原件将在 2015 年列日堕落艺术展上展出；microfilm printout in BAK B323/134.

[2] Francini, *Fluchtgut*, 216.

不过，拉斐尔的作品只是他那只欲望长指的指尖而已。

到了10月中旬，考耶坦·米尔曼的工作地点转移到了波兰。他为柏林弄到了恰尔托雷斯基收藏系列中3件无与伦比的杰作：拉斐尔的那幅画、达·芬奇的《抱银鼠的女士》（*Lady with the Ermine*）以及伦勃朗的《马滕·索尔曼斯的肖像》（*Portrait of Martin Soolmans*）。在未来几年里，当联军对第三帝国的腹地发动空袭时，这些作品将多次在边境间倒来倒去。不过，在旅行过程中，拉斐尔的那幅画则一直被米尔曼亲切地抱在怀里。[1] 人们最后一次看到它是在1945年，在波兰大区区长汉斯·弗兰克（Hans Frank）的办公室里。

在被纳粹占领的第一年里，波兰失去了绝大多数的珍宝。维特·施托斯（Veit Stoss）的祭坛画连同汉斯·冯·库尔姆巴赫（Hans von Kulmbach）设计的镶板被人从克拉科夫市玛丽亚教堂（Marienkirche）盗走后再运到柏林。1939年11月下旬，波瑟对波兰收藏品进行了第一次——也是唯一一次——巡查，以确定是否还有其他值得林茨收藏的珍品。除了已经被抢走的艺术品和"华沙国家博物馆的几件作品，波兰已没有太多可以扩充德国伟大艺术库的东西了"，波瑟叹息道，"波兰保存的应用艺术品更加丰富，品种也更多"，可以交给他的助手们去处理。[2]

波瑟刻薄的评论中自然不包括利沃夫博物馆（Lvov Museum）的27幅阿尔布雷特·丢勒（Albrecht Dürer）的画作，以及仍然留在苏

---

[1] Lynn H. Nicholas, *The Rape of Europa* (London: Macmillan, 1997), 69.
[2] Ibid., 68.

联人手中的其他德国大师的作品。波瑟收到命令,当允许开战时,要尽快把这些作品收回来,因为丢勒的作品曾在维也纳被拿破仑抢走,而且被认为是德国文化遗产的一部分。1941年6月,德国进攻苏联。开战后不到6天,米尔曼接到戈林的紧急命令,来到前线附近,耳边回响着激烈的炮火声。他要找到这些画作并将其立即带回卡琳宫,交给帝国元帅(reichsmarschall)。第二天,它们就落入了希特勒的手里,并将一直留在他的身边。[1]

到1940年时,古利特已经学会了对每一个可以讨好纳粹精英的机会保持警觉。12月10日,他给波瑟写信说,他听说林茨主任正在为帝国元帅寻找一件合适的礼物。显然,古利特遇到了这样的礼物——价格只有区区的25 000帝国马克。要想获得这件礼物,他们需要迅速行动,毕竟,他们几乎无法以更低的价格买到它了。[2]

这件物品将被当作1940年的圣诞节礼物。它"包装精美,将为帝国元帅的收藏锦上添花。这是由一位德国早期艺术家创作的古老的彩绘玻璃窗,还带有非常美丽的黄金饰品"。[3] 当然,古利特在推销时宣称自己无意中在一个博物馆客户那里发现了这件艺术品。就在那个星期五的下午,他计划会见一些急于见到这件艺术品的人,因为它正是他们正在寻找的东西。不过,如果波瑟馆长考虑购入这件艺术品的

---

[1] Lynn H. Nicholas, *The Rape of Europa*, 69.
[2] BAK, B323/134, f. 70, 10 December 1940.
[3] Ibid.

话，他可以仰仗古利特在这件事情上的完全裁量权。如果波瑟想通过电话讨论这件事，他甚至可以要求将电话费记在受话人的账上。[1]

当然，古利特知道纳粹统治集团中已经形成了在圣诞节、生日或元旦赠送昂贵礼物的传统。在这些日子里送给希特勒、戈林和戈培尔的礼物会被视作对他们崇高地位的赞颂。1933年以来，在这些夸张的致敬仪式上，艺术品变得日益重要；如果一个人能献上极为独特的艺术品，他在收礼人心中的地位就会得到提升。[2] 由于古利特的信件距离圣诞节只有短短几个星期，因此这件带有精美金饰的古老彩绘玻璃就不会引来"它来自哪里"的问题甚或关于价格的评论，只会引来"我什么时候可以看到它"的问题。

然而，波瑟在两天后回复："虽然我很想买……但还是无法接受这个价格。"显然，波瑟知道不管出什么样的价格，最后都会买来一件劣质艺术品。不过，波瑟在信的第二段指出，他想和古利特达成一项新交易。"我可以推荐一扇非凡的彩绘玻璃窗，上面绘有8幅画。它来自米尔茨河谷（Mürztal）圣马里恩（St. Marien）附近的圣洛伦岑教堂（St. Lorenzen Kirche，4.5米×1.3米）。你可以在科隆马尔梅德艺术馆（Kunsthaus Malméde）找到它……确实是一件博采众家之长的罕见艺术品。"[3] 波瑟为他设计了一项马基雅维利式的测试。

这扇最终通过古利特购买的彩绘玻璃窗成了戈林庞大的劫掠艺术

---

[1] BAK, B323/134, f. 70. 这是一篇对这封信的概括式译文。
[2] Jonathan Petropoulos, *Art as Politics* (Chapel Hill, NC: University of North Carolina, 1996), 264–65.
[3] BAK, B323/134, fol. 70, no. 381.

品收藏的一部分。古利特终于相信了汉斯是纳粹核心集团的一分子。几周后，他提出可以将祖父的一幅油画——描绘希腊废墟的风景画《卫城》（Acropolis）——卖给波瑟，价格还是再熟悉不过的25 000帝国马克。波瑟犹豫了。

两个月后，古利特在写给波瑟的信中说，这幅画已于3月6日在法兰克福的一场拍卖会上以6 275帝国马克的价格卖了出去——他显然忘了自己之前的昂贵报价。波瑟在古利特这封信的底部写道："写给阿尔贝特·施佩尔教授。"接着，波瑟在3月21日写给古利特的信中说："我经历了一场长途旅行，刚刚回来，看到了施佩尔教授的一封信，他说他买到了路易斯·古利特的作品。能麻烦你把发票寄到他家里吗？他的地址是柏林-夏洛滕堡，林登大道（Lindenallee）18号。"[1] 突然，波瑟开始揭穿古利特，向后者演示自己具备的优秀市场知识，说古利特骗了他——还骗了两次。波瑟显然知道古利特是个怎样的人，而且拥有对付他的王牌，而后者在未来有可能就需要这张牌。

有了古利特曾经试图欺骗他的必要书面证据，波瑟了解到古利特究竟是怎样一头野兽，相信自己必要时可以通过威胁和敲诈控制住古利特。此时，波瑟也对哈伯施托克日益蛮横的要求感到厌倦。在他看来，哈伯施托克还不如易受控制的古利特。接着，波瑟来了一场头脑风暴。就让这两个经纪人像竞技场上的角斗士那样对决吧。因此，从1941年1月起，他把古利特设计成了罪恶且狡诈的哈伯施托克的对手。

由于不良的名声以及1940年的"非法"商业交易，哈伯施托克

---

[1] BAK, B323/134, fols. 68–70.

已经遭受了德国总理府的反对，并被禁止继续在荷兰从事商业活动。不过，哈伯施托克不会失去他在寻宝游戏中的角色，他提醒波瑟不要忘了自己欠下的债。于是，波瑟开始反击，将哈伯斯托克的活动范围限定在法国领土上——就在几个星期前，他为古利特签发了旅行证件，将这两个人设计成了彼此竞争的对手。这个广阔的国家足以实现两位艺术经纪人的自我价值了，不是吗？哈伯施托克可以继续充当波瑟在法国的主要经纪人，就像菲利普·黑森亲王充当波瑟在意大利的经纪人那样。哈伯施托克和古利特的脖子都被扼住了，知道对方正窥探着自己。这是一个最为马基雅维利式的计划。

※

1940年5月和6月，当德军用闪电战席卷欧洲西部并占领比利时、荷兰和卢森堡时，一些艺术经纪人非常关心在这些国家避难的艺术家的安危——在许多情况下，这就是指他们的面包和黄油。古利特不属于这类人。

1940年6月14日，卡尔·布赫霍尔茨向1937年以来一直在阿姆斯特丹流亡的马克斯·贝克曼写了一封信。"我们已经很久没有通信了，"布赫霍尔茨在荷兰投降一个月后悲伤地写道，"我今天收到了瓦伦丁〔从纽约寄来的〕一封信，他说他需要再从你这里买一些画，他希望你现在还在工作。也许你可以将一套新的油画作品直接寄到纽约。"[1] 布赫霍尔茨说得很直白：他无法继续从德国直接把艺术品寄

---

[1] AAA, Curt Valentin Papers, Beckmann file, Buchholz to Beckmann, June 14, 1940.

到美国，而位于荷兰的艺术家本人则没有这样的限制。[1] 瓦伦丁也在担忧，在 6 月 8 日也给贝克曼写了一封信。[2] 仿佛是为了向贝克曼强调在"禁画令"之下继续作画的危险，这些信件的信封上都盖有德国审查官的印章，说明它们都曾被打开过。

在此之前，布赫霍尔茨已经通过游历荷兰的官员了解到了贝克曼的生活情况，他一直觉得很快就可以再次在德国展出贝克曼的作品了。布赫霍尔茨在信中保证向贝克曼派"一个人"。这个人将是埃哈德·格佩尔，他不仅是波瑟在荷兰的林茨代表，还将代表可怕的米尔曼办事处（Dienststelle Mühlmann）[3]。从 1941 年到 1944 年年末，格佩尔还与古利特在荷兰、比利时和法国进行了密切合作。[4]

在德国，古利特也在他的私人珍奇屋（Kunstkabinett）里悄悄展出和销售贝克曼及其他表现主义艺术家的作品。这个珍奇屋就在他的家宅之中，它的前厅是那些"得到认可的"19 世纪艺术品，后屋则塞满了堕落艺术品。根据贝克曼的说法，在他被迫流亡前，古利特是最后一个展出他作品的人。[5] 由于古利特营造出了一种谨慎的氛围（在很大程度上要归功于他那迷人的妻子海伦妮），经纪人和收藏家可以聚集在这里讨论现代艺术。最重要的是，他们可以购买现代艺术品，尽管他们是德国人。

---

[1] AAA, Curt Valentin Papers, Beckmann file, Buchholz to Beckmann, June 14, 1940.
[2] Ibid., Valentin to Beckmann, June 8, 1940.
[3] 负责人是考耶坦·米尔曼。——译者注
[4] BAK, B323/134, fol. 40, no. 211; fol. 41, no. 213; fols. 63–65.
[5] 参考 AAA, Curt Valentin Papers; SAC, SpK BA Land G251, letter August 6, 1946.

古利特并没有以自己的名义将珍奇屋注册为一家企业。1940年前，它在海伦妮的名下，这是对家族企业进行"雅利安化"的一种成功举措。不过，当战争爆发时，古利特将珍奇屋的所有权转让给了汉堡艺术经纪人弗劳·英格博格·赫特曼（Frau Ingeborg Hertmann）。[1] 古利特想掩饰掉他参与艺术交易的痕迹，以防德国输掉战争，但把妻子牵涉到这门生意中并不能实现这一目标。从1940年到1942年，在珍奇屋的记录中，英格·赫特曼（Inge Hertmann）是它的所有人。不过，更多的时候，她被称为古利特的秘书。用她自己的话说，她成了"一位女性密友，可以从个人和企业两个角度深入了解古利特博士"。[2]

私下里，赫特曼认为古利特是最贪婪、最为深藏不露的人。不过，她认为海伦妮才是夫妇中更加贪心的那个人。他的所有言行都在使艺术家和潜在客户对他的生意产生正当的错觉。然而，古利特只对一件事感兴趣，那就是创造出最大的利润。许多人看到古利特的态度时可能会觉得他做的是"正当生意"。不过，考虑到他获取这些艺术品的方式，这门生意显然存在不道德的成分。赫特曼称，虽然古利特对纳粹政权表达出"极尽贬低的观点"，但他"一直披着他们的斗篷"，以便通过"他所获得的有利条件"而受益。随着时间的推移，他在越来越多的信件和发票上写下"希特勒万岁！"。他那个贪婪而不太谨

---

[1] SAC, SpK BA Land G251, fol. 79.
[2] Ibid., fol. 78.

慎的堂兄沃尔夫冈一次也没有写过。[1]

实际上,古利特"经常告诉别人他在为宣传部的黑奇博士、大区区长[原文如此]施佩尔、戈培尔等人工作。古利特和施佩尔之间既有个人交情,又有商务关系"。[2] 古利特以低价买入,高价卖出。他拥有广泛的业务关系,常常向德国一些顶级实业家出售艺术品。英格·赫特曼声称:"雷姆茨马先生的秘书曾经听古利特说他在1942—1943年为元首本人工作过。"[3]

赫特曼因古利特在艺术交易中赚取巨额利润而极为愤怒。"他在汉堡艺术馆[艺术家协会]供职期间以极低的价格买了利伯曼的几幅油画,然后又卖了出去,赚取了前所未闻的巨大利润。"考虑到利伯曼的遗孀于1940年被迫将他们位于柏林西南郊区美丽的万塞(Wannsee)的别墅贱卖,因此古利特的态度正显示出他对利伯曼的冷酷无情,而后者生前一直是德国表现主义运动的中流砥柱。[4]

更糟糕的是,1942年,古利特从雅利安拍卖商和艺术经纪人汉斯·W. 朗格(Hans W. Lange)那里获得了利伯曼的《海滩上的两名骑手》。[5] 不过,他并没有采取行动拯救利伯曼的遗孀玛尔塔(Martha)。1943年,由于中风而卧床不起的玛尔塔收到了一条通知:不久她就会被驱逐到特莱西恩施塔特(Theresienstadt)。85岁的玛尔塔自杀了。

---

[1] BAK, B323/134. 在该文件中,随处可见古利特的致敬语"希特勒万岁!",第一处的日期是1941年9月10日。
[2] Ibid.
[3] Ibid., 79. 其中也有卡拉·朗霍夫(Karla Langhoff)的陈述。
[4] 利伯曼死于1935年。不过,由于他的表现主义成分和犹太血统,被纳粹控制的媒体并没有宣布他的死讯。
[5] www.lootedart.com. Toren v Bavarian Government and German Federal Government.

赫特曼还特别举了另一个例子。"和犹太人有关。当利茨曼（Litzmann）流亡时，他把自己的画作交给古利特销售，"赫特曼解释道，"我记得他后来给古利特写信，请古利特把卖画所得的钱寄给他们，他们在挨饿。古利特以镇定而随意的方式让我给这些犹太人寄去 10 个帝国马克，还是通过一个叫维尔纳（Werner）的人寄的。"[1]

赫特曼还有一些更加不利于古利特的证词。在波瑟时代，古利特似乎还主管阿勃维尔[2]（Abwehr）的艺术行动。"古利特和目前已不在人世的阿贝斯（Abbs）和吉泽勒（Gieseler）先生进行极度私密的会谈，并达成利润丰厚的交易，"赫特曼在 1947 年 11 月下旬对警方如此说道，"我听说，据人们所知，这两个人是阿勃维尔的间谍，受古利特的委托将一车车［艺术品］［运往］荷兰。"[3]

实际上，在她为珍奇屋工作的那段时间，"古利特待在巴黎的时间越来越多，他在圣西蒙街（rue St Simon）14 号落脚，并与蒂朗街（rue Théeran）15 号［原文如此］的艺术经纪人阿德（Ader）、奥布里（Aubry）和安德烈·舍勒（André Schoeller）有联系。安德烈·舍勒是法国表现主义专家。通过这些人以及其他许多人，古利特做成了一些数额很高的交易。"

虽然赫特曼对他感到失望和厌恶，但古利特选择了一个合适的雅利安合作伙伴。赫特曼知道，如果她向第三帝国中可能对这类事情感兴趣的人说出实情，古利特就会告发她。可以理解的是，战后，她把

---

[1] SAC, SpK BA Land G251, 78.
[2] 1921—1945 年的德国军事情报机构。——译者注
[3] Ibid., 79.

这些事情都告诉了警方，还说她之前不得不"闭嘴"。毕竟，英格·赫特曼嫁给了犹太人。"我在这里描述的这些事情经常发生，就像是流水线上生产出来的产品一样，"她对警察说，"现在，我需要再强调一次这些事情。古利特总是以无法解释的理由行动。"[1] 她不理解的是，他父亲其实在他童年时就把自然注重隐私的特质印进他的头脑中，而他又进一步培养这种隐匿的艺术，并将其传给了自己的孩子。

∞

赫特曼在 1947 年的证词中称，在她任职期间，因为古利特做出很多无情且无耻的行为，她无数次对他直接提出抗议。从古利特的角度看，英格·赫特曼显然必须走人。幸运的是，在他的隔壁邻居、住在老拉本街（Alte Rabenstrasse）5 号的荷兰化学家威廉·赫尔姆森（Wilhelm Hermsen）的帮助下，古利特已经找到了一个新的雅利安合作伙伴。威廉向古利特介绍自己的亲戚特奥（Theo）和让（Jean）——他们的专长是运输精致的红木家具。[2] 除此以外，我们几乎不知道这种合作关系是如何形成的；我们只知道特奥在 1942 年 11 月之前的某个时候同意取代英格博格·赫特曼；随后，希尔德布兰德·古利特将和特奥·赫尔姆森一道在法国大赚一笔。

---

[1] SAC, SpK BA Land G251, 79.

[2] www.interactive.ancestry.com/30299/rddeu1824b_078875-0227/14903396?backurl=http%3a%2f%2fsearch.ancestry.com%2fcgi-bin%2fsse.dll%3fgst%3d-6&ssrc=&backlabel=ReturnSearchResults&rc=835,2728,1020,2750. 1935 年的一份汉堡电话号码簿解开了围绕特奥·赫尔姆森的谜团。包括荷兰归还服务机构（Dutch Restitution Services）在内，与我有过交谈或通信的任何专家和档案保管员都没有关于赫尔姆森的更多信息，只有在他向盟军审问官的陈述中提供了一些有关古利特的信息。

第二十二章

侵吞财宝

性格只不过是长期持续的一个习惯而已。

——普鲁塔克（Plutarch）

从 1938 年开始，希尔德布兰德·古利特一直在为第三帝国辛勤工作，他的服务对象五花八门，从看似无害的"博物馆委员会"一直到宣传部、阿勃维尔和林茨特别委员会。他曾对雷姆茨马的秘书说他在为希特勒工作，听上去像是吹牛，但的确是事实。从希特勒任命波瑟的那个时刻起，没有人对元首的私人收藏和林茨的收藏做过任何区分。[1]

古利特和赫尔姆森收到了由波瑟签发的通行证，同时还有要求纳粹占领军提供合适交通工具将画作运回德国的指令。对于在纳粹占领的某个"省"收购的任何艺术品，古利特的国际银行付款是由林茨委员会和德国总理府领导人汉斯-海因里希·拉默斯博士共同处理的。只要有可能，古利特就会用帝国马克或本地货币低价买入艺术品，再

---

[1] NARA, CIR no. 4.

用美元、瑞士法郎或英镑转卖，从而获得双重收益。他的业务迅速扩张，赫尔姆森在巴黎为他处理事务，数量较多的艺术品则是由阿莱维街（rue Halévy）8号的古斯塔夫·克瑙尔（Gustav Knauer）来运输的。在接下来的几年时间里，曾在德国生活过的荷兰侨民赫尔姆森也需要一位守护天使——这个角色注定将由古利特来扮演。

∞

由于荷兰和比利时在数日内就屈服于不断推进的战争机器，[1] 在欧洲大陆上，只有法国不在希特勒的统治之下。当鹿特丹还在燃烧时，身着党卫军全副武装的考耶坦·米尔曼已经带着他的经纪人和艺术史学家团队冲进了荷兰，开始盗窃。[2] 希特勒的军队没有像在东部那样去巩固欧洲北部的新领土，而是同时对法国发起了攻击。以各个击破的方式征服西欧是无法令人接受的。

闪电战造成的冲击和畏惧成了一种传奇。这场战争中将不会出现史诗般的马恩河战役，魏刚总司令（Commander in Chief Weygand）告诉政府。贝当元帅（Maréchal Pétain）同意这个观点。到了6月10日凌晨3点，先导部队已经为政府车队打通了抵达卢瓦尔河畔小镇日安（Gien）的道路，他们跟随着国家艺术收藏的脚步踏上了流亡的旅程。在西线战役开始后的6个星期里，超过112 000名法国士兵死亡，另有约225 000人受伤。[3]

---

[1] 这场军事行动被称为"黄色计划"，入侵法国的行动则被称为"红色计划"。
[2] NARA, Vlug report, RG239/roll 0008, 5–6.
[3] Charles Williams, *Pétain* (London: Little Brown, 2005), 333.

德国国防军（Wehrmacht）和德国空军的进展极为迅速，数百万人的家园在主人逃离后不到一个小时就被前线士兵吞没。还有一点儿时间的人把少量个人物品装到马车上，或者像驮马一样背着包袱上路。其他人留下桌上还没有吃完的饭菜，抓起一张自己珍视的家庭照片后逃走。法国东北部的里尔市（Lille）是一个拥有20万人口的繁华工业城市，但它在一个下午的时间里就失去了90%的居民。

英国远征军与幸存的法国和比利时士兵狼狈地撤退到了敦刻尔克。在那里，一支由各种小船拼凑起来的舰队奇迹般地加入皇家海军和商船的船队中。驾驶这些小船的是那些勇敢的船主，这些普普通通的英国人响应了无线电广播中的求救信号。[1] 令人吃惊的是，他们成功地解救了大约34万人。遗憾的是，大约4万人被留了下来——他们被德国国防军或德国空军杀害或俘虏。在某种程度上说，英国护航队从战败之兽的口中夺得了一种道德上的胜利。[2]

数百万难民将法国的各个主要道路挤得水泄不通。6月初的日子被称为"出埃及记"，流离失所的群体达到了《圣经》中《出埃及记》的规模。各行各业的人在法国国土上交错移动，逃离险境，抵达安全地带。敦刻尔克最后一批士兵被救走的一个星期后，戈培尔批准建立第一个在法国进行宣传广播的德国电台。[3]

虽然法国人民已经听到了这些可怕的消息，但是当亨利·贝当元

---

[1] 英国大部分舰队活跃在一系列海军战场上：远东，地中海，为大西洋船只护航，向英国运送食品和武器，保护英属殖民地。

[2] 从以下几份在线资料中能找到更多的信息：www.eyewitnesstohistory.com/dunkirk.htm 和 www.historylearningsite.co.uk/dunkirk.htm。

[3] Henri Michel, *Paris Allemand* (Paris: Albin Michel, 1981), 19.

帅（Maréchal Henri Pétain）——上次战争中的凡尔登老英雄——嘶哑的声音在 1940 年 6 月 17 日通过电波传来时，人们还是惊讶得目瞪口呆，仿佛他是在宣读一张被揉皱的纸上的文字。在总统的请求下，他接过了法国政府的领导权。"今天，我怀着沉重的心情告诉你们，我们有必要停火了"，法国做好了与德国达成停战协定的准备，贝当说道。[1] 贝当在做出这项声明之前没有征求战场上将军们的意见，更没有问过 5 天前飞到法国亲自会见法国领导人的丘吉尔。[2] 政府又一次踏上了逃亡之旅，这一次则是逃到了法属北非。

∞

许多人相信，巴黎已经失去了三分之二的人口。当 6 月 24 日晚停战协定签订时，已经有超过 200 万的居民走上了逃亡之路。[3] 在德国被迫签订导致"凡尔赛命令"的羞辱式投降声明时使用过的贡比涅森林中的同一节列车车厢里，法国被迫签订了停战协定，而这种象征意味使希特勒感到陶醉。

停战协定在第二天凌晨 0:35 生效。此时贝当已经签订了另一份停战协定，同意德国占领法国三分之二的领土。该协定从舍韦尼（Cheverny）西边的卢瓦尔河到南部的西班牙边界画了一条直线。波尔多以及法国面向大西洋和英吉利海峡的海岸也属于占领区。

---

[1] Williams, *Pétain*, 332.
[2] 丘吉尔敦促法国总理雷诺（Reynaud）向罗斯福发送求救电报。参考 Williams, *Pétain*, 319–22。
[3] Ibid., 29.

从地理上说，法国的自由区——也叫维希法国——将包括法国的大约三分之一，从舍韦尼西边的卢瓦尔河向东延伸至瑞士，然后向南延伸至地中海。这个法国政权的名称来源于其首都，即温泉小镇维希。维希位于中央高原上，距离克莱蒙费朗（Clermont-Ferrand）大约60公里。自由区首都之所以选择维希而不是克莱蒙费朗，是因为维希拥有足够多的酒店和餐厅，可以容纳新成立的喜欢敲诈勒索的混乱政府，这个政府处于贝当及其卑鄙的副官皮埃尔·赖伐尔（Pierre Laval）不光彩的领导之下。[1]

停战协定包含一条对古利特非常重要的条款：任何资产不得从占领区转移到自由区。美国驻法国大使威廉·布利特（William Bulitt）评论道，纳粹党人"希望法国变成德国最令人喜爱的省份——一个新的大区，它将变成新的高卢省"。[2]

巴黎充斥着各武装部队和驻外事务处的领导人。德国空军接管了丽兹酒店（Ritz Hotel），盖世太保占领了杜伊勒里宫（Jardins des Tuileries）对面的莫里斯酒店（Hotel Le Meurice）。艺术保护署（Kunstschutz）和军事当局将总部设在克莱贝克大街（Avenue Kléber）的梅杰斯提克酒店（Hotel Majestic）。犹太事务处理机构[3]

---

[1] Williams, *Pétain,* 335–36.

[2] Lynn H. Nicholas, *The Rape of Europa* (London: Macmillan, 1997), 116; cf. Shirer, *Third Republic,* 914.

[3] 犹太问题研究院（Institut d'Études des Questions Juives）。

（IEQJ）的官员们被安置在犹太艺术经纪人保罗·罗森贝格位于博埃西街（rue de la Boétie）21号的前总部。理论上的亲法者、妻子是法国人的德国大使奥托·阿贝茨（Otto Abetz）被里宾特洛甫分派到位于巴黎的德国大使馆。

和在维也纳一样，罗斯柴尔德家族的收藏最先受到征召，供大使过目。很快的，镶有罗斯柴尔德金色花押字的别致黑箱子带着它们的无价"礼物"被送了过来。实际上，在人去楼空的网球场博物馆[1]（Jeu de Paume Museum），观察力敏锐的馆长在日记中写道："从费里埃城堡（Château de Ferrières）或塔利朗酒店（Hôtel de Tallyrand）抢来的爱德华·德·罗斯柴尔德男爵（Baron Edouard de Rothschild）的无价艺术珍宝很快就与塞利格曼（Seligmann）、维尔登施泰因（Wildenstein）、阿方斯·卡恩、罗森贝格和贝尔南（Bernheim）收藏的名作出现在了一起，而这些人的名字和地址也被写在了提交给盖世太保的名单上。"[2] 这位观察力敏锐的馆长就叫做罗丝·瓦兰德（Rose Valland）。

阿贝茨立即为大使馆的三名员工卡尔·埃普坦（Karl Epting）、卡尔-特奥多尔·蔡特舍尔（Carl-Theodor Zeitschel）和埃伯哈德·弗赖赫尔·冯·屈恩斯伯格（Eberhard Freiherr von Künsberg）分配了一项任务：将法国犹太人草率地存放在法国城堡中、和国家财宝放在一起的所有艺术品弄到手并运回卢浮宫。[3] 蔡特舍尔和屈恩斯伯格都

---

[1] 字面意思是"棕榈游戏"，指中世纪法国国王玩的一种网球游戏。当卢浮宫是法国王宫时，"Jeu de Paume"是国王的室内网球场。

[2] Emmanuelle Polack and Philippe Dagen, eds., *Les carnets de Rose Valland* (Paris: Fage Editions, 2013), 9–10; cf. Valland, *Le front de l'art* (Paris: Librairie Plon, 1961), 49.

[3] Jonathan Petropoulos, *Art as Politics* (Chapel Hill, NC: University of North Carolina, 1996), 129.

是宪兵队的特工，接到了严格的指示：这些"被保护"的犹太收藏中任何合适的艺术作品都将在德国找到归宿。

德国 1914—1918 年间的艺术和古迹保护办公室（Art and Monuments Protection Office）得以重建，并被称为艺术保护署，领导人是著名的艺术史学家弗朗茨·沃尔夫－梅特涅伯爵（Count Franz Wolff-Metternich）。他最近曾担任莱因－威斯特伐利亚地区的博物馆馆长。曾在拿破仑战败后对欧洲的重构起过重要作用的那位著名政治家是他的直系祖先。当他接到通知要负责保护西欧的古迹时，沃尔夫－梅特涅吃惊地发现自己只需向最高统帅部负责。[1]

没有一个德国人意识到沃尔夫－梅特涅完全是一个守旧派。私人财产受到1907年《海牙公约》第47条的保护，必须得到尊重。沃尔夫-梅特涅用一种与他备受尊重的姓氏相衬的勤奋承担起了这项任务。[2]他拟订了几份需要得到保护的古迹名单；他告知城堡主人要用钥匙和锁头保护他们的宝贵家具，使它们免于轰炸；他把步枪兵派到城堡，以便对其进行保护。沃尔夫－梅特涅与历史建筑委员会（Demeures Historiques）领导人诺瓦耶公爵（Duke of Noailles）和国家博物馆馆长雅克·若雅尔（Jacques Jaujard）展开了合作。[3]

不过，即使是沃尔夫－梅特涅也没有预料到助手赫尔曼·邦耶斯（Hermann Bunjes）的贪婪。邦耶斯是一名艺术史学家，之前曾跟随

---

[1] Nicholas, *Rape of Europa*, 119.

[2] 沃尔夫－梅特涅的祖先是19世纪著名外交家、曾担任奥地利帝国首相的克莱门斯·梅特涅（Klemens von Metternich）。——译者注

[3] Ibid., 120.

卢浮宫博物馆馆长马塞尔·奥贝尔（Marcel Aubert）学习雕塑。沃尔夫-梅特涅也没有意识到奥托·屈梅尔（Otto Kümmel）在巴黎的活动。从1939年开始，戈培尔命令屈梅尔调查拿破仑时代以来有可能是德国人被迫出售的或者从德国抢来的所有艺术品和手工艺品。屈梅尔写了一本大部头的书，名为《法国人1794年在莱茵兰掠夺的艺术品备忘录和清单》(*Memorandum and Lists of Art Looted by the French in the Rhineland in 1794*)。这本书被视为巨大的成功，因此屈梅尔才又接手了一个后续项目：调查1500年以来一切被外国人占有的艺术品。[1]

1940年8月，在希特勒的直接授权下，戈培尔从教育部长鲁斯特那里接管了一个项目：根据《从敌国回收文化物品法案》(*Rückforderung von Kulturgütern von Feindstaaten*)回收西部的所有德国艺术品。戈培尔将亲自监督屈梅尔的后续任务，他在1940年8月13日向教育部、外交部以及帝国美术院大区分院的所有国外代表写道，这种对"落到我们目前敌人手中的"重要文化物品的不懈寻找对于"即将到来的和约"的签订以及"所有权合法变更的一切可行条件"都很重要。实际上，戈培尔计划将屈梅尔的工作从研究阶段推进到实践阶段，没收从拿破仑战争以来有德意志来源或者被认为有德意志特点的所有艺术品。[2]

---

[1] Nicholas, *Rape of Europa*, 121.
[2] Petropoulos, *Art as Politics*, 125–26.

∞

在试图领导希特勒文化意识形态乃至官僚体制的过程中，阿尔弗雷德·罗森堡曾不断被戈培尔抢走风头。当他在法国争夺个人位置时，罗森堡终于找到了适合自己的领域。根据1940年7月5日元首的一道直接命令，罗森堡获得授权，可以在第三帝国公开敌人的所有档案馆和图书馆中开展收集活动。当罗森堡试图将这道命令推广到艺术品时，沃尔夫－梅特涅开始警觉，于是就发布了一道命令，禁止在没有地区军事指挥官书面许可的情况下移动任何艺术品。[1] 罗森堡并没有受到阻碍，他将部下改组成了最有效的战时掠夺组织之一，名做"帝国领导罗森堡委员会"（Einsatzstab Reichsleiter Rosenberg），简称罗森堡委员会（ERR）。

格哈德·乌提卡尔（Gerhard Utikal）成了罗森堡位于柏林的官僚机构的主谋，他亲手挑选出抢劫艺术品的参谋和特别突击队员，编织了一个复杂的网络。在库尔特·冯·贝尔（Kurt von Behr）的领导下，位于法国的西部办事处（Dienststelle Westen）很快就变得无所不能。到1940年8月底，来自犹太人、波兰人、屠格涅夫以及罗斯柴尔德档案馆和图书馆的大约1 244箱书面材料被运到德国的意识形态培训中心。[2]

显然，法国占领区存在相互冲突的势力。不过，对希特勒来说，这是可以预料的，因为他一直都把部门领导人设置成相互对立的状态。

---

[1] IMT, *Trial of the Major War Criminals*, 8:68.
[2] Petropoulos, *Art as Politics*, 128.

阿贝茨大使从一开始就让他的特工不要理睬沃尔夫-梅特涅。沃尔夫-梅特涅则命令手下留意外交部及其大使似乎决意要夺取的艺术战利品。接着，在9月17日，陆军元帅威廉·凯特尔（Wilhelm Keitel）授权罗森堡委员会，他们可根据元首的个人命令占有所有"无主"文化财产——包括战争爆发以来第三帝国的敌人交给法国的任何物品。负责掠夺比利时和荷兰的几个德国占领部门也收到了同样的命令。"无主"一词当然是对"逃走、被囚或死亡之人留下的财产"的一种委婉说法。

这种野蛮堕落行为的核心是希特勒要控制占领区所有艺术品没收工作的坚定而彻底的决心。就像他自1933年就控制了德国的文化政治一样，他必须在他占有的国家中采取同样的做法。希特勒知道自己永远无法通过沃尔夫-梅特涅实现这一点了，因为后者仅凭名字就可以完全震慑住陆军和空军中的贵族。罗森堡及其同事库尔特·冯·贝尔则都是冷酷无情的人，急于想成为希特勒的宠儿。虽然沃尔夫-梅特涅在保护法国文化遗产方面取得了有限的成功，但在保护私人收藏方面则没有那么幸运。

⁂

贝尔的罗森堡委员会最初将行动地点设在卢浮宫，但很快就搬到了附近的网球场博物馆。在那里，属于15位经纪人和犹太收藏家的藏品被迅速拆包。[1] 罗丝·瓦兰德一直是这个无人管理的现代艺术博物馆的志愿守护人。若雅尔让瓦兰德为博物馆经手的艺术品制订一份

---

[1] Valland, *Le front de l'art*, 48.

尽可能完整的清单，并记下这些物品随后被具体运往何处。即使对于任何接受过间谍培训的人来说，这也是一项艰巨的任务——对于一个没有任何报酬的普通平民来说，这就是一项不可能完成的任务。

"我还不是很清楚促使自己做出这种决定的原因，"瓦兰德在1940年11月1日写道，当时赫尔曼·邦耶斯命令她停止制作法语清单。"我一点儿也不知道要怎样证明自己出现在这里是合理的……不离开岗位的决心支配了我的行为。老板们的赞同消除了我最后一丝疑虑，我知道自己该做什么。"[1]

为帝国元帅戈林工作的想法一直在诱惑着邦耶斯。瓦兰德不知道的是，他们正在为戈林准备一场艺术展览。不过，她忠实地写下了这样的记录：10月末，德国空军运来艺术品，贝尔穿上了红十字会的制服。她还看到了一些被布置的画作，仿佛是在准备一场展览。接着在11月3日，一大批菊花——在法国，菊花是葬礼之花——连同棕榈盆栽、地毯、装饰艺术品和香槟被运了进来，用来欢迎帝国元帅戈林莅临现场。肥胖的戈林穿着一件山羊绒大衣，戴着一顶软呢帽，站在华丽的法国珍宝和全副盛装、在他面前低三下四的德国军官旁，显得怪异。[2]

戈林的个人艺术经纪人瓦尔特·安德烈亚斯·霍费尔和泽普·安格雷尔已经提前对巴黎进行了侦察，并下令将他们选择的艺术品带到网球场博物馆。就连戈林也被眼前的景象惊呆了。他一整天都待在博

---

[1] Polack and Dagen, *Les carnets de Rose Valland*, 15.
[2] Valland, *Le front de l'art* (Paris: Librairie Plan, 1961), 55–56.

物馆里。戈林问这些是否就是全部的艺术品,却被告知库房里还有更多。他推迟了离场的时间,以便看到所有珍宝。这里的名作比他在荷兰"抢购"时看到的还要多,绝对使他感到非常惊讶。[1]

这里的财富完全超出了他的想象。罗斯柴尔德家族收藏的维米尔（Vermeer）的《天文学家》（*Astronomer*）、伦勃朗的《戴红色贝雷帽的男孩》（*Boy with a Red Beret*）、凡·戴克的《一位女士的肖像》（*Portrait of a Lady*）还有其他艺术品让他流下了贪婪的口水。11月5日下午,戈林发出了一道命令:从现在开始,由德国国防军和罗森堡委员会保护的艺术品将被分成几大类。元首选中的艺术品总是排在第一位——不管是献给元首本人还是送给林茨特别委员会。接着,身为二号人物的帝国元帅将有权拿一些艺术品补充卡琳宫的收藏。未来某一天,卡琳宫也将成为一座国家博物馆。第三类"有用的"物品将被送到罗森堡的反犹智库。接下来,德国博物馆可以考虑从剩下的艺术品中选一些。余下的渣滓将进入法国博物馆,或者拿到公开市场上销售。[2] 当然,那并不是接下来发生的事情。

在1940年12月纳粹送礼季开始之时,戈林已经禁止沃尔夫－梅特涅伯爵及其助手伯恩哈德·冯·蒂埃肖维茨博士（Dr. Bernhard von Tieschowitz）干预他在法国进一步开展的任何活动。他甚至修改了11月5日的命令,改成了"元首对犹太艺术财产的没收将在我［戈林］的指示下用罗森堡委员会之前采用的方法展开"。沃尔夫－梅特

---

[1] Nicholas, *Rape of Europa*, 127–28.
[2] Ibid., 128.

涅立即解雇邦耶斯，后者很显然一直深受帝国元帅的赏识。他很快被罗森堡委员会重新雇用。

戈林最开始挑了 59 幅画。此时，希特勒还没有发布从法国带走所有艺术品的正式许可，发布日期是在 1940 年的最后一天。汉斯·波瑟选出了维米尔的《天文学家》、布歇（Boucher）为篷巴杜夫人（Madame de Pompadour）绘制的著名肖像以及弗兰斯·哈尔斯（Franz Hals）和伦勃朗的作品。1941 年 2 月 9 日，希特勒和戈林的所有精选艺术品被戈林的私人列车运到了德国。在巴黎解放之前，戈林又对这座城市进行了 19 次抢劫式的造访。[1]

就连贝当元帅也感染了这种送礼精神。他决定将法国国家馆藏中的一些西班牙名作送给弗朗西斯科·佛朗哥（Francisco Franco），表达自己的善意，并传达这样一条讯息：佛朗哥应该在法国事务上保持中立。但是，若雅尔并不想这样做。相反，他安排手下用几个在托莱多（Toledo）附近找到的西哥特王冠、一幅穆律罗（Murillo）的油画以及一尊古老的雕塑《埃尔切仕女》（Dama de Elche）换来了西班牙收藏的一些具有类似价值的艺术品。贝当大为愤怒，因为叛逆的若雅尔及其同伙将他的礼物纳入到了一桩肮脏的交易中。[2]

∞

希尔德布兰德和其他几十个德国经纪人在这段时期也很活跃。

---

[1] Nicholas, *Rape of Europa*, 131–32; Polack and Dagen, *Les carnets de Rose Valland*, 19.
[2] Ibid., 142.

1940年9月底，邦耶斯同意恢复巴黎的拍卖会，但是有3个条件。第一，所有价值超过10万法国法郎的艺术品都需要在目录中特别标出。第二，这些艺术品的买家姓名和地址需要及时汇报给他。第三，他必须收到每一场交易中每一份目录的复印件。

值得注意的是，当邦耶斯允许恢复拍卖会时，犹太美术馆常见的雅利安化并没有得到军事占领者的批准。1940年7月4日，奥托·阿贝茨出任大使。自那一天起，盖世太保就将所有知名犹太美术馆的所有者和经纪人当做目标，并在事实上接收了他们的美术馆。[1] 不过，维尔登施泰因美术馆（Wildenstein Gallery）在两年后才在卡尔·哈伯施托克的帮助下由罗歇·德瓜（Roger Dequoy）施行雅利安化。[2] 当然，许多犹太艺术经纪人和艺术家在德军占领前就逃走了。然而，这些美术馆的雅利安新主人甚至经理都不一定是纳粹希望看到的人选。

达尼埃尔－亨利·坎魏勒曾在西蒙美术馆工作，还做过阿尔弗雷德·弗莱希特海姆和保罗·罗森贝格的生意伙伴。他把自己的美术馆卖给了同辈姻亲路易丝·莱里斯（Louise Leiris）。莱里斯是一位来自勃艮第的虔诚的天主教徒，在坎魏勒躲藏在维希期间一直打理着生意，直到解放。不过，坎魏勒通过与纽约的库尔特·瓦伦丁以及其他朋友的通信得以了解艺术世界的最新情况。[3] 有趣的是，在一封信中，

---

[1] Anne Sinclair, *21 rue la Boétie* (Paris: Éditions Grasset et Fasquelle, 2012). Also CDJC, XIa-230a.

[2] CDJC, XXIX-36, Aryanization of Wildenstein. 维尔登施泰因在1941年1月29日踏上了前往美国的旅程。

[3] Ibid., 78–79.

坎魏勒对"可怜的贝蒂已去世的消息"感到悲痛。贝蒂·弗莱希特海姆在被驱逐到集中营之前自杀身亡。[1] 居无定所、身无分文的弗莱希特海姆已于1937年在伦敦去世。

令占领者感到遗憾的是，他们常常别无选择，只能把某个法国人当作雅利安人，尽管他们身上明显没有德国血统。许多人被任命为临时经理或主管，负责管理犹太主人去世或逃亡后留下的公司。比如，克洛德·沙尔庞蒂耶（Claude Charpentier）接管了贝尔南美术馆公司（Galerie Bernheim & Cie）。沙尔庞蒂耶还拥有一家利润丰厚的拍卖行，距离大型国有酒店德鲁奥酒店很近。沙尔庞蒂耶与古利特、格佩尔和新同事赫尔姆森都成了好朋友。

1939年，贝尔南去世；他的合作伙伴莱维（Levy）在1940年6月失踪。沙尔庞蒂耶接到通知，这二人不在就意味着他需要及时处理许多没有偿还的债务，包括56 000法国法郎的未偿付租金。1941年，青年共产主义者占领了这里，这座建筑受到损坏，需要修缮。美术馆里仅存的画作显然不是莱维先生的财产，而是莱维代表的许多艺术家保存在这里的作品。[2] 清理局面的责任落在了沙尔庞蒂耶的头上。当然了，他没有征求艺术家们的意见就卖掉了这些画。

令人难以置信的是，逃亡的德国犹太艺术经纪人也在法国市场上继续赚取暴利，其中包括胡戈·恩格尔（Hugo Engel）和阿兰·勒布尔（Allan Loebl）。古利特在巴黎与这两个人密切合作，还与恩

---

[1] AAA, Valentin Papers, letter March 31, 1942.
[2] CDJC, XXI-14, XXI-15, letter June 23, 1942.

格尔的儿子胡贝特（Hubert）在尼斯（位于自由区）合作。罗森堡委员会的成员也是如此，包括古斯塔夫·罗赫利茨（Gustav Rochlitz）和布鲁诺·洛泽（Bruno Lohse），他们在1942年从贝尔手中接过了委员会的管理权。

根据汉斯·波瑟的命令，恩格尔和勒布尔无须佩戴黄色"大卫星"。实际上，根据波瑟的说法，两个人在法国工作了"长达10年"的时间，还给他提供了一些关于某些画作所在位置的非常有用的信息。[1] 战争结束后，古利特在审问中坦承他与这两个人有合作。为什么不呢？古利特声称，他们和他一样被迫承受痛苦，因为他们都是犹太人。古利特并没有指出他们无须佩戴黄色"大卫星"是由哈伯施托克代表波瑟做出的安排。他还发誓说自己从未与哈伯施托克有过商业往来。[2]

哈伯施托克本人进行的巴黎行动的开局出了点儿错。他把目标放在了玛丽亚·阿尔马斯-迪特里希（Maria Almas-Dietrich）身上，因为她是唯一可以直接向元首出售艺术品、无须经过希特勒日益强大的副手马丁·鲍曼（Martin Bormann）或汉斯·波瑟事先批准的艺术经经人。[3] 玛丽亚·阿尔马斯-迪特里希和她的女儿都是爱娃·布劳恩（Eve Braun）的密友。迪特里希的前夫是土耳其犹太人，爱娃曾保护她和她的女儿免于受辱。迪特里希还很有远见地做了海因里希·霍夫曼的情妇。

不过，阿尔马斯-迪特里希对艺术知之甚少，更喜欢享受巴黎

---

[1] CDJC, CX-217, letter November 27, 1942.
[2] Ibid.
[3] 1941年5月，鲁道夫·赫斯在苏格兰被捕，他那考虑不周的"和平任务"就此结束。之后，鲍曼实际上取代了赫斯的角色。

上流社会的快乐生活。她买了伪造的瓜尔迪油彩素描、油画以及其他许多艺术品。许多作品明显是赝品——比如维杰-勒布伦（Vigée-LeBrun）、瓜尔迪、大卫学派和罗滕哈默（Rottenhammer）的作品，它们被愤怒的鲍曼还给了艺术经纪人罗歇·德瓜。[1] 其他许多艺术品都品质低下，或者经过了拙劣的修复。

∽

与生活在荷兰和比利时的艺术家类似，生活在法国的艺术家并没有被禁止作画。实际上，最初和数百万人一起走上逃亡之路的毕加索抵挡不住巴黎的不懈召唤，返回旧地。位于自由区的马蒂斯则身体欠佳，无法工作，把德国人对巴黎的占领描述为一种使法国艺术家陷入昏迷状态的麻醉。皮埃尔·波纳尔（Pierre Bonnard）称自己为了恢复安宁，回到了尼斯。[2]

毕加索则不同，他的大敌不是希特勒，而是西班牙大元帅弗朗西斯科·佛朗哥。虽然毕加索的作品在堕落艺术排行榜上名列前茅，但就连罗森堡委员会也意识到毕加索的作品在外汇和艺术交换方面具有极大的价值。毕加索也认识到自己是一个有着巨大声望的国际名人。只要作品能够保值，纳粹就允许他创作。事实上，从战争爆发到巴黎解放，他画了大约1 473幅作品。[3]

然而，艺术家和收藏家也面对着其他危险。当货币控制突击队

---

[1] Nicholas, *Rape of Europa*, 157–58.
[2] Frederic Spotts, *The Shameful Peace* (London: Yale University Press, 2010), 159.
[3] Ibid., 150.

（Devisenschutzkommando）撬开毕加索的银行保险柜时，他用令人震惊的故事将士兵们弄得一片困惑，最后他们什么也没有拿。他还让他们相信旁边乔治·布拉克（Georges Braques）的保险柜也是他的。当士兵们前来掠夺世界著名新艺术派珠宝师亨利·韦韦尔（Henri Vever）的保险柜时，他的妹妹就静静地站在那里，看着士兵们茫然不解的样子：他哥哥收藏了数百幅伦勃朗的刻蚀版画。货币控制突击队在报告中总结道，韦韦尔的保险柜中放着大量的刻蚀版画，所以它们一定是赝品。他们再次空手而归。[1]

关于展览，纳粹在法国采取了一种与其他地区完全不同的方法。只有犹太艺术家和共济会艺术家处于危险中，这意味着夏加尔和莫蒂里安尼（Modigliani）的作品通常是不会被展出的。德国堕落艺术家的任何作品也不能被公开展出，还有那些反对德国的作品也是。然而，国立现代艺术博物馆（Musée National d'Art Moderne）于 1942 年 8 月开业，展出了布拉克、杜飞（Dufy）、莱热（Léger）和马蒂斯的作品以及法国卖国贼阿里斯蒂德·马约尔（Aristide Maillol）的雕塑。沙尔庞蒂耶美术馆（Galerie Charpentier）和杜伊勒里沙龙（Salon des Tuileries）多次举办立体主义展览。当然了，任何可以在黑市上出售的德国表现主义艺术家和其他非法艺术家的作品都可以在不事声张的情况下顺利出售。[2] 占领者认为巴黎的文化生活不应该由于他们的存在而有所衰退。

---

[1] Nicholas, *Rape of Europa*, 124.

[2] Spotts, *Shameful Peace*, 151.

第二十三章

维奥

> 机会造就盗贼。
>
> ——弗朗西斯·培根（Francis Bacon）

在整个 1941 年里，巴黎艺术市场都非常繁荣。在 1941—1942 年的冬季，仅在德鲁奥酒店就卖掉了超过 100 万件艺术品，有些还卖出了自有记录的 1824 年以来的最高价。[1] 古利特第一次将艺术品卖给了波瑟：那扇彩绘玻璃窗、塞德尔梅耶（Sedelmeyer）收藏的一幅霍白玛（Hobbema）的作品以及来自霍夫斯泰德·德·赫罗特（Hofstede de Groot）的一本手稿。[2] 看起来，1942 年甚至会变得更好。

不过，对古利特个人来说，1942 年也是一道分水岭。在 7 月 26—27 日晚英国皇家空军的空袭中，他的住宅和私人画廊被毁。[3] 事

---

[1] Lynn H. Nicholas, *The Rape of Europa* (London: Macmillan, 1997), 153.
[2] BAK, B 323/134, fol. 68, no. 372.
[3] webarchive.nationalarchives.gov.uk/20070706011932/www.raf.mod.uk/bombercommand/jul42.html.

后证明，这是一种幸运的损失。1946年，他宣称从文件到油画，他的一切物品都被毁掉了。但是，他也承认，在战争的最后几个月转移到安全地带的所有家具和昂贵地毯都来自他在汉堡的家。[1]

考虑到古利特神秘的远见和不甘于仅仅维持生存的心理，当1942年1月汉堡大轰炸开始时，几乎可以确定的是，他把家人和贵重物品都搬到了相对安全的德累斯顿。那里的军事工业不是很重要，海伦妮和孩子们可以相对和平地和他年迈的母亲一起生活。而且，当古利特踏上寻找战利品的旅程时，如同他父亲一样的库尔特·基希巴赫也尽可能去看望他的家人。

1942年还开启了其他可能。古利特知道汉斯·波瑟正处于癌症晚期。他必须在波瑟的继任者得到提名前在巴黎市场上引发巨大轰动，这样才能战胜哈伯施托克，占据优势地位。古利特的机会出现在12月11日，当时人们在德鲁奥酒店举行了一场极为盛大的拍卖会。已故牙医乔治·维奥（Georges Viau）的全部收藏品将被贱卖。每一个有名头的人都得出现在那里。

维奥在罗曼诺夫王廷中长大，父亲是皇家牙医。维奥成年后在巴黎工作和生活，一直都在收藏和销售印象派艺术品。他是德加、西斯莱（Sisley）以及其他许多艺术家的私人朋友。从货源来说，他手上没有赝品，因为他经常直接从艺术家那里购买作品。维奥以细腻的品味著称，自从他1939年去世以来，巴黎人就一直在等待他的收藏品上市的那一天。

---

[1] NARA, DIR nos. 12, 37.

这一天终于来了。古利特和平时一样住在圣西蒙酒店，[1]当时还没出名的赫尔姆森住在离拍卖行只有一个街区的巴塔利埃尔农场街（rue de la Grange Batalière）上一幢不起眼的廉租房里。[2]他们提前来到了这里，所以有充足的时间参加12月10日星期四的展示会。他们很可能互不理睬，所以赫尔姆森才听到了那些背着古利特的传闻。而且，赫尔姆森的法语很可能比古利特的要好。[3]

星期五，大约600人满怀期待地出席拍卖会。很快，他们被数百名站立的观众包围了，这些人在洞穴状的拍卖厅边缘呆呆地望着主席台。当然，此次活动不允许任何犹太人参加。维奥的拍卖人艾蒂安·阿代尔（Étienne Ader）深刻理解这条禁令，他之前在凡尔赛举行的拍卖会就曾经因为销售犹太人的收藏品以及允许犹太人出席而被迫中止。[4]

向艺术保护署[5]通报交易额超过10万法国法郎的销售成了日常的工作内容，所以艾蒂安·阿代尔之前已与邦耶斯商定，只有超过100万法国法郎的艺术品才需要汇报。古利特以自己的名义买下了下列拍品：

拍品78 塞尚——《圣维克多山的阿尔谷》（*Vallée de l'Arc de la*

---

[1] 这是英格博格·赫特曼在战后提供给警方的地址。
[2] ANF, AJ40/573, export application 37.875, Gurlitt list December 17, 1942.
[3] AJ 40 中有一些古利特法语不好的例子。由于担心没有把话说清楚，他甚至在信中为收信人附有德语译文。
[4] CDJC, XIf-32, November 17, 1941.
[5] 到1942年年末，罗森堡委员会已经取代了艺术保护署的地位，邦耶斯博士成了它的联系人。

Montagne-St Victoire）

5 000 000 法国法郎

拍品 81　柯罗（Corot）——《风景》（Landscape）

1 210 000 法国法郎

拍品 83　杜米埃（Daumier）——《一位艺术朋友的画像》（Portrait d'un ami de l'artiste）

1 320 000 法国法郎

拍品 109　毕沙罗——《通往卢韦谢纳的克尔沃朗路》（Route de Coeur-Volant-à Louveciennes）

1 610 000 法国法郎

所有这些画都被纳粹视为堕落艺术。从他们所必需的出口许可证来看，古利特那天不只买了上面这些画。他和赫尔姆森还买了一些不到 100 万法国法郎的作品，因此无须汇报。[1] 据估计，二人在这场拍卖会中一共挥霍了 1 200 万法国法郎。[2] 更加不同寻常的是，其他纳粹艺术代理人并没有购买任何重要作品——包括哈伯施托克——尽管伯默尔肯定是 100 万法国法郎汇报线以下的买家之一。

维奥拍卖会成了大新闻，打破了之前的所有记录，税前总收入达到了 5 380 万法国法郎。拍卖会上最昂贵的油画是古利特购买的那幅

---

[1] ANF, AJ40/573, export applications 37.876, 38.218, 38.263, 38.606. 另见同一文件中的维奥拍卖会目录。

[2] Le Nouvel Observateur, www.rue89.nouvelobs.com/rue89-culture/2013/11/26/tableaux-nazis-gurlitt-a-fait-bonnes-affaires-france-247841.

塞尚作品。[1] 阿代尔对它的估值在 80 万到 100 万法国法郎之间，但它的成交价达到了最高估值的 5 倍。古利特显然遭遇了另一个出价人的激烈竞争。

不过，古利特究竟在代表谁呢？他为区区四幅油画花了 900 万法国法郎。考虑到他还买了另外 15 幅素描和 11 幅油画（其中两幅是代表柏林的汉斯·W. 朗格购买），古利特是维奥拍卖会上最大的单人买家。[2] 他所开出的价格——超出市场价的部分——可能是由波瑟代表林茨特别委员会授权的，或者是由一群富有的实业家授权的。毕竟，基希巴赫已经把古利特介绍给了德国顶级实业家群体，多年来古利特一直在代表他们购买艺术品。

根据新的规程，在申请任何出口许可证之前，古利特需要将艺术品提交给卢浮宫的美术部接受检查。只有若雅尔的团队才可以决定这些艺术品是否涉及对法国遗产的侵犯。从理论上说，他们的负面意见意味着艺术品无法离开法国。然而，当若雅尔手下的一位馆长路易·奥特克尔（Louis Hautecoeur）试图检查古利特购买的艺术品时，发现古利特已经把它们装进了板条箱，准备运回德国。

接着，有人告诉奥特克尔说古利特准备立即将这些油画作为私人行李带走。奥特克尔知道，如果一个人与纳粹当面发生争执，他一定会面临严重后果。因此，他怒气冲冲地向罗森堡委员会的赫尔曼·邦耶斯写了一封两页纸的信。"你已经保证我们将有艺术品的最低检查

---

[1] ANF, AJ40/573，来自一份《巴黎人报》（*Pariser Zeitung*）最后一页的剪报（无编号）。
[2] Ibid.

权限，"他写道。但是，这些画却"已经被装进板条箱，放到了卡车上。所以我现在要确认一下我们1943年1月14日那封信的内容，我当时的表达是很清晰的"——如果这些得到保证的最低检查条件没有被满足的话，相关艺术品将获得"美术部的不良评价。这些检查必须在海关官员的监督下实施。不过，大部分出口商都拒绝遵守这条规定。在出口商的住处实施检查是不可接受的，因为他们可能会调包"。[1]

大约在同一时间，1943年2月，古利特将15幅素描提交给了法国博物馆美术部的检查员米歇尔·马丁（Michel Martin），并获得了出口授权。显然，他从没打算把自己在维奥拍卖行购买的15幅素描提交给奥特克尔进行检查。

和接下来两年时间里的大多数时候类似，古利特和赫尔姆森选择与当局分享的艺术品都是经过严格筛选的。光是在1943年，他们就在巴黎"以官方名义"购买了大约46件艺术品。不过，"以官方名义"和"购买"的说法带有某种模糊的预兆：古利特没有为维奥拍卖会上的任何艺术品付款。

正像阿代尔在1943年1月26日写给若雅尔和奥特克尔的信中解释的那样，"签发的出口授权书被当作兴业银行（Société Générale）和里昂信贷银行（Crédit Lyonnais）代表古利特（和朗格）向我付款的主要凭证。对古利特来说，这种授权对运输画作来说似乎并不是必不可少的。"[2] 奥特克尔后来在信的页边空白处如此批注："然后呢？"

---

[1] ANF, AJ40/573. 1943年2月23日的备忘录。

[2] Ibid., 1943年1月26日的备忘录。下划线是我加的。

阿德尔继续以饱含歉意而非油滑的语气写道："在这种情况下，能否不经过海关检查这道手续而直接授予出口许可证呢？这样的话，我就可以通过银行合法获取资金了。"[1] 换句话说，如果不发放出口许可证，两家银行就不会向他的账户汇去买家的"付款"。

如今，在这种情况下，拍卖行只有在获得相关政府机构发放的出口许可证后才会售出拍品。如果没有许可证，拍卖行是不会把艺术品交给新主人的。如果艺术品被认为是重要的国家财产，政府就不会发放许可证，它将在一定时间内安排当地新买家提出相同或更高的报价。在上面这个具体例子中，阿代尔很倒霉，他已经把画交付出去了。不过，他可以要求银行为那些已获得出口许可证的素描付款。遗憾的是，我们无法确知阿代尔是否去过古利特的酒店吵闹，并恳求古利特打开画作包装，让他与和当局交涉，以便获得出口许可证；我们已无法得知他是否在阿莱维街海关大院古斯塔夫·克瑙尔的卡车离开前做了同样的事情。

毫无疑问，古利特清楚阿代尔所处的困境，但很可能只是耸耸肩，然后说这些事情是最不幸的，却不在他的控制范围内。毕竟，古利特还可能会这么说：他得遵循时间表——现在正在打仗——货物的运输方式是由运输公司规定的。这些画从未获得出口许可证，阿代尔也从未获得过属于他的910万法国法郎。另外，15%销售税和10%奢侈品税的缴纳也存在疑问。

这个故事还有一个离奇处。逝者维奥的儿媳路易·维奥夫人（Mrs.

---

[1] ANF, AJ40/573.

Louis Viau）买了一件价格超过100万法国法郎的艺术品：74号拍品，一幅柯罗的彩色蜡笔画，成交价为223万法国法郎。[1] 这就引出了一个问题：谁才是那个真正的卖家？这场交易究竟是怎么一回事？维奥的继承人是否承受不了纳粹占领者的压力而被迫出售这些艺术品呢？当然了，不管这些艺术品的卖家是谁——纳粹占领军军官还是乔治·维奥的财产所有人——这个卖家都至少亏损了900万法国法郎，拍卖商也承受了巨大的佣金损失。

∞

维奥拍卖会是古利特的一个转折点。他不仅在没有付款和没有获得出口许可证的情况下就离开了法国，还开始正式代表林茨进行采购。波瑟也许最初曾经委托他买过油画——很可能是为了能在林茨进行交换——然而，波瑟已于12月7日在柏林去世，当时古利特已经来到了巴黎。

出于一些从未得到充分解释的理由，古利特的朋友、著名的反纳粹人士赫尔曼·福斯博士被元首和马丁·鲍曼亲自选为波瑟的接任者。[2] 之前，福斯曾经由于"世界主义和民主倾向以及同许多犹太同事的友谊"而丢掉了成为"弗里德里希皇帝博物馆"（Kaiser Friedrich

---

[1] ANF, AJ40/573.

[2] Kathrin Iselt, *Sonderbeauft ragter des Führers* (Vienna: Böhlau Verlag, Köln, 2010), 181. 学者们不断重复着波瑟在临终时将福斯任命为继任者的故事。然而，福斯是最没有希望的候选人之一，不仅是因为我们推测福斯的政治信仰有问题，也是因为他从未在任何大型博物馆任职，只做过威斯巴登博物馆的馆长，尽管他本人的学问令人钦佩。考虑到希特勒复杂的思维方式，这可能是一种优势。此外，他在19世纪德意志和意大利文艺复兴艺术领域的深厚资历可能也是一种优势，尤其是考虑到隆美尔的非洲军团战败后，希特勒可能正在谋划"支持"（实为入侵）意大利的侵略行动。

Museum）[1]馆长的机会。他反对战争，甚至以大不敬的方式乞求上帝将"不幸的法国从条顿人的手中解救出来"。[2]

福斯和古利特已相识多年，古利特曾把一些艺术品卖给福斯的威斯巴登博物馆。[3]在古典艺术家中，他们都很推崇波提切利（Botticelli）。他们还持有相似的世界观。和古利特一样，福斯不信任卡尔·哈伯施托克。一个新的时代正崭露曙光。但是，有几个问题仍然没有得到解答：古利特是否把15幅珍贵的油画送到了林茨？他是否用它们做了易货交易，或者收藏起来了呢？他把它们送给了他的一个或多个实业家客户了吗？这些问题的答案也许就可以证明福斯从一开始就知道古利特的计划，但对其视而不见，或者过于繁忙，或者也参与了古利特的战后计划。

---

[1] 1956年更名为"博德博物馆"（Bode Museum）。原为纪念德皇弗里德里希三世（1831—1888年）而立。——译者注

[2] Nicholas, *Rape of Europa*, 171.

[3] Ibid., 130.

第二十四章

投机之王

一个人要想实现别人提出的一切要求,他必须将自己看作比他本人更加伟大的人物。

——约翰·沃尔夫冈·冯·歌德

在古利特返回德国前,当局就公布了福斯的任命书。从1943年3月起,他将正式成为德累斯顿绘画馆和林茨特别委员会的主任,月工资为1 000帝国马克,同时无薪保留他在威斯巴登博物馆的馆长职位。不过,他已经迫不及待地想把脚放到新办公桌的后面了。

在波瑟去世仅仅4天后,也就是维奥拍卖会那天,福斯从德累斯顿绘画馆向古利特发了一封信,让他将当前任务的进展及时通报给戈特弗里德·赖默尔,包括付款的接收情况。在这封信中,福斯要求古利特"明确提出"[1]他俩正式见面的最终时间。他们在2月有许多事情需要讨论,其中一个很重要的问题是他们如何以最为有效的方式合作。

---

[1] BAK, B323/134, f. 60, no. 322 3.

1942年是欧洲和美洲艺术市场的丰收年，但它也将美国深深地拖入战争中，并预示了隆美尔在北非的溃败以及德国国防军在斯大林格勒的折戟。自1939年以来，席卷欧洲的德国国防军还没有丢过土地。因此，这些事件应该足以促使像古利特这样富于洞察力的人停下来问：要是……？

古利特在1914—1918年的战争中也许对局势做出了敏锐的预测，但在第二次战争中却将心思完全放在了另一种形式的杀戮上。虽然1940年不列颠战役的失败以及丘吉尔与罗斯福成功达成的租借法案预示了德国的军事挫败，但古利特一直忙于踩着竞争对手的后背攀爬滑杆，战争并没有让他停下来。

在这场战争中，古利特慢慢戴上了抵抗周围恐怖事件的"犀牛皮"和"眼罩"。他不考虑因自己正参与其中的盗窃而饱受折磨的男男女女，这些人被迫以极其低廉的价格出售他们的财宝。毕竟，在他看来，他自己也曾是一个受害者。他先是被狂热的大区区长穆奇曼驱逐，失去了茨维考博物馆馆长的职位。接着，身为一名二级"混血儿"，他"被迫"从汉堡艺术家协会辞职。然而，他却允许自己被政权的胡作非为污染，也开始残酷对待别人，并没有意识到自己也成了实施纳粹罪行的艺术大军的一员。他的目标是领导这支军队。简而言之，古利特失掉了人性。

不过，古利特的堕落实际上源于童年时期一种受到误导的理念：他来自一个知道如何用最好的方法以艺术的名义保护艺术的家庭。在1914—1918年的战争中，他曾在比利时做过一段时间的德国古迹卫士，也做过关于德国艺术优越性的讲座，而这些经历都强化了他的错误思想。接着，从象征意义上说，作为一种谋生手段，古利特在好不容易获得第一份博物馆馆长工作的几个月前就放弃了自己的底牌，完全违背了父亲的期望。面对成为艺术经纪人的经济回报，他放弃了一切成为伟大学者的打算。20世纪20年代中期，当他开始充当库尔特·基希巴赫的经纪人时，他感受到了权力带来的愉悦感，不过他从未承认这一点。和权力一同到来的还有贪婪地滋养权力的渴望。

实际上，在整个始于1929年的大萧条期间，当许多人被迫出售贵重物品以换取微薄收入时，古利特毫不留情地利用了他们的处境，并且觉得自己只是发现了一桩不错的生意而已。在希特勒掌权之前，他已经成了一名娴熟的艺术大盗。1935年，反犹的种族限制法变得明朗起来，这些法律造就了一个几乎免费的艺术市场。古利特不仅毫不费力地重新获得了个人职位，还成功保护家人远离了威胁、逮捕、恫吓、羞辱以及个人财产和私人收藏的损失。为什么呢？当数百名犹太艺术经纪人和政治上不受欢迎的艺术经纪人被盗走生命时，古利特的事业却蒸蒸日上。就连他的堂兄沃尔夫冈也没有遭受负面影响，而沃尔夫冈的弟弟曼弗雷德在成为纳粹党党员前还是被攻击的目标。为什么呢？

这两个问题的答案是：那些身居高位的朋友。充当古利特父亲角色的基希巴赫是交通行业使用的刹车片和衬面的唯一制造商，可以满足德国国防军和德国空军庞大的需求。他对战争至关重要。其他一些主要实业家也是古利特的客户。不过，最重要的友谊来自他父亲之前的建筑学生、希特勒最喜爱的建筑师阿尔贝特·施佩尔。凭借他丰富的艺术和市场知识，凭借他的魅力和才智，古利特确保了自己属于胜利者而非受害者的地位。

～

当纳粹对犹太人的驱逐活动开始向东扩展时，古利特以皈依者的热情为国家充当起艺术大盗的角色。1941年5月，当"大围捕"——让惊慌的人们丢下家中宝贵财产的闪电式突袭——在法国爆发时，古利特开始在拍卖会上购买艺术品。这些拍卖会禁止犹太人参与，但它们却在出售犹太人的贵重物品。古利特还在维希自由区和法国占领区间自由旅行。对弱势的卖家，他的二级"混血儿"身份是一种良好的掩护；在潜在买家面前，这种身份又经过了粉饰。另外，它还给古利特的背叛行为提供了一种看似合理的良心上的安慰——这对他来说非常重要。即使是法国国家博物馆那些经常谴责古利特的官员也认为他很有魅力。[1]

赫尔曼·福斯成了林茨特别委员会的新主任，所以古利特看到了足以主宰整个艺术市场的独特机遇。福斯拿着最大的钱袋子，还信任他。他的堂兄沃尔夫冈和奥古斯特·埃格鲁伯（August Eigruber）是朋友，恶棍埃格鲁伯是奥伯多瑙（Oberdonau）的大区区长，林茨又在奥伯多瑙境内。因此，希尔德布兰德能够以前所未有的方式了解德国保护艺术战利品的计划。波瑟曾将他设置成的角色是哈伯施托克在法国、比利时和荷兰的对手；接着，福斯拒绝和老狐狸哈伯施托克做任何交易。古利特终于可以成为投机之王了，可以顺利地中饱私囊，应对看上去日益危险的未来。

---

[1] ANF, AJ 40/574, letter July 27, 1944. 其他信件还包括 AJ 40/574，出口申请 38650–38658、38662–38668，1943年4月11日的信件，1944年1月11日的信件，1944年4月7日的信件，26522号申请，1944年6月16日的信件等。

在 1941 年 11 月之前，官方通信很少将古利特与法国广泛的掠夺行动联系在一起。不过，当他于 1938 年获得任命、负责净化德国艺术后，他就一直在积极地将艺术品卖给法国客户，并在法国有重要的联系人。

考虑到沃尔夫－梅特涅的艺术保护署和罗森堡委员会之间的持续斗争，二者的合流只是时间问题：1942 年，沃尔夫－梅特涅辞去职务。当法国犹太人或被捕或逃命时，他们的财产遭到了系统性抢劫——无论它们是否存放在什么安全的藏匿地点。即使是最微不足道的财产也流入了罗森堡委员会的"M-行动"（M-Aktion）部门——比如儿童玩具和发刷。在戈林无处不在的贪婪监视下，该委员会以希特勒的名义对价值更高的财产进行了筛选。[1]

从 1941 年 9 月起，特别配备了德国空军军官的盖世太保抢劫突击队开进了维希法国。根据法国卖国贼达朗（Darlan）将军的说法，"没收犹太财产是一种政治决定，而非军事决定"。[2] 从维希法国人剥夺来的贵重物品被保护起来，作为法国合法实施的"惩罚措施"的一部分。[3]

关于这种"惩罚措施"，一个更加臭名昭著的例子是戈林在德国空军的特别保护下占有了世界上最为独特的收藏，包括无价的珐琅、纯金或镀金的袖珍画，以及罗斯柴尔德家族的珠宝。邦耶斯的报告是

---

[1] Rose Valland, *Le front de l'art* (Paris: Librairie Plon, 1961), 72–73.

[2] Ibid., 90.

[3] Ibid., 91, law of April 7, 1942.

一个彻头彻尾的谎言:"我们在政府保存的艺术品中没有发现一件属于犹太人的物品,甚至没有发现一件举世闻名的伟大犹太收藏品。"[1]

到了1941年年中,戈林把持了罗森堡委员会,这意味着该组织将竞取法国财富的其他所有办公室都控制在了自己手中——从外交部到盖世太保,再到艺术保护署。他们顺利地把艺术品从卢瓦尔城堡的安全保存地点抢了出来,那里存放着国家收藏和伟大的私人收藏品。最后,许多收藏品都被带到了网球场博物馆。在几乎所有情形中,戈林的德国空军或盖世太保都会提供交通运输。一家名副其实的"制造"艺术战利品的工厂正在全速运转,工厂中的德国专家为受损艺术品提供专业分类服务。堕落艺术品归戈林或古利特之流所有,被用于交换;受到珍视的艺术品则根据戈林在1940年11月的指示而得以保存——表达对希特勒和林茨至高地位的尊重。

1940—1942年,固执的罗丝·瓦兰德在盖世太保守卫的眼皮底下以及邦耶斯和贝尔的密切监视下记录下了大多数被偷窃的艺术品。1943年4月初,当福斯第一次来到巴黎时,瓦尔特·博尔歇斯(Walter Borchers)已经被任命为德国的网球场博物馆主管。身材高大、满嘴花言巧语的骗子布鲁诺·洛泽是戈林的私人朋友,他被任命为巴黎特别委员会(Special Commission)的主管。奇怪的是,虽然他们的职务明显存在冲突,但瓦兰德却偷听到洛泽对博尔歇斯耳语,他让博尔歇斯将瓦尔特·施特劳斯(Walter Strauss)收藏的一幅热拉尔学派的

---

[1] Rose Valland, *Le front de l'art*, 92, Bunjes report August 18, 1942.

油画《丽达与天鹅》[1]（*Léda au cygne*）藏起来，他的最后一句话是"它将只属于我们"。[2] 瓦兰德把这些话草草地记到了日记上，紧接着的下一条记录则指出之前在这批收藏中很显眼的一幅伦勃朗的名画《艺术家父亲的肖像》（*Portrait du père de l'artiste*）消失了。瓦兰德怀疑是洛泽动了手脚。

极端反犹的艺术批评家罗伯特·肖尔茨是他们的上级，他主要是在柏林与乌提卡尔一起工作。1943 年，肖尔茨的巴黎哈巴狗金特·席德劳斯基（Günther Schiedlausky）终于发出了关于洛泽的警报。已记录在案的存货离开了网球场博物馆，但从未抵达德国。丢失的画作中包括塞利格曼的两件收藏品。[3] 福斯的四月之行引发希特勒副手马丁·鲍曼亲自出面干预。鲍曼用一系列命令的形式间接批评罗森堡委员会和戈林，还要求罗森堡委员会的掠夺行动需要接受林茨委员会代理人的进一步处理和监督。[4] 从此，古利特的显赫地位使他与布鲁诺·洛泽和罗森堡委员会在法国存在间接冲突；换个角度看，你也可以认为他们之间有直接冲突。理论上，就连洛泽的行动也需要得到古利特的批准；当然，这仅仅是理论而已。[5]

---

[1] 尺寸大约是 2 米 × 1.5 米。

[2] Emmanuelle Polack and Philippe Dagen, eds., *Les carnets de Rose Valland* (Paris: Fage Éditions, 2011), 71 (fol. 82).

[3] Ibid.

[4] Jonathan Petropoulos, *Art as Politics* (Chapel Hill, NC: University of North Carolina, 1996), 159.

[5] ANF, AJ40/574. 因为古利特的代理人赫尔姆森，古利特被贴上了"德国官方人士的主要出口商"的标签。1943 年 4 月 11 日的信件明显详细描写了德国官方人士和古利特之间存在着很多问题。

在维希法国利穆赞地区偏远的拉盖恩村（Laguenne），由荷兰古典大师（Dutch Old Masters）所做的最为珍贵的一批艺术品被藏匿在约尔丹银行（Banque Jordaan）的当地支行，距离蒂勒（Tulle）大约两公里。1943年4月10日，银行行长被要求与科雷兹部门（Departement of Correze）长官联系。正是维希政府犹太事务主管（director of Jewish Affairs）路易·达基耶尔·德·波勒布瓦（Louis Darquier de Pellepoix）下令带走世界闻名的施洛斯收藏及其存放在该银行里的收藏品。显然，就连维希政府的领导人、总是戴着白领带的胖骗子皮埃尔·赖伐尔也在此次获利丰厚的行动中分了一杯羹。

犹豫过后，银行行长勇敢回复，说他得通知自己的上级。他真的用密文通知了上级。5天后，警察局长带着5名警官来到了银行。他告诉经理，他的任务是"保护"这个场所，不允许人员和财产进出。第二天上午7点，一个接班的护卫队被安置在银行周围。接着在下午两点，一辆来自巴黎的载有武装士兵的卡车开进来，带走了珍贵的收藏。不幸的银行行长无能为力地看着卡车朝里摩日（Limoges）的方向驶去。[1]

2603号电报称："施洛斯收藏是目前世界上关于荷兰古典大师的最丰富收藏。它包括6幅伦勃朗作品，以及鲁本斯、凡·戴克、扬·斯特恩（Jan Steen）、彼得·德·霍赫（Pieter de Hoch）和其他几位备受尊敬的艺术家的杰作。它们是在漫长的岁月中积累起来的，享有国

---

[1] Valland, *Le front de l'art*, 93.

际声誉。对林茨博物馆来说,这份收藏将是一种非比寻常的获益。"[1]实际上,这份收藏中古典大师作品的精确数字是 568 件:262 件被分配给了林茨博物馆,剩下的 284 件被卢浮宫保存。另有 22 件凭空消失了。[2]

当时,福斯出任林茨委员会主任只过了 6 个星期。在他首次访问巴黎几天后,这封电报才从德国驻巴黎大使馆发出。不过,此次劫掠已经酝酿了一段时间。哈伯施托克自 1940 年以来一直在巴黎寻找艺术品,甚至在 1940—1941 年的冬天去俯瞰天使湾(Baie des Anges)的内格雷斯科酒店(Hotel Negresco)会见了一位"有着德裔犹太人名字的奇怪女士"。古利特也曾派赫伯特·恩格尔(Herbert Engel)去寻找收藏,地点也是在尼斯。艺术经纪人埃哈德·格佩尔[3]是古利特在法国的合作伙伴和下属,他也在寻找,并最终找到了。不过,当它抵达巴黎德莱弗斯银行(Banque Dreyfus)的保险库时,处理赃物分配的将是洛泽。

这次劫掠巩固了古利特与洛泽的关系。从法国被占领的那一刻开始,格佩尔一直就和古利特合作去获取价值超过 250 万比利时法郎的意大利文艺复兴早期艺术品。[4]虽然古利特从未被明确任定为代表林茨博物馆挑选艺术品或者决定拍卖哪些"次要"作品的人,但他的指

---

[1] Valland, *Le front de l'art*, 106-107.
[2] Ibid., 107. 关于福斯抢劫施洛斯收藏品事件的官方陈述,参考 CIR no. 4, attachment 27.
[3] 在罗伯特·厄特尔的推荐下,格佩尔也为荷兰的米尔曼办事处工作。
[4] BAB, R 43 II/1653, fol. 89, 1944 年 9 月 4 日古利特写给福斯的信件,以及 R 43II/1651a, fol. 33, 1944 年 9 月 6 日福斯写给拉默斯的信件。

纹见于随后的所有交易中。[1] 而且，法国还是他的官方辖区。

他的"付款"方式巧妙地利用了法国需要向德国支付的"占领债务"。应付款额绕了一个圈子，从法国财政部进了占领者的口袋，然后又回到了法国财政部。在总计 5 000 万法国法郎的进货款项中，有大约 4 200 万是以这种方式支付的。这是古利特自己喜欢用的付款方式（如果需要付款的话）。它是瑞士贸易行业优先使用的冻结与非冻结帝国马克支付方式的一种延伸。

⌘

作为罗森堡委员会巴黎分部的新任主管，洛泽需要在代表戈林、鲍曼（代表希特勒）、阿贝茨大使以及维希法国美术部长阿贝尔·波纳尔（Abel Bonnard）几大高度紧张的利益团体中开辟出自己的道路。由于洛泽将心思放在了盗窃而不是管理上，所以他完全误读了形势。4 月 6 日，他还偷了梵·霍延（van Goyen）的一幅风景画，并把它放在了汽车后座上。[2]

实际上，希特勒对两件事情感到愤怒。第一，把维希法国施洛斯的藏品全部没收根本没有任何法律依据——而法律依据一直是希特勒非常珍视的事情。更令人担忧的是，洛泽允许法国国家博物馆"挑拣垃圾"——这让希特勒尝到了残羹冷炙的酸味。对这个欧洲最有权势的人来说，这侮辱超乎想象。

---

[1] Valland, *Le front de l'art*, 106–110.

[2] Polack and Dagen, *Les carnets de Rose Valland*, 71.

在柏林，乌提卡尔抛弃了格佩尔和洛泽。戈林也一样，由于自己的艺术掠夺活动，他已经开始在希特勒面前失宠。就连阿尔弗雷德·罗森堡也加入战斗，否认了自己与洛泽和格佩尔的关系，称他们是"过分热心的代表"。[1] 然而，参与不法活动的福斯也只是得到了很轻微的惩罚。是付款方式确保他远离更多的警告。不过，这场胆大的"政变"在背地里大受羡慕，并将在维希法国开辟出新"牧场"。

1943年5月27日，施洛斯收藏中的262件荷兰古典大师作品抵达元首楼，后来从未被归还。只有若雅尔在卢浮宫提前购得的艺术品将在战后归还给主人阿方斯·施洛斯（Alphonse Schloss）。[2]

❦

在元首楼接收施洛斯收藏的同一天，网球场博物馆上方升起了一团高高的毒烟雾。这是杜伊勒里草坪上燃起的第一场虚荣的篝火。1497年，多明我会神父萨沃纳罗拉（Savonarola）认为佛罗伦萨人对装饰品、艺术品甚至印制书籍的崇拜是一种堕落。和他类似，罗森堡委员会似乎认为克利、毕加索、莱热、恩斯特以及其他人的艺术品已经不适合见到明天的阳光了。任何迎合艺术家的虚荣而不是展示良好艺术品味的事物都被判了死刑，并在那个5月的下午被焚毁了，至少罗森堡委员会是这样说的。罗丝·瓦兰德认为有500—600件现代艺术品在那天被毁。不过，她只看到了——或者被允许看到了——

---

[1] Polack and Dagen, *Les carnets de Rose Valland*, 71.
[2] BAK, B323/45-51, fol. 56 re "德累斯顿目录"中的施洛斯收藏。

协和广场（Place de la Concorde）克丽欧佩特拉方尖碑（Cleopatra's Needle）上方高高升起的烟柱。关于这场大火的可靠目击证人一直都没有出现过。[1]

显然，这一切始于肖尔茨为庆祝希特勒的生日（1943年4月20日）而向他写的一份可恶的中期报告。肖尔茨写道，罗森堡委员会必须在他的指导下看管法国犹太人那些被保护起来的资产。作为20世纪30年代中期以来"伟大"的纳粹编辑和艺术纯粹性的看守者，肖尔茨报告说，他将前往巴黎，并整顿那里的秩序。肖尔茨也许是第一个对洛泽及其同事的做法产生怀疑的人，他怀疑他们已经开始"销毁"现代艺术品的副本及其画框，以便在瑞士、葡萄牙或西班牙等不起眼的中立地点销售原件，并将收入存进他们的私人账户。[2]

7月19日，法国和德国的馆长和主管被召集到卢浮宫，其中就包括博尔歇斯博士和其他驻扎在网球场博物馆的人。在一场类似萨沃纳罗拉公开布道的模拟审判中，库尔贝（Courbet）、莫奈、德加、马奈的名作依据希特勒的个人命令而被赦免，但它们只能用于易货交易，以支持第三帝国的经济。它们实际上是一种优于帝国马克的货币。

肖尔茨根据商业价值而非美学价值对波纳尔、维亚尔（Vuillard）、马蒂斯、布拉克、杜飞、玛丽·罗兰珊（Marie Laurencin）和德朗的艺术品进行评估。宣判紧接着就下达了，罗森堡委员会的人挥舞

---

[1] Valland, *Le front de l'art*, 178-183. 许多学者认为这次5月事件发生在7月中旬。不过，瓦兰德描述过两次不同的事件——一次是在1943年5月27日，一次是在1943年7月19日至23日。在7月"审判"的4天后，这些物品被押运到网球场博物馆的花园，并被扔到篝火堆上。瓦兰德同期的日记并没有记载5月的篝火。参考 Polack and Dagen, *Les carnets de Rose Valland*, 71 (fol. 85).

[2] 卡尔·布赫霍尔茨已经在里斯本开业。

着屠刀，对被判死刑的敌国陌生艺术品进行无情砍杀。他们的破坏工作完成后，装满几十辆卡车的残骸被运到网球场博物馆的花园里，并被付之一炬。[1]

∽

这就是 1943 年夏天的法国艺术市场。到了秋天，曾经忠心耿耿为汉斯·波瑟工作的戈特弗里德·赖默尔也对持续围绕艺术品丢失的谜团感到不快。这种现象始于波瑟任期，并在福斯任下持续发展。

由于担心有人认为他也涉及此事，赖默尔给身处慕尼黑元首楼、负责林茨存货清单的建筑师汉斯·雷格（Hans Reger）写信，说他注意到后者的 1943 年油画索引中存在一些差错。一些油画在报告中并没有被记录成运往德累斯顿或慕尼黑，其他一些作品也没有被记作是党办事处（Party Chancellery）购买的物品。赖默尔写道："它们不在目录中，但是已经付过款了……这些问题是致命的。"他将这种异常比作一种流行病。

赖默尔解释了他是如何发现这件事的。福斯应该为所有的艺术品交易支付很多钱，所以就减少了林茨为易货交易准备的财务担保金，也减少了冻结和非冻结帝国马克的数额。由于存在这种财务联系，当赖默尔审查他的季度账目并将其与已收购艺术品的索引进行比对时，他可以清晰地看到有画作在丢失。警钟响起后，赖默尔对艺术品的抵

---

[1] Valland, *Le front de l'art*, 182. 瓦兰德认为只有那些被认作赝品、没有被良好存放或没有内在价值的画作遭到了焚毁。古斯塔夫·罗赫利茨在 1945 年 8 月 15 日被捕后向艺术盗窃情报部陈述（DIR no. 4, page 5）："肖尔茨常常以近乎疯狂的语言谈论所有现代法国画作的'堕落性'。"

达日期和发送日期做了核对。他发现似乎越来越多的画作正在丢失。接着，他将这些信息与收购日期、相关经纪人的名字以及画作的名称和尺寸进行比较。"通过这种方式，我们这些'夜巡官'就可以粗略看出一些早已付过款的艺术品还没有抵达元首楼［或德累斯顿］。"赖默尔写道，"用这些措施，我们也可以将早期送达的艺术品和新近送达的艺术品区别开。"[1]

所以，有些画失踪了。赖默尔用的"致命的"一词意味着这不是偶然现象，也不是运输者的错误。福斯批准采购的一些画作——许多都是通过古利特购买的——根本就没有抵达德国。这就意味着古利特抽走了一些艺术品。所以说，古利特正在偷希特勒的东西。

∞

更让人震惊的是古利特的假账。最好的例子来自1944年3月27日，当时艺术保护署的蒂埃肖维茨为古利特签发了一张用于通关的发票。发票的金额为430法国法郎（215 000帝国马克），并列出了12幅画作的名字。发票被盖上了军事总督办公室（Military Governor's Office）的官方印章，还拿到了一个出口许可证编号：13678。

不过，同一天还有另一张发票，使用相同的出口编号，列出了第一张发票上12幅画作中的6幅，还列出了两幅新画作。原有6幅画作的价格被调高了。第二张发票上没有官方印章，只有打印出来的文字。

---

[1] BAK B323/109, f. 119, Reimer to Reger, September 29, 1943.

在第二张寄给林茨特别委员会的无印章发票上，荷兰黄金时代（Dutch Golden Age）的画家扬·韦尼克斯（Jan Weenix）、他的表兄梅尔基奥·洪德库特（Melchior d'Hondecoeter）、科尔内留斯·范普伦堡（Cornelius van Poelenburgh）以及荷兰现代主义画家多尔夫·布里特维尔特（Dolf Breetvelt）的画作都失去了踪影。在它们原先的位置上出现了两幅新画作，一幅是史蒂文斯（Stevens）的作品，价格为 40 000 帝国马克，另一幅是戈特利布的作品，价格为 34 000 帝国马克。最可信的解释是，在最初的 12 幅画作中，只有 6 幅被送到了林茨，同时送到的还有两件价格被大幅调高的替代品。失踪的画作都是那些荷兰大师的小幅作品，很容易藏在个人行李中。

有关法国和德国之间出口授权的文字特别指出，它只适用于清单中的项目和双方都同意的价格。[1] 第一张发票上的铅笔注释似乎是赫尔姆森写的，因为他同时寄了一封说明信，提到了这些画，还说他对发票进行了修改，因为"铅笔标注的画作不在法国，其他画作已被送往德国"。

后来，赫尔姆森在写给古利特的信中说，若雅尔的专家团队已经将这些画检查过了，但取走画作以便艺术保护署不久后将其转卖却是一个"疯狂主张"。[2] 所以，这些画并不是"已被送往德国"。赫尔姆森的这个新说法意味着罗森堡委员会前领导人库尔特·冯·贝尔、赫尔曼·邦耶斯或者戈林的个人"特别"代理人布鲁诺·洛泽才是这

---

[1] ANF, AJ 40/573 and AJ40/574, Hermsen file, export application 13678 dated March 27, 1944.
[2] Ibid., 发票附信。

种易货交易的负责人。邦耶斯和洛泽都是德国空军成员，并且听命于帝国元帅。不过，赫尔姆森的评论只提到了应该交给古利特和林茨委员会的两幅画——并不是那最后被取走的六幅画。

考虑到当时是 1944 年 3 月，贝尔不太可能参与这件事。当时的他正专注于罗森堡委员会"M- 行动"部门那臭名远扬的活动，将法国占领区那些被委婉称作"无主"财产的物品运回德国，供遭受轰炸的德国人重新利用。类似地，这些画的目的地不太可能是林茨或希特勒宅邸，因为早在 1943 年 3 月福斯得到任命时，卢森堡委员会就已做出了很大让步，不付钱就与戈林共同掠夺了超过 700 件艺术品，送到卡琳宫。[1]

出口文件并不完整，令人着急。4 月 5 日，古利特对发票被修改的事情进行回复，气喘吁吁地说："请查明是谁把画买了。这件事突然变得非常有趣，因为它就在我们手上。"赖默尔是否问了它的去处呢？在写给赫尔姆森的信件结尾，古利特说了一句令人困惑的话："我将向荷兰那个地址寄去 100 000 帝国马克。"他没有说明为什么要寄这笔钱，也没有写出具体地址。[2] 考虑到信封上没有邮票和邮戳，而且古利特当时在其他地方，所以这封信可能是用外交邮袋寄送的，这的确使二人间这种财务交易的隐晦本质变得神秘起来。

---

[1] Petropoulos, *Art as Politics*, 159–60.
[2] Ibid., April 5, 1944 letter.

❦

福斯的另一个助理罗伯特·厄特尔也警觉起来。出于他无法理解的原因，古利特的外汇支付获得了最高优先级。[1] 福斯亲自告诉厄特尔，对古利特和多禄泰的付款请求，必须要迅速兑付。实际上，古利特常常充当多禄泰的代理人。[2]

两名助手都担心林茨获取艺术品的方式发生了根本改变。从福斯上任开始，古利特就在法国艺术市场上获得了重要地位。哈伯施托克被排挤到了一边。特奥·赫尔姆森只为古利特工作，并且只与古利特合作；他们一起扩展潜在买家网络。二人都与维也纳多禄泰拍卖行的汉斯·赫布斯特合作，三方通过古利特向科隆瓦尔拉夫－里夏茨博物馆和汉堡艺术馆出售各种艺术品。

具体来说，古利特的崛起源于他可以代表福斯执行委托的任务，而他这个地位又建立在误解之上：相互合作的古利特和赫尔姆森可以极其有效地从法国那里合法取得这些出口许可证。[3] 在许多情况下（比如维奥拍卖会），来自法国的必备出口许可证对外汇结算的授权非常重要。不过，他们在获取官方文件方面的许多成功例子都被夸大了。

实际上，若雅尔的办公室人员极其厌烦古利特和赫尔姆森。1944年2月11日的会议记录直截了当地指出："在过去某些时候，

---

[1] BAB, R 55/667.

[2] ANF, AJ 40/573 and AJ 40/574. 在129次出口申请中，有18次显然用的是施密特和多禄泰的名义——nos. 13679, 17528, 21495, 22272, 22273, 24065, 24066, 27068, 27069, 27068, 27069, 27238, 27239, 27668, 27861–27863, 28332, 29418, 29419, 29629, 31237, 31701, and 31702.

[3] BAB, R8 XIV/12, fol. 2. 这些都是赫尔姆森的外汇申请。另见 Iselt, *Der Sonderbeauftragter für Linz*, 288–89.

这位出口商并没有遵守出口事务所需的正规程序。"法国代表蒙勒米先生（Mr. Montremy）努力提醒科尔特博士（Dr. Korth，他是哈伯施托克的秘书），这类事件完全是对1943年7月9日法德协议的侮辱。本着该协议的精神，报告忽略了古利特的"疏忽"。"不过，"会议记录继续写道，"要想获得两尊乌东（Houdon）雕塑的许可证，赫尔姆森先生必须答应从今以后，他同意按照法国当局的要求遵守协议条文。"[1]

在所有法国文件里，科尔特博士都被描述成哈伯施托克的秘书。不过，在上述会议记录中，似乎他对新的美术管理法的任何更改还拥有最终否决权，至少法国人是这样说的。因此，从表面上看，哈伯施托克的秘书对古利特及其交易活动拥有极大的权力。事实恰恰相反。

事实上，从1942年11月14日到1944年8月18日，相互合作的古利特和赫尔姆森为价值约为453 939 700法国法郎的艺术品共提交了116项出口申请。[2] 33项出口申请全部或部分被拒。这些艺术品包括大约526幅油画、55幅素描及彩色蜡笔画、26件挂毯及9尊雕塑。在大多数时候，这些艺术品未经批准就被出口了。[3] 其中，油画数量比希特勒的经纪人玛丽亚·迪特里希[4]的购买量还多了200幅，因为玛丽亚只为元首购买了大约320幅油画。这只是一部分统计数据，但

---

[1] ANF, AJ 40/573 and AJ40/574, Hermsen file, export application 33019, October 1943.
[2] 如果用新法国法郎换算，它们在1944年的价值约为90 787 940美元，相当于2014年的1 226 545 069美元（1944年的1美元折合2014年的13.51美元）。
[3] 我的分析考虑到了赫尔姆森或古利特在AJ40/574和AJ40/573中提交的129项申请的所有详细信息，而且完全基于统计证据。
[4] 她很久以前就丢弃了名字中带有土耳其犹太人标志的"阿尔马斯"。

它足以使古利特成为到目前为止法国艺术品的顶级官方买家。[1]

有可能官方出口申请只代表了古利特从法国掠夺的一小部分艺术品。这个比例可能是十分之一、百分之一甚至千分之一，具体数字完全取决于法国占领区这块更大的"画布"上出现的其他因素。和以前一样，古利特这条变色龙根据周边工作环境做出了调整。

∾

从 1943 年 3 月起，在被认作元首战利品的一切进口商品上，福斯获得了最终控制权。[2] 和其他占领区的全部行政官员一样，科尔特可能直接受鲍曼的领导，[3] 但有关他们掠夺的艺术市场的具体知识则来自福斯及其代理人。当然，科尔特也会直接向身在后方的哈伯施托克汇报法国市场情况。虽然法国不断抱怨出口商忽视占领者和被占领者之间商定的合法出口的防护措施——而且大多数时候都与赫尔姆森和古利特有关——但这对伙伴仍然是向德国出口法国艺术品的最大单一申请者，他俩与第二名之间有着巨大的差距。[4]

在一些情况下，比如德国和荷兰艺术家的 6 幅画作以及 1 件精美的哥白林挂毯的出口申请，法国美术部遗憾地说："考虑到所有这些

---

[1] Lynn H. Nicholas, *The Rape of Europa* (London: Macmillan, 1997), 157.

[2] Petropoulos, *Art as Politics*, 141–42.

[3] 战后，格奥尔格·约瑟夫·埃登辛克（Georg Josef Eidenschink）在莫斯堡拘留营接受审讯时宣称，科尔特直接为希特勒工作。如果这是真的，那么他就是出于不同目的同时为两个主人哈伯施托克和希特勒工作。

[4] ANF, AJ 40/573 and AJ40/574, export applications. 我检查了 1941 年至 1944 年的所有出口申请。它们是按照申请者的名字和申请号存档的。每一项申请都有属于自己的文件。它们被保存在法国国家档案馆两个巨大的档案盒里。古利特/赫尔姆森的文件很厚，无法装进一个盒子里。

艺术品完全是由国外艺术家创作的，［根据之前的协议］法国国家博物馆似乎无法发出反对授予许可证的声音。"[1] 法国美术部在颁发许可证时几乎总会使用负面措词。

从 1943 年起，当出口商想要获得艺术品的出口批准时，他们需要将相关物品及其运输公司置于法国海关官员的保管下。从那时起，法国国家博物馆的检查员只有三个星期的时间去决定艺术品是否适合出口。古利特和赫尔姆森的文件充斥着这样的评论：他们"正在动摇海关官员的权威"，或者"正在回避检查"，或者"正在背弃信用"，或者"画作已出口"，或者他们"不回应信件、拜访和电话呼叫"。[2]

古利特还陶醉于自己和赫尔姆森建立的系统，这个系统可以保护他所珍视的隐蔽性。从 1943 年起，古利特常常充当古斯塔夫·罗赫利茨、阿尔贝特·施佩尔、约瑟夫·戈培尔等一些更著名的艺术大盗的代理人；然而在许多情况下，他的名字不会出现在发货单上。[3] 出口申请大多数时候是由特奥·赫尔姆森代表古利特提出的。由于战争的结果越来越清晰，劫掠行动的速度也呈指数级增长，"速记"在赫尔姆森和古利特间也变成了规范做法。赫尔姆森将提出请求，使自己可以代表多禄泰、施密特先生、福斯博士、林茨或格佩尔出口艺术品，还会常常完全省略古利特的名字。不过，每当某个许可证出问题时，古利特就会亲自出面干预。

---

[1] ANF, AJ 40/574, export application no. 18089.

[2] ANF, AJ 40/573 and AJ40/574, 包含全部 129 项申请中 33 项被拒绝的申请以及一些通过的申请。

[3] ANF, AJ 40/574, export application nos. 7577, 7578, 8091.

从 1944 年 1 月 1 日起，他们的行动开始疯狂加速。根据法国档案记录，在诺曼底登陆日前，两个人代表林茨申请了 34 份向德累斯顿出口商品的许可证，涉及大约 300 幅画作。[1] 不过，德国的档案中只有 29 份发票和通知，一些画作失去了踪迹，但这只是两份档案间诸多差异的一小部分而已。

从 6 月 6 日（诺曼底登陆日）到 8 月 18 日（古利特最后一次提出申请的日期），他们又提出了 44 项出口许可证申请。8 月 25 日，巴黎解放。就在一周前，古利特还待在这座已被包围起来的城市里。在其中的几次交易中，格佩尔显然是古利特的下属，他常常充当古利特和德国联系的私人信使。[2]

古利特从艺术"救世主"完全转变成了一个偷窃他人生命的人，而这些人正是那些艺术品的合法主人；关于这一点，最令人信服的证据是他并没有留在巴黎向盟军投降，也没有在盟军古迹卫士抵达时迎接他们。即使他没有直接听说他们的事情——这似乎不太可能——格佩尔也会告诉他由美英两国顶级博物馆馆长和学者组成的古迹、美术和档案特别队伍在法国北部和比利时辛勤工作的故事。另外，如果他留在巴黎，国家博物馆和罗丝·瓦兰德一定会向古迹卫士揭穿古利特自称的清白。

古利特匆匆返回祖国的原因非常明显。在德国还有更多的赃物需要藏匿，而且他并不想归还任何艺术品。

---

[1] 并非所有出口申请都陈述了出口艺术品的种类或数量。
[2] BAK, B323/134, fol. 66, no. 356; fol. 64, no. 351; fol. 62, nos. 341, 337（有关古利特的法国出口许可证）; fol. 49, no. 262。

第二十五章

快，盟军来了！

贵重的猎物将君子变成盗贼。

——威廉·莎士比亚，《爱神与金童》

1944年6月6日是诺曼底登陆日。当美国、英国、加拿大、自由法国、波兰以及其他盟国的超过100万的将士从夺之不易的诺曼底桥头堡向法国进军时，整个第三帝国及其他地区的艺术品和其他资产已经踏上了前往秘密藏匿地点的旅行。纳粹统治集团对外投下胜利的幻影，同时悄悄准备将个人财富运送到安全的避风港。戈培尔、里宾特洛甫和希姆莱利用了布赫霍尔茨位于里斯本的"书店"，甚至还给他配了一个秘书，作为值得信任的看门人。[1] 戈林安排手下将他存放在卡琳宫的艺术品和家具打包，以便能运到南方的贝希特斯加登（Berchtesgaden）。

疏散希特勒和林茨（二者是不可分割的）获得的所有艺术品的计

---

[1] NARA, RG 239, roll 0050, 6. 该文作者在下一页（第7页）提出了一个合理的观点：如果没有德国政府之前的批准，布赫霍尔茨永远无法在里斯本开设自己的书店/美术馆。

划自 1943 年 3 月就开始实施了。林茨官员暗中以非正式的形式安排时任城市博物馆馆长的尤斯图斯·施密特（Justus Schmidt）在奥地利乡村挑出一座合适的矿场，用于隐藏至少 6000 件艺术品。由于施密特是由希特勒亲自任命的，且与沃尔夫冈·古利特密切合作多年，因此他几乎无法错过奥尔陶斯盐矿。盐矿与萨尔茨堡、林茨以及希特勒位于贝希特斯加登的隐居场所的距离是一样的，而且离沃尔夫冈的小屋只有不到 5 分钟的车程。这座盐矿的美妙之处在于，它已经运营了数个世纪，其深邃的岩层营造了一种独特而完美的环境。此外，这里的空气酸度分布均衡，温度稳定在 7 摄氏度（45 华氏度），湿度稳定在 63%。[1]

❦

还是在这个月，针对古迹和艺术品的保护，美国终于做出首次回应。这项工作被交给了哈佛大学福格博物馆（Fogg Museum）文物保护部门的领导人乔治·斯托特（George Stout）。斯托特的老板保罗·萨克斯（Paul Sachs）是一个金融家族的继承人，名下有一个银行。在这个银行[2]的名称中，他的姓氏排在戈德曼（Goldman）的姓氏之后。他获得了一项任务：选择一些能够领导国家艺术保护军团的美国人。[3]虽然美国的分遣队如今是最出名的，但它远非世界上第一个试图保护

---

[1]　Georg Wacha, *Jahrbuch des OÖ Musealvereins 149/1* (Linz: Gesellschaft für Landeskunde, Festschrift Gerhard Winkler, 2005). "Der Kunsthistoriker Dr. Justus Schmidt," 644–45.

[2]　即著名的高盛银行。——译者注

[3]　Lynn H. Nicholas, *The Rape of Europa* (London: Macmillan, 1997), 218; Robert Edsel, *Monuments Men* (London: Preface Publishing, 2009), 52–53.

欧洲文化遗产的组织。欧洲国家早就意识到了危险。在荷兰，政府于1939年1月就起草了《战时历史建筑和艺术作品国际保护公约》（An International Convention for the Protection of Historic Buildings and Works of Art in Time of War）。

1941年，当大规模盗窃行为首次被发现时，英国通过了一部法律，禁止从荷兰和比利时没收的艺术品在英美两国销售。一年后，英国人警告全世界，劫掠而来的艺术品正进入瑞士、葡萄牙和西班牙等中立国，并将美洲（包括北美和南美）作为目标，便于为纳粹战争机器提供资金。

当盟军开进之前被第三帝国占领的地区时，许多人都对艺术品劫掠的规模感到震惊。1943年1月5日，联合国十六国政府及自由法国委员会签署了一份宣言，名为"反对敌控区内强占行为的盟国间宣言"。所有签署国都同意，他们将尽最大努力挫败纳粹和轴心国从被"肆意攻击和蹂躏"的国家和人民那里"掠夺财产"。[1]

然而，所有这些对1944年8月的古利特来说并不重要。他最重要的一些工作还没有开始。

∞

到了那一年的4月，古利特已经掌握了不受约束的控制权。他为自己撰写通行法国、荷兰和德国的授权书，向厄特尔和赖默尔通知他的具体要求。其中一份授权书直接指出，希尔德布兰德·古利特博士在林茨特别委员会的"指示下"工作；他"一直在将这些艺术品进口到德累

---

[1] NA, www.nationalarchives.gov.uk/documents/records/looted-art-in-depth-intro.pdf, 3.

斯顿和其他城市"；最重要的是，古利特博士必须"拥有使用帝国铁路（Reichsbahn）的优先权"。[1]这份授权书没有更改一个字就盖上了章。

不过，厄特尔和赖默尔越来越不安了。发票金额和转账请求金额常常每三四天就会跳入百万法国法郎的级别。他们很难对那些艺术品进行跟踪，不知道哪些被买了，哪些没有被买走，不知道艺术品的目的地（林茨、德累斯顿、慕尼黑），也不知道它们是不是为了德国其他地区的博物馆而采购的。格佩尔像陀螺一样在阿姆斯特丹、巴黎、布鲁塞尔和德累斯顿之间旋转，仅在1944年的春天就运送了几百幅画作。

奥尔陶斯盐矿自1943年1月起被第三帝国租用。人们记录了整个盐矿每个季度的租金、全部工资以及维护费用，详细到了每一分钱。记录中甚至还有改造盐矿所需要的劳动力。此外，费用还包括在松林中获取新木材的伐木费、运输费用，为容纳艺术品而建造架子的费用、矿工的医疗费用和当地艺术史学家的工资——它们组成了一本详细记录希特勒众多藏匿地点之一的背后完整财务历史的日志。[2]

租给德国的其他矿场也有着同样细致的账目。组成迪埃特拉斯（Dietlas）、蒙岑格拉本（Menzengraben）和菲利普斯塔尔（Philippstal）矿场的哈莱因（Hallein）、海尔布隆（Heilbronn）、亚格斯特费尔德（Jagstfeld）、科肯多夫（Kochendorf）、劳芬（Laufen）和默克尔斯（Merkers）盐矿以及西根（Siegen）铜矿和海姆博尔茨豪森（Heimboldshausen）钾矿也被用作艺术品赃物的存放地点。每个地

---

[1] BAK, B323/134, fol. 53, no. 285.
[2] BAK, 323/182 文件专门记录了这些内容。

点都有其特定用途。一些地点的存放人很特殊。哈莱因被称为"希姆莱之穴"。[1] 德累斯顿附近的地方城堡（比如维森斯泰因 [Weesenstein]）以及班贝格附近的私人城堡（比如波尔尼茨城堡 [Schloss von Pölnitz]）被用作地方存放处。修道院也被征用，比如埃塔尔（Ettal）存放州立图书馆（State Library）馆藏的巴洛克修道院以及布克斯海姆（Buxheim）充当罗森堡委员会修复实验室的加尔都西会修道院。前皇家宫殿里也存放了数千件艺术品，其中最著名的是菲森（Füssen）附近路德维希二世（Ludwig II）童话般的新天鹅堡。

在这段随心所欲的混乱时期，古利特通过布赫霍尔茨将他拥有的一些画作运到了美国的库尔特·瓦伦丁那里去销售。为了实现利润最大化，他不仅需要瑞士法郎，也需要美元。帝国马克不再是每个人都想在交易中使用的货币了。他很难想象到，最初为了纪念姐姐而购买的凯绥·珂勒惠支的艺术品会被美国外侨资产管理局和纽约联邦调查局扣押。

∞

1944 年 3 月 20 日，赫尔曼·福斯为古利特签署了一份授权书，让他前往巴黎"购买价值 2 000 000 帝国马克的艺术品……这有很高的文化政治价值"。福斯认为古利特的任务需要他使用"独立交通线"。授权书宣称，福斯希望第三帝国的各个部门能给予充分配合。当然了，授权书上的签名为"希特勒万岁！福斯"。[2] 根据这一份授权书，古

---

[1] James Rorimer, *Survival* (New York: Abelard Press, 1950), 153.
[2] BAK, B323/134, fol. 49, no. 259.

利特提出了 46 项出口许可申请。

这些出口申请涉及至少 241 幅油画、37 件挂毯、39 幅素描和两幅彩色蜡笔画。换句话说，这些申请覆盖了近一半的古利特"官方"劫掠物品。凭借这样一个来自福斯本人的笼统而模糊的许可证，古利特实际上获得了一种自由行动权，可以在之前确立的一切制度上横行。从那时起，他就不仅为自己创造出了一个黑市，也为其他不那么幸运的经纪人创造了一个黑市。他的代价是在战后面临减少的赃物或利润。

所有人都挤上了车：古斯塔夫·罗赫利茨、汉斯·文德兰、赫伯特·恩格尔、特奥多尔·菲舍尔，甚至还有讨人喜欢的玛丽亚·迪特里希。自然，和所有黑市交易一样，许多事情都被隐藏起来了——记录在案的事情就更少了。[1] 任何参与劫掠法国的人都想跳上一艘不会进水的轮船。

∞

经纪人们感受到了第三帝国的失败，法国的馆长们也感受到了盟军带来的解放。虽然文件资料中没有任何内容可以透露出官方的"慢行"政策，但按照平时的规定，要在三周内对放置在海关的艺术品做出最后决定，如今这样的截止期限却被大部分人所忽视了。[2] 其中，1944 年 8 月 8 日编号 28561 的申请特别有趣。范·鲁伊斯达尔（van Ruysdael）、弗拉戈纳尔（Fragonard）、纳蒂埃（Nattier）和其他一

---

[1] 如果对德国政府持有的古利特文件进行仔细而恰当的财务分析，也许可以收集到更多细节。
[2] ANF, AJ 40/574, 28558–28564 的申请就是很好的例子。

些艺术家的几幅画作受到了检查，但只有纳蒂埃的作品被拒绝出口。所有这些作品都是以特奥·赫尔姆森的代表机构多禄泰的名义购买的，但发票上写的却是林茨。这些作品没有一件抵达德国或奥地利。纳蒂埃的作品也失去了踪迹。

27684号申请的情况是类似的但不一样。这批货物由七幅油画和两幅彩色蜡笔画组成，包括克拉纳赫、布伊（Bouilly）、兰皮（Lampi）和里奇（Ricci）的作品，价值约为520万法国法郎。在检查前，布伊的画消失了。愤怒的卢浮宫检查员拒绝为克拉纳赫的作品提供出口许可，因为他知道德国非常重视克拉纳赫的作品。唯一的问题是，当他做出这个决定时，整批货物已经走上了通往德国的旅程。[1]

不可避免的事情当然就发生了。当这批货物抵达德国时，其中一幅里奇的画作消失了。相关人员希望它被误送到了新天鹅堡。"它应该是要送到慕尼黑的，"在写给当时驻扎在这座城堡的前罗森堡委员会成员席德劳斯基的信中，厄特尔怒气冲冲地说。[2] 厄特尔建议席德劳斯基亲自把那副画送到慕尼黑，但它并不在新天鹅堡里。沮丧的厄特尔大声咆哮。他得查明这样一件贵重的艺术品怎么会凭空消失。

经过进一步的调查，厄特尔发现古利特让罗赫利茨做信使，将里奇等人的画作送往德国。厄特尔咬牙切齿地给古利特写道，离里奇的作品及其他丢失画作售出的时间越远，找到它们的概率就越小。古利特宣称，它们是由罗赫利茨亲自送到德国的。厄特尔回复说："我无

---

[1] ANF, AJ 40/574, application 27864, July 3, 1944.
[2] BAK, B323/134, fol. 49, no. 262.

法再给所有［艺术品］签发证明了，我会撤销这些艺术品的林茨特别委员会付款契约。"[1] 这封信的结尾没有问候，只有冰冷的事实。如果古利特想获得付款，就要找到丢失的艺术品。他又一次被人识破了。

现在，古利特的账目受到了严格的检查，他收到的信件中常常会出现这样的说法："你的前三幅画已经被妥善列入清单……不过，你无法证明后三幅画已确实交付给我们。"在一页页的档案中，"为了极其清晰地表达我的想法""我已经发出了这些画""你之前75 000帝国马克的发票是有争议的"等其他说法随处可见。[2]

然而，古利特仍然逍遥法外，还继续同福斯密切合作。罗赫利茨似乎成了替罪羊，他试图为自己辩护，驳斥古利特的"谎言"。在大盗们爆发的一次争吵中，古利特通过一位汉堡律师宣誓证明自己的清白，暗示罗赫利茨有问题。厄特尔不得不做出让步。

∞

1944年10月，福斯亲自为古利特写了3份不同的授权书：第1份是带着500 000帝国马克的预付款前往匈牙利；第2份是前往荷兰和比利时，将德国艺术品运回国内；第3份是带着艺术品从法国返回德国。各个部门自然会鼎力相助，他会得到自己所需要的所有交通安排。就连马丁·鲍曼也利用了古利特在偷窃艺术品方面不容置疑的能力。鲍曼签发给古利特的授权书规定："当H. 古利特博士代表林茨

---

[1] BAK, B323/134, fol. 47, no. 250.
[2] Ibid., 比如 fols. 47, 46, 30。

特别委员会完成一项特别使命时，德国国防军和行政机构应提供他所需要的一切协助。"[1] 施佩尔也从古利特的才能中获益。

自 1944 年秋天起，古利特开始代表希特勒、鲍曼、林茨、施佩尔和其他纳粹党人将艺术品从各个占领区带回国内并隐藏起来。他不仅需要矿场和城堡，还需要葡萄牙、西班牙、瑞典和瑞士等中立国提供的避风港。不过，只有瑞士的艺术品能够完全躲过窥探的视线。葡萄牙和西班牙是通往美国和南美的重要出口跳板，让布赫霍尔茨的网络中充满抢来的艺术品、现金、珠宝和黄金。瑞士银行中有保护第三帝国统治集团的保险库，里面装满了艺术品、黄金、钻石和现金。

当盟军逐渐缩小包围圈时，他们意识到了资产和贵重物品会流向这些避风港的问题，却无法对此采取任何行动。最终，在战略情报局（Office of Strategic Services）柏林总部监督避风港项目（Project Safehaven）的艾伦·杜勒斯（Allen Dulles）[2] 被授权阻止这些资金和财富大批离散，以免它们落入可能出现的第四帝国的手里。

在整个 1944 年和 1945 年早期，古利特努力确保自己的事会得到妥善安排，其中就包括向盟军讲一个漂亮故事。与此同时，他知道苏联正在逼近德累斯顿。他在 1945 年 1 月结束前回到了那里，然后带着藏匿的所有艺术品踏上最后一次逃亡之旅，远离即将形成的苏联势力范围。2013 年，他的儿子科尔内留斯·古利特回忆起自己曾帮父亲将《海滩上的两名骑手》从起居室墙壁上取下来的情景。

---

[1] BAK, B323/134, fol. 42, 43.
[2] 杜勒斯后来将成为中央情报局的第一位文官出身的领导人。

第二十六章

投降……还是被捕?

从现在开始,对每一件事情都需要做出决定,对每一个行动都需要承担起责任。

——马丁·海德格尔(Martin Heidegger)

2月12日星期日,布雷斯劳的所有雅利安人都被疏散走了,只留下少数犹太人面对即将到来的苏联军队。BBC电台宣布,萨克森的所有居民应该收集3个星期的食物并埋藏起来。电台警告称,他们绝不应该把这些物品放在家里,因为有可能被打家劫舍的苏军甚或无法无天的德国国防军逃兵抢走。据说在周六,希特勒军队中的700个逃兵袭击了德累斯顿——他们的人数是城中仍然在世的犹太人的两倍。到了周一,袭击者的数量达到了17 000人。还有人私下说叛军占领了柏林。[1]

第二天,德累斯顿被毁。古利特是否真得如他所称的那样,目

---

[1] Victor Klemperer, *To The Bitter End* (London: Phoenix, Kindle edition, 2013).

睹了1945年2月13—14日间的烈焰焚城呢？在那天晚上，盟军炸弹带来的冲天大火使整个市中心和老城化为灰烬，大约22 500到25 000人死亡。[1] 之前的德累斯顿在旅游指南中被称为"易北河上的佛罗伦萨"，现在就不是了。超过3 900吨的高爆炸弹——其中40%是燃烧装置——被投放到了这座富丽堂皇的巴洛克风格的省会城市中。在此之前，作为德国第七大城市，它完全没有受到伤害，所以成了其他遭受轰炸的城镇难民的藏身之所。

晚上9:39，空袭警报被拉响。虽然时间已经很晚，但庞大的轰炸机编队"雾之犬"（ein dicker Hund）还是让天色突然暗下来。当地人在大街上尖叫着向避难所奔去。[2] 德国防空系统在大约20分钟之前发出了警报，但德累斯顿机场只有10架梅塞施米特-BF110夜间战斗机，因此警笛是当时唯一真正的防御措施。[3] 如果古利特当时在场的话，他会祈求上帝让这些轰炸机飞往莱比锡。

在军火行业方面，德累斯顿只有郊区的光学设备制造商蔡斯-伊康（Zeiss-Ikon）。不过，由于充当奴隶劳工的"剩余犹太人太少"，工厂已于一年前关闭。[4] 就在2月13日那天上午，德累斯顿最后几百

---

[1] Joseph W. Angell, *Historical Analysis of the Dresden Bombing February 13-14*, USAF Historical Division Research Studies Institute, HQ, US Military, Air University, 1953, conclusion [pages not numbered]. 纳粹声称大约200 000人遇难。2010年，一个德国委员确定死亡人数最多是25 000。

[2] Frederick Taylor, *Dresden: Tuesday, February 13, 1945* (New York: HarperCollins, 2004), 278, 279.

[3] 在1944年夏天之前，德累斯顿有84门重型高射炮。不过，到了1945年2月，它们已经被撤到了日益逼近本土的东线战场。

[4] Henny Brenner, *The Song is Over* (Tuscaloosa, AL: University of Alabama Press, 2010), 53. 这是德累斯顿一个幸存的犹太女孩简短而令人心碎的目击证词。

名犹太人接到了"德累斯顿外面的一项工作任务"（当地对特莱西恩施塔特集中营的委婉说法）。他们将在佐格豪斯广场（Zeughausplatz）集合。那里曾有一座犹太教堂，但在之前"水晶之夜"的冲天大火中被焚毁。他们还被告知要带上毯子和旅行用的食物。在德累斯顿的所有犹太人中，只有维克托·克伦佩雷尔（Victor Klemperer）被留了下来。他也不知道是为什么。[1]

当如同巨大森林的、被称为"圣诞树"的降落伞照明镁弹照亮夜空时，大多数人都相信自己的运气终于要用完了。到了2月14日清晨——这一天不仅是情人节，也是圣灰星期三[2]——整座城市连带那恢弘的老城已经化为地狱，最高温度达到了2,700华氏度。数千人尖叫着在街上奔跑，他们的身体在高温中逐渐熔化。冲进老市场广场（Altmarkt Square）的人们被即刻烧成灰烬。

早在1942年德国失利时，古利特就知道这场战争将会以失败告终。他有3年时间为后纳粹时代的生活做准备，就像纳粹从1934年到1938年为他们的战争做准备一样。更重要的是，从1943年9月4日起，他将之前在凯策街上展览的私人收藏存放在维森斯泰因城堡中，包括他所珍视的勃鲁盖尔的《花和水果的花环》（*Flower and Fruit Wreath*）以及丢勒的画作。[3] 他并不是唯一。赫尔曼·福斯、埃哈德·格佩尔、罗伯特·厄特尔以及其他顶级艺术史学家都利用了同样的特权。[4]

---

[1] Henny Brenner, *The Song is Over*, 59.
[2] 又名大斋首日、圣灰日、灰日，在复活节那天的40天前。传统上教会要在这一天举行礼拜，牧师在信徒额头上涂灰，作为忏悔的象征。——译者注
[3] SKD, Vorakten, Nr. 54/7, 14–15, 67.
[4] Ibid., Vorakten, Nr. 52/3, 283–285; Nr 54/11–13.

如果我们停下来想一想科尔内留斯和贝妮塔所看到的准备活动以及他们的家失去所有美丽艺术品的情景，应该会很有趣。科尔内留斯记得他曾帮父亲打包。两个孩子应该能感受到他们与艺术的深切联系。艺术正是他们那个来去匆匆的父亲所为之战斗的东西，他只能在艺术拯救行动的间隙回家看望家人。虽然科尔内留斯只有12岁，但我们不难想到，希尔德布兰德曾试图把儿子打造成自己的形象。另一个可能性很大的推测是，在随后的人生中，科尔内留斯性格中的关键部分来自这段时期——从父亲掠夺的艺术品到父亲的英雄故事——以及这个小孩子与二者之间的关系。

不难想象，和年幼的克劳斯·加诺斯基一样，科尔内留斯也会注视着挂在祖母家中的油画，并对它们产生了感情。和克劳斯·加诺斯基不同的是，当科尔内留斯看到《海滩上的两名骑手》时，他感到自己需要在这个忙碌而支离破碎的世界上保护它。父亲的油画为他带来了安慰。在这个世界上，除了和妹妹的亲情，他找不到其他任何安慰。

希尔德布兰德无暇顾及孩子们的这些想法。他和那些艺术经纪人同事将不得不详细回答盟军反复提出的枯燥问题，这些问题涉及他们在纳粹统治时期"保护"公共和私人财产时扮演的角色。福斯和古利特在很久以前就达成了一致：美占区是最安全的避难地点。毕竟，在20世纪整个30年代和40年代早期，古利特和其他人一直都将美国作为目标市场。如果需要的话，他们可以从美国重要的博物馆馆长那里获得推荐信——至少他们是这样想的。

另外，古利特一直都很谨慎。他的名字很少出现在发货单上。更为有利的是，他知道特奥·赫尔姆森已经无处可寻了。[1] 古利特自己的故事是很清晰的：他将把自己描绘成受害者。他的妻子和孩子被迫和他的母亲留在家里，而他必须代表德国出去做生意。很明显，他家人的幸福安康受到了威胁。他将在纳粹对他的迫害以及他"混血儿"的身份上大做文章。他将证明自己也是盟军行动的受害者，因为他的家被盟军摧毁了——实际上，他的两个家都被摧毁了，一个是在汉堡，一个是在他出生的城市。

虽然古利特位于凯策街的住宅已在2月那个宿命般的夜晚被毁，但由于古利特及时做出的预测，他的家人几乎没有受到人身伤害。之前，凶残的萨克森地方长官马丁·穆奇曼获得了权力并在1925年因古利特缺乏对民族艺术的欣赏而把他列为目标人物。自那之后，他就一直生活在刀刃上。在那之后的20年里，先见之明成了他的第六感。

不过，在轰炸结束后的日子里，他呼吸着充斥火焰、烟雾和人肉灰烬气味的空气，看到德累斯顿雄伟的建筑物在燃烧弹的攻击下化为冒着烟的瓦砾，他那坚硬的内心一定受到了打击。景象本身就可以使他产生彻底的失落感。他的父亲曾经煞费苦心地保护和记录这里的历史遗迹和建筑物，这座属于他的优美的巴洛克城市怎么会在一个邪恶

---

[1] NARA, CIR no. 4: 51. 古利特声称赫尔姆森在1944年年末死于巴黎。人们在巴黎进行了大量搜查工作，但并没有找到他的死亡证据。古利特又说是赫伯特·恩格尔在巴黎将他介绍给了赫尔姆森。这一来，他那位名叫赫尔姆森的荷兰邻居就成了一个不同寻常、无法解释的巧合。

的夜晚沦为一片烧焦的废墟呢？在接下来的日子里，对这种个人不幸的回忆可以帮他扮演好受害者的角色。

他做出了酝酿已久的决定。第三帝国时期发生的所有艺术劫掠行为并不是他的责任。冗长的纳粹盗窃史不应该归咎于他。现在，只有保管分散在各地的收藏品才是重要的。同盟国乃至全世界都将为他所保存的这些现代艺术品而对他表示感激。通过保护这些艺术品，他避免了一场人类灾难。他还避免了一场个人财务灾难，但那仅仅是因为运气好。他在德国国内的各个隐藏点也许可以躲过零散的直接轰炸，但大量的财富和秘密隐藏起来的艺术品早已被分散出去并被安全地保存在奥地利和瑞士的避风港中。其中一些艺术品还通过葡萄牙的布赫霍尔茨出口到了美国。

∞

当德累斯顿还在燃烧的时候，城中的犹太人就带着被塞进背包的驱逐文件逃到了乡下。在接下来的日子里，他们一小批接一小批地慢慢返回城市，去寻找他们失散的亲人。一些纸条在烟雾弥漫的微风中飘扬，其他一些纸条仍然贴在拆下来的门上和毁坏的墙上："我们还活着""我们在姑妈家""找到毯子并将其带来""我们已经跑到了我们在森林里最喜欢的位置"等。当年轻的犹太奴隶劳工亨尼·布伦纳（Henny Brenner）在受到炸弹破坏的洛施维茨桥（Loschwitz Bridge）上跌跌撞撞地穿越易北河，逃往没有受到影响、相对安全的地区时,她很难想到其实他们正在逃往苏联控制下的全新恐怖世界中。[1]

古利特的故事则是:2月16日上午,他费力地穿过遍布残骸的混乱街道,将他受到惊吓的家人送往86岁母亲的临时住处。他的母亲当时和家人生活在波森多夫(Possendorf)。不过,有可能古利特的家人当时也被安全转移到了波森多夫的农场。食品一直都很短缺,一切还有一丝远见并可以使用汽车的人都在那个夜晚之前早早地逃进小村子和农场里了。在德累斯顿以南大约10英里的地方,所有仍然通行的道路上挤满了难民,有的人挤在供暖木材的卡车上,有的人挤在脚踏自行车上,有的人坐在独轮手推车上,有的人只能步行逃亡。逃离德累斯顿的道路极其难走,10英里的路程可能就要走上一整天。

地位最高的纳粹官员在轰炸前就已经放弃了德累斯顿——当时道路还没有像现在这样被人流淹没。穆奇曼在逃跑前就将所有贵重物品从别墅中转移出来了,甚至还带走了他的地毯。当然了,他忘了警告德累斯顿的所有居民。这一定意味着这个摇摇欲坠的政权中的重要人士都提前接到了警报,[2] 比如像穆奇曼和古利特这样的人。

在空袭过后的早上,古利特看到了化为灰烬的德累斯顿以及冲上天空的烟雾和火焰,他应该考虑到了对应急计划所做的最后调整。战争已经提前结束了。古利特和许多人一样都需要面对那些可恶的问题,也知道盟军将对纳粹破坏行为的规模之大感到震惊。接着,这些战胜德国的征服者应该会开始物理重建,而重建就需要大型组织和深谋远

[1] Brenner, *The Song Is Over*, 62–65.
[2] Ibid., 60.

虑。古利特确信，对他在纳粹艺术品保护制度中扮演的隐秘角色，盟军可能会试着重新找出那些相关细节，但终究会以失败告终。确实会这样的，如果所有的艺术经纪人团结一致并且他们的秘密文件全被"毁掉"的话。他还知道盟军会追查更重要的大屠杀凶手——那些死亡集中营的设计者和管理者。

所有经纪人的战前及战时历史都紧密交织起来了，只要有一个人钩住了半真半假证词之网的丝线，那所有人都会发现自己站在了艺术盗窃调查组（Art Looting Investigation Unit）的对立面。古利特知道美国人已经成立了艺术盗窃调查组，以便对罗森堡委员会、米尔曼办事处甚至林茨特别委员会进行调查。在接受盟军任何审讯前，他需要仔细考虑自己曾直接为希特勒、戈培尔、戈林、鲍曼、施佩尔等人工作的经历。然后，他可能会担心假如布赫霍尔茨被捕了，之后会发生什么事情。如果他们发现这些经纪人从一开始就把美国当成了出售艺术战利品的目标国，那该怎么办呢？

古利特对布赫霍尔茨的担心是没有必要的。布赫霍尔茨已于1945年5月5日乘坐戈林的私人飞机飞到了马德里，以便在莫拉将军街（Avenida General Mola）3号开设另一家书店和美术馆。他平安地住在莫拉将军街83号，尽管这可能不合法。在中立的西班牙，他远在盟军审问官的控制范围之外。[1]

---

[1] NARA, M1944, RG 239, roll 0006, 12.

时机仍然非常重要。红军正在迅速逼近德累斯顿，古利特不想在苏维埃控制区投降。BBC 广播谈到了盟军在柏林的"握手"，但古利特坚信苏联会将德国的大片土地控制在自己的手里，并在命运奇怪而邪恶的安排下为了他们的共产主义生存空间而将柏林包围。

实际上，古利特已经无数次警告过其他经纪人，如果他们的大量收藏品在红军战线后方被发现的话，那他们就永远也拿不回来了。[1] 他们难道没有意识到吗？苏联人是没心情听这种某个德国人赞成或反对纳粹意识形态的睡前故事的。

对苏联人来说，所有德国人都很可恶。如果艺术经纪人认为自己可以幸免于难的话，他们肯定是误解了。沙皇曾经的宫殿、位于列宁格勒[2]附近的沙皇村（Tsarskoe Selo）被第三帝国蹂躏，数百万俄罗斯人死于战火。[3] 不过，伯默尔和莫勒并没有及时理解苏联人对德国人的深刻仇恨，他们分别留在了居斯特罗和普鲁士。

支持古利特的妻子海伦妮则不是这样的。即使不向她这样解释，她也理解形势的严重性。当她的丈夫在外旅行时——他大多数时候都

---

[1] 在杜塞尔多夫档案中，在古利特于 1955 年 11 月为一份未出版的展览目录撰写的序言中，他如此声称："它们被一位共产主义村长没收了，后来我用一点儿诡计将它们解救出来，在一个雨夜利用了一个好俄罗斯人对两瓶杜松子酒的喜爱，带着它们溜出了铁幕。"古利特后来又拿掉了这段序言，声称"由于各种原因"，它不应该被发表。参考 *Der Spiegel*, November 18, 2013 article.

[2] 圣彼得堡曾被更名为彼得格勒。布尔什维克在十月革命后掌握了政权，这座城市又被更名为列宁格勒。接着，在戈尔巴乔夫的开放政策中，它的名字又被改回了圣彼得堡。

[3] 德国人掠夺的最伟大的珍宝之一是沙皇村豪华的凯萨琳宫（Catherine Palace）内部的琥珀屋（Amber Chamber）。1945 年 1 月，阿尔贝特·施佩尔将琥珀屋与其他极为贵重的艺术品从柯尼斯堡（Königsberg）转移到了其他地方。参考纪录片 *The Amber Room—Lost in Time (Part I)*, Yutaka Shigenobou, producer (2006) 的第 31 分钟。

在旅行——她曾照顾过他的收藏品。她知道他为什么在德累斯顿遭到轰炸后会再次带上几件包裹离开家人。如果他的孩子科尔内留斯和贝妮塔抱怨他再次抛下他们，或者表示自己很害怕，古利特应该会解释说自己有责任立即拜访福斯教授，以保护德国的文化遗产。很快的，他正在收集存放在德累斯顿的收藏品的事情也变得明显起来了。

归根结底，他的计划中最重要的部分在于赫尔曼·福斯的合作。只有福斯可以确保古利特躲避诉讼的策略能成功，同时帮他避免一些难以预料的错误。福斯位于德累斯顿的家也遭到了空袭。然而，和古利特一样，他也被安全地疏散到了城市外围。福斯以生病为由住在维森斯泰因城堡——和波森多夫之间隔着15英里长的乡村小路和田间小道。

古利特知道这是他们最后一次见面，他们需要讨论几千个问题并想出四平八稳的答案。再怎么说，他们也不知道哈伯施托克、伯默尔、莫勒、布赫霍尔茨、迪特里希或其他某个艺术经纪人会编出怎样的故事来进行自我辩护。他们是否会透露出不该透露的关于他们个人收藏的信息，并因此把他卷入他们的不法行为中呢？他曾和他们所有人都进行过艺术品的交易，从来不问艺术品的来源。另外，关于他们位于柏林郊区涅德舍恩豪森宫的小店，他们会说什么呢？就在那个店里，他们保管的超过21 000件艺术品最终都被卖了出去。

关于那些来自私人收藏的艺术品，他能说什么呢？他的思绪是否转到了自己从戈尔德施密特－罗斯柴尔德收藏中盗来的中国挂毯上？[1] 当然了，他必须否认这件事。古利特意识到，不管经纪人群体在德累斯顿轰炸前做过哪些约定，他现在也无法相信他们中的任何一个人会守口如瓶。

∞

古利特抵达维森斯泰因城堡，慌乱的朋友福斯见到他自然是很高兴。在对德累斯顿被毁一番哀悼后，两位前博物馆馆长开始规划他们的未来。在那一天及第二天的大多数时候，他们一直都在讨论问题。他们一致认为古利特必须前往美因弗兰肯（Mainfranken，又叫下弗兰肯 [Lower Franconia]），BBC 称那里不会遭到轰炸，并且那里一定会被美国人控制。

福斯同意，当古利特向南部及西部逃遁时，他将联系其他艺术经纪人，督促他们也逃到弗兰肯。福斯曾向古利特保证，他已经和中世纪著名的波尔尼茨男爵家族的老宅通过气了。这座宅子位于施吕瑟尔费尔德（Schlüsselfeld）附近的阿施巴赫。一切都已安排好了。再说了，格哈德·冯·波尔尼茨（Gerhard von Pölnitz）也参与了为教会及德国保护艺术品的活动，还用飞机将戈林购买的许多艺术品从巴黎运到了国外的藏匿点。是不是波尔尼茨把布赫霍尔茨送到了马德里呢？根据后来发生的事情，波尔尼茨可能也曾用飞机将古利特的一些货物运往德国和瑞士。

寻找合适的交通工具和开阔的道路是古利特接下来的任务。钱当

---

[1] BAK, 323/134, fol. 45, no. 237.

然不是问题，因为他一直都带着大量外汇。[1] 幸运的是，他不需要考虑太长远。波塞尔特（Posselt）的公司被意外出现的美元纸币所打动，非常乐意满足他的迫切需要。波塞尔特同意将一辆大型拖车借给古利特使用，但他最后需要把它开到纽伦堡。

在抵达母亲位于波森多夫的避难所几星期后，希尔德布兰德、海伦妮以及他们的两个孩子向他母亲挥手告别。他有没有提出要带着母亲一起走呢？她拒绝了？不管怎样，她将被困在红军战线后方，后来再也没有见到儿子。

古利特家族爬上拖车，孩子们被放在了烧木头的火炉旁边的床垫上。[2] 当父亲朝后方喊叫时，科尔内留斯就得往火炉里添柴。车上有大量的板条箱，两个孩子几乎没有活动空间。这应该是一种幽闭、可怕而令人兴奋的经历。

他们的父母最有可能会说他们正在进行一场伟大的探险之旅，要前往一座美丽城堡，到了那里就安全了。3 天后，在经过了一场凄惨的旅行后，在小心翼翼穿过已经瘫痪的德国乡村后，他们终于抵达上弗兰肯施吕瑟尔费尔德附近的小村庄阿施巴赫，找到了波尔尼茨男爵的城堡。在那里，古利特一家遇到了据说与希尔德布兰德针锋相对的卡尔·哈伯施托克，还有格哈德·冯·波尔尼茨男爵和男爵夫人、他们的儿子彼得和路德维希，以及男爵的法国情妇雅内·魏尔（Jane

---

[1] 在英国对德累斯顿的轰炸中，这座城市中的 24 座银行全被摧毁了——也包括银行保险库。古利特后来声称在他银行的账户上存有超过 250 000 帝国马克的现金。
[2] 当时的平民通常是无法弄到汽油的，所以大多数车辆的推进系统被改造成了烧木头的火炉。

Weil）。古利特及其家人在这里耐心等待着他的"投降"。

∞

在孩子们看来，他们这次旅行是一道分水岭。从他们记事起，父亲就一直像一只极为罕见的蝴蝶那样不断从他们的生活中飞进飞出——他因为自己的学识而十分重要并大受欢迎。父亲从未与他们共同度过足够长的时间，所以他们理解不了他的事情。虽然科尔内留斯的祖父称赞他是媲美王室成员的漂亮小伙，但他已经变成了一个沉静而内向的男孩子，只和他的妹妹贝妮塔有着情感上的联系。他很聪明，还是一个有天赋的艺术家。然而，随着时间的推移，他那种明显的羞涩感和父亲那些可怕的秘密将使他变成一个独来独往的人。接下来的短暂岁月将给他留下永恒的伤疤。

科尔内留斯的生活已经被父亲偷走了。[1]

---

[1] 2014 年 2 月 24 日与斯特凡·霍尔津格的电话交谈。

第四部分

被偷窃的生命

为千万人存留慈爱,赦免罪孽、过犯和罪恶,万不以有罪的为无罪,必追讨他的罪,自父及子,直到三四代。

——《出埃及记》34:7

第二十七章

软禁

> 给你的儿子留下良好教育，而不是财富，因为知识带来的希望胜过无知者的财富。
>
> ——爱比克泰德（Epictetus）

1945年4月30日，在自己的新娘爱娃·布劳恩吞下一颗氰化物胶囊后，希特勒开枪自尽。遵照希特勒的遗嘱，鲍曼将他俩的尸体转移到了元首地堡外的花园里，然后再火化。在地堡中，施佩尔为林茨元首博物馆制作的模型被弃置一边。在人生的最后日子里，希特勒常常凝视着这个模型。由于纳粹党是希特勒唯一的遗产受益人，身为党主席的鲍曼要么将艺术品带出了地堡，要么之前就安排手下把它们藏了起来。

不过，鲍曼逃走了。在20多年里，许多人都相信他活了下来，逃到了巴拉圭。[1] 古利特听说缺席的鲍曼和第三帝国的 23 位领导人都接受了审判。古利特显然不知道鲍曼已经安排家中那位狂热的纳粹分子即妻子格尔达（Gerda）和他们的 9 个孩子逃离了柏林。她劫持了另外 5 个孩子，这样就可以宣称自己是孤儿院院长，正在将她照顾的孩子送到安全地带。[2] 许多人都对鲍曼的下落或踪迹展开调查，但他似乎在柏林战役产生的一片混乱中消失了。这是否意味着古利特作为希特勒和鲍曼艺术品的保管人（他已将它们藏在瑞士），在党主席发出指示前，他仍将继续保持这种身份呢？福斯是否也在这个圈子里呢？

⁂

古利特的审问官德怀特·麦凯中尉（First Lieutenant Dwight McKay）并不知道他的秘密。不过，麦凯已经知道，在第三帝国，司法制度就像偷来的珠宝一样稍纵即逝。如果希特勒不喜欢他所遇到的事物，他就会发布一条改变法律的命令——噗的一声那件事就非法了。他的那些仆从改变了法律的形态和含义，让它面目全非，并将它插入

---

[1] 在夏伊勒（Shirer）出版于 1960 年的书中以及布洛克（Bullock）初版于 1952 年的书中，他们都写道鲍曼在柏林战役中失踪了。安东尼·比弗（Antony Beevor）在 *Berlin* (London: Penguin, 2003) 中讲了一个关于阿克斯曼（Axmann）的故事。希特勒青年团领导人阿克斯曼宣称自己在 1945 年 5 月 1 日同鲍曼以及希特勒的外科医生路德维希·斯达姆普菲格（Ludwig Stumpfegger）带着最后一批忠实追随者逃离地堡。他们在德国坦克的带领下从柏林向南逃跑。当开路坦克爆炸时，三个人都受了轻伤。随后，阿克斯曼向西逃跑，鲍曼和斯达姆普菲格决定向东逃跑，沿着铁路线离开城市。当阿克斯曼再次看到他们时，他们仰面朝天躺在因瓦利登街（Invalidenstrasse）和铁路交汇处，大概是被人射中了后背。阿克斯曼继续前进，逃离了柏林，6 个月后被捕。巴拉圭的谣言最早始于 1945 年 6 月，当时鲍曼一直以来的司机相信他在 5 月 1 日那天过后不久就在慕尼黑看到了鲍曼。

[2] www.jewishvirtuallibrary.org/jsource/Holocaust/women.html, entry for Gerda Bormann.

他们为了邪恶目的而制造的新的珠宝中。麦凯还是有可能想到这一点的，因为他来自伊利诺伊州，是美国中西部众多律师中的一员。

6年前，麦凯从芝加哥大学法学院毕业。他只工作了两年，就在1941年12月珍珠港事件后从军。当盟军在诺曼底登陆时，麦凯被分配到巴顿将军的第三军军法署（Third Army Judge Advocate's Section），负责追踪战犯。他的团队最后被分派了寻找德国艺术大盗的任务，驻扎在法兰克福附近，处于盟军在威斯巴登和马尔堡设置的两个收集点之间。[1]

就这样，他发现自己作为异乡人来到了这个备受蹂躏的陌生国家。美国政府要求他确定谁是战犯、他们犯下了哪些被人指控的暴行以及他们是否应该被带到纽伦堡受审。他当时只有30岁，离家乡大约4 400英里。除了一些著名艺术家的名字，麦凯对艺术几乎一无所知，但他正在迅速了解纳粹党人如何利用艺术品达到战争的目的。最令麦凯吃惊的是，他真正关心的东西——人民和对错——似乎与希特勒的德国没有任何关系。纳粹党人对自己的人民和欧洲其他地区做出的恶行让他大为吃惊，[2] 更不要说他们对法律所做的事情了。

当麦凯团队对德国艺术大盗的调查进行了大约一个月后，他们获悉希特勒元首博物馆的一个主要经纪人就在附近。当麦凯在"要犯"名单上查找希尔德布兰德·古利特的名字时，不可避免的危险信号明

---

[1] 其他收集点包括威斯巴登（福斯在纳粹时期的收集点）、舍内贝克（Schönebeck）和戈斯拉尔（Goslar）。当新天鹅堡和奥尔陶斯被盟军发现后，它们也被用作临时收集点。

[2] 麦凯于1998年去世。审问完古利特后，他当了纽伦堡的一名律师。详告 www.articles.chicagotribune.com/1993-02-08/news/9303176747_1_associate-judge-house-arrest-single-murder-case。

晃晃地射入他的眼睛。这份名单是综合了多方信息来源后制订出来的，包括罗伯茨委员会（Roberts Commission）[1]，法国国家博物馆以及其他所有占领区的类似机构，陆军部队手册 M-352-17B 民政事务部分，还有艺术盗窃情报部（Art Looting Intelligence Unit）个别官员提供的信息。盟军部队所持的犯有反人类罪的"要犯"名单则是单独制订出来的。

根据麦凯的报告，在施吕瑟尔费尔德附近的阿施巴赫，古利特在冯·波尔尼茨家族的老宅弗兰肯城堡"被捕"。当美国吉普车开进小村子时，村长出来迎接他们，并告诉这些士兵，湖泊后面主街高处的"城堡"如今是纳粹党人的家，那些纳粹之前开着卡车就过来了。不久，麦凯走进城堡。

城堡中存放了几百个板条箱，他们在里面找到了古利特收藏的 117 幅油画、19 幅素描和 72 件其他各种类型的艺术品。[2] 当然了，古利特被软禁起来，他的收藏品则被麦凯及其团队扣押。这些收藏品被运到了大约 20 英里以外雄伟壮观、俯瞰班贝格市的新王宫（Neue Residenz）。麦凯的下一项工作是获得古利特的证词，再做出初步判断，然后等艺术盗窃情报部接管。[3]

1945 年 6 月 8 日至 10 日，在备受煎熬的 3 天里，麦凯对 49 岁的

---

[1] 第二次世界大战期间，罗斯福指派相关人员成立了两个罗伯茨委员会。第一个负责调查珍珠港事件，第二个负责协助美军保护欧洲的艺术品。两个委员会的主席都是当时的美国最高法院大法官欧文·约瑟夫斯·罗伯茨（Owen Josephus Roberts）。——译者注

[2] 其中一幅油画在威斯巴登收集点被盗，之后也没有被归还。有一幅罗丹（Rodin）的素描被错误地还给了法国，而且据说"从未抵达"。

[3] NARA, www.fold3.com, M1946, RG260/roll 0134, "Interrogation of Art Dealers—Hildebrand Gurlitt," 94.

古利特进行询问。[1] 希特勒和戈培尔已于 40 天前自杀。根据艺术经纪人间的小道消息，古利特知道其他经纪人也已被捕。哈伯施托克和波尔尼茨被带到其他地方接受询问。现在，每个人都在编织自己的故事之网。

麦凯注意到古利特言语温和，戴着眼镜，紧张且沉默寡言。他的回答简明扼要，被拥有德国犹太人血统的美国陆军 5 号中士保罗·S. 鲍尔（Paul S. Bauer）准确翻译出来，至少古利特是这样说的。[2] 麦凯还知道，聪明的证人会尽量少说话。

最开始，这位美国人问了一些标准的个人基本信息：姓名、出生日期、妻子的名字、孩子的名字、当前住址。接着，为了让古利特放松下来并感到安全，麦凯问起了他的父母。古利特的回答让麦凯相信，这位囚犯自视甚高，因为他在描述父亲时流露出了兴奋的神情，说父亲曾经是德国建筑师协会（Union of German Architects）主席和德国城市规划学会（German City Planning Academy）主席，而且父亲"重新发现"了巴洛克建筑的意义。[3]

谈到母亲，古利特说得天花乱坠。当然了，他没有用自己小时候挖苦她的外号"枢密院顾问夫人"称呼母亲。[4] 相反，他着重介绍了自

---

[1] NARA, www.fold3.com, M1946, RG260/roll 0134, "Interrogation of Art Dealers—Hildebrand Gurlitt," 94.

[2] Ibid. 作为一名受到迫害的犹太人，鲍尔在 1941 年加入美国陆军，并被第三军吸纳为翻译官。其他一些犹太人拥有类似的经历，比如在纽伦堡为精神病医生充当翻译官的霍华德·特里斯特（Howard Triest）（参考 Helen Fry, *Inside Nuremberg Prison*, Kindle edition, 2011）。

[3] Ibid., Life History, 83.

[4] 参考 Der Spiegel 于 2013 年 11 月 18 日的文章，文章中包含希尔德布兰德·古利特在 1955 年为展览目录写的序言。

己的二级"混血儿"身份以及犹太祖母所在家庭的显赫地位。麦凯似乎不为所动,只是单纯地记下了古利特告诉他们的事实。[1]

古利特不屈不挠,接着说了下去,而且不再有所保留。他也许认为如果继续向这位律师介绍自己显赫的家庭,审讯就会结束。所以,麦凯就听到了古利特著名的风景画家祖父以及扬名英国的作曲家叔叔的精彩故事。麦凯肯定很明确地认识到古利特在用一种恰当而羞怯的声音补充说明,说他来自一个盛产重要艺术家的家族。[2] 最后,古利特讲了一个父亲的希望最终破灭的悲伤故事——他当然没有提到科尔内留斯曾经投票给希特勒。他也没有提及自己曾自愿在信件上使用"希特勒万岁!"的签名。他同样没有提到沃尔夫冈的弟弟、已经移居日本的纳粹党员曼弗雷德,其中一个重要原因是美国在远东仍然处于战争状态。

尽管麦凯怀疑古利特并没有说实话,但他自然不会知道在古利特的故事中,有很多内容都是经过精心编排过的谎言。他也没有收到任何文件,能证明古利特曾将一些私人贵重物品连同绘画馆的馆藏一起存放在维森斯泰因城堡。

∞

接着,麦凯问起古利特的个人职业成就。可以想见,为了博得同情,古利特从第一次世界大战开始讲起,说自己在1914年到1918年如何3次负伤。他完全没有提到自己曾在西部"保护"艺术,也没提起自

---

[1] NARA, www.fold3.com, M1946, RG260/roll 0134, 83.
[2] Ibid.

己在东线撰写宣传稿件。按照规定，审问者不应该提出与威廉德国有关的问题。不过，由于麦凯经验有限，他经常问这类问题。每一个达到一定年纪的纳粹党人都需要证明自己也曾效忠过德皇，仿佛这样就可以在某种程度上减轻他们在希特勒领导下犯下的最可耻的罪行。

古利特描述出一幅第一次世界大战后痛苦经历的惨淡图景：他如何通过辛勤工作和朋友们（当然不是纳粹党人）的帮助最终在1925年获得茨维考城市美术馆的馆长职位。他绕开了6年的个人历史和有限的"职业成就"。

古利特很久以前就和基希巴赫约定，他永远不会在审问者面前提起基希巴赫的名字。与此同时，古利特了解到基希巴赫的科斯维希工厂并未被破坏，却稳稳地坐落在苏占区里。令他欣慰的是，基希巴赫及其妻子在战争的最后阶段逃到了巴塞尔，并在尘埃落定前一直留在那里。[1] 一切都在按照他们的战后计划进行。

当麦凯问到茨维考的事情时，古利特变得谨小慎微，只做出了这样的陈述："因为将这座小博物馆发展成了属于劳动人民的充满活力且顺应潮流的公共机构，我招致了来自纳粹的敌意，并且早在1930年就被解职。"[2] 麦凯又不傻，他知道纳粹直到1933年才掌权。然而，当他就这个明显的错误追问古利特时，囚犯拒绝提供更多解释。对其中3年时间，古利特没有做出充分解释，但出于某种未知的原因，麦凯并没有记录下来这个问题。

---

[1] www.photo.dresden.de/de/03/nachrichten/2008/c_82.php?lastpage=zur%20Ergebnisliste.
[2] NARA, www.fold3.com, M1946, RG260/roll 0134, 84.

接着，麦凯提出了那个显而易见的问题：你接下来又做了什么呢？古利特继续讲起自己那不幸的故事。"我在德累斯顿应用艺术学院讲授艺术史课程，出版了一本关于凯绥·珂勒惠支的书……并为《福斯报》（*Vossische*）和《法兰克福报》撰写文章。"[1]

古利特声称，他在1930年"被邀请到汉堡担任艺术家协会主任"，并将他的机构打造成一座现代艺术的避风港——包括英国现代艺术家的作品。他谈到了瑞典和英国的展览，说当他"锯下艺术家协会的旗杆"以避免升起"卍字［原文如此］[2]旗"时，他受到了谴责。此次事件导致他下台。他似乎对此感到吃惊，因为之前的汉堡一直是"自由思想艺术家"的圣地，他又啰嗦地补充道。为了生存，他别无选择，只能成为艺术经纪人。麦凯已经了解到古利特"生存"得很不错——他在德国拥有250 000帝国马克的债券以及250 000帝国马克的存款。[3]

∞

麦凯以及后来的古迹卫士审问官詹姆斯·S.普劳特（James S. Plaut）都看见过古利特的纳税申报单。这份单据显示，从德奥合并时起，他所宣称的收入就出现了明显增长：

      20 789 帝国马克，1938 年   15 253 帝国马克，1939 年

---

[1] NARA, www.fold3.com, M1946, RG260/roll 0134, 84. 我并没有找到以希尔德布兰德·古利特的名字出版的关于凯绥·珂勒惠支的书籍。

[2] 原文拼错了一个字母。——译者注

[3] NARA, CIR no. 4: 51. 还处在初步询问时，麦凯就发现了这些事实。

25 358 帝国马克，1940 年　　44 452 帝国马克，1941 年
41 001 帝国马克，1942 年　　176 855 帝国马克，1943 年
159 999 帝国马克，1944 年　　0，1945 年。[1]

他在汉堡雷氏（Ree）银行的债券和存款只是他的一部分财富。他在德累斯顿银行的账户上另有 40 000 帝国马克的现金。此外，还有"在这座城堡里的"艺术品，价值在 40 000 帝国马克—80 000 帝国马克。[2] 古利特的审问官们还知道德累斯顿银行一直是德国总理府所有转账操作的主要渠道。

考虑到从 1942 年年底到 1944 年，林茨特别委员会仅在法国就为古利特支付了超过 2 200 万帝国马克，即使按照 5% 这一可怜的佣金比例来计算，古利特也应该在 1943 年至 1944 年上报至少 100 万帝国马克的收入。[3] 当然，这还没有把他卖给基希巴赫、蒂森和雷姆茨马等实业家的画作算进去。显然，这些钱从未存放在德国银行账户里——他的德国纳税申报单也没有显示他的真实收入。换句话说，希尔德布兰德·古利特不仅在艺术品方面欺骗了希特勒，在税收方面也把希特勒骗了。麦凯和所有的古迹卫士都被古利特愚弄了。这个问题仍然存在：他把现金和艺术品藏到哪里了？

---

[1] Spk BA, Land G251, 48.
[2] NARA, www.fold3.com, M1946, RG260/roll 0134, 87.
[3] 从 AJ40/573 和 AJ40/574 中的古利特曾办理过的出口申请涉及的总金额中得出这一数字。

麦凯没有意识到这种税务欺诈,接着对古利特进行审问。他问古利特战争爆发时在哪里。"1939年,我在瑞士,后来去了巴黎。"[1]古利特回答。此时,麦凯也许起了疑心,但他首先需要古利特做出关于纳粹党归属问题的声明:"从1919年起,我就没有当过兵。我和妻子从未加入纳粹党或其他任何纳粹机构(除了所有艺术经纪人都要加入的帝国美术院)。我与任何纳粹党官员都没有任何联系。作为艺术经纪人,我只与前同事和博物馆馆长有过合作。我从未以元首[原文如此][2]的名义宣誓。我从未投票支持纳粹,我的妻子也没有。我从未放弃我的自由[原文如此][3]观点。"[4]

麦凯知道古利特在撒谎,但他没有证据,至少当时没有。因此,麦凯说:"谈一谈你的那些巴黎旅行。"[5]

古利特并没有马上做出回答。他坚称自己"一无所知"(这是他们排练过的副歌,常常出现在许多通敌者的口供中)。他已经把自己能想到的所有事情都告诉麦凯了。古利特发誓说,他的第一次巴黎之旅是在1941年,但之前他曾说自己在1939年去过巴黎。当麦凯对此质问他时,古利特回答说,1941年的旅行不是为了他自己,而是为了德国博物馆——从1941年到1944年,他做了10次商务旅行,起初代

---

[1] NARA, www.fold3.com, M1946, RG260/roll 0134, 84.
[2] 原文使用了英文拼法。——译者注
[3] 原文遗漏了一个字母。——译者注
[4] Ibid.
[5] Ibid., 85.

表汉斯·波瑟博士，波瑟死后则代表赫尔曼·福斯教授。[1]

麦凯得到了自己所需要的供词。这些供词把古利特与起初的艺术保护运动联系了起来，那场运动的目的在于补充希特勒林茨博物馆的馆藏。麦凯获得的证词与事实相去甚远，但还是揭示了许多事情："我通过票据交换所的转帐来获取付款。在1942年之前，对我来说，这种方法是不受限制的。"古利特通过不同的经纪人为个人客户采购，"后来只为元首博物馆"采购，他很少"从个人那里购买艺术品。一共从法国购买了大约200幅画，并把它们都送给了博物馆。我很少卖给个人"。[2] 送给？正像前面说得那样，根据法国国家博物馆的说法，在那段时期，他至少通过克瑙尔出口了526幅油画、55幅素描、两幅彩色蜡笔画、9尊雕塑和26件挂毯。

麦凯记下了这些矛盾之处，并在页边空白处画了一个问号。他自然不知道在法国国家档案馆（Archives Nationales de France）AJ40文件中，随处可见德国艺术经纪人劫掠法国的信息。不过，麦凯希望古利特能够谈谈他代表福斯和元首博物馆在法国做的那些采购。这段谈话的结果将决定古利特是否可以被划为"战犯"。

"在前同事……伟大的博物馆馆长［原文如此］的推荐下，我被派往巴黎，"古利特解释道。"由于轰炸以及一直在增强的纳粹恐怖，我很喜欢这份差使……而且，身为四分之一个犹太人，我还有被迫为托德组织（Organization Todt）工作的危险。"[3] 虽然麦凯审问艺术大

---

[1] NARA, www.fold3.com, M1946, RG260/roll 0134, 85.
[2] Ibid.
[3] Ibid. 托德组织是纳粹军队中的一个重要项目工程组织，以使用奴隶劳工而著称。

盗的工作只进行了一个月，但他已经非常熟悉这段故事了。囚犯是否参与了被窃艺术品的交易呢？从来没有。古利特公然撒谎。从来没有？从来没有，古利特再次回答。

古利特是在用某种方式欺骗自己吗？他是否忘了从达维德·弗里德曼那里偷来的、汉斯·W.朗格后来又卖给他的马克斯·利伯曼的《海滩上的两名骑手》？来自戈尔德施密特－罗斯柴尔德收藏的那些中国挂毯？最近从保罗·罗森贝格的收藏中获得的、目前存放在银行保险库里的马蒂斯呢？当然没有了。

有趣的是，直到此时，古利特并没有对焚烧书籍和艺术品的事情进行任何描述，也没有提及艺术家的困境。当他第一次听到审讯记录时，他自称的这些行动背后的动机全都不攻自破了。古利特总体上强调了一点：他是被迫成为艺术经纪人的，他参与交易的只有那些来路合法的艺术品。

∞

更加奇怪的是，古利特发誓说是赫尔曼·福斯——不是汉斯·波瑟让他成了4位官方艺术经纪人之一，负责清除德国博物馆中的现代艺术品。这相当自然，他解释道，因为古利特这个名字在艺术界和建筑界备受尊重。[1]这仍然是他的纯粹杜撰。就在他声称的福斯将他推荐给戈培尔的那个时候，福斯已经提出了移居英国的申请。由于福斯没有请求政治避难，因此他的申请遭到了拒绝。福斯别无选择，只能在

---

[1] NARA, www.fold3.com, M1946, RG260/roll 0134, 86.

1935年回到德国工作，并将个人观点藏在心里。他之所以没有失业，完全是因为在德国巴洛克艺术和意大利文艺复兴艺术领域，他的相关知识很渊博（第一次世界大战期间，他曾在佛罗伦萨的德国研究所工作）。[1]

然而，麦凯并不是艺术专家，他只是记录下所有的内容。古利特跳过了1941—1942年那段时期，声称他"从未与任何级别高于福斯的官员交谈，也从未向他们写过信"。[2]他从未提及自己与阿尔贝特·施佩尔的友谊以及他为希特勒、戈培尔、戈林和里宾特洛甫购买和销售艺术品的事情，也没有提到希特勒其实将自己的个人收藏等同于林茨收藏。

古利特声称自己的工作方式是很简单的。福斯告诉古利特去哪里收购艺术品，而古利特会遵从他的指导。"我对德国领导人鲍曼的办公室并没有什么更深入的了解，"古利特编织出一个奇异的谎言，"款项由德国总理府支付给柏林德尔布鲁克（Delbruk）席克勒尔银行（Bankhaus Schickler）［原文如此］。我的账单则开给了林茨博物馆专员福斯教授。"[3]

古利特知道元首买了哪些艺术品吗？麦凯问道。古利特说，他知道迪特里希、摄影师霍夫曼等人在这件事上很活跃。"这些采购并没有明确的计划，福斯教授则希望在科学和历史的基础上建立博物馆的馆藏。"[4]古利特此处指的是时任柏林博物馆馆长的奥托·屈梅尔博士

---

[1] www.dictionaryofarthistorians.org/Voss.
[2] NARA, M1946, RG260/roll 0134, 84.
[3] Ibid.
[4] Ibid., 86–89.

在1939年开展的庞大项目。[1]

麦凯转到了困扰盟军的主要问题上，他问古利特那些来自犹太人收藏的画作是怎么回事。古利特当然对此"并不了解"。他只是听说了没收和强买强卖的谣言。不出所料，麦凯关注的这个问题与1907年《海牙公约》第46条不断被违反的事情有关。古利特承认自己曾听过"法国犹太人的艺术财富被人根据某项法律强占"。接着，他又声称自己从未"亲眼见过［这样的事情］"。

古利特立即做出了自相矛盾的陈述："我知道德国大使用的那张巴洛克写字台来自罗斯柴尔德的收藏。我还在德国大使馆的房间里见到了法国18世纪的精彩画作，它们据说也是来自罗斯柴尔德的收藏。"他还听说巴黎有一个"豪华的宫殿"被用于收藏犹太人的艺术品并分配给不同的纳粹官员，但他"从未进过这座建筑"。[2] 古利特把矛头指向了布鲁诺·洛泽，说他听说洛泽很贪婪。不过，古利特声称他"总是避免在巴黎与纳粹高官见面"。

此时，麦凯也许再次起了疑心。古利特肯定觉得自己的谎言被对方觉察到了，他澄清道："我只有一回和几百人一起参加了大使馆的一次大型招待会。"他在会上听说盖世太保从饱受压力的私人收藏家或经纪人那里强买画作，"我经常听到这样的事情，但一直无法证实，甚至无法获得可靠的信息，否则我就会调查这种控告并私下告知福斯教授。我的确注意到……自己并没有看到许多画作，它们是为其他经

---

[1] Lynn H. Nicholas, *The Rape of Europa* (London: Macmillan, 1997), 121; cf. NA RG 260/411, Keitel to CIC France, September 17, 1940.

[2] NARA, M1946, RG260/roll 0134, 86.

纪人准备的"。[1] 这是翻译的问题，还是说古利特当时正局促不安呢？

∞

经过三天的询问，疲惫的麦凯意识到自己只了解到了一些表面信息，就把自己的报告提交上去了。他最后的任务是确保古利特在证词上签名，并让他指出哪些艺术品是他的。这是一项艰巨任务的开端——盟军艺术专家要将合法获取的物品和被保护或被盗物品区分开。在这个过程中，希尔德布兰德·古利特从未说清他是为了子孙后代而保护自己的收藏，还是"拯救"手上持有的现代艺术品，还是在为他人保存这些艺术品。

后来，在查看他位于班贝格新王宫的艺术收藏时，古利特似乎更加放松，指认出了他祖父的一些风景画、贝克曼的一幅油画以及奥托·迪克斯的自画像。[2] 马克斯·利伯曼的《沙丘上的马车》（*Wagon on Sand Dunes*）、马克·夏加尔的《寓言场景》（*Allegorical Scene*）、马克斯·贝克曼的《驯狮者》（*The Lion Tamer*）、马克斯·利伯曼的《海滩上的两名骑手》、埃德加·德加的《沐浴的裸女》（*Nude Woman Washing Herself*）、巴勃罗·毕加索的《女人头像》（*Woman's Head*）——所有这些画为他带来了相同的喜悦。古利特再次发誓，说大约115幅油画、19幅素描以及72件其他各种类型的艺术品是他目前仅存的全部收藏——其他的在德累斯顿大轰炸中被毁，就连相关记

---

[1] NARA, M1946, RG260/roll 0134, 86.

[2] Nicholas, *Rape of Europa*, 122. 根据古利特的说法，这幅画当时被一位"外国买家"以40美元的价格买了下来。

录也消失了。[1]似乎没有人注意到他的挂毯和家具都神奇地躲过了轰炸。

1942年12月，古利特在维奥拍卖会上买了4幅最昂贵的油画。没有人发现他将其中两幅卖给了汉堡的赫尔曼·雷姆茨马。雷姆茨马买下了柯罗的风景画和毕沙罗的作品，却拒绝购买塞尚那幅价值500万法国法郎的《圣维克多山的阿尔谷》，因为雷姆茨马觉得这幅画和杜米埃的作品是赝品。[2]

∽

在没有确凿证词的情况下，麦凯做了尽可能完整的调查。是否起诉古利特取决于艺术专家的评估结果，但这些评估将在繁琐的官僚程序中持续多年。早在1944年，罗斯福时期的美国财政部长小亨利·摩根索（Henry Morgenthau, Jr.）就已经设计出了应对未来艰巨任务的计划。1945年5月10日，杜鲁门总统在这个以"摩根索计划"为非正式名称的计划书上签字，计划变为法律，即JCS1067。这部法律有着众多目的，包括规定德国的去纳粹化政策将作为战后重建的一个重要组成部分。[3]

到了1945年8月，"摩根索战士"也开始处理被盗窃的艺术品。

---

[1] 1950年，人们认为可以将古利特的收藏还给他。

[2] 乔治·维奥有一个难以克制的爱好：对他的印象主义艺术作品进行"修复"，而且常常是以极为糟糕的方式在原画上作画。经过他善意修复的作品下面完全有可能隐藏着塞尚和杜米埃的原作。

[3] 《参谋长联席会议1067号指令》（JCS1067）在1945年10月17日前一直处于保密状态。8月2日，《波茨坦协定》签订后，由美国、英国、法国和俄国占领部队组成的盟国管制理事会（Allied Control Council）开始正式接管德国，直到1955年。1945年8月30日，处理战犯的9号指令变成法律。

这些人是借调给美国占领军的专业财产调查员，负责找出劫掠者并将被盗作品还给适当的主人或继承人。是摩根索战士发现了劫掠和集中营之间存在的可怕联系。然而，在接下来的几个月里出现了更多的政治角力，他们被中止取证调查，因为他们的工作内容与伯尔尼的艾伦·杜勒斯领导的避风港项目的工作内容存在重叠。

至于德怀特·麦凯中尉，他在9月被转移到了纽伦堡，开始从事那些纳粹最大战犯的起诉工作——当麦凯想到古利特还有古利特在未来应该会面对的折磨时，他可能会露出狡黠的微笑。

∞

几十年后，著名的古迹卫士和海军军官S.莱恩·费森（S. Lane Faison）在一次电台采访中表示罗伯茨委员会将一项复杂的任务转给了他："根据我们能够整合起来的所有信息撰写一部关于阿道夫·希特勒艺术收藏形成过程的官方史。"[1]为了实现这个目标，他同詹姆斯·S.普劳特和小西奥多·鲁索（Theodore Rousseau, Jr.）上尉组成了一个三人小组，在短时间里以极大的沉着态度展开合作。[2]这3个人询问了大量的经纪人和官员，其中包括哈伯施托克、古利特、波尔尼茨、福斯、洛泽、格奥尔格·毕希纳（Georg Büchner，巴伐利亚美术馆领导人）、迪特里希、卡尔·布埃明（Carl Buemming）和赫布斯特。

---

[1] 美国艺术档案馆（AAA）。罗伯特·F.布朗（Robert F. Brown）代表AAA/史密森学会于1981年10月27日和12月14日对S.莱恩·费森进行采访。采访的一份副本可以在AAA中的S.Lane Faison Papers中找到。

[2] www.monumentsmenfoundation.org/the-heroes/the-monuments-men/faison-lt.-cdr.-s.-lane-jr.

就在古迹卫士收集情报和撰写报告的时候，美军班贝格分遣队G-222于1945年11月21日发布了一项疏散令。这道由财产控制官（Property Control Officer）华莱士·W. 约翰斯（Wallace W. Johns）签署的命令是这样写的：

致相关人员：

哈伊姆·克鲁特先生（Mr. Chaim Krut）已被任命为阿施巴赫城堡及其所有财产的保管人。

在此，我要求主人波尔尼茨男爵及其家人立即腾出房间。任何家具或设备不得移出城堡或庭院。任何已被移出的物品必须立即归还。

这是军政府的命令。[1]

根据一项政治决定，这座城堡将被用作集中营受害者的休养和恢复场所。波尔尼茨男爵夫人勃然大怒，指责"这些人"毁掉了她的精美古董。在可以将贵重物品转移到另一个地方前，她将不得不一直承受这种耻辱。

与此同时，古迹卫士宣布，这座城堡之前被用作纽伦堡、班贝格和卡塞尔（Kassel）那些博物馆的重要仓库，而且波尔尼茨已被拘留。菲特雷尔将军（General Fütterer）和德国驻布达佩斯大使等人也将他们的个人艺术收藏存在这里。"住在这里的有来自柏林的卡尔·哈伯

---

[1] NARA, M1941, RG 260/roll 0031, 64.

施托克先生，他是阿道夫·希特勒的个人艺术经纪人，还有来自汉堡和德累斯顿的希尔德布兰德·古利特先生，他是元首的另一个艺术经纪人。这两位在这里都拥有大量的艺术收藏品。"[1]虽然没有提及他们的妻子，但显然她们也在那里。

疏散令发布后，古利特及其家人被迫搬到了街对面，住进了主街13a号一个不太体面的住所。那个地方俯瞰风景优美的湖泊——那是这座小村庄最重要的景点。哈伯施托克已被拘留，并在慕尼黑接受盘问。在对主要战犯的审判中，他是一个重要证人。古利特仍然被软禁着。

∽

同时，莱恩·费森回到了伦敦办公桌前，开始撰写关于希特勒博物馆和图书馆的大部头著作——《4号综合审讯报告》（*Consolidated Interrogation Report no. 4*）。报告的撰写日期为1945年12月15日。不过，就连费森也意识到他们没有掌握所有的事实。在看完来自德国总理府主管汉斯-海因里希·拉默斯办公室的仅仅11份文件后，费森完成了一份更加简短的补充报告。拉默斯在战争即将结束时亲自对古利特的采购提出了疑问，还批准了古利特营救任务所需的大量预付款。

古迹卫士们在极其艰难的条件下完成了一部分重要的调查工作，所以任何事情都无法磨灭他们的贡献。除了年轻的哈里·埃特林格（Harry Ettlinger），他们都是训练有素的博物馆人士，拥有渊博的视

---

[1] NARA, M1941, RG 260/roll 0031, 59.

觉艺术知识，但没有一个人是受过训练的调查员，也没有一个人是警察或投资银行家。他们"在工作中"学习艺术劫掠调查员的技能，实际上是在以艺术史学家的身份采访德国同行。[1]

❦

2014年年初，前苏格兰场艺术分队（Scotland Yard's Art Squad）的乔纳森·瑟尔（Jonathan Searle）警官检查了古利特的审讯记录。他曾将20世纪最大的艺术诈骗犯和赝品制作者约翰·德鲁（John Drewe）以及天才艺术家兼伪造者约翰·米亚特（John Myatt）逮捕归案。他的评论很有启发性。最重要的是，除了指出德怀特·麦凯的报告中存在多处重复（"第12—33页的油画清单经常重复同样的信息，比如第16及29页提到了德加的《沐浴的裸女》；第16及26页又提到了他的《两个裸女》[Two Nudes]；第16及23页提到了弗拉戈纳尔的《安妮与神圣家庭》[Anne & the Holy Family]；第15、23、29页提到的瓜尔迪的《修道院入口》[Entry to a Monastery]；第18、25、32页提到的普吕东（Prud'hon）的《亚当和夏娃》[Adam and Eve]；第16、30、49页提到的大卫·特尼尔斯（David Teniers）的《风景与撞柱游戏》[Landscape with skittles] 等"），瑟尔还指出译员保罗·鲍尔糟糕的英语水平应该会妨碍到麦凯的调查。瑟尔认为，麦凯本人的艺术市场知识的欠缺也是一大障碍。[2]

---

[1] 我要感谢乔纳森·彼得罗普洛斯（Jonathan Petropoulos）同我分享这些信息，这有助于解释报告中存在的一些缺失。没有他的帮助，我可能不会注意到这些缺失。

[2] 我非常感谢乔纳森·瑟尔花费巨大精力写出了这份2014年1月14日的详细报告。引文来自第1页。

使用了大量的双重否定句式、对古利特投奔波尔尼茨意图的蹩脚翻译以及支撑审问的合理财务调查（financial due diligence）的缺失（这一点最为重要）为报告留下了许多有待改进之处。实际上，瑟尔指出："这份证词的财务调查部分可以忽略不计。古利特对他的财务交易进行了一些评估，然后抱怨'人们说我在纳粹掌权前是一个穷人，现在又有钱又有整整一卡车的画作。对此，我必须做出回应……'（第8页）。不过，他没有给出任何数字。"瑟尔又恰如其分地指出："提供细目或总账是任何档案的标准做法，但是这份报告完全没有提供画作交易的细目或总账。然而，该团队却在报告名称中加入了'档案'一词：'古迹、美术和档案部分'（MFAA）。"

瑟尔指出："该机构配备了345名专家。即使考虑到有数千幅油画以及其他艺术品被窃，这也是一个很大的规模。"[1]古利特并没有被可以证明他在说谎的那个人——罗丝·瓦兰德——直接审问。

瑟尔的批评还在继续：

如果审问官无法提供支撑性财务报告，放在今天，这份报告将会受到严厉批评。它应该给出更多的画作销售数据。这类数据非常稀少，读起来就像是一个财务黑洞。我必须承认，显然自20世纪80年代以后，现代警方就非常侧重于财务调查，每一个正规的刑事调查局（CID）团队或分队都会配备经过特别培训的"财务调查员"——我自己就是一名财务调查员。

---

[1] NARA, M1941, RG 260/roll 0031, 3.

不过，这只是人们给过去一直在调查的事情起了一个花哨名字而已。我觉得一位受过职业训练的律师应该很清楚这一点。[1]

作为一名前投资银行从业人员，我可以证明瑟尔的这些观点的确提到了我在调查过程中产生的许多疑问。

&

费森在《4 号综合审讯报告》中用了很大的篇幅强调这些文件包含"有关荷兰和意大利的林茨特别账户的全部陈述"，以及"H. 古利特、格佩尔和多禄泰（赫布斯特博士）在法国、荷兰和比利时进行的采购活动的详细报告。"[2]

费森产生了与麦凯和普劳特相同的怀疑。古利特讲的故事有些不对劲。根据他们的主要发现，他们认为林茨特别委员会是一个犯罪组织，其成员应当接受战争罪的审判。[3] 希尔德布兰德·古利特将被软禁在阿施巴赫。费森及其团队在 1945 年获得的少量信息显示，古利特是一个撒谎高手。不过，发现真相将是另外一回事了。

吉姆·普劳特（Jim Plaut）和西奥多·鲁索相信他们可以在瑞士找到答案，因此他们踏上了发现真相的旅程。

---

[1] NARA, M1941, RG 260/roll 0031, 3.
[2] NARA, CIR no. 4 Supplement, December 15, 1945, 1.
[3] 在德国以外，艺术窃贼们受到了惩罚。例如，罗森堡委员会的赫尔曼·邦耶斯在法国被监禁，后在狱中自杀。文德兰和斯托克林（Stocklin）也进了监狱。当法国解放时，冯·贝尔及其妻子自杀身亡。阿贝茨大使在 1956 年被人谋杀。

第二十八章

显微镜下

> 没有比明显的事实更具欺骗性的事情了。
> ——亚瑟·柯南·道尔（Arthur Conan Doyle）

1945年4月9日，战略情报局（OSS）秘密情报分局（Secret Intelligence branch）经济情报主管（chief of economic intelligence）爱德华·C. 艾奇逊（Edward C. Acheson）写了一封关于瑞士的"绝密"信件。艾奇逊很精干，是美国负责经济事务的助理国务卿（assistant secretary of state）迪安·G. 艾奇逊（Dean G. Acheson）的弟弟。"有一条未经证实的谣言，说政府获得了一些最高机密材料，和某些纳粹高官放在瑞士的财产有关。这条谣言到底是如何缺乏依据呢？"[1]

同一天，艾奇逊又写了一封信，关于列支敦士登。他提出的问题可以分为三类：瑞士法律适用于列支敦士登吗？哪些控股公司曾经或

---

[1] NARA, Safehaven Papers, M1934, RG 226, Project Safehaven, 1942–1946, WASHSPDF-INT I, roll 0001, 3.

者正在被洗白？如何找到任何一家控股公司的最终受益人？[1]艾奇逊正在研究严格的瑞士保密法律，这些法律掩盖了个人、公司和资产的所有银行交易，而这些交易可能曾让现已覆灭的第三帝国受益。

艾奇逊的职责与古迹卫士普劳特、费森和鲁索的工作是有区别的。他的任务是确保被窃艺术品不会成为支持另一场战争的某个未知的德国金融网络的一部分。古迹卫士则有两个目标，一是物归原主，二是惩罚犯人。这两个群体从一开始就出现了不可避免的冲突。此外，为了促进跨部门协作而设立的避风港项目本身就要面对各大机构"领主"间的冲突，这使问题变得更加复杂。关于被窃艺术品，就连美国驻欧洲各国的大使馆也与其他政府机构在目标上不可相容。

1945年5月3日，另一封来自美国驻伦敦大使馆的未签名附信被放到了艾奇逊位于伯尔尼的办公桌上。这封信其实写于3月17日。显然，有人一路追查，发现一幅马蒂斯的油画——《敞开的窗户》（The Open Window）——就在瑞士。古迹卫士相信这幅画被目前因于巴黎的罪犯、艺术经纪人马克斯·斯托克林（Max Stocklin）进口到了瑞士。它是被人从波尔多附近弗洛里亚（Floriac）的保罗·罗森贝格收藏品中窃取的。斯托克林曾与德国占领当局密切合作，与罗赫利茨和洛泽的关系很近。实际上，在战前，斯托克林和罗赫利茨以没收为目的对法德两国许多很有价值的犹太收藏品进行了评估。[2]他们将与洛泽共同"采购"大量贵重物品，其中一些是法国的纳粹党人知道的，有一些

---

[1] NARA, Safehaven Papers, M1934, RG 226, Project Safehaven, 1942–1946, WASHSPDF-INT I, roll 0001, 8.

[2] NARA, M1944, RG 239, roll 0051, 83.

他们却不知道。[1]

在他们评估的收藏中，最令人垂涎的藏品之一属于保罗·罗森贝格。给艾奇逊写信的人[2]在信中提到了他对雕塑家安德烈·马丁（André Martin）的采访。马丁当时在苏黎世诺伊珀特美术馆（Galerie Neupert）工作。大约两年前，那幅油画由斯托克林以明显符合法律的方式进口到了瑞士，而且交了关税。斯托克林向马丁保证，这幅油画是从巴黎一家美术馆买的。遗憾的是，他想不起是哪一家了。马丁需要代表斯托克林把它卖掉，因此他就向伯尔尼艺术博物馆和艾奇逊认识的特吕塞尔博士（Dr. Trussel）提出了出售意向。博物馆表示，要想让他们买这幅画，必须要拿出清晰的出处证据，证明它的确是在1940年6月巴黎沦陷前售出的。显然，博物馆怀疑它曾经是罗森贝格的收藏品。马丁声称，除了销售佣金，他对这幅油画没有任何兴趣。[3]

艺术史学家、现代艺术收藏家、不知疲倦的英国古迹卫士、空军中校道格拉斯·库珀接过了处理这份文件的工作。他写了一份长达26页的报告《瑞士的被窃艺术品》（*Looted Works of Art in Switzerland*），随后又马上和保罗·罗森贝格本人在战争刚结束后的日子里一起工作——这些都显示了库珀要帮助罗森贝格找回被窃艺术品的决心和毅力。[4]对那幅马蒂斯的《敞开的窗户》，库珀追查了在瑞士进行的28次交易——全是在赫尔曼·戈林充分知情的情况下完成的。

---

[1] NARA, M1944, RG 239, roll 0051, 101–102.
[2] 很可能是普劳特或他的英国同事道格拉斯·库珀（Douglas Cooper）。
[3] NARA, Safehaven Papers, M1934, RG 226, roll 0001, 12.
[4] GETTY, 86061, Douglas Cooper Papers, Box 39, Report on Looted Art in Switzerland.

其中的 10 次交易涉及的人员有经纪人阿道夫·威斯特（Adolf Wuester）、阿图尔·范斯蒂埃尔（Arthur Pfannstiel），代表阿尔弗雷德·博德克（Alfred Boedecker）的诺伊珀特美术馆，亚历山大·冯·弗赖博士（Dr. Alexander von Frey），位于慕尼黑的阿尔马斯－迪特里希美术馆（Galerie Almas-Dietrich）以及位于阿姆斯特丹的迪克美术馆（Dik Gallery）。这 10 次交易是为希特勒、里宾特洛甫和鲍曼服务的。这些交易是为了避免违反德国总理府部长拉默斯于 1940 年 11 月 18 日在希特勒的命令下颁布的法令。根据这道法令，所有被没收上来的艺术品都需要运到德国去接受元首的处置。[1]

由于德法两国的停战协定是与法国人民签订的——不是与不再享有法国公民身份的共济会会员或犹太人签订的——因此犹太人的财产被视作"无主"财产，可以无障碍地运回德国。然而，非法的现代艺术品是不能运回德国的。

然而，当如此多的"销路极高的物品"可以为纳粹带来更大的利益时，他们为什么要让这些宝贵的艺术品"闲置"呢？戈林相信，意识形态是可以调整的。为了获得商业现实利益，从而更好地为德国服务，他们常常需要调整意识形态。[2] 因此，交易行为就这么发生了。被库珀像法医验尸那样仔细检查过的 28 次交易发生在 1941 年 2 月到 1943 年年末。所有的 28 次交易都被完整地通报给了戈林，其中的 18 次交易则是巴黎的古斯塔夫·罗赫利茨代表他安排的。

---

[1] GETTY, 86061, Douglas Cooper Papers, Box 39, Report on Looted Art in Switzerland, 1-3.
[2] Ibid., 3.

这些交易既有直接的，也有间接的，是记录纳粹工作方法的有用材料。在第一次交易中，一方是戈林和霍费尔，另一方是无处不在的瑞士拍卖家特奥多尔·菲舍尔、他在达姆施塔特的合作伙伴卡尔·布埃明以及位于巴塞尔的布龙纳（Bronner）公司。戈林和霍费尔拿出了25幅印象主义画作，它们都是戈林在1941年7月12日亲自从菲森附近的新天鹅堡取出来的。这些画作出自不同画家，包括柯罗、库尔贝、科泰（Cottet）、德加、梵·高、卢卡斯、马奈（Manet）、莫尼耶（Monnier）、雷诺阿（Renoir）、卢梭（Rousseau）、罗丹和西斯莱。

所有25幅画都是菲舍尔在柏林挑选的。杜米埃、马奈、罗丹、雷诺阿和卢梭的作品以及德加的所有作品都属于阿方斯·卡恩。梵·高的作品则属于英国收藏家阿尔弗雷德·林登（Alfred Lindon）。作为交换，菲舍尔给了戈林6幅画：4幅克拉纳赫的作品，1幅法兰克福某位大师的三联画，以及1幅纽伦堡学派的油画。

第二次交易也是直接交易，是在菲舍尔的法国代理人汉斯·文德兰和戈林之间进行的。文德兰拿出了一幅1941年在马赛购买的伦勃朗的作品以及两件16世纪的布鲁塞尔挂毯，换来了25幅印象主义画作。

第三次交易也涉及菲舍尔，还有第四次和第八次。材料中有关于文德兰、菲舍尔和诺伊珀特美术馆的埃米尔·比勒之间紧密财务联系的详细信息。[1]

不过，正是第六次交易把古利特牵连进来了——尽管是在他去世以后：

---

[1] GETTY, 86061, Douglas Cooper Papers, Box 39, Report on Looted Art in Switzerland, 4–19.

巴黎的马克斯·斯托克林[1]（Stoecklin）［原文如此］与罗森堡委员会（代表第三帝国[2]［原文如此］总理府）的第六次交易：

斯托克林拿来了：

怀南茨（Winants）。《林地景观》（*Woodland landscape*）。

齐曼（Zeeman）。《小渔港》（*Small Fishing Harbour*）。

斯托克林得到了：

马蒂斯。　　　　《敞开的窗户》　收藏家罗森贝格[3]

　　库珀已经访问过了苏黎世的安德烈·马丁，知道诺伊珀特美术馆目前正在出售这幅画。交易合同是在1942年6月15日还没有估价的情况下代表德国总理府拟定的。名义上说，目前这幅画的所有人仍然是被囚禁在法国监狱里的斯托克林。在这份关于交易的报告结尾，库珀写了一句充满希望的评语："看起来没有理由不扣押它。"[4] 库珀自然把情况告诉保罗·罗森贝格了，后者计划在和平来临后马上从纽约前往瑞士。

∽

　　到了1945年春天，普劳特、费森和鲁索的主要职责是找到被盗艺术品并将其物归原主。当这些赃物返回祖国时，各国政府需要将其

---

[1] 报告中的人名常常使用不同的拼法。我采用了法语的拼法"Stocklin"。
[2] 原文为"Reichs"，多拼了一个s。——译者注
[3] Ibid., 14.
[4] Ibid.

归还给适当的主人——这常常是一件吃力不讨好的工作，尤其当主人已经遇害时。

爱德华·艾奇逊领导下的避风港项目负责追查敌人的隐藏资产，而古迹卫士的工作正日益与之发生严重冲突。6月21日，艾奇逊向西方同盟国发布了一份报告《隐藏德国资产的方法》（Methods of Concealing German Capital），并特别提到了瑞士。通过基金会这一合法实体，"具有合法身份的个人可以向一个由个人组成的组织（基金会）转移财产"。这种基金会有权管理所有财产，"单一个人有权代表基金会采取任何管理行为。"[1]艾奇逊的报告没有指出的是，这种基金会也为自身制造了一个有利的税收地位，让外人无法了解其内部情况。这是瑞士和德国战后保护被窃艺术品的标准做法。

∞

整个1945年，战略情报局的避风港报告淹没了伦敦麦克米伦委员会（Macmillan Committee）和华盛顿特区罗伯茨委员会的办公桌。报告涉及阿根廷、突尼斯、瑞典和瑞士的被窃艺术品。他们发现了勃鲁盖尔和伦勃朗的画作在中立国瑞典的大量藏匿点，同时被发现的还有其他无价艺术品、黄金和现钞。[2]

不过，普劳特和鲁索更熟悉那些乐于为德国收藏家和经纪人打掩护、以便帮助他们将赃物隐藏在瑞士的"稻草人"。[3]这些人可以代表

---

[1] NARA, Safehaven Papers, M1934, RG 226, roll 0001, 19.
[2] Ibid., 1–29.
[3] Ibid., 29.

他们的德国客户管理保险库、银行账户、基金会或者其他投资途径，并每月获得丰厚的报酬。正是这种渠道给希尔德布兰德·古利特等人带来了个人便利。

同时，在那年的10月，法英两国正在追查古利特在巴黎的主要交易人之一胡戈·恩格尔。根据报告，恩格尔以180 000法国法郎的价格将5幅画卖给了卡尔·哈伯施托克，并且以15 000法国法郎的单价将几幅画卖给了玛丽亚·迪特里希。据说，他还与一名叫做屈特根斯（Kuetgens）的经纪人有过交易，他还为艾克斯拉沙佩勒（Aix-la-Chapelle，即亚琛[Aachen]）的博物馆购买了一幅油画。恩格尔还通过经纪人莫比斯（Moebuis）将提埃坡罗（Tiepolo）的一幅作品以30 000法国法郎的价格卖给了维尔茨堡博物馆（Würzburg Museum）。[1] 调查还在继续，当法国官员获得与恩格尔合作的其他经纪人的名字时，他们会立即通知库珀。[2]

1945年12月9日，普劳特和鲁索根据他们自11月20日到当天为止进行的调查写了一份关于瑞士被窃艺术品的报告。道格拉斯·库珀在他们的调查过程中帮了大忙，把两个人介绍给了内政部的沃多博士（Dr. Vodo），博士承诺会调查菲舍尔美术馆从法德进口的商品。此外，普劳特还询问了战争期间在德国驻伯尔尼公使馆担任信使主管的奥斯瓦尔德·里克曼（Oswald Rieckmann）。里克曼曾在抵达伯尔尼时将包含被窃艺术品的外交邮袋交给了戈林的代理人霍费尔。霍费尔将把

---

[1] GETTY, 86061, Douglas Cooper Papers, Box 39, October 24, 1945 letter.
[2] 战后，恩格尔通过为安全部门工作赎回了自己的自由。

艺术品转交给卢塞恩的文德兰和菲舍尔，用于销售或交换。[1]

普劳特将德国公民文德兰传唤到了美国驻伯尔尼大使馆，并非常清晰地指明文德兰的危险处境——尤其是他很可能会成为那些持有瑞士护照的艺术经纪人的替罪羊。文德兰与他进行了一定程度上的合作，把特奥多尔·菲舍尔和他的两个儿子介绍给了普劳特。

见到菲舍尔时，普劳特感觉虽然自己无法对菲舍尔本人进行审讯，但结果会很"有利"。菲舍尔慷慨地向普劳特出示了尚属机密的1945年10月的盟军报告《瑞士的被窃艺术品》。美国人和英国人将这份报告秘密交给瑞士政府，让其采取行动。菲舍尔表示，瑞士联邦政治部（Swiss Federal Political Department）的德·拉姆先生（Mr. de Rahm）慷慨地将其交给他，并对他目前的困境深表同情。[2]

接着，斧子落了下来。在普劳特完成报告的9天后，他收到了艾奇逊寄来的一封非常诚恳但却不受待见的信件。"亲爱的吉米，"艾奇逊写道，"我写这封信是为了让你了解我们最近活动的最新情况。考虑到华盛顿已基本决定要在1946年的前几个月内终止此项目，我们自10月中旬以来就将精力集中到了两个主要目标上。"

艾奇逊指的是避风港项目吗？还是说，他是特指自己目前领导的艺术盗窃情报部的工作即将结束？看到下面的文字，普劳特的疑问消失了。是后者。他有一个月的时间完成欧洲所有未完成的调查，并准备好交接材料，"在项目终止时将其转移给任何一所被指定接受

---

[1] NARA, M1944, RG 239, roll 0092, 66.
[2] Ibid., 67.

这项工作的机构。材料将主要包含项目涉及人员的基本信息"。[1]

费森的《4号综合审讯报告》即将在圣诞节前发布。这封信要求将《3号综合审讯报告》合并到人员"基本信息"中。艾奇逊承认，艺术盗窃情报部的工作还远远没有结束，"我们甚至都无法开始一些紧迫的调查，以令人满意的方式结束正在进行的调查也是一件非常困难的事情。关键是，无法在不到6个月或1年的时间里将整个问题充分解决，"艾奇逊遗憾地说，"我们有坚定的理由相信，国务院对这项工作的继续持接受态度。"[2]

艾奇逊为什么认为他们有"坚定的理由"相信国务院会允许艺术盗窃情报部继续工作呢？他是否与自己的哥哥、负责经济事务的助理国务卿迪安就这一话题进行了交谈？实际上，普劳特和其他仍然留在欧洲的美国古迹卫士被要求停止开展任何进一步的调查。已经开启的文件后续跟进工作很快就会由美国军政府办公室（Office of the Military Government of the United States）的其他人负责。

虽然爱德华·艾奇逊在战略情报局内部的地位很高，但他并没有预见到：对杜鲁门新政府来说，1945年4月罗斯福的去世以及正在进行中的纽伦堡对反人类罪行的大审判让他们失去了对古利特这样的普通投机者进行报复的欲望。种族灭绝和奴隶劳工是新政府的主要目标，12次纽伦堡后续审判一直持续到了1948年10月。只有弗里克审判（1947年4—12月）、法本公司审判（1947年8—1948年7

---

[1] NARA, M1944, RG 239, roll 0092, 60.
[2] Ibid., 60–61.

月)、克虏伯审判（1947年12—1948年7月）和部长审判（1948年1—1949年4月）才有可能揭露古利特的阴暗活动。[1] 古利特应该感到了威胁，尽管那群艺术史学家罪犯中没有一个人被推上审判席。他无法了解的是：杜鲁门政府根本不想弄清艺术盗窃与种族灭绝之间的内在联系。

艺术盗窃情报部于1946年解散——避风港项目也是如此。美国占领区的数千件被窃艺术品落到了美国军政府办公室古迹、美术档案部门各个收集点官员的管辖范围内。费森和普劳特将林茨特别委员会送上国际战犯审判法庭的希望化为了泡影。

∞

就在普劳特阅读艾奇逊信件的同一时间，马丁·鲍曼的妻子格尔达在南蒂罗尔的小村庄沃尔肯斯泰因（Wolkenstein）被人发现。这里距离卡尔·沃尔夫将军（General Karl Wolff）位于博尔扎诺（Bolzano）的藏身之处只有20多公里。[2] 幸运的是，当她被捕时，她丈夫绑架的孩子们已回到了那些父母的身边，而她自己的孩子也有人照料。人们在审讯时发现，格尔达显然病得很严重。她在圣诞节后被送进医院，

---

[1] 在纽伦堡后续军事审判前，还有几次集中营审判。这12次审判分别是：医生审判（1946年12月—1947年8月）；米尔希审判（1947年1月—4月）；法官审判（1947年3月—12月）；波尔审判（1947年4月—11月）；弗里克审判（1947年4月—12月）；法本公司审判（1947年8月—1948年7月）；人质审判（1947年7月—1948年2月）；种族和移民局审判（1947年10月—1948年3月）；党卫军特别行动部队审判（1947年9月—1948年4月）；克虏伯审判（1947年12月—1948年7月）；部长审判（1948年1月—1949年4月）；最高统帅部审判（1947年12月—1948年10月）。

[2] 卡尔·沃尔夫将军（党卫军在意大利和蒂罗尔的领导人）就他所控制的党卫军人员的投降问题与伯尔尼的艾伦·杜勒斯展开对话。一些人认为，此次事件导致的"日出行动"（Operation Sunrise）是冷战的第一起事件。

被诊断为癌症晚期。在 1946 年 4 月去世之前,她既没有指出丈夫的下落,也没有说明她丈夫希望如何处理他的艺术收藏。这对古利特的调查结果以及古利特个人的未来前景都极为重要。

另一方面,奥地利、波兰、荷兰和比利时的头号劫掠分子、恶毒而凶残的考耶坦·米尔曼则声称鲍曼对艺术不感兴趣。不过,古利特等人的确曾卖给鲍曼一些艺术品,而且他的收藏曾被带到了奥尔陶斯,然后被秘密运到了瑞士。在战争即将结束的日子里,鲍曼允许古利特行动时不用考虑德国总理府领导人拉默斯博士的任何反对意见。最重要的是,根据希特勒去世前一天在地堡签署的遗嘱,鲍曼可以代表纳粹党对希特勒的全部收藏品行使绝对控制权,其中就包括林茨的收藏。

虽然艺术盗窃情报部已被解散,但在 1946 年,古利特被要求自证清白。美国驻德国高级专员办公室(High Commissioner's Office)的下属部门文化财产顾问办公室(Culture Property Adviser's Office)想让古利特确认和他做过生意并愿意用自己的名声为古利特的人格担保的那些人。古利特面临的问题是,应该选谁呢?

在那一年的 10 月之前,纽伦堡审判是每天的头条新闻。和全世界的其他人一样,古利特声称自己对第三帝国的野蛮行径深恶痛绝。此外,让人毫不吃惊的是:鲍曼在缺席的情况下被判死刑。众所周知,戈林在执行绞刑的前一天自杀身亡;古利特的朋友、曾经担任军备和战时生产部长(minister for armaments and war production)的建筑师阿尔贝特·施佩尔被判在施潘道监狱(Spandau Prison)服刑 20 年。

人们需要处理施佩尔在瑞士的收藏。

现在，第三帝国留下的所有遗产都由同盟国经营，而德国将在接下来的45年里成为一个分裂的国家。苏联占领区与英国、法国和美国占领区之间的关系也在日益冷淡。[1] 西方盟国的军事法凌驾于德国法律之上——纳粹在1938年5月31日颁布的第三帝国"没收堕落艺术品"的追溯性法律似乎是一个例外。也许美国人、英国人和法国人认为这部法律可以允许他们合法没收他们发现的一切疑似被窃艺术品？另一个可能性一样高的推测是：同盟国也许认为之前存在的一切法律结构已经完全作废了。这个决定将会影响到古利特的儿子科尔内留斯。

直到被软禁时，古利特才知道包括苏联在内的同盟国在1943年1月5日签署了《伦敦宣言》（*London Declaration*）。根据这份宣言，同盟国将不再承认发生在第三帝国占领区的财产和贵重物品的转让，即使它们看似合法。[2] 当古利特听说他需要在自己的案子解决前提供证明人时，他变得焦急起来。他敏锐地意识到自己已经稳稳进入了轻度罪犯的去纳粹化过程，也知道选择"错误"证明人会带来的危险。每一天都有可能召开新的战犯审判，而盟国管制理事会的指令也在侵袭德国的法律系统，因此古利特对证明人的选择感到犹豫不决。他完全有理由感到担忧，尽管他没有真正认识到德国的去纳粹化在很大程度上取决于前纳粹党人对曾为他们服务的人员的指认。

---

[1] 参考 Peter Grose 的巨著 *Allen Dulles, Spymaster*, book 2, "Cold Sunrise" 一章中有关冷战第一次事件的内容。

[2] www.law.harvard.edu/library/digital/court-of-restitution-appeals-reports.html.

接着在 1946 年 10 月 15 日，与费森、普劳特和鲁索存在交往的荷兰古迹卫士让·弗拉格上尉（Captain Jean Vlug）向伦敦站提交了一份报告。弗拉格似乎不信任正常的提交渠道，因为他坚持要求将报告亲手交给费森。这是一份令人震惊的报告，它详细记录了米尔曼办事处在荷兰、比利时和法国的行动，并用将近 150 页的篇幅列举出那些被窃财产及其下落。[1]

和法国的罗森堡委员会类似，米尔曼办事处是一个组织严密、冷酷无情的艺术劫掠组织，专门负责处理"敌国财产控制部"（Feindvermögen）的艺术品。许多德国艺术史学家和专家都参与了分类工作，将他们的战利品汇总到一起，运到德国出售给希特勒、戈林、巴尔杜·冯·席腊赫（Baldur von Schirach）、席腊赫的岳父、希特勒的摄影师海因里希·霍夫曼、弗里茨·托德、卡尔·沃尔夫将军、波兰总督汉斯·弗兰克、卡尔滕布伦纳将军（General Kaltenbrunner）以及国家专员赛斯 – 英夸特（Seyss-Inquart）。[2]

汉斯·波瑟在 1940 年 6 月 10 日写给马丁·鲍曼的信件中贪婪地说，"米尔曼博士以自己的才能成为保护艺术和文化商品的特别代表，刚刚从荷兰回来，今天从柏林给我打了个电话，说现在有一个特别好的机会，可以用德国货币购买来自荷兰艺术经纪人和私人财产的宝贵艺术品。"[3]

---

[1] NARA, Vlug Report, M1944, RG 239, roll 0008, 1.
[2] Ibid., 6.
[3] Ibid.

这份报告还强调了直接为赛斯－英夸特的副官施密特工作的埃哈德·格佩尔。邪恶且虚伪的考耶坦·米尔曼据说经常拜访巴黎的波尔和洛泽。米尔曼那个同样可怕的半同胞兄弟约瑟夫主管米尔曼事务所的巴黎业务，还常常与古利特的伙伴格佩尔、古斯塔夫·罗赫利茨和胡戈·恩格尔混在一起。类似地，米尔曼也向维也纳多禄泰的赫布斯特寄了几件艺术品。弗拉格总结说，米尔曼事务所的活动已构成了战争罪。[1] 古利特自然就在这个人际大网络中。

弗拉格证实了许多从巴黎盗走的法国艺术品被存放在奥尔陶斯和萨尔茨堡。[2] 弗拉格的报告本应使人们对古利特产生警觉，因为萨尔茨堡正是他的另一个藏身之处。然而，当这份文件抵达收信人手中时，艺术盗窃情报部已经解散。赢得和平被认为比无休止审判纳粹战犯要更加重要。

∞

令人吃惊的是，在最后一次立下关于战争期间艺术买卖的誓言后，古利特的一部分艺术品被解除扣押状态了。当然，我们现在知道他的"大部分收藏在汉堡和德累斯顿的轰炸中被焚毁"的声明完全是编造的。他用某种方法让慕尼黑古迹美术和档案部的主管埃德温·雷（Edwin Rae）相信他的4幅油画属于他的堂亲布丽吉塔。1946年11月7日，这些画被当做她的收藏物归原主。[3] 当布丽吉塔拿到这些画时，古利特的老家具和挂毯已经被添加到了可以带走的贵重物品清单上。

---

[1] NARA, Vlug Report, M1944, RG 239, roll 0008, 6–8, 30, 33, 56, 59.
[2] NARA, M1926, RG 260, roll 0035, 14.
[3] NARA, M1944, RG 239, roll 0081, 8.

1946年年末，古利特提名的愿意证明他良好品质的人被要求对他的请求做出回应。他知道在自己所提供的14人名单中，目前有几个人的处境是安全的——比如马克斯·贝克曼和几个已经通过去纳粹化程序的博物馆馆长。最佳人选是汉堡律师瓦尔特·克莱门斯（Walter Clemens）。此外，他在德累斯顿的前秘书、拥有一半犹太血统的马娅·戈特黑尔夫（Maya Gotthelf）能很好地证明他对犹太人是友好的。不过，经过深思熟虑，古利特意识到如果不加上他曾为之购买艺术品的各位博物馆馆长，这份名单看上去就将会很奇怪，因此他又添进了卡塞尔、开姆尼茨、卡尔斯鲁厄、科隆和茨维考的博物馆馆长。他并不意外地略掉了埃森市福尔克旺博物馆的馆长。

马克斯·贝克曼自然觉得他有义务对古利特表示支持，因为当他由于禁画令而被禁止作画时，古利特展出并售出了贝克曼的一些画。就连古利特在汉堡圣彼得教堂（Saint Peter's Church）的牧师也被要求提供赞扬他的报告。[1] 令古利特恼怒的是，他被称为纳粹分子。在自己的心中，他是一位"艺术史学家"，而纳粹则利用了他。长期以来，他一直在对自己和孩子讲述这个故事，以至于故事最后变成了事实。

∞

可以想见，1945年在奥尔陶斯，福斯并没有在对费森做出的陈述中将古利特牵连进来。恰恰相反，据福斯所说，当古利特逃往阿施巴

---

[1] Spk BA, Land G251, 6,7,9,11–15.

415

赫时，他想拯救属于福斯威斯巴登博物馆的艺术品。[1]费森最初建议将福斯扣押下来，等待战犯审判，但又建议让福斯参与慕尼黑的艺术品清点工作——这一职位几乎不会提供给不受信任的人。[2]

被扣押的古利特以及看守他的人都大体感觉他的软禁应该在圣诞节前解除，但他的很多证明文件直到1月才被寄过来。1月来了又走了，但古利特还是没有重获自由，他决定做出一个大胆的行为。他的看守者认为他会在1946年被释放，因此同意让他申请工作职位。如果相关文件被批准，他可以获准工作的话，软禁就可以结束了。然而，古利特还知道，要想重新获取被扣押的收藏品，他需要的就不仅仅是一份工作。他得证明那些艺术品不是抢来的。

接着，古利特做了一番头脑风暴。他决定给罗丝·瓦兰德写信。瓦兰德上尉是一名法国古迹卫士，帮助法国收回了数千件被窃艺术品。在1947年2月10日的信中，古利特不仅表达了他对自己被当成纳粹分子被囚禁起来的恐惧，还请求瓦兰德为他写一封推荐信，帮他在莱茵兰获得一份工作。古利特曾在慕尼黑收集点接受过许多次审问，他显然在其中一次审问中见过瓦兰德并和她进行过为时不短的谈话。

"你知道的，希特勒在1933年掌权后，我就失去了汉堡艺术家协会主任的职位，主要是因为我支持堕落艺术，"古利特用蹩脚的法语写道，"最近有人让我申请莱茵兰地区克雷菲尔德（Krefeld）博物馆馆长的职位。克雷菲尔德是一座工业城市，在战争中完全被毁。因此，

---

[1] NARA, DIR no. 12: 18–19.

[2] Ibid., 24.

我终于有机会重操旧业，做一名博物馆馆长了。自从我被禁止发表演讲和写作后，我就一直无法获得这种职位。"[1] 由于克雷菲尔德位于法国占领区，因此他希望她能写一封赞美他的推荐信。

他当然没有被禁止写作了，而且在来到汉堡前，他早已在库尔特·基希巴赫的支持下进入了艺术交易行业。和之前一样，他的记忆似乎与事实开了一个恶意的玩笑。

古利特用甜言蜜语拼命向瓦兰德编织他的倒霉故事。"你是在帮一个法国的忠实朋友和纳粹政权的真正敌人。我一直在用语言和行动支持法国艺术。"他谈起自己多么热爱巴黎，多么羡慕巴黎艺术。他对瓦兰德的请求还包括"我的姐姐以画家和艺术家的身份住在巴黎不是没有原因的"以及维利巴尔德的事业，其实这些与他支持法国的论点并没什么联系。他还说维利巴尔德"最近被邀请前往伯尔尼，以便与法国同事密切合作"。最后，古利特说出了重点："我的父亲科尔内留斯·古利特写了第一部关于法国巴洛克建筑的德语著作，还编辑了一些关于法国艺术的教材。"[2]

这些事情瓦兰德之前都听说过。古利特继续用小提琴演奏以希伯来主题的柔和乐曲："在第三帝国时期，我们所有人都受到了攻击和追捕。在令人费解的情况下，我才以艺术经纪人的身份在法国保全了自己。我用这种方式避免自己被迫为军事工业工作或者被编入可怕的托德组织奴隶劳工营……我只想让人们记住我做过〔拯救

[1] ANDE, Carton 195 côte A 169, 日期是 1946 年 2 月 10 日。
[2] Ibid.

艺术］这项工作。"[1]

我们很容易理解为什么罗丝·瓦兰德拒绝回信，为什么古利特一直没有获得克雷菲尔德的工作。所以，在整个1947年，他一直都在寻找带薪工作。

此时，被古利特当作父亲看待的基希巴赫已经在杜塞尔多夫重新定居下来。作为一位战争期间没有参与种族灭绝的重要资本家，基希巴赫并不想返回遭到轰炸的德累斯顿，也不想看到被苏维埃接管的科斯维希工厂，他不想活在社会主义政权的统治下。幸运的是，在战争结束前，基希巴赫就将自己的大量收藏品转移到了巴塞尔的安全场所，这在很大程度上是古利特的功劳。贪婪的经纪人克里斯托弗·贝尔努利和弗莱希特海姆的业务"继承人"亚历克斯·弗梅尔自然对带着大量艺术收藏品刚刚来到杜塞尔多夫的基希巴赫尤其感兴趣。很快，这些人将很不情愿地被迫将古利特加入到他们未来的思考范围内。之前，他们对布赫霍尔茨逃往瑞士起到了很大的帮助，还将瑞士作为中转站，将艺术品输送给了身在纽约或南美的瓦伦丁。

到了1947年，基希巴赫已经在复兴的实业家圈子里获得了一席之地，因此就安排古利特担任威斯特伐利亚艺术家协会主任。昨日重现。古利特很高兴。被确认为纳粹分子但却从未接受去纳粹化审询的亚历克斯·弗梅尔早已成了这座工业城市的领军人物。弗梅尔的导师卡尔·布赫霍尔茨已经毫发无损地逃到马德里，从而免受软禁或被律师或古迹卫士审询的耻辱。古利特以及布赫霍尔茨本人不知道的是，

---

[1] ANDE, Carton 195 côte A 169.

有一名法国间谍看到了这位长着易于辨认的蓬乱灰发、身材高大、气宇轩昂的艺术经纪人在马德里走下戈林的私人飞机,他所携带的艺术品足以让他在西班牙首都再开一家德国书店。法国间谍还在报告中说,布赫霍尔茨就住在计划中的那座经营场所所在的那条街上,也没有向当局报到。[1]对马德里的布赫霍尔茨来说,他很幸运地加入了一个重要的前纳粹党员网络,其中包括戈林的老校友阿洛伊斯·米德勒(Alois Miedl)。米德勒是雅克·戈德斯提克尔(Jacques Goudstikker)位于阿姆斯特丹的上佳艺术产业的雅利安主人。当然,米德勒就在荷兰人最想抓捕的艺术经纪人的名单上。

∞

就在古利特觉得他可以收拾行李的时候,一份警方补充报告被送到了美国军政府办公室的桌子上。这是一封记载确凿罪证的信件:

> 古利特曾经承认他与党[纳粹党]办公室的关系。自第三帝国占据统治地位以来,他获取了巨大的利益。先不考虑他那古怪的非法身份,他至少在整个紧急阶段就对犹太人大肆掠夺,并和隶属于间谍部门和阿勃维尔部门的人开展复杂的交易。为了更多人的利益,他应该接受进一步的扣押,同时我们要对他在国外(尤其是法国)的艺术采购行为进行调查。[2]

---

[1] NARA, RG 239, roll 0006, report of Lieutenant Col. Manuel, May 5, 1945.
[2] Ibid., 86

古利特在汉堡的助手英格博格·赫特曼供出了她所知道的他截止1942年年末的所有交易。不过，她的揭露来得太晚了。现在不会再有针对反人类罪的审判了，也不会再有新的调查了。唯一需要完成的工作是物归原主。

选择去美国占领区是救了古利特。在各大组织中，美国战略情报局第一个决定不再起诉蓄意破坏国家遗产的行为。也许这是因为已经进入冷战的苏联和西方同盟国间的敌意正日益增长，也许不是。到了最后，当住在阿施巴赫高堡中的古利特获得释放时，铁幕已经降临到了当时被称为德意志民主共和国（DDR）的土地上。去德国东部获取任何艺术品或文件已绝无可能了。

在软禁期间，古利特似乎与看管他的古迹卫士布赖滕巴赫（Breitenbach）和克尔门迪（Kormendi）成了好友。没有任何对他不利的证据。因此，当他请求搬到英占区，以便在杜塞尔多夫艺术家协会工作时，这项请求得到批准。克尔门迪在1948年3月22日的古利特文件上写了一条注释，说古利特准备搬到那里。

然而，他的收藏仍然处于扣押状态，等待法国方面可能会提出的认领要求。1948年6月18日，古利特签署了另一份保证书——《01345号声明》（Declaration Number 01 345）——这份声明可能会使他心潮澎湃："上周，我在慕尼黑遇到了一位慕尼黑收集点的艺术官员。他说他想在几天内就这件事去阿施巴赫拜访我。在那之前，他将前往前占领区为我拿回一些记录。"[1]

---

[1] Declaration No 01 345 cover page.

古利特知道他真正的记录在哪里——他还知道它们是安全的。在漫长的 3 年后，他终于重获自由。

第二十九章

杜塞尔多夫

> 盗贼们会在黑暗中到处横行。
>
> ——威廉·莎士比亚,《理查二世》

位于杜塞尔多夫鹿特丹街(Rotterdamer Strasse)35号的古利特宅邸低调而优雅。从1945年起,孩子们就被送到斯图加特附近的施泰纳/瓦尔多夫(Steiner/Waldorf)学校寄宿,这多亏了他们的朋友、瑞士艺术家卡尔·巴尔梅(Karl Ballmer)的帮助。巴尔梅和他的合作伙伴兼收藏家埃迪特·冯·克莱夫(Edith van Cleef)在汉堡见过古利特一家人,但这两个人在1938年德奥合并后回到了瑞士。巴尔梅很轻松地让古利特一家人接受了人智学(anthroposophy),这是鲁道夫·史代纳(Rudolf Steiner)在40年前提出的一种稍微有些令人困惑的哲学。这种哲学认为人们可以通过直接体验和内心修行进入一个可以用智力理解的精神世界,它在战后孕育出了一种更加温和的教育形式。[1]

---

[1] 施泰纳/瓦尔多夫学校的目标是增强孩子的想象力,培养出可以用科学测量的独立思想。

同时，古利特的收藏仍然处于被扣押状态。1948—1949年，采集点的财产控制官员又进行了一次盘点，还做了一次历时更长的审讯，但仍然没有在查明古利特大部分艺术品出处方面取得更大的进展。同之前的普劳特一样，他们也知道古利特在掩盖一些事情，但就是无法证明。来自法国的认领要求或者被满足，或者被忽略，除了两件艺术品。也许，他们被幸存者、收藏者和博物馆提出的超过700万项艺术品认领要求压得喘不过气来，也许只是因为古利特表现得太狡猾。在5年多的漫长等待后，希尔德布兰德·古利特才会再次看到他的大部分收藏品——但到那时，没有人担心曾为希特勒致命的心血来潮而服务的人会受到进一步的惩罚。

∞

杜塞尔多夫给古利特一家人提供了新生活。这新的生活同之前汉堡艺术家协会的旧生活惊人相似。古利特和老朋友重新建立起友谊，比如战时曾自豪地为冲锋队工作、和古利特存在很强竞争关系的弗梅尔。[1]古利特还交到了新朋友，找了一些年轻的艺术家，并举办他们的作品展览。

家人和朋友也过上了新生活。维利巴尔德再次成了大学讲师。沃

---

[1] 1945年3月17日 Vaucher Draft List of Dealers 中写给罗伯茨委员会的 NARA, M1944, RG 239, roll 0054, 375 写着"弗梅尔，亚历克斯美术馆，杜塞尔多夫，据说是荷兰油画专家"。他随后被放进了"白色经纪人"名单（与黑名单相对应）。参考 M1944, RG 239, roll 0055, 11。弗梅尔和德国人合作得并不太顺利。根据我从一台电脑中查阅来的信息，民众教育参议员从1951年到1952年写了一系列引发法律诉讼的信件，涉及阿莉塞·维克托（Alice Victor）起诉"弗莱希特海姆美术馆"案件中的被窃艺术品。弗梅尔被判无罪，因为他曾忠心为希特勒服务，如同审判他的法官。

尔夫冈几乎都没有受苦——他同意将自己的"全部收藏"借给林茨市，以交换在博物馆中开办画廊的资格。[1] 令人吃惊的是，赫尔曼·福斯赞同沃尔夫冈从未向林茨出售任何物品的说法，这说明他要么记忆力严重衰退，要么不愿意揭穿谎言——后者的可能性更大。[2]

  沃尔夫冈的弟弟曼弗雷德·古利特已于1939年移居日本，在那里担任指挥和作曲家。他在日本度过了自己的余生。德累斯顿、希特勒以及战争最后阶段的疯狂都只是回忆而已。虽然赫尔曼·福斯曾担任林茨特别委员会这一"犯罪组织"的主管，但他在1945年被释放。他后来生活在慕尼黑，撰写艺术文章，但再也没有担任过博物馆馆长。古利特的经纪人同行伯尔默和莫勒则得到了不同的结局。伯尔默在苏军逼近居斯特罗时自杀。莫勒接手了他的收藏，并于1949年在科隆开了一家美术馆。根据古利特的唯一证词，可以推定特奥·赫尔姆森已经死去。

---

[1] 沃尔夫冈·古利特总是能幸免于难。他与林茨市博物馆的交易其实是一种洗白自己艺术品的宜人方法。沃尔夫冈是一个永远不会在交易中受到约束的人。当他坚持要求将自己的画廊（用于出售他抢来的艺术品）作为交易的一部分时，林茨方面认为他在利用博物馆，因此双方发生了争吵。沃尔夫冈给了他们一份可疑的遗产——还有几幅抢来的油画，它们后来都陆续物归原主。来源：2014年5月24日我对林茨馆长伊丽莎白·诺瓦克-塔勒尔（Elisabeth Nowak-Thaller）的采访。

[2] NARA, DIR no. 12: 11-12. 与福斯和沃尔夫冈的说法相反，沃尔夫冈的斯特拉斯堡之行是为了将他的长期知心女友、商业伙伴和情妇、出生在斯特拉斯堡的莉莉·阿戈斯东（Lilli Agoston）保存在这座城市的德国重要艺术品取回。战后，沃尔夫冈声称，为了拯救有部分犹太血统的莉莉，他把她嫁给了丹麦人克里斯蒂安森-阿戈斯东（Christiansen-Agoston）。莉莉后来被带到了奥尔陶斯，同沃尔夫冈、他的第一任妻子尤利·格布、第二任妻子卡特以及他的两个女儿生活在一座小木屋里。

1950 年，古利特收到了第一批直接寄给他的、属于他的收藏。[1]他一共收到了被归还回来的 81 幅油画和 37 幅素描。这批艺术品中就包括马克斯·贝克曼的《驯狮者》、马克斯·利伯曼的《海滩上的两名骑手》和《沙丘上的马车》以及奥托·迪克斯的一幅自画像。有两幅油画没有出现在第一批艺术品里——夏加尔的《寓言场景》（有时被称为《神话场景》[*Mythological Scene*]）以及毕加索的《两个鼻子的女人》（*Woman with Two Noses*）——由于法国提出了相反的说法，这两幅画正在等待进一步的调查。更糟糕的是，有 3 件艺术品失踪了，包括罗丹的一幅阿特拉斯的素描。

鲍曼的失踪之谜仍未解开，古利特的大部分资产又与被窃艺术品捆绑在一起，而且他有一种难以抵挡的"重返牌局"的欲望，因此他失去了耐心。最后，他请求自己的朋友、瑞士人智学家、艺术家、作家和出版商卡尔·巴尔梅帮他解决夏加尔和毕加索油画出处这一棘手问题。巴尔梅欣然应允，并立即写信证明他曾将两幅画送给了古利特。1951 年 1 月 9 日，来自美国经济事务处财产部门（Office of Economic Affairs, Property Division）的威廉·G. 丹尼尔斯（William G. Daniels）给古利特写信，说他接受了巴尔梅的声明，那两幅油画将很快寄给他。

虽然法国古迹卫士在其他 3 件艺术品上曾做出了对古利特不利的声明，但在这件事情上，似乎没有人来咨询他们。在一开始编造这两

---

[1] NARA, Outshipment 243 from Wiesbaden Collecting Point, December 15, 1950.

幅画的故事时，古利特就说夏加尔的油画是夏加尔送给他姐姐的，《两个鼻子的女人》则是毕加索送给他的。不过，这件事似乎也不是很重要。在文件中并没有看见更多的注释或问题。

∽

过去终将过去。现在是时候重新开启新生活并向世界展示他是不会被打败的。是时候了，他要举办一场伟大的展览；他要将自己的贝克曼油画拿出来——还有那些曾经属于其他人的艺术品。只有这样，他才能为它们建立恰当的出处记录。他是没有听到鲍曼、施佩尔等人的消息，但那重要吗？生活已经继续前行了。

古利特决定举办一场马克斯·贝克曼的展览。虽然在战时他没有给贝克曼写过信，但他现在恢复了与这位年迈艺术家的联络，并向他介绍了自己未来的计划。他还感谢贝克曼写的那份恰当的人格证明书——尽管措词很生硬。当然，贝克曼将成为他的贵宾，古利特最后写道。贝克曼没有亲自露面，而是派儿子彼得作为他的代表出席展览。

展览大获成功。然而，根据彼得写给父亲的信件，父子二人显然都不喜欢古利特。类似地，两个人似乎都发自内心喜欢慕尼黑艺术经纪人金特·弗兰克。和古利特不同，弗兰克在贝克曼流亡荷兰期间和他保持着密切联系。贝克曼的儿子甚至十分厌恶古利特在房间里四处走动、甜言蜜语地和人打招呼的方式。"古利特表现得过于友好，全身上下洋溢着热情，对我将你的画带过来的做法表示非常惊叹……就像斯芬克斯一样。"[1] 贝克曼是在暗示古利特想知道前者如何可以不支付关税就能带着艺术品穿越边境。

虽然彼得·贝克曼不喜欢古利特的行为，但也承认这是一场"绝妙的展览"。他们的朋友弗兰克表现出了极大的克制，没有提出抱怨，尽管展览中有27幅油画是他的收藏。在某个时刻，弗兰克拦住贝克曼，戏谑地谈论自己的梦想：用他的27幅油画在威尼斯举办另一场更大、更辉煌的展览，从而让古利特的展览相形见绌。"古利特垄断了一切，令人不安。看着这只践踏着他的道貌岸然的'食尸鬼'，他（弗兰克）显然感到很安慰。"彼得宽容地写道。[2]

∞

在接下来的几年里，被判处反人类罪的纳粹党人开始陆续离开德国监狱。1950年8月，党卫军军官、前德累斯顿银行发言人卡尔·拉舍（Karl Rasche）被兰茨贝格监狱释放。第二年，他在巴塞尔的一列通勤火车上去世，终年59岁。古利特熟识的经济学家、沙赫特的继任者、从集中营受害者身上抢劫非货币黄金的负责人埃米尔·普尔（Emil Puhl）在1951年被释放。[3] 他回到了汉堡，并安顿下来。财政部长卢茨·冯·克罗西克（Lutz von Krosigk）是唯一一位在整个第三帝国时期始终在职的部长，他在1951年获得特赦。他住在埃森，成了作家和时事评论员。他的老板、目光冰冷的汉斯－海因里希·拉

---

[1] AAA, Valentin Papers, letter from Dr. P. Beckmann to M. Beckmann, March 1, 1950.
[2] Ibid.
[3] 非货币黄金指的是金戒指、金首饰和金牙。

默斯是德国总理府的领导人，曾经由于支持戈林而被希特勒下令枪决，后来成了检举证人，并在1952年被释放。拉默斯将杜塞尔多夫作为自己的新家。

在20世纪50年代，随着时间的推移，大赦活动也在持续，去纳粹化也逐渐失去了意义。只有赫斯、施佩尔和巴尔杜·冯·席腊赫仍然处于监禁状态。[1]时光流转，到了1954年，古利特再次适应了新环境。他前往巴西做生意，而且显然与布赫霍尔茨保持联系，后者最近已经移居哥伦比亚。

他的孩子们长大了。虽然科尔内留斯非常聪明，但并没有完全达到希尔德布兰德的期望。他的失望是否使自己想起了他父亲对他的失望呢？不管怎样，科尔内留斯没有获得大学学位，也没有找到稳定的工作。21岁的科尔内留斯似乎不能轻松交到朋友，但他是一个很有天赋的画家，他为亲爱的妹妹画的许多肖像充分展示出他的绘画能力。[2]科尔内留斯的极度腼腆很可能让希尔德布兰德极为失望，因为他将自己看作可以轻松迷住别人的人。然而，科尔内留斯是他的儿子，他和海伦妮决定让儿子成为财产的主要继承人以及收藏品的保管人。科尔内留斯将被逐渐引入艺术交易的世界中——如果这件事能够实现的话。他在未来有足够多的时间培养儿子完成这项重要的任务。

---

[1] 1962年，当阿道夫·艾希曼的审判证明卡尔·沃尔夫是将意大利犹太人驱逐到集中营的负责人时，他被重新逮捕。1964年，由于将犹太人驱逐到特雷布林卡（Treblinka）和奥斯威辛以及对意大利游击队进行屠杀，他被判有罪。他在1969年被释放。
[2] 2014年2月24日，我与斯特凡·霍尔津格的电话交谈揭示出科尔内留斯作为艺术家的巨大天赋。

第二年，古利特成了一项名为"1905—1955 年德国水彩画、素描和版画：世纪中的回顾"的开创性展览的一位主要的作品出借人，并且在美国巡回展览。它是由德意志联邦共和国赞助的，由美国艺术联合会（American Federation of the Arts）所承办。"在被单独列出名字并且值得我们最诚挚感谢的众多出借人中，担任莱茵兰和威斯特伐利亚艺术家协会主任的 H. 古利特博士是此次展览的主要贡献者，由于他的慷慨，这场展览的规模才达到了令人震撼的程度。"[1]

展品一共包括 112 幅画作，其中的 22 幅是古利特从他的"个人收藏"中拿出来的，[2] 包括马克斯·贝克曼的《驯狮者》和《赞德福特》（Zandvoort）。它们将在 2013 年被收入"丢失艺术品数据库"。[3]

如果彼得·贝克曼和金特·弗兰克对古利特的印象也是艺术界里许多人对他的印象，那么他一定是一个令人难以忍受的生意对象。我们很容易认为亚历克斯·弗梅尔私下里也不是很欢迎古利特。毕竟，恢复元气的古利特正在公开市场上随意洗白自己抢来的艺术品。埃哈德·格佩尔一定感到愤愤不平，因为当古利特大获成功的时候，他却

---

[1] V&A exhibition catalogue *German Watercolors, Drawings and Prints 1905-1955—A Mid-Century Review of German Art 1905-1955*, loan exhibition sponsored by the Republic of Germany and circulated by American Federation of the Arts, introduction, 3.

[2] 这是我根据目录而做出来的分析。

[3] www.lostart.de/gurlitt.

无法在博物馆或艺术家协会中谋取一个职位。[1] 考虑到艺术界的隐秘和嫉妒，这个假设非常可信。

不过，其他在20世纪50年代逐渐回归社会的人也有理由对古利特在德意志联邦共和国完全恢复活力一事感到深深的怨恨。杜塞尔多夫的拉默斯、埃森的克罗西克和汉堡的普尔只是其中的3个例子。鲍曼有可能还活着，并对古利特举起了纳粹的屠刀，但这仅仅是一种纯粹的猜测。此外，还有卡尔·诺伊曼，他曾买下古利特在维奥拍卖会上弄到手的塞尚那幅耸人听闻的赝品。[2] 费迪南德·莫勒已经在那一年1月去世，卡尔·哈伯施托克在那一年8月去世。古利特的受害者有数百人，但他真正的朋友只有自己的妻子和哥哥。在他势不可挡的崛起过程中，古利特踩到了许多人的脚趾。

1956年11月9日——那是纳粹日历上非常特别的一天——当希尔德布兰德·古利特在杜塞尔多夫附近的高速公路上开车行驶时，他撞上了一辆卡车的尾部。他的制动器"失效"了。古利特当场身亡。他的家人接到了通知，海伦妮被叫过去确认尸体。她是否怀疑过事故的性质呢？失效的制动器同古利特与德国制动器制造大王基希巴赫间长达30年的友谊——她是否注意到了这种讽刺呢？她是否将这种讽刺与丈夫的敌人或事故日期联系起来了呢？虽然我请求查看警方的事

---

[1] 格佩尔申请了一些职位，而且几乎在巴伐利亚州立绘画收藏馆里找到了一份工作；不过，对方感觉他的战时履历经不起仔细检查。由于福斯当时也住在慕尼黑，因此收藏馆在做出这项决策时可能咨询了他的意见。我们现在知道格佩尔曾在古利特的指导下在法国工作，因此他可能对前同事心怀怨恨。从1948年到1966年去世，格佩尔一直担任普雷斯特尔出版社（Prestel-Verlag）的编辑。他在1953年与其他人共同成立了马克斯·贝克曼协会（Max Beckmann Society）。

[2] NARA, M1949, RG 260, roll 26, 4.

故报告，但当局并没有回应我的请求。[1]

❦

毫无疑问，因为在战时掠夺了大量艺术品，古利特积聚了成百万计的财产。不过，他没能来得及告诉妻子、儿子或女儿如何将隐藏的资产转变成现金。他的死不合时宜，这个想给后世留下"堕落艺术拯救者"这一虚假形象的人最终将会获得新的墓志铭。

---

[1] 当我和艺术专家讨论这种怀疑时，他们也觉得从日期来看，他的死不仅仅是巧合，还指向了某种纳粹动机。

第三十章

余波与慕尼黑

> 如果他的嘴唇紧闭……背叛的气息就会从他的每个毛孔散发出来。
> ——西格蒙德·弗洛伊德（Sigmund Freud）

1961年，海伦妮·古利特搬到了慕尼黑。在此之前，她很早就开始对丈夫的赃物进行洗白。在希尔德布兰德去世和她去世间的12年里，她继续和孩子分享自己关于战时岁月的真实故事——她的版本对他们的父亲进行了最正面的描绘。当希尔德布兰德去世时，他的孩子科尔内留斯和贝妮塔分别是23岁和21岁。

不过，这个故事仍然是孩子们熟悉的童话故事——"艺术界的超级英雄希尔德布兰德"。从他们记事时起，父母就一直在为他们编织这个故事。在战争时期，他们的父亲在大多数时候都处于消失状态，而那段令人困惑的生活已变成了一种传奇。近代文学史上有一位令人难以捉摸的人物——红花侠（Scarlet Pimpernel）。[1]作者在小说中如此描述他："他们在这里找他，他们在那里找他，他们在每个地方找他。"这样的描述也适用于在欧洲四处奔波、将那些艺术品收集起来免受邪恶势力威胁的希尔德布兰德。他在第一次世界大战中的冒险行为也被美化了，使故事变得更有吸引力。

在第三帝国那些令人陶醉的日子里，科尔内留斯周围全是德国艺术机构的大人物。身为希尔德布兰德的儿子和继承人，他没有理由质疑父亲在从恐怖纳粹手中拯救欧洲艺术的过程中所起到的重要作用。他的父亲私下里经常批评当时的政权。在孩子们眼里，就连"软禁"一词也变成了某种流动的盛宴，因为希尔德布兰德就像警匪剧中说的那样正在"帮助盟军完成询问"。古利特和妻子决定尽可能不让孩子了解故事的全貌，任何好父母都会这样想的。这个虚构出来的故事的唯一问题是，它控制了他们的人生，歪曲了现实，使他们成了他们家非法获取的巨额财富所隐藏的深层秘密的囚徒。

∞

依照希尔德布兰德·古利特的性格，他应该能想到将抢来的艺术品洗白的计划。如果他不是那么疏忽的话，他也会注意到幸存下来的纳粹分子或艺术社区中对于他的恶意。他反复对人说，由于"混血儿"的身份，他成了纳粹政权的受害者。这种说法重复了很多遍，以至于

---

[1] 《红花侠》出版于1905年，作者是艾玛·奥齐（Emma Orczy）。故事背景为法国大革命期间，法国王室及贵族纷纷落难。英国帕西爵士化身为"红花侠"，前往法国营救落难贵族。——译者注

他后来也信以为真，还认为其他人也应该相信。在古利特看来，他被软禁了3年，还需要将自己的家庭拆散，将孩子们送进施泰纳/瓦尔多夫的奥登瓦尔德学校（Odenwaldschule），所以拉默斯等人在监狱里度过的5年时光似乎并不比他的经历更痛苦。[1]

然而，希尔德布兰突然离世，留下了未完成的工作。海伦妮在艺术界缺乏公信力，无法完成他那神奇的魔术：将一件偷来的油画塞在这里，或者把一件抢来的素描塞到那里。她也没有能力为那些艺术品重新制造可信的出处。她无法像丈夫那样将艺术品安插进展览中，以此增加它们的出处记录和价值。相反，她只剩下了一件简单而单纯的任务：当她的现金储备开始减少时，就将艺术品抛售出去。她将把这种方法传授给科尔内留斯和贝妮塔。

每隔一段时间，海伦妮就会卖掉一幅油画——实际上则是在检验市场，看是否会引发警报。所得现金会被存放在瑞士，那里会对收入保密——在她的德国所得税申报单上被漏报或少报的收入。这笔钱也许会存在银行账户里，也许会存放在保险箱里，但这并不重要。当时的瑞士保密法律非常严格，无论用任何理由都无法将其绕过。[2]

这就是马克斯·贝克曼的《布朗酒吧》（Bar, Braun）于1959年在罗曼·诺伯特·克特雷尔（Roman Norbert Ketterer）的斯图加特美术馆第一次公开现身的原因。它之前曾被冠以《在酒吧》（In the

---

[1] 当希特勒下令枪决拉默斯时，他的妻子和独生女自杀身亡。拉默斯在1962年去世，被埋在妻子和女儿位于贝希特斯加登的墓地。

[2] 现在的情况已经不同了，让瑞士人感到自己那利润丰厚的银行系统正在遭受血腥攻击，他们不明白其他国家为什么应当有权深入他们的银行系统，去追查避税者和恐怖主义者的资金。

Bar）的名字出现在威斯巴登收集点制作的库存清单中，并于1950年被归还给古利特。[1] 在接受审问时，古利特宣称这幅画是贝克曼送给他的礼物，说他曾在1944年9月13—14日和埃哈德·格佩尔一起"拜访"贝克曼。[2]

这是古利特的"红花侠时期"，当时他正在摇摇欲坠的第三帝国边缘拼命寻找遗留下来的艺术品。当时，每一个身在荷兰的人都知道自由近在眼前。贝克曼会在这个时候将画"送给"古利特吗？这是为了感谢对方的帮助吗？如果是的话，贝克曼把它送给了格佩尔，还是送给了古利特，还是同时送给了两个人呢？考虑到贝克曼后来的态度，我们很难想像这幅画是送给古利特的。

1960年，克特雷尔把这幅画拿去拍卖。根据1976年的贝克曼作品分类目录，这幅画没有卖出去。[3] 在海伦妮·古利特在世时，这幅画也没能在之后的拍卖会上卖出去。

《布朗酒吧》是一幅相当神秘的油画。它是贝克曼在流亡阿姆斯特丹期间创作的。虽然他的作品被德国人宣布为非法，但他却成了繁荣的德国侨民社区的一部分——甚至成了博物馆界犹太裔德国人群的一部分——在这座第三帝国控制下的城市生活和工作。[4] 这也是贝克曼极其多产的一段时期，他给自己所遇到的许多人都画了肖像。有趣的是，当我为了写作此书而进行一些调查时，一些专家认为这些肖像画描绘

---

[1] NARA, M1949, RG 260, roll 26, 2.
[2] www.lootedart.com newsletter of February 7, 2014; cf. FAZ article.
[3] Ibid.
[4] 柏林国家美术馆前馆长马克斯·J. 弗里德伦德尔就是最主要的例子。

了一些荷兰抵抗运动的"正式成员",而其他一些应该同样了解内情的人则声称这些肖像画里的人都是一些荷兰卖国贼。这两种说法都给这幅画引来了更多的问题和关注。

在活着的人中,可能只有海伦妮和格佩尔知道这幅画的真正来源。它没能在1960年以及随后的拍卖会上卖出去,海伦妮一定感到很绝望。问题是,海伦妮为什么在那个时候需要资金呢?她的现金花光了吗?和被窃艺术品和现代艺术品有关的政治气候发生变化了吗?

其他未解之谜则涉及她搬到慕尼黑的举动。科尔内留斯·古利特于2013年接受《明镜周刊》(Der Spiegel)采访时说,他曾经和母亲住在那个100平方米(1 076平方英尺)的公寓里。他是糊涂了,还是在掩盖真相呢?他在萨尔茨堡的住所当时还没有被调查人员发现,因此后者的可能性似乎更大。

可以在慕尼黑城市档案馆发现一些解释。1961年4月13日,海伦妮从杜塞尔多夫鹿特丹街的住所搬到了慕尼黑施瓦宾区阿图尔—库切广场(Artur-Kutscher-Platz)1号的五层公寓里——如今这里已是臭名昭著。搬家的时候,她按照法律去城市当局做了注册。注册表格上的一个条目显示科尔内留斯"住在萨尔茨堡"。文件中贝妮塔的地址被人修改了。[1]

所以,海伦妮为什么决定要搬到慕尼黑呢?为了住得离埃哈德·格佩尔、赫尔曼·福斯等朋友更近一些吗?科尔内留斯在《明镜周刊》上做过一份声明,他表示自己一直不理解母亲选择搬到那里的原因,

---

[1] LMD, Standesamt München II 1968/539.

除了可能是因为她喜欢施瓦宾区的波希米亚名气："她曾梦想过上波希米亚式的生活，梦想着和那些对他人金钱不感兴趣的富人生活在一起。"真相就是这里。在杜塞尔多夫，海伦妮感觉自己暴露在公众的监督之下。在慕尼黑，她就可以融入当地的生活了。

或者说，这也许只是她选择告诉儿女的一则故事？基希巴赫住在杜塞尔多夫。在希尔德布兰德去世前，他一直扮演着父亲的角色。然而，"他对希尔德布兰德突然去世的感受"以及"自 1956 年起他打算如何支持海伦妮"这两个问题仍然隐藏在被人遗忘的记忆当中。当希尔德布兰德被人从阿施巴赫田园般的愉悦软禁生活中释放出来时，基希巴赫已经把业务发展到了 100 万德国马克，并拥有 376 名员工。[1] 1950 年，他有两个股东同事，但是他们都没有孩子或继承人。古利特生前从来没有管理过一家制动衬片企业，他也不具备管理的能力。1953 年，3 位年迈的股东顺理成章地将整个企业卖给了与他们最为接近的竞争对手——克虏伯股份有限公司。[2] 1 年后，公司被并入克虏伯的汉堡分部。

卖掉企业后，基希巴赫在一半时间里住在巴塞尔，在另一半时间里住在杜塞尔多夫。人们一直怀疑他将自己的财富藏到了瑞士。希尔德布兰德去世以后，他也许对海伦妮施以援手，也许没有。[3] 不过，基希巴赫的行为完全有可能成为海伦妮的一张蓝图，她正在学习如何处理落到自己手中的意外之财。

---

[1] www.deutsche-biographie.de/sfz41057.html.
[2] 当时的经营者为小阿尔弗雷德·克虏伯的弟弟贝特霍尔德（Berthold von Bohlen und Halbach）。小阿尔弗雷德由于使用了包括儿童在内的犹太人奴隶劳工而在纽伦堡受审并被定罪，后来于 1952 年获释放。
[3] 这两种情况都可能属实，证据可能会在德国政府持有的古利特文件中。

海伦妮只过了 7 年的新生活。虽然科尔内留斯在搬家时已经 28 岁，但他显然是一个只会服从命令的人。海伦妮为他们两个人做着所有的家庭决策。此时，贝妮塔已经嫁给了斯图加特附近科恩韦斯特海姆市（Kornwestheim）的尼古劳斯·弗拉斯勒医生（Dr. Nikolaus Frässle）。海伦妮可能会说，她之所以搬家，是为了离女儿近一点。

不管真相是什么，科尔内留斯躲开了公众的视线，这和他的父亲不同。他不是实干家，一直被告知要听妈妈的话，让妈妈带着他前进。另一个与慕尼黑住所有关的未解之谜是：科尔内留斯告诉《明镜周刊》的记者，说他的母亲在阿图尔—库切广场买了两套公寓。这两套公寓似乎都没有被卖掉。然而，当科尔内留斯在 2013 年成为世界闻名的神秘怪人时，他只剩下了一套公寓。

1968 年 1 月 31 日，海伦妮·古利特死在慕尼黑的一家私人诊所里。她在 5 天后被火化，葬于瓦尔德 NT11.00 墓地。[1] 科尔内留斯变成了孤单一人，只剩下妹妹和妹夫。他似乎不知道接下来应该做什么。他不喜欢慕尼黑，因为它是纳粹的起源地。不过，他觉得自己也不能收拾行李搬回萨尔茨堡的家。之前，他试着和妹妹共同生活一段时间，但还是以失败告终，随后就搬回来和母亲一起住。科尔内留斯被卡在了时光之网里。由于无法离开慕尼黑和母亲的公寓，他开始定期将各个

---

[1] LMD, Standesamt München II 1968/539.

藏匿点的艺术品带到这里。这里已经成了他的家,尽管他不愿意承认这一点。当他缺钱的时候,他就会卖掉一件艺术品去支付账单——用现金。

移动艺术品的活动在他的记忆中回响,使他回忆起童年。他的玩伴一直是贝克曼、夏加尔和利伯曼的油画。当他们从汉堡搬到德累斯顿时,它们就挂在新家的墙上。当他从杜塞尔多夫的中学毕业时,它们还是挂在他们家的墙上。

当他再次同那些油画朋友在一起时,他能回忆起那些更加轻松的日子,当时他的父亲把它们挂在新家,还让他看所有油画背面表示归属关系的"古利特标志"。他回忆起父亲如何将恩斯特·路德维希·基希纳的绿脸肖像挂在科尔内留斯的卧床上方,作为一种驱邪的方法——希特勒总是讨厌绿脸,科尔内留斯对《明镜周刊》的记者如此说道。[1]

在海伦妮去世之前,科尔内留斯就开始逃避现实。2013年,当他被问到"慕尼黑宝藏"时(媒体将在他公寓里发现的1 407件艺术品称为"慕尼黑宝藏"),他承认,在德国第二电视台——他称之为"新台"——于1963年开播后,他就不再看电视了。他听说过计算机和互联网,但仍然以写信的方式预订酒店和出租车,有时会提前几个月做好安排。从20世纪60年代起,他就一直在用打字机写信,并

---

[1] www.spiegel.de/international/germany/spiegel-interview-with-cornelius-gurlitt-about-munich-art-find-a-933953.html.

用钢笔签名。

不过，他是如何消失在德国政府视线之外的呢？他怎么可能从未提交过纳税申报单或者接受其他检查呢？在海伦妮去世前，他很早就在萨尔茨堡拥有了一所住宅，后来还获得了奥地利的公民身份。我们无法相信洗白行动是由他本人策划的。他带着身份证只去德国、奥地利和瑞士旅行。除此之外，他只在青年时代和妹妹去过一次巴黎。

科尔内留斯没有德国银行账户。他从未领取过养老金，从未在德国国民保健服务系统里申报过任何费用，也从未以自己的名义支付过房产税。他在德国需要支付的一切费用都是用现金支付的——比如电费、水费、物业费。实际上，1 407件艺术品被充公前所在的公寓并不是属于他的。在他母亲去世45年后，科尔内留斯·古利特仍然生活在以母亲的名字注册的公寓里。[1]

---

[1] 参考我对LMD主任的采访。我尤其感谢安东·洛菲尔梅尔同我分享这些信息。

第三十一章

驯狮者

死者的人生掌握在生者手中。

——西塞罗（Cicero）

科尔内留斯一直想取悦父亲。这就是为什么他会去科隆大学学习艺术，并像父亲和伯父那样参加关于哲学和音乐理论的讲座。希尔德布兰德试图将儿子改造成自己的形象。遗憾的是，科尔内留斯是用另一种材料做的——这种材料也许更好，但他的父亲对此很失望。

当希尔德布兰德和海伦妮在世时，他们很早就知道科尔内留斯和贝妮塔不会以同样的才华继承他的艺术交易事业。他们的儿子言谈温和，非常聪明，但同时也在逃避社会。这是某种自闭症，还是他知道自己永远无法继承父亲的角色，我们永远都不会知道了。

隐秘被植入到了科尔内留斯的基因中。他的爷爷虽然置身于艺术界，却一直是一个孤僻的人。他的父亲在爷爷的膝盖上习得了这种性格，并将其带进了他那隐秘而诡诈的生活中。希尔德布兰德不会允许科尔内留斯甚至贝妮塔以其他任何方式生活。否则的话，他的假名声就会暴露——而他非常关心自己的名声和遗产。

科尔内留斯使"油画朋友"远离陌生人窥探目光的病态保护欲从他最小时候起就被灌输进他的头脑中，他甚至都想不起这些油画对他不重要的时候。对他的父母来说，家训是"永远重视油画"。对他来说，家训则变成了"油画永远排在第一位"。

回忆起自己11岁时在德累斯顿家里帮父亲将他的"朋友"打包的情景，科尔内留斯告诉《明镜周刊》的记者："我们家经常搬来搬去，总是跟在一个由于'在种族方面存在缺陷'而无法过上轻松生活的父亲后面。他一直都在战斗，而且很聪明。"[1] 接着，科尔内留斯提起一个例子，说希尔德布兰德不把自己作为私人珍奇屋的所有人，那是他的巧妙策略之一。他并不知道这是那些被第三帝国排斥的人所普遍使用的方法。

他为父亲没有根据法律在德累斯顿注册他的艺术经纪人身份而自豪。这几乎没有必要，因为德累斯顿只是一个临时地址，是希尔德布兰德母亲的住处，是他在汉堡遭到轰炸后做艺术生意的地方。"我的父亲常常遭到驱赶，"80岁的科尔内留斯说，"他常常跌倒，但总是重新站起来。"[2] 在英雄父亲支持下的所有搬家活动都让科尔内留斯感到极为自豪。他的父亲是德国名人，他曾看到父亲与托马斯·曼（Thomas Mann）和德国战后首位总统特奥多尔·霍伊斯（Theodor

---

[1] www.spiegel.de/international/germany/spiegel-interview-with-cornelius-gurlitt-about-munich-art-find-a-933953.html.
[2] Ibid.

Heuss）合影。他甚至相信别人灌输给他的谎言：他的父亲会说流利的法语和英语。他遗憾地表示："我会说英语，但语速很慢。"[1] 科尔内留斯·古利特缺乏主见，不爱出风头，喜爱美好的事物，很感谢父亲留下的遗产，并认为自己一直遵纪守法。他一点儿也不知道父母留给他的烂摊子。

∞

不过，科尔内留斯还是得生活。自 1968 年起，他的生活将得到贝妮塔及其丈夫的精心照料，但他自己还是需要有所行动。虽然《布朗酒吧》没有在他母亲在世时卖出去，但它也没有引发任何争论。因此，科尔内留斯决定试着去其他拍卖会销售这幅画——但还是运气欠佳。1980 年，科尔内留斯联系了慕尼黑苏富比，将这幅画送到了伦敦苏富比拍卖会上。在那里，他还是没有找到买家。

最后，在 3 年后的 1983 年，来自米尔沃基（Milwaukee）的马尔温·菲什曼（Marvin Fishman）在慕尼黑苏富比拍卖行用 550 000 德国马克买下了《布朗酒吧》。13 年后的 1996 年，这幅画被卖给了罗伯特·卢克（Robert Looker）。卢克在 2012 年去世，他的继承人将画送给了洛杉矶县艺术博物馆（Los Angeles County Museum of Art）——遗憾的是，就在同一天，《焦点》（Focus）抢在全球其他媒体的前面发表了一篇关于科尔内留斯的文章。[2] 不过，洛杉矶县

---

[1] www.spiegel.de/international/germany/spiegel-interview-with-cornelius-gurlitt-about-munich-art-find-a-933953.html.

[2] www.lootedart.com newsletter, February 7, 2014.

艺术博物馆的忠实馆长、曾在 1991 年举办开创性"堕落艺术"展览的斯蒂芬妮·巴伦（Stephanie Barron）仍然相信，虽然这幅"杰出"油画曾被格佩尔和古利特拿去交易，但她的研究表明它并没有经历过劫掠或是强买强卖。[1]

∞

在这段时间里，科尔内留斯可能还卖掉了其他一些油画，并将收入以现金的形式保存在慕尼黑公寓、奥地利或瑞士银行的存款箱里。尽管如此，2011 年售出的同样由马克斯·贝克曼所画的《驯狮者》使当局靠近了之前还没有嫌疑的科尔内留斯。

∞

1945 年，当希尔德布兰德在阿施巴赫被软禁时，他提交给古迹卫士的财产清单中包含了《驯狮者》。[2] 1950 年，因为无人认领，它被返还给了古利特。不过，这幅作品历史记录中的上一个主人阿尔弗雷德·弗莱希特海姆则受到了侮辱，并被逐出德国——布赫霍尔茨、瓦伦丁、弗梅尔和古利特等朋友占有了他的大部分收藏，以便代表他"销售"或"持有"这些作品。弗莱希特海姆曾经是希特勒的模范男孩，因此他非常担忧，以致神志不清。他从未出售过《驯狮者》。弗莱希特海姆的继承人是他的侄子，是一个住在伦敦东区的裁缝，一直

---

[1] 2014 年 2 月 7 日，我与斯蒂芬妮·巴伦通了电话。
[2] NARA, M1949, RG 260, roll 26, 2.

不知道这幅画还在，所以就没去认领。

∞

在 20 世纪 40 年代和 50 年代的特殊时期，劫掠受害者需要负责确定他们那些身外之物消失的时间、地点和方式。随着时间的推移，这样的日子已经一去不复返了。自 1998 年《华盛顿原则》(*Washington Principles*) 签订以来，所有签约国的公立博物馆和美术馆都有义务检查他们的收藏，使公众可以很方便地辨认出任何可能在纳粹时代遭到劫掠的艺术品。

这条规定通常会成为博物馆或美术馆网站上的某条通知。工作人员甚至可能额外做一点儿工作，将其登记在其他关于丢失艺术品的网站上，比如艺术品丢失登记网（Art Loss Register）。不过，这个系统存在许多问题。首先，这些关于艺术品丢失的网站数量激增。其次，越来越多的大屠杀及第三帝国受害者的第二代和第三代后裔不知道祖先的完整财产清单，他们的祖先在被害前没能用遗嘱或其他文件将这种信息传给后代。

这些知识距离现在越遥远，认领者认领失败的可能性就越大。最后一点，《华盛顿原则》没有涉及被窃艺术品的私人物主。要想从私人物主那里认领物品，认领者必须提起归还诉讼——在几乎所有情况下都是如此。尽管存在这些缺点，1998 年的这项协议仍然拥有积极之处，因为诉讼时效第一次在理论上不再能充当私藏任何被窃艺术品的正当理由。[1] 矛盾的是，这也是协议没有约束善意购买艺术品的现物主的原因之一。用《华盛顿原则》的缔造者斯图尔特·艾森施塔特（Stuart Eizenstat）的话说，这是一种不完美的正义。

❧

阿尔弗雷德·弗莱希特海姆的继承人是幸运的，他们雇用了纽约律师梅尔·乌尔巴赫（Mel Urbach）和他位于德国马尔堡的合作伙伴马库斯·施特策尔（Markus Stoetzel），让他们帮忙寻找弗莱希特海姆的优秀藏品。是施特策尔在《驯狮者》这幅画上取得了突破。

根据《金融时报》（*Financial Times*）的报道，当科隆伦佩茨（Lempertz）拍卖行再过几星期就要举办拍卖会时，施特策尔才发现这幅画将被出售。实际上，这幅画将成为这场拍卖会的亮点。施特策尔的部分工作是作为律师归还被窃艺术品，因此他查阅了全世界的拍卖会目录。当他在那一年的11月看到《驯狮者》时，他震惊了。他知道弗莱希特海姆的绝大部分藏品之前被纳粹抢走了，其中至少有12幅贝克曼的画作仍然没有找到，包括《驯狮者》。[2]

在11月中旬前，施特策尔给身在伦佩茨的卡尔－萨克斯·菲德森（Karl-Sax Feddersen）写了一封信，告诉他《驯狮者》在1931年6月以后曾经是弗莱希特海姆的藏品，而且从未出售。施特策尔以正式的律师辞令通知菲德森，说自己比拍卖行更加了解这幅画的历史。

---

[1] Stuart E. Eizenstat, *Imperfect Justice: Looted Assets, Slave Labor, and the Unfinished Business of World War II* (New York: Public Affairs, 2004), 191.

[2] www.ft.com/cms/s/0/b6c4c78e-4860-11e3-a3ef-00144feabdc0.html#ixzz3FN4zaABP.

这幅水彩和蜡笔画创作于弗莱希特海姆和 I.B. 诺伊曼独家代理贝克曼作品的那段时间,绝不可能如美术馆在目录中声称的那样在 1933 年 1 月 30 日前属于古利特的收藏。[1]

菲德森过了一段时间才对施特策尔的信件做出明确回复,尽管他们之间显然通过了许多电话。起初,菲德森闪烁其词。他的客户不愿意让步。在他们的讨论中,菲德森从未提到他的客户名叫科尔内留斯,但施特策尔还是通过某种方式得知卖画人可能是古利特的儿子或女儿。施特策尔被迫第二次诉诸信函,在第一封信的基础上增加了辩论力度,称弗莱希特海姆到 1933 年年中时已陷入了贫困,并在写给纽约诺伊曼的信中称"我没钱了"。如果他在几个月前刚刚将贝克曼的作品卖给古利特,事情自然就不会变成这样了,不是吗?[2]

最后,在离拍卖会只有两天的时候,菲德森的匿名客户同意与弗莱希特海姆的继承人分享收入。在施特策尔看来,这可以证明伦佩茨拍卖行的客户"愿意承认弗莱希特海姆先生是一个遭到迫害的犹太人,在胁迫下失去了自己的收藏"。[3] 这就是施特策尔想要取得的胜利。"在这些案例中,需要纠正的最大错误常常是对方不承认最初的罪行,而这种罪行总会引发绝望情绪,还常常导致谋杀事件。我们知道,弗莱希特海姆实际上死于纳粹的谋杀。我们是为他和他的继承人寻找公正。"[4]

---

[1] 我要感谢梅尔·乌尔巴赫和马库斯·施特策尔,他们在纽约和马尔堡接受了我的采访。
[2] 参考我于 2014 年 7 月 15 日在马尔堡对马库斯·施特策尔进行的采访。
[3] www.ft.com/cms/s/0/b6c4c78e-4860-11e3-a3ef-00144feabdc0.html#ixzz3FN4zaABP.
[4] 参考我于 2014 年 7 月 15 日在马尔堡对马库斯·施特策尔进行的采访。

科尔内留斯和弗莱希特海姆的继承人以六四开的方式共享收入，画作的现主人拿到了大头。2011年12月2日，这幅画在伦佩茨拍卖行卖出了720 000欧元[1]的价格，这意味着科尔内留斯获得了大约400 000欧元。菲德森被允许公开赞美这幅"精彩的画作"，称它是"我所见过的最美丽的画作，是一幅非常非常令人震撼的大型油画"。[2]菲德森还表示自己的好奇心被这幅画的上一位所有者、拥有德国艺术界知名姓氏的那个人给激起来了，问他是否还有其他待售的艺术品。科尔内留斯显然没有回答。

❈

　　《驯狮者》的出售时机可能也很重要。这是科尔内留斯首次前往德国最大的拍卖行之一——伦佩茨拍卖行。他是不是急着将画卖掉，以便帮助贝妮塔支付治疗癌症的费用呢？或者说，这是否只是他持续对父亲聚积的财宝进行处理工作的一个组成部分呢？考虑到这幅画是童年时代里对他具有特殊意义的艺术品之一，它的出售很可能对他具有某种重要性。一种合理的解释是，他之所以与自己最亲密的"朋友"之一告别，是为了帮助他的妹妹——唯一与他有温暖关系的人。毕竟，科尔内留斯确实说过自己出售《驯狮者》是为了支付医疗费用。

---

[1] 约为908 000美元。在扣除拍卖佣金前，古利特分到的收入约为504 700美元。
[2] http://www.ft.com/cms/s/0/b6c4c78e-4860-11e3-a3ef-00144feabdc0.html#ixzz3FN4zaABP.

第三十二章

媒体热潮

> 我不像我父亲那样勇敢。他热爱艺术，并且为之战斗。
> ——科尔内留斯·古利特对《明镜周刊》的记者说

结局始于一次从瑞士返回德国的常规旅行。2010年9月22日，科尔内留斯乘坐EC197次列车从苏黎世返回慕尼黑。一位海关官员注意到当时78岁的古利特正在躲避他的目光。当他盘问科尔内留斯时，他感到对方的行为很可疑。科尔内留斯被带进男士洗手间接受搜查。他被搜出了9 000欧元现金。科尔内留斯没有犯下任何罪行，因为穿越欧洲边境时申报现金的门槛是10 000欧元。[1] 即便如此，我们也不应该极度自信地认为科尔内留斯·古利特在那趟列车上不会引起别人的注意。

苏黎世到慕尼黑的列车是寻找各国逃税者的主要地点之一。腼腆而容易慌张的科尔内留斯经受不住粗暴的海关人员最轻微的检查。他

---

[1] www.online.wsj.com/news/articles/SB10001424052702304908304579561840264114668?.

那副贼头贼脑的样子就是他的罪行。不过，好管闲事的官员不得不将他放走，同时把科尔内留斯的慕尼黑住址报告给他的上级，因为科尔内留斯的9 000美元使他们有理由怀疑他在逃税。

警钟就是在这时候响起来的。根据德国所有税收和收入记录，科尔内留斯·古利特是一个从未存在过的人。将近两年后，2012年2月28日，一个可能由多达30人组成的团队——来自奥格斯堡公诉人办公室的海关调查员和律师——打坏科尔内留斯5层公寓的门锁，然后闯了进去。这些科尔内留斯眼中的"陌生人"像愤怒的黄蜂一样挤进屋子，说他们是政府官员，正在扣押他的收藏。

虽然整个过程只持续了两天，但看起来仿佛永无尽头。科尔内留斯穿着睡袍坐在角落里，看着他的"朋友们"——121幅油画以及1285幅素描、水彩画和版画——被装进箱子、裹进毯子，然后被迅速运走，[1]甚至连他父亲的文件也在突袭中被带走了。他无助地看着自己的最爱被人从家里拖走。他在同一面墙上欣赏了40多年的那幅马克斯·利伯曼作品《海滩上的两名骑手》被取了下来。夏加尔的《神话场景》被人从上了锁的木柜里"盗"走。[2]存放在公寓里的宝藏包括贝克曼、利伯曼和马尔克等伟大德国现代艺术家以及毕加索和夏加尔的作品。此外，这里还有弗拉戈纳尔、丢勒以及印象派艺术家德加和柯罗的作品。

科尔内留斯凄凉而孤独地待在空荡荡的公寓里，他不知所措，对

---

[1] www.spiegel.de/international/germany/spiegel-interview-with-cornelius-gurlitt-about-munich-art-find-a-933953.html.

[2] Ibid.

这种不公平的做法感到非常愤怒。这些陌生人不仅说他触犯了法律，还声称这些艺术品是他父亲抢来的。当地公共卫生服务机构的一名咨询师被派来帮助科尔内留斯"谈一谈他的感受"，这是一种典型的21世纪"关爱"方式。用科尔内留斯自己的话说，这件事"很可怕"。[1] 他从未与任何人谈过他的感受，唯一的例外也许是贝妮塔。尽职尽责的咨询师完成了这项工作，并确认科尔内留斯没有自杀的企图，但他对其他方面一无所知。

∞

在接下来的19个月里，巴伐利亚政府委派的专家对这批收藏品进行了仔细研究。在这段时间里，他们从未询问过科尔内留斯，也没有问过他是否在那次致命旅行中去过伯尔尼市的科恩菲尔德（Kornfeld）拍卖行。更重要的是，他们从未尝试联系画作的潜在认领者，其中一些人现在已经90多岁了。科尔内留斯很烦恼，非常想念他的"朋友"——但政府不知道的是，他在其他地方还隐藏了一些艺术品。

2013年11月初，当《焦点》爆出这条十年一遇的独家新闻时，没有人问他们是怎样得到这条消息的。在此之前，《焦点》被认为是一份不错的小型杂志，但不是那种以发布具有国际影响力的劲爆故事著称的杂志。[2] 一些和古利特案件有密切联系的人觉得存放艺术品的

---

[1] www.spiegel.de/international/germany/spiegel-interview-with-cornelius-gurlitt-about-munich-art-find-a-933953.html.

[2] 参考我对LMD的安东·洛菲尔梅尔的采访。

海关库房的某个消息人士与《焦点》之间有金钱交易。否则的话，这家杂志又是怎么知道这件事的呢？

也许，没有人当时能预料到随之而来的媒体热潮。在随后的几个星期里，全球各家媒体纷纷把车子停在了科尔内留斯公寓大楼的外面，试图用蛋糕和其他甜食将他引出来，因为他们听说他喜欢甜食。他们以不光彩的方式展示了令人厌恶的行为。

然而，关于这股媒体热潮，人们不仅仅是为了寻找独家新闻，或者来报道科尔内留斯如何会在如此小的公寓里藏有如此多的宝贵艺术品并且没有被政府察觉。事情迅速演变成了一场公共关系灾难和国际事件的活跃中心。巴伐利亚的司法部长温弗里德·鲍斯巴克（Winfried Bausback）声称，关于古利特的收藏品，他听到的第一条消息来自媒体。

鲍斯巴克被来自媒体的关注淹没了。不过，德国联邦政府参与进来后，他立即着手在他的司法部管辖下成立一个特别工作组，以"加快对于艺术品来源的研究"。[1] 由于面对着国际上大众的愤怒，他很快就扩充了这个工作组，请了一些同时为德国财政部和文化部负责的国际专家。来自世界各地的专家被补充进这个被称为"古利特特别工作组"的组织中，因此也意味着他们将在公众面前永远保持沉默。

∞

当然，科尔内留斯本已脆弱的健康状况恶化了，他急需接受心脏手术。到了 2013 年 12 月，根据他的医生提出的请求，慕尼黑的一个

---

[1] www.online.wsj.com/news/articles/SB10001424052702304908304579561840264114668?.

法庭将克里斯托弗·埃德尔（Christoph Edel）任命为他的监护人。埃德尔先生聘请了一位发言人、一位艺术专家以及一群专业律师。他们请科尔内留斯去一个隐秘的地点，使他能够接受适当的医疗护理，同时又免于全球媒体的打扰。到了2014年2月，他们向德国政府提起一项严厉的诉讼，称德国政府侵犯了科尔内留斯的权利。

根据他们提交给德国公诉人办公室的文档，"对古利特先生的艺术收藏（以及其他各种物品）的扣押行动是由奥格斯堡地方法院根据《德国刑事诉讼法典》（German Code of Criminal Procedure）第94节授权的。"[1] 要想让这种扣押合法，必须要有一个合理根据——不能像这个案件一样仅仅凭借预感。进一步说，这意味着任何扣押令必须清晰指出扣押物品所依据的罪状、哪些物品将被扣押以及它们与案件的关联。最后，任何扣押行为都必须与扣押人员陈述的犯罪行为成正比。在科尔内留斯·古利特的案件中，所有这些理由都是缺失的，因此他们在2013年2月14日根据《德国刑事诉讼法典》第304节向奥格斯堡法院提出了申诉。[2]

从1月开始，谈判一直在持续，但他们遭遇了许多挫折。2月14日提起的申诉使政府认识到了自身的错误，至少是在私下里。不过，埃德尔也发现，科尔内留斯位于萨尔茨堡的住所还藏着大约60幅画作。他还不知道的是，其实在萨尔茨堡有两处被人遗弃的住宅，它们位于一条街的两边。因此，调查人员回到了那里，发现了更多的

---

[1] 我要感谢科尔内留斯·古利特曾经的发言人斯特凡·霍尔津格提供这份文档的英文版本。
[2] Ibid.

画作。两处住宅是否分别记在科尔内留斯和妹妹的名下呢？这一点从未被公开过。不过，因为这些画在奥地利，因此它们没有被没收，只是被送到了一个安全的库房里，等待科尔内留斯的指示。

因为科尔内留斯是一个个人，所以他不适用于《华盛顿原则》，因此德国政府不能强迫他将任何艺术品还给正日益增多的潜在认领者。科尔内留斯最终改变了想法，这在很大程度上源自他与埃德尔的关系。就在复活节前夕，2013年4月7日，科尔内留斯和政府达成了协议。政府同意将所有不受怀疑的艺术品还给科尔内留斯，条件是他同意将任何被证实遭到劫掠的作品还给主人。科尔内留斯还同意这项协议对他的继承人也有约束力。他将清清白白地接受心脏手术。另一件值得注意的事情是，科尔内留斯一下子就获得了道德上的胜利。政府刚好有一年的时间来完成这项任务。

协议签署后过了将近一个月时，科尔内留斯回到了慕尼黑的家里。虽然他的刑事律师之一提多·帕克（Tido Park）在他去世前一天见到了他，认为他正在从心脏手术中恢复过来，但科尔内留斯还是在2014年5月6日在医疗团队的陪伴下去世了。

❧

科尔内留斯也许在人际交往方面存在困难，但他并不是傻子。在受到政府和媒体令人难以忍受的骚扰后，他完全有可能看到自己的困境与他听说的70年前父亲遭遇的困境存在相似之处。科尔内留斯的遗产是帮助艺术品逃脱德国政府的贪欲。当他住在离妹夫很近的路德维希堡（Ludwigsburg）医院时，他叫来了一位公证人。在克里斯托弗·埃德尔在场的情况下,他立下了一份遗嘱,将他的全部财产转交给瑞士伯尔尼艺术博物馆。遗嘱所引发的骚动应该会使他露出微笑。[1]

毫无心理准备的博物馆馆长马蒂亚斯·弗雷纳(Mathias Frehner)迅速做出了声明,说他从未接触过科尔内留斯。也许对科尔内留斯来说,和有没有私人关系相比,弗雷纳对于归还被窃艺术品的坦率态度更为重要。此外,伯尔尼曾经是他的父亲在拯救艺术品的日子里经常光顾的地方。它也是希尔德布兰德一个未公开银行账户的所在地,这样的账户还有很多。[2] 据说科尔内留斯曾在 2010 年 9 月拜访过伯尔尼拍卖行的主人埃伯哈德·科恩菲尔德(Eberhard Kornfeld),他承认自己认识科尔内留斯·古利特,也承认科尔内留斯是一位资金捐助者,但他否认在 1990 年以 48 757 美元的价格出售科尔内留斯的油画后与后者有过任何交易。[3]

∞

在本书写作过程中,《焦点》那篇文章发表将近一年后,只有几幅画被古利特特别工作组确认为被窃物品,其中包括保罗·罗森贝格收藏过的亨利·马蒂斯的《敞开的窗户》,[4] 以及达维德·弗里德曼收藏过的《海滩上的两名骑手》。在 2015 年 4 日 6 日前,特别工作

---

[1] 根据另一份遗嘱,他的妹夫也会继承一些个人财产,比如慕尼黑的公寓和萨尔茨堡的住宅。
[2] 瑞士银行系统的多位联系人都有如此说法,而且全都不想让我透露他们的姓名。
[3] www.online.wsj.com/news/articles/SB10001424052702304908304579561840264114668?.
[4] 当古利特的故事于 2013 年被爆出后,这幅画被更名为《坐着的女人》(*The Seated Woman*)或者《坐在敞开窗户边的女人》(*The Seated Woman by the Open Window*)。

455

组将不得不决定处理 lostart.de 网站上其他 451 件艺术品的方法。自 2010 年 2 月以来，他们只对不到 5 幅画做了评估。凭借这种速度，政府不幸错过了与科尔内留斯签订的协议所规定的最后截止日期。

2014 年 11 月，伯尔尼艺术博物馆宣布他们将接受古利特的馈赠，但不包括剩下的疑似被劫掠而来的 451 件艺术品。也许，这就是德国政府一直想要的结果。

根据戴维·特伦（David Toren）——原名克劳斯·加诺斯基——的说法，特别工作组给他写了一封信，说他们想在归还艺术品之前为所有收藏品举办一场展览，供全世界欣赏。特伦自然大吃一惊。不过，经历过诸多磨难的他已经培养了一种辛辣的幽默感，他认为慕尼黑的元首楼也许很适合被用作展览地点。在这种幽默的背后，是一种难以言喻的挫败感、德国政府同情心的匮乏，以及特伦象征性地再次看到这幅画可能需要的漫长时间为他带来的悲伤。他已经失明 7 年了。

在这幅画被真正物归原主前，戴维不会撤销对德国和巴伐利亚政府的诉讼。他与这幅画的关系不能仅用"特殊"来形容。当他听说父亲在"水晶之夜"被捕时，是这幅画让他平静下来的。当他听说父亲将被送往布痕瓦尔德时，他曾在这幅画中寻找安慰。不过，这幅画物归原主后带来的痛苦会不会使他在情感上难以承受呢？

罗森贝格家族的律师克里斯·马里内洛曾经不知疲倦地致力于将马蒂斯那幅《敞开的窗户》物归原主，他对特别工作组缺乏沟通的做法感到失望，尽管他完全理解他们的任务很艰巨。在工作组宣布这幅画将被返还给罗森贝格家族之前，他没有收到任何通知。这"延续了古利特收藏被发现以来我们所看到的对正当程序及同情心的漠视……

这是一个不幸但完全可以预料到的官僚作风胜过同理心的例子"。[1]

∽

伯尔尼艺术博物馆接受科尔内留斯·古利特的遗产后，一种不完美的正义将得以实现。然后，被窃珍宝的最终命运将在许多年里都无法得到解决。可以想见的是，伯尔尼方面不愿意接收疑似被窃的艺术品，使它们面临着难以预测的未来。最初，人们在科尔内留斯位于慕尼黑的公寓里发现了 1 407 件艺术品。随后，人们又在他妹夫那里发现了大约 22 幅画作。接着，在奥地利又发现了六十几件艺术品，后来又增加到了 250 多件。再后来，科尔内留斯去世后，人们又在他的医院包裹里发现了莫奈的作品。任何人都会估算出这些被发现的作品中那些被窃艺术品的价值一定在 10 亿美元左右。

∽

然而，这就是全部吗？从 1942 年到他去世，希尔德布兰德曾经往返于各个藏匿点之间。许多藏匿点都已被人发现，但还有一些没有被发现。根据 20 世纪 90 年代以来我与多位瑞士银行家的谈话内容，希尔德布兰德在瑞士银行保险库里显然拥有许多保险箱和重要的租用空间。此外，还有通过第三帝国的外交邮袋走私到瑞士的艺术品。

我在前言中说过，当我还是一名投资银行从业者的时候，当一个

---

[1] www.dailymail.co.uk/wires/ap/article-2655398/Germany-looted-Matisse-belongs-Jewish-family.html#ixzz3FSNEriTH.

瑞士银行保险库的一面滑动墙壁错误地稍稍打开一条缝时，我在一幅19世纪风景画画框下面的标签上看到了"RLITT"的名字。我不假思索地问那位银行经理，这幅画是否就是19世纪风景画家古利特的作品。银行经理将墙壁紧紧推严，还训斥我违反了瑞士银行保密法。他还说："不，那是20世纪的纳粹艺术经纪人。"[1]

毫无疑问，还有更多秘密有待发掘。

---

[1] 对方的答案使我感到震惊，稍后他还一再重复。这引发了我对古利特的兴趣。

精选参考文献 SELECTED BIBLIOGRAPHY

原始文献

AAA　　Jane Wade Papers, 1903–1971
　　　　Max Beckmann Papers, 1904–1974
　　　　S. Lane Faison Papers, 1922–1981
　　　　Transcript of Oral History with James Plaut, June 29, 1971
　　　　James Plaut Papers, 1929–1980
　　　　James Rorimer Papers, 1932–1982
　　　　George Leslie Stout Papers, 1855–1978
　　　　Jacques Seligmann & Co. Rec ords, 1904–1978, (bulk 1913–1974)
　　　　Catalogues of Exhibitions orga nized by Curt Valentin, 1929–1948
ANDE—Côte 209SUP1:
　　　　1/4515 (Paul Rosenberg)
　　　　2/4535 (Alfonse Kann)
　　　　4/4541 (G. & J. Seligmann)
　　　　2/45392 (Seligmann)
　　　　20/4527 (Lindon)
　　　　1/1048 (Hermsen)
ANF　　AJ/38/321–841 (Jewish Spoliations Series)
　　　　AJ/38/1109–140 (Jewish Spoliations Series)
　　　　AJ/38/5171–431
　　　　AJ/38/15166–77 (identity cards for foreigners)
　　　　F37/38— (IEQJ)
　　　　F/21/7116–8 (export licenses)
　　　　F/48/252–55
　　　　F/49/259–63
　　　　F/50/265–67
　　　　F/50/269
　　　　F/50/270

F/51/273-274
F/51/276
F/51/275
F/52/279
AJ/40/01 (German Archive Series)
AJ/40/37
AJ/40/539 (Ambassador Abetz)
AJ/40/573-74 (Gurlitt/Hermsen export license applications)
AJ/40/588-91 (Treuhand/châteaux)
AJ/40/600 (Gould)
AJ/40/611(Claude Bernheim)
AJ/40/817 (Dresdner Bank)
AJ/40/819 (Borchers)
AJ/40/880 (Rothschild)
AJ/40/1006 (Bernheim Galerie)
AJ/40/1042 (Cézanne)
AJ/40/1202
AJ/40/1215
AJ/40/1279
AJ/40/1487 (Guggenheim)
AJ/40/1578
AJ/40/1587

BAB R55/21015 (Gurlitt Berlin/Hamburg)
R55/21017 (Buchholz inventory)
R55/21019 (Böhmer)
R55/21020 (Haberstock)
R8034- III/170 (anti-Semitism Ludwig Gurlitt)
R2-12920 microfilm

BAK B323/1202 (Wiedemann inventory)
B 323/54 (Oskar Bondy)
B323/44 (Dorotheum Purchases)
B 323/50 and B 323/186 (Schloss)
B 323/89 (Führerbau)
B 323/1212 (Linz/Louvre)
B 323/1213 (Linz)
B 323/192 (photo album)
B 323/250 (restitution to Gurlitt)

B 323/249 (outshipment Gurlitt)
B 323/331, /332, /75, /135, /136, /137, /138, /139, /140, /142, /147, /148, /149, /155, /156 (art dealers)
B 323/134 (Linz)
B 323/124, /153, /156, /369 (Gurlitt)
B323/371 (Haberstock)
B323/363 (Caspari, Cassirer)
B 323/357 (Dietrich)
B 323/379, /380, /381 (Lange, Liebermann, and Lohse, respectively)
B 323/399 (Voss)
B 323/331 (Buemming, Dietrich, Fischer, Franke, Hildebrand and Wolfgang Gurlitt, Haberstock correspondence)
B 323/322 (Neumann)
B 323/153 (Hermsen Paris)
B 323/174 (Lange, Dietrich)
B 323/173 (Gurlitt Dresden invoices/Böhmer)
B 323/331 (list of Hitler's collection)
B 323/583 (Bormann correspondence re Linz)
B 323/235 (list of artworks held at the Neue Residenz Bamberg)

CDJC XXVa-186 (Loebl and Engel)
XXIX-36 (Aryanization of Wildenstein)
XXVa-327 (Ribbentrop)
XXIII-61a (outlawing Jews at Hôtel Drouot)
XIa-230a (IEQJ at Rosenberg's Gallery)
XIb-614 (letter regarding public auctions)
XIb-615 (letter from Sezille to Ader)
XIb-617 (letter from Ader)
XIb-631 (letter from Sezille to Ader)
XIf-32 (Sezille letter halting sale at Versailles)
CIX-6 (interdiction to Drouot)
CX-127 (letter to Jacques Charpentier)
CXVIII-8 (David- Weill)
XX-13 (general documents 1940–46)
CXVII-38 (Rothschild seizures)
CXVII-143 (Radio-Diffusion Bernheim)
LXXVII-15 (Behr)
CVII-63 (Pellepoix re Schloss)

LXXIX-9 (Feldpolizei rapports)
CCCLXXXIX-15 (New York Times article)
LXXXIX-66 (Frank J. Gould)
LXII-15 (letter from Behr to Göring)
IV-213(25–62) (*Annuaire téléphonique allemande*)
V-100 (Schenker & Co.)
V-101 (art at German Embassy)
V-103 (Schenker payments)
CV-39 (interception of correspondence to Zurich)
CL6997222, 953632- Masterfile, Office of Alien Property Custodian, Annual Report; Holocaust Assets, Vesting Order 3711; NARA, RG 131, Office of Alien Property (OAP) Entry 65F-1063.

GETTY   Edouardo Westerdahl Papers, ref. 861077; 86061, Douglas Cooper Papers, Box 39, Report on Looted Art in Switzerland

IMT, *Trial of the Major War Criminals*, 8

LMD, Standesamt München II 1968/539

NARA— College Park, Mary land:

RG 226, Rec ords pertaining to Safehaven Files:
 Box 62, Jews in Belgium
 Boxes 115–70, German Control of Swiss Economy
 Box 93, Swiss attitude to Germans and Jews
 Box 247, Collection of War Crimes Evidence
 Box 255, Enemy Activity in South America
 Box 262, Industrial Diamond Trade
 Box 263, Situation Report in Portugal
 Box 303, Intelligence on Germans in Switzerland
 Box 449, Germany's diamond smuggling methods

RG 226, Project Safehaven, 1942–1946, WASH- SPDF- INT I, roll 0001, RG239/microfilm rolls 0006; 0008 (Vlug Report); 0050; 0054

RG 260, Records of the U.S. Occupation Headquarters:
 Boxes 118–19, File 000.5, War Crimes
 Box 129, File 00.7, Fine Arts
 Boxes 288–89, File 386.7, Frozen Assets including Funds
 Box 289, File 386.7, Documents to Alien Property Custodian Section
 Boxes 315–17, File 602.3, Restitution
 Boxes 317–18, File 602.3, Reparations

RG 260, Records of the Economics Division, General Correspondence Central Files:

    Boxes 46–47, File 007, Fine Arts, Museums, Archives, Cultural Objects
    Boxes 81–87, File 386, Restitution
    Boxes 88–90, File 386, Reparations
    Box 111, File 0004.1, Historicals, Museums, Antiquities
    Boxes 115–16, File 007.2, Fine Arts and Cultural Objects
    Boxes 143–55, File 386, Restitution
    Boxes 156–57, File 387, Reparations
    Box 172, File 004.2, Banks and Banking & File 007, Fine Arts and Objects
    Box 196–97, File 386, Restitution & File 387, Reparations
    Box 209, File 004.2, Banks and Banking, & File 007, Fine Arts & Objects
RG 260—Rec ords of the Property Division (General Records 1944–50),Boxes 1–18
RG260, microfilm roll 0026; 0031; 0134; CIR no. 4, DIR no. 12
RG 153, microfilm roll 0001
RG 84— Records of the Foreign Service Posts of the Department of State (Embassy Records), File 711.3–8
Angell, Joseph W. *Historical Analysis of the Dresden Bombing February 13–14*. USAF Historical Division Research Studies Institute, HQ, US Military, Air University, 1953.
NPG— All 263 family letters and biographical data.
SAC— Gurlitt File from Northern Bavaria. Spk BA Land G 251.

原始网络资料

www.lostart.de: List of Gurlitt artworks believed to be of questionable origin. Press Release (Pressmitteilung von 9 April 2013) von Press und Informationsamt der Bundesregierung—*Empfehlung der Beratenden Kommission für die Rückgabe NS-verfolgungsbedingt entzogener Kulturgüter.*

www.lootedart.com: Up-to-date information, in English, regarding the ongoing investigations into the Gurlitt find.

www.fold3.com: American original documents from the Ardelia Hall Collection at the National Archives in Washington, DC

www.faz.net: *Frankfurter Allgemeine Zeitung* online.

www.wsj.com: *Wall Street Journal* online.

二手网络资料

Boym, Svetlana. "Conspiracy Theories and Literary Ethics: Umberto Eco, Danilo Kis and the Protocols of Zion." *Comparative Literature* 52, no. 2 (1999): 97–122. www.jstor.

org /stable /1771244.

Burtsev, Vladimir. "The Elders of Sion: A Proved Forgery." *Slavonic and East European Review* 17, no. 49 (1938): 99–104. www.jstor.org /stable /4203461.

Dinnerstein, Leonard. "Henry Ford and the Jews: A Mass Production of Hate." *Business History Review* 76, no. 2 (2002): 365–67. www.jstor.org/stable/4127850.

Woeste, Victoria Saker. "Insecure Equality: Louis Marshall, Henry Ford and the Problem of Defamatory Antisemitism, 1920–29." *Journal of American History* 91, no. 3 (2004): 877–905. www.jstor.org/stable/3662859.

Bevir, Mark. "The West Turns Eastwards: Madame Blatavsky and the Transformation of the Occult Tradition." *Journal of the American Academy of Religion* 62, no. 3 (1994): 747–67. www.jstor.org/stable/1465212.

Grant, Mark. "Steiner and the Humours: The Survival of Ancient Greek Science." *British Journal of Educational Studies* 47, no. 1 (1999): 56–70. www.jstor.org/stable/3122384.

Mosse, G. L. "The Mystical Origins of National Socialism." *Journal of the History of Ideas* 22, no. 1 (1961): 81–96. www.jstor.org/stable/2707575.

Staudenmaier, Paul. "Race and Redemption: Racial and Ethnic Evolution in Rudolf Steiner's Anthroposophy." *Novo Religio: The Journal for Alternate and Emergent Religions* 1, no. 3 (2008): 4–36. www.jstor.org/stable/10.1525/nr.2008.11.3.4.

Weikart, Richard. "Progress through Racial Extermination: Social Darwinism, Eugenics, and Pacifism in Germany 1860–1918." *German Studies Review* 26, no. 2 (2003): 273–94. www.jstor.org/stable/143326.

Jordan, David Starr. "The Ways of Pangermany." *Scientific Monthly* 4, no. 1 (1917).

艺术品目录

Barr, Alfred H., ed. *The Museum of Modern Art New York Painting and Sculpture Collection*.Paris: Les Éditions Braun & Cie, 1950.

Barron, Stephanie. *Degenerate Art— The Fate of the Avant-Garde in Nazi Germany*. New York: Los Angeles County Museum of Art, Harry N. Abrams, 1991.

Bishop, Janet, Cécile Debray, and Rebecca Rabinow, eds. *The Steins Collect: Matisse, Picasso, and the Parisian Avant-Garde*. New Haven: San Francisco Museum of Modern Art, Yale University Press, 2011.

Die Alte und neue spanische Kunst. Kunstverein Hamburg, August– September 1935.

Peters, Olaf, ed. *Degenerate Art— The Attack on Modern Art in Nazi Germany 1937*. Neue Galerie New York, March 13– June 30, 2014. New York: Prestel Publishing, 2014.

Portz, Hubert. *Zimmer frei für Cornelia Gurlitt, Lotte Wahle und Conrad Felixmüller, 26*

April– 14 June 2014. Landau: Knecht Verlag, 2014.
Reyger, Leonie, ed. *German Watercolors, Drawings and Prints 1905–1955— A Mid-Century Review of German Art 1905–1955*. Exhibition catalogue. Washington, DC, 1956.
von Halasz, Joachim. *Hitler's Degenerate Art*. London: World Propaganda Classics, 2008.
Wacha, Georg. *Jahrbuch des OÖ Musealvereins 149/1*. Linz: Gesellschaft für Landeskunde, Festschrift Gerhard Winkler, 2005. "Der Kunsthistoriker Dr. Justus Schmidt," 639–54.

原始文献（艺术）

Polack, Emmanuelle and Philippe Dagen. *Les carnets de Rose Valland*. Paris: Fage Editions, 2011.
Valland, Rose. *Le front de l'art 1939–1945*. Paris: Librairie Plon, 1961.

二手文献（艺术）

Feliciano, Hector. *The Lost Museum*. New York: Basic Books, 1997.
Flechner, Uwe, ed. *Das verfemte Meisterwerk: Schicksalswege moderner Kunst im Dritten Reich*. Berlin: Akademie Verlag GmbH, 2009.
Francini, Esther Tisa, Anna Heuss, and Georg Kreis. *Fluchtgut— Raubgut, Der Transfer von Kulturgütern in und über die Schweiz 1933–1945 und die Frage der Restitution*. Expertkommission Schweiz— Zweiter Weltkrieg, Bd. 1. Zurich: Chronos, 2001. 67.
Games, Stephen. *Pevsner— The Early Life: Germany and Art*. London: Continuum Books, 2010.
Iselt, Kathrin. *Sonderbeauft ragter des Führers: Der Kunsthistoriker und Museumsmann Hermann Voss*. Köln: Böhlau Verlag, 2010.
Jeuthe, Gesa. *Kunstwerte im Wandel: Die Preisentwicklung der deutschen Moderne im nationalen und internationalen Kunstmarkt 1925 bis 1955*. Düsseldorf: Akademie Verlag, 2011.
Kalkschmidt, Eugen. *Carl Spitzweg und Seine Welt*. Munich: Verlag F. Bruckmann KG, 1945.
Kantor, Sybil Gordon. *Alfred H. Barr, Jr., and the Intellectual Origins of the Museum of Modern Art*. Cambridge, MA: MIT Press, 2002.
Kott, Christina. *Préserver l'art de l'ennemi? Le patrimoine artistique en Belgique et en France occupées, 1914–1918*. Brussels: Peter Lang, 2006.
Lehmann- Haupt, Hellmut. *Art under a Dictatorship*. New York: Oxford University Press, 1954.

Litchfield, David R. L. *The Thyssen Art Macabre*. London: Quartet Books, 2006.
Marquis, Alice Goldfarb. *Alfred H. Barr, Jr.: Missionary for the Modern*. Chicago: Contemporary Books, 1989.
Müller, Melissa and Monika Tatzkow. Lost Lives, *Lost Art: Jewish Collectors, Nazi Art Theft, and the Quest for Justice*. London: Frontline Books, 2010.
Nicholas, Lynn H. *The Rape of Europa*. London: Macmillan, 1994.
Petropoulos, Jonathan. *The Faustian Bargain—The Art World in Nazi Germany*. New York: Oxford University Press USA, 2000. Kindle edition.
———. *Art as Politics in the Third Reich*. Chapel Hill, NC: University of North Carolina Press, 1997.
Roh, Franz. *"Entartete" Kunst: Kunstbarbarei im Dritten Reich*. Hannover, Germany: Fackelträger-Verlag, 1962.
Rorimer, J. J. and Gilbert Rabin. *Survival— The Salvage and Protection of Art in War*. New York: Abelard Press, 1950.
Roxan, David and Ken Wanstall. *The Rape of Art*. New York: Coward-McCann, 1965.
Spotts, Frederic. *The Shameful Peace*. London: Yale University Press, 2010.
Urban, Martin. *Emil Nolde: Catalogue Raisonné of the Oil-Paintings*, Volume 2, 1915–1951.Translated by Gudrun Parsons. London: Philip Wilson Publishers, 2001.
Vergo, Peter. *Art in Vienna 1898–1918: Klimt, Kokoschka, Schiele and Their Contemporaries*. London: Phaidon, 1975.
———, *The Blue Rider*. Oxford: Phaidon, 1977.

二手文献（财经）

Barkai, Avraham. *From Boycott to Annihilation: The Economic Struggle of German Jews 1933–1943*. Hanover, NH: Brandeis University Press/University of New England, 1989.
Grose, Peter. *Allen Dulles, Spymaster: The Life and Times of the First Civilian Director of the CIA*. London: André Deutsch, 2004.
Taylor, Frederick. *The Downfall of Money*. London: Bloomsbury, 2013.
Weitz, John. *Hitler's Banker: Hjalmar Horace Greeley Schacht*, London: Warner Books, 1999.

二手文献（历史）

Apel, Dora. *Cultural Battlegrounds— Visual Imagery and the Tenth Anniversary of the First World War in Weimar Germany*. PhD thesis, University of Pittsburgh, 1995.
Asquith, Margot. *The Autobiography of Margot Asquith*. London: Weidenfeld & Nicolson,

1995.

Balfour, Michael. *Propaganda in War 1939–1945*. London: Routledge & Keegan Paul, 1979.

Becker, Jean-Jacques. *The Great War and the French People*. Leamington Spa, UK: Berg Publishers, 1985.

Bell, P. M. H. *The Origins of The Second World War in Europe*, 2nd ed. London: Longman, 1997.

Benns, F. L. and M. E. Seldon. *Europe 1914–1939*. New York: Meredith Publishing, 1965.

Bond, Brian. *War and Society in Europe 1870–1970*. Stroud: Sutton Publishing, 1998.

Brenner, Henny. *The Song Is Over—Survival of a Jewish Girl in Dresden*. Tuscaloosa, AL: University of Alabama Press, 2010.

Bullock, Alan. *Hitler: A Study in Tyranny*. London: Book Club Associates, 1973 revised edition.

Burckhardt, Jacob. *Die Kultur der Renaissance in Italien*—Ein Versuch. Urheberrechtsfreie Ausbgabe, 2011. Kindle edition.

———. *Judgements on History and Historians*. London: George Allen & Unwin, 1959.

Churchill, W. S. *The World Crisis 1911–14*. London: Thornton Butterworth Ltd., 1923.

———. *The World Crisis 1911–1918*, vols. 1 and 2. London: Odhams Press Ltd., 1939.

Darby, Graham. *Hitler, Appeasement and the Road to War, 1933–41*. London: Hodder & Stoughton, 1999.

Diehl, James M. *Paramilitary Politics in Weimar Germany*. Bloomington, IN: Indiana University Press, 1977.

de Jaeger, Charles. *The Linz File: Hitler's Plunder of Europe's Art*. Exeter, England: Webb & Bower, 1981.

Duffy, Christopher. *Through German Eyes: The British & the Somme 1916*. London: Weidenfeld & Nicolson, 2006.

Eckley, Grace. *Maiden Tribute—A Life of W. T. Stead*. Philadelphia: Xlibris, 2007.

Edsel, Robert M. and Bret Witter. *Monuments Men*. London: Preface Books, 2009.

Eizenstat, Stuart E. *Imperfect Justice: Looted Assets, Slave Labor, and the Unfinished Business of World War II*. New York: Public Affairs, 2004.

Farmborough, Florence. *Nurse at the Russian Front: A Diary 1914–18*. London: Constable & Company, 1974.

Gay, Peter. *Weimar Culture: The Outsider as Insider*. New York: W. W. Norton & Company, 2001.

Gold, Mary Jane. *Marseilles Année 40*. Paris: Phébus, 2001.

Guggenheim, Peggy. *Out of This Century: Confessions of an Art Addict*. London: André Deutsch, 1979.

Harwood, Ronald. *Taking Sides*. London: Faber & Faber, 1995.
Hitler, Adolf. *Mein Kampf*. London: Pimlico, 1997.
Horn, Wolfgang. *Kulturpolitik in Düsseldorf: Situation und Neubeginn nach 1945*. VS Verlag für Sozialwissenschaften, University of Düsseldorf, adaptation of doctoral thesis,1981.
Jeffreys, Diarmuid. *Hell's Cartel: IG Farben and the Making of Hitler's War Machine*. London:Bloomsbury, 2008.
Kempf, Beatrix. *Suffragette for Peace*. London: Oswald Wolff, 1972.
Kershaw, Alister. *Murder in France*. London: Constable, 1955.
Kimball, Warren. *Forged in War*. London: HarperCollins, 1997.
Klemperer, Victor. *I Will Bear Witness 1933–1941, A Diary of the Nazi Years*. New York: Modern Library, 1998.
———. *To the Bitter End: The Diaries of Victor Klemperer 1942–45*. Phoenix: Kindle edition,2013.
Koldehoff, Stefan, Ralf Oehmke, and Raimund Stecker. *Der Fall Gurlitt—Ein Gespräch*. Berlin, Nicolai Verlag, 2014.
Kroeger, Brooke. *Nellie Bly: Daredevil. Reporter. Feminist*. New York: Kindle edition, 2013.
Layton, Geoff. *Germany: The Third Reich, 1933–45*. London: Hodder & Stoughton, 1992.
Lee, Stephen J. *The European Dictatorships 1918–1945*. Oxford: Routledge, 1987.
Levi, Erik. *Mozart and the Nazis*. London: Yale University Press, 2010.
Machtan, Lothar. *The Hidden Hitler*. Oxford: Perseus Books, 2001.
Marlow, Joyce, ed. *The Virago Book of Women and the Great War*. London: Virago Press, 1998.
McNichols-Webb, Mary Alice. *Art as Propaganda—A Comparison of the Imagery and Roles of Woman as Depicted in German Expressionist, Italian Futurist and National Socialist Art*. PhD thesis, University of Michigan, 1988.
Michel, Henri. *Paris Allemand*. Paris: Albin Michel, 1981.
Passant, E. J. *A Short History of Germany 1815–1945*. Cambridge: Cambridge University Press, 1966.
Ramsay, David. *'Blinker' Hall Spymaster: The Man Who Brought America into World War I*.Stroud: The History Press, 2009.
Schmeitzner, Mike and Francesca Weil. *Sachsen 1933–1945*. Berlin: Ch.Links Verlag, 2013.
Shirer, William L. *The Rise and Fall of the Third Reich*. London: Mandarin Paperback, 1991.
Sinclair, Anne. *21 rue la Boétie*. Paris: Éditions Grasset & Fasquelle, 2012.
Sluga, Hans. *Heidegger's Crisis: Philosophy and Politics in Nazi Germany*. Cambridge, MA:Harvard University Press, 1993.

Speer, Albert. *Inside the Third Reich*. London: Phoenix, 1995.
Taylor, Frederick. *Dresden: Tuesday, February 13, 1945*. New York: HarperCollins, 2004.
Thacker, Toby. *Joseph Goebbels: Life and Death*. London: Palgrave Macmillan, 2009.
Tuchman, Barbara W. *The Proud Tower: A Portrait of the World Before the War, 1890–1914*. New York: Bantam Books, 1967.
———. *The Guns of August*. New York: Ballantine Books, 1994.
Waite, Robert G. L. *Vanguard of Nazism: The Free Corps Movement in Postwar Germany 1918–1923*. New York: W. W. Norton & Company, 1969.
Weiss, Stuart L. *The President's Man: Leo Crowley and Franklin Roosevelt in Peace and War.* Carbondale, IL: Southern Illinois University Press, 1996.
Williams, Charles. *Pétain*, London: Little Brown, 2005.
Winter, J. M. *The Great War and the British People*. Cambridge, MA: Harvard University Press, 1986.
Winter, J. M. and Jean-Louis Robert, eds. *Capital Cities at War*. Cambridge: Cambridge University Press, 1997.
Zweig, Stefan. *The World of Yesterday*. Plunkett Lake Press e-book, Kindle edition, 2012.
———. *The Society of the Crossed Keys*. London: Pushkin Press, 2013.

词汇表 GLOSSARY

Abwehr 军事情报部门

Alldeutscher Verband 泛德意志同盟

Alleinschulde 单一战争罪

Arbeitsgemeinschaften 劳工协会

Arbeitskommandos 黑色国防军部队或黑色防御联盟

Demeures Historiques 历史建筑委员会

Der Blaue Reiter 康定斯基在慕尼黑开启的表现主义艺术运动

Deutschvölkischer Schutz und Trutzbund 德国民族主义保护与反抗联盟，更常用的名称是领事组织

Devisenschutzkommando 货币控制突击队

Die Brücke 桥社：始于德累斯顿的表现主义艺术运动

Drang nach Osten 东向扩张

Einkreisung 包围

Einsatzstab Reichleiters Rosenberg 德国领导人罗森堡委员会，简称 ERR

Einzelaktionen 据称相互没有关联的个人暴力行为

Feindvermögen 敌国财产控制部

Flamenpolitik 佛兰芒文化政策

Flottenverein 海军联盟

Fluchtgut 为了逃离纳粹迫害以折扣价格出售的有价值物品

Freiheit 自由

Freikorps 由前德国皇家陆军成员组成的准军事暴力团体

Fremdvölkisch 异族人的

Freundeskreis der Wirtschaft 经济朋友圈

Gauleiter　　纳粹党地区领袖

Gebt mir vier Jahre Zeit　　"给我四年时间"——希特勒对现代艺术社区发出的警告

Gemäldegalerie　　字面意思是画廊，但也可以指艺术博物馆

Institut d'Études des Questions Juives (IEQJ)　　犹太问题研究院

Italia Irredenta　　奥匈帝国中说意大利语的地区

Justizrat　　司法委员

Kampfbund für deutsche Kultur　　德意志文化战斗联盟，缩写为 KDK

Kriegesgefahr　　宣布战争危险近在眼前的官方声明

Kriegsmarine　　德国皇家海军

Kunstverein　　由地区资助的艺术家协会

Lederhosen　　皮短裤

Machtergreifung　　纳粹夺权

Malverbot　　禁画令

Mischling　　混血儿

Neue Künstler-Vereinigung München　　慕尼黑新艺术家协会

Notgeld　　应急货币

NSDAP　　纳粹党（国家社会主义德国工人党）的德语缩写

Oberbürgermeister　　市长

OMGUS　　美国军政府办公室

Ostwanderer　　东欧移民

Raffkes　　投机者

Reichskammer der Bildenden Künste (RBK)　　帝国美术院

Reichswehr　　国防军

Sonderauftrag　　特别委员会

Sturmabteilung SA,　　冲锋队，褐衫党

Volk; völkisch　　人民；人民的或民俗的

Wehrverein　　防御联盟

Weltanschauung　　世界观，现在已经有了特指纳粹世界观的含义

缩略词 NOTES

AAA 位于华盛顿特区的美国艺术档案

ANDE 法国国家外交事务档案馆（Archives Nationales des Affaires Diplomatiques et Etrangères）

ANF 位于巴黎的法国国家档案馆（Archives Nationales de France），

BAB 位于柏林的联邦档案馆（Bundesarchiv Berlin）

BAK 位于科布伦茨的联邦档案馆（Bundesarchiv Koblenz）

BP 瑞士巴塞尔大学的贝尔努利文件

CI 考陶尔德艺术学院（Courtauld Institute of Art）

CDJC 位于巴黎的当代犹太人文档中心（Centre de Documentation Juive Contemporaine）

CIR NARA 和 Fold3.com 保存的统一审讯报告

CL 位于阿肯色州小石城的克林顿总统图书馆（Clinton Presidential Library）

DIR NARA RG 260 和 Fold3.com 存档的详细审讯报告

FAZ 《法兰克福汇报》

GETTY 位于洛杉矶的盖蒂博物馆参考图书馆（The Getty Museum Reference Library）

IMT 国际军事法庭

JSTOR 在线学术数字档案

LMD 慕尼黑州府理事会（Landeshauptstadt München Direktorium）

NA 位于伦敦的英国国家档案馆（National Archives）

NARA 位于马里兰州大学公园市和华盛顿特区的美国国家档案与研究管理局（National Archives and Research Administration）

473

NPG 德累斯顿科技大学的古利特遗产项目
ODNB 《牛津国家人物传记大词典》
PC 私人收藏，主人不希望透露姓名
SKD 德累斯顿州立艺术收藏馆档案
SpK BA 巴伐利亚州立档案馆（科堡）（Staatlicher Archiv Bayern [Coburg]）
V&A 位于伦敦的维多利亚和阿尔伯特博物馆（Victoria and Albert Museum）

致 谢 ACKNOWLEDGMENTS

很多人都曾帮过我。如果没有他们的大力支持，我永远都写不出这本书。我的编辑查尔斯·斯派塞（Charles Spicer）以及圣马丁出版社的整个团队以了不起的方式帮我创造出了这本我必须要写的书。向我的助理和研究员玛拉·魏纳－马卡里奥（Mara Weiner-Macario）致敬，感谢你用一次一页的方法不知疲倦地将Fold3.com上的数千份文档打印出来，并对所有西班牙语的内容进行分析。

另外，本书可以问世，还要得益于许多人的慷慨相助。他们是（以姓氏字母顺序排列）伊多·阿哈罗尼（Ido Aharoni）大使、尤丽叶·戈德曼·阿哈罗尼（Julie Goodman Aharoni）、里夏德·阿罗诺维茨－梅塞尔（Richard Aronowitz-Mercer）、亚历山大·巴勒迪（Alexander Balerdi）、斯蒂芬妮·巴伦（Stephanie Barron）、奥萝尔·布莱兹（Aurore Blaise）、罗尔夫·冯·布莱歇特（Rolf von Bleichert）、阿曼达·博歇尔－丹（Amanda Borschel-Dan）、格雷格·布拉德舍（Greg Bradsher）、埃夫林·坎普芬斯（Evelien Campfens）、弗吉尼亚·卡德韦尔－莫尔（Virginia Cardwell-Moore）、迈克尔·卡莱尔（Michael Carlisle）、格拉尔德·迪奇（Gerald Dütsch）、哈里·埃特林格（Harry Ettlinger）、莫琳·芬克尔斯坦（Maureen Finkelstein）、海伦·弗赖（Helen Fry）、克里斯蒂安·富尔迈斯特（Christian Fuhrmeister）、帕特里夏·吉利特（Patricia Gillet）、多米尼克·格雷（Dominic Gray）、约翰内斯·豪斯劳尔（Johannes Hauslauer）、斯特凡·霍尔津格（Stefan Holzinger）、米克·霍普（Mieke Hopp）、波利·哈奇森（Polly Hutchison）、多蒂·欧文（Dotti Irving）、斯特凡·克林根（Stephan Klingen）、罗纳德·S. 劳德（Ronald S. Lauder）、莫妮可·勒布卢瓦－佩雄

（Monique Leblois-Pechon）、马蒂亚斯·勒涅特（Matthias Leniert）、约翰妮·利塞夫斯基（Johanne Lisewski）、安东·洛菲尔梅尔（Anton Löffelmeier）、克里斯·马里内洛（Chris Marinello）、奥古斯特·马泰斯（August Matteis）、理查德·G. 米切尔（Richard G. Mitchell）、伊丽莎白·诺瓦克-塔勒尔（Elisabeth Nowak-Thaller）、拉尔夫·彼得斯（Ralf Peters）、迪尔克·彼得拉特（Dirk Petrat）、乔纳森·彼得罗普洛斯（Jonathan Petropoulos）、胡贝特·波茨（Hubert Portz）、朱利安·拉德克利夫（Julian Radcliffe）、露丝·雷德蒙-库珀（Ruth Redmond-Cooper）、朱莉娅·里克梅耶（Julia Rickmeyer）、彼得·鲁滨逊（Peter Robinson）、莉娜·施瓦乌德克（Lena Schwaudecker）、乔纳森·瑟尔（Jonathan Searle）、罗宾（Robin）和苏西·谢泼德（Suzie Sheppard）、德尔斐·斯托克韦尔（Delphie Stockwell）、马库斯·斯特策尔（Markus Stoetzel）、米夏埃尔·斯特策尔（Michael Stoetzel）、卡特琳·斯托尔（Katrin Stoll）、凯伦·塔伊布（Karen Taieb）、戴维·特伦（David Toren）、梅尔·乌尔巴赫（Mel Urbach）、安妮·韦伯（Anne Webber）以及洛伊斯·怀特（Lois White）。

我要特别感谢克里斯·马里内洛、马库斯·斯特策尔和梅尔·乌尔巴赫。财产归还（restitution）这个领域的知识对我来说是难的，是他们同我分享了自己的相关知识。乔纳森·彼得罗普洛斯也为本书的写作贡献了两篇未发表的文章，还帮我理解他与那位经常和古利特合作的说谎高手布鲁诺·洛泽间的曲折关系。感谢斯特凡·霍尔津格（Stephan Holzinger）在百忙之中向我分享他的知识库，并告诉科内尔内留斯，说我正在写一本他希望某一天能够出版的书（尽管他不会对结果特别满意）。我还要感谢所有那些希望完全匿名的人。和以前一样，下列图书馆和档案馆的员工都做出了宝贵的贡献：伦敦图书馆（London Library）、英国国家档案馆（National Archives，位于伦敦裘园）、法国国家档案馆（Archives Nationales de France）、美国国家档案馆（National Archives，位于马里兰州大学公园市）、盖蒂研究图书馆（Getty Research Library，位于加利福尼亚州洛杉矶）、纽约历史协会（New York Historical Society）、德累斯顿城市档案馆（Dresden

City Archives）、位于科布伦茨（Koblenz）和柏林的德国联邦档案馆（Bundesarchiv）、伦敦维多利亚和阿尔伯特博物馆（V&A）中的英国国家艺术图书馆（National Art Library）、剑桥大学国王学院（King's College Cambridge）、牛津大学博德利图书馆（Bodleian Library Oxford）、大英图书馆（British Library）以及考陶尔德艺术学院（Courtauld Institute of Art）。

在我去年那场超过 26,000 英里的艰难旅程中，很多人都向我提供了食物、免费床铺和其他形式的支持。感激之情无以言表，他们是：马乔里·布利斯（Marjorie Bliss）、莫琳·伯吉斯（Maureen Burgess）、劳蕾特·丢朱斯特（Laurette Dieujuste）、休·弗劳德（Sue Froud）、詹姆斯（James）和菲利帕·刘易斯（Philippa Lewis）、里克（Rick）和休·帕克（Sue Parker）、夏洛特（Charlotte）和史蒂夫·萨斯（Steve Sass）、巴尔比（Barbi）和拉里·魏因贝格（Larry Weinberg）以及扬（Jan）和菲尔·扎科夫斯基（Phil Zakowski）。你们为这本书做出了很大的贡献。最重要的是，我的丈夫道格应当得到额外嘉奖：他不仅要忍受妻子从头到尾阅读《我的奋斗》这本书并反复做噩梦，陪我一起旅行，还在我沉默和思考时给予理解，帮助我解决难题——同时还在写一本关于青年和战争宣传的书。你是我的英雄。

至于你，我的读者，我希望读完本书后，你能对第一次世界大战期间和战后的德国生活有充分的理解，并在阅读过程中逐渐理解塑造古利特家族三代人的各种压力。我很高兴科尔内留斯最终打破了原有的模式，我只能希望他的遗愿能够得到尊重。我恳求德国和伯尔尼艺术博物馆按照他的遗愿迅速将艺术品返还给继承人。

我希望你能享受整个阅读过程，并能深入了解希尔德布兰德·古利特、纳粹党人以及 10 亿美元被窃艺术品间千丝万缕的关系。当然了，书中如有任何错误，都是我的原因。

苏珊·罗纳德

牛津

2014 年 12 月

图书在版编目(CIP)数据

希特勒的艺术大盗：希尔德布兰德·古利特、纳粹和欧洲珍宝大劫掠/（美）苏珊·罗纳德著；刘清山译. -- 上海：上海社会科学院出版社，2019
书名原文：Hitler's Art Thief: Hildebrand Gurlitt, the Nazis, and the Looting of Europe's Treasures
ISBN 978-7-5520-2584-2

Ⅰ.①希… Ⅱ.①苏… ②刘… Ⅲ.①艺术家-家族-史料-德国 Ⅳ.① K835.160.9

中国版本图书馆 CIP 数据核字 (2018) 第 290207 号

著作权合同登记：图字 09-2017-655 号

HITLER'S ART THIEF
Text Copyright © 2015 by Susan Ronald
Published by arrangement with St. Martin's Press. All rights reserved.

希特勒的艺术大盗

著　　者：[美]苏珊·罗纳德（SUSAN RONALD）
译　　者：刘清山
责任编辑：张　晶
特约编辑：郑新东
装帧设计：夏玮玮
出版发行：上海社会科学院出版社
　　　　　上海市顺昌路622号　邮编：200025
　　　　　电话：021-63315947　销售热线：021-53063735
　　　　　http://www.sassp.org.cn　E-mail:sassp@sass.org.cn
排　　版：上海万墨轩图书有限公司
印　　刷：上海颛辉印刷厂
开　　本：890×1240毫米　1/32 开
印　　张：15.25
字　　数：340千字
版　　次：2019年10月第1版　2019年10月第1次印刷

ISBN：978-7-5520-2584-2/K.486　　　　　定价：68.00元

版权所有，侵权必究

读者回函表 Readers

WIPUB BOOKS

电子回函表入口

姓名：_____ 性别：_____ 年龄：_____ 职业：_____ 教育程度：_____

邮寄地址：_____ 邮编：_____
E-mail：_____ 电话：_____

您所购买的书籍名称：《希特勒的艺术大盗》

您对本书的评价：

书名：	□满意	□一般	□不满意	故事情节：	□满意	□一般	□不满意
翻译：	□满意	□一般	□不满意	书籍设计：	□满意	□一般	□不满意
纸张：	□满意	□一般	□不满意	印刷质量：	□满意	□一般	□不满意
价格：	□便宜	□正好	□贵了	整体感觉：	□满意	□一般	□不满意

您的阅读渠道（多选）： □书店 □网上书店 □图书馆借阅 □超市/便利店
□朋友借阅 □找电子版 □其他 _____

您是如何得知一本新书的呢（多选）： □别人介绍 □逛书店偶然看到 □网络信息
□杂志与报纸新闻 □广播节目 □电视节目 □其他

购买新书时您会注意以下哪些地方？
□封面设计 □书名 □出版社 □封面、封底文字 □腰封文字 □前言、后记
□名家推荐 □目录

您喜欢的书籍类型：
□文学-奇幻小说 □文学-侦探/推理小说 □文学-情感小说 □文学-散文随笔
□文学-历史小说 □文学-青春励志小说 □文学-传记
□经管 □艺术 □旅游 □历史 □军事 □教育/心理 □成功/励志
□生活 □科技 □其他 _____

请列出3本您最近想买的书： _____、_____、_____

请您提出宝贵建议： _____
_____

★感谢您购买本书，请将本表填好后，扫描或拍照后发电子邮件至 wipub_sh@126.com，您的意见对我们很珍贵。祝您阅读愉快！

编辑邀请函

亲爱的读者朋友:

也许您热爱阅读,拥有极强的文字编辑或写作能力,并以此为乐;

也许您是一位平面设计师,希望有机会设计出装帧精美、赏心悦目的图书封面。

那么,请赶快联系我们吧!我们热忱地邀请您加入到"编书匠"·的队伍中来,与我们建立长期的合作关系,或许您可以利用您的闲暇时间,成为一名兼职图书编辑或兼职封面设计师,成为拥有多重职业的斜杠青年,享受不同的生活趣味。

期待您的来信,并请发送简历至 wipub_sh@126.com,别忘记随信附上您的得意之作哦!

译者邀请函

电子邀请函入口

为进一步提高我们引进版图书的译文质量,也为翻译爱好者搭建一个展示自己的舞台,现面向全国诚征外文书籍的翻译者。如果您对此感兴趣,也具备翻译外文书籍的能力,就请赶快联系我们吧!

您是否有过图书翻译的经验:
□有(译作举例:_____) □没有

您擅长的语种:
□英语 □法语 □日语 □德语

您希望翻译的书籍类型:
□文学 □科幻 □推理 □心理 □哲学 □历史 □人文社科 □育儿

请将上述问题填写好,扫描或拍照后,发至 wipub_sh@126.com,同时请将您的应征简历添加至附件,简历中请着重说明您的外语水平。

上海万墨轩图书有限公司